Das Insider-Dossier:
Bewerbung bei Unternehmensberatungen
Consulting Cases meistern

2020 (16., aktualisierte und überarbeitete Auflage)

D1725871

Einladung zum Karriere-Netzwerk squeaker.net

Ihr Vorteil als Leser dieses Buches

Als Leser dieses Buches laden wir Sie ein, Mitglied im Online-Karrierenetzwerk squeaker.net zu werden. Auf der Website finden Sie zusätzliches Insider-Wissen zum Buch. Dazu gehören Brainteaser-Aufgaben aus dem Bewerbungsverfahren bei Unternehmensberatungen, Erfahrungsberichte über Hochschulen, Unternehmen und Gehälter sowie Termine und Fristen für aktuelle Karriere-Events.

Ihr Zugangscode: **IDCON2020**

Eingeben unter: *squeaker.net/einladung*

Das Insider-Dossier:
Bewerbung bei Unternehmensberatungen
Consulting Cases meistern

2020 (16., aktualisierte und überarbeitete Auflage)
Copyright © 2020 squeaker.net GmbH

www.squeaker.net
www.facebook.com/squeaker
kontakt@squeaker.net

Verlag	squeaker.net GmbH
Herausgeber	Stefan Menden, Jonas Seyfferth
Autor	Stefan Menden
Redaktion	Anja Czerny, Stefan Gulas, Robin Hardt, Jennifer Kiepe, Farzad Saidi, Julia Tiede
Grafikdesign	Holger Schwarz, Köln
	MoonWorks media, Miesbach
Coverbild	© Bonninstudio / Stocksy.com
Druck und Bindung	DCM Druck Center Meckenheim GmbH
Bestellung	Über den Fachbuchhandel oder versandkostenfrei unter squeaker.net
ISBN	978-3-946526-42-1

Über die Autoren

Stefan Menden ist Mitgründer der Karriere-Community squeaker.net und hat als Strategieberater und Mitglied des Recruiting-Teams bei Oliver Wyman gearbeitet. Seit über fünfzehn Jahren ist er zum Thema Bewerbung bei Unternehmensberatungen und anspruchsvolle Einstellungstests als Autor, Referent und Experte bekannt. Das Redaktionsteam setzt sich aus Beratern von McKinsey und Strategy& (die Strategieberatung von PwC) sowie Absolventen der Universitäten Köln, Witten-Herdecke und der WHU zusammen. Die Qualitätssicherung des Buches wird darüber hinaus durch Mitarbeiter weiterer namhafter Unternehmensberatungen unterstützt.

Nachhaltigkeit bei squeaker.net

Im squeaker.net-Team achten wir darauf, unseren Beitrag zu einer nachhaltigen Welt zu leisten. Als Verlag von Karrierebüchern haben wir eine besondere Verantwortung gegenüber dem Druckhandwerk. Um einen verantwortlichen Umgang mit unseren globalen Waldressourcen zu sichern, zertifizieren wir unsere Karrierebücher nach dem FSC®-System. Darüber hinaus kompensieren wir den CO_2-Wert unserer Druckaufträge, indem wir für die verursachten CO_2-Emissionen Zertifikate aus Klimaschutzprojekten erwerben.

Disclaimer

Die dargestellten Cases sind frei erfunden, werden aber in ähnlicher Form im Bewerbungsprozess bei Unternehmensberatungen zum Einsatz gebracht. Die verwendeten Firmen- und Markennamen sind urheberrechtlich geschützt, ihre Rechte verbleiben bei den jeweiligen Rechteinhabern. Trotz sorgfältiger Recherchen können Verlag und Autoren für die Richtigkeit aller Angaben keine Gewähr übernehmen.

Bitte nicht kopieren oder verbreiten

Das Buch einschließlich aller seiner Teile ist urheberrechtlich geschützt. Alle Rechte, insbesondere das Recht auf Vervielfältigung, Verbreitung sowie Übersetzung, bleiben dem Verlag vorbehalten. Kein Teil des Werkes darf in irgendeiner Form ohne schriftliche Genehmigung des Verlages gespeichert, kopiert, übersetzt oder verbreitet werden. Kaufen Sie sich Ihr eigenes Exemplar! Nur so können wir dieses Projekt qualitativ weiterentwickeln..

Inhalt

Einleitung

Wir gratulieren Ihnen zum Erwerb des marktführenden Ratgebers für die Bewerbung bei Top-Management-Beratungen. Mit der aktualisierten und überarbeiteten 2020er-Version des Insider-Dossiers »Bewerbung bei Unternehmensberatungen« sind Sie Ihrem Ziel, Unternehmensberater zu werden, bereits ein gutes Stück näher gekommen.

Die meisten namhaften Beratungsfirmen gestalten ihre Interviews grundlegend anders als dies in jeder anderen Branche üblich ist. Sie erwarten von ihren zukünftigen Mitarbeitern überdurchschnittliche Fähigkeiten bei der Problemlösung und -strukturierung sowie der Kommunikation. Um diese Fähigkeiten ausgiebig zu prüfen, verwenden sie Fallstudien in ihren Bewerbungsgesprächen.

Wir nutzen regelmäßig das Feedback aus den vorangegangenen Auflagen des Buches, um jährlich den aktuellsten Ratgeber herausgeben zu können. Ihnen bietet dies die bestmögliche Vorbereitung auf Ihre anstehenden Bewerbungsgespräche bei den führenden Beratungen.

In diesem Buch lernen Sie ...

... welche Arten von Cases es gibt, welche Frameworks Ihnen bei der Lösung der verschiedenen Case-Typen helfen und wie Sie Ihre Antworten strukturieren. Ziel ist es, durch eine gründliche und umfassende Vorbereitung Ihre Erfolgschancen bei Case Interviews erheblich zu steigern.

Nachdem Sie dieses Buch durchgearbeitet haben, werden Sie ...

... ein gutes Verständnis für die Struktur und Anforderungen eines Bewerbungsgespräches bei Unternehmensberatungen haben, Ihr Wissen über Basiskonzepte und komplexe Zusammenhänge der Betriebswirtschaft aufgefrischt haben, sicherer im Umgang mit typischen Fallstudien-Fragen sein, entspannter in Ihr anstehendes Bewerbungsgespräch gehen – und im besten Fall einen Anstellungsvertrag bei der Unternehmensberatung Ihrer Wahl in den Händen halten.

Dieses Buch ist der Marktführer, weil ...

... wir das inhaltliche Vorgehen der einzelnen Unternehmensberatungen aus zahlreichen Interviews mit Bewerbern, die kürzlich zu einem Case Interview bei einer namhaften Beratung eingeladen wurden, herauskristallisiert haben. Wir greifen dabei auf das Wissen der über 150.000 Mitglieder unserer squeaker.net-Community und der zufriedenen Leser der vergangenen 15 Auflagen dieses Buches zurück. Anders als allgemeine Ratgeber aus den USA können wir so speziell auf die Besonderheiten bei der Bewerbung bei Top-Beratungen in Europa vorbereiten.

QR-Code

Die wichtigsten Internetlinks haben wir in Form eines QR-Codes dargestellt. Folgender QR-Code führt Sie beispielsweise direkt zur Consulting-Rubrik auf *squeaker.net/Karriere/ Consulting*.

Kein anderer Ratgeber zur Bewerbung bei Unternehmensberatungen wurde in den letzten Jahren im deutschsprachigen Raum häufiger verkauft. Gleichzeitig erfährt dieses Buch als einziges die anhaltende Unterstützung durch alle namhaften Unternehmensberatungen in Form von Praxistipps und Unternehmensprofilen.

Dieses Buch ist zum Arbeiten gedacht …

… und wurde von Insidern und erfahrenen Unternehmensberatern geschrieben, nicht von Berufsredakteuren. Durch unseren authentischen, direkten und nutzenorientierten Stil, bieten wir Ihnen die beste Vorbereitung. Verlassen Sie sich bei der Vorbereitung auf das anspruchsvolle Case Interview nicht auf die oberflächlichen Tipps in kostenlosen Branchen-Broschüren. Wir raten Ihnen, das Buch durchzuarbeiten und die Systematik des Case Interviews auf dieser Grundlage weiter zu üben. Versuchen Sie nicht, Aufgaben auswendig zu lernen, sondern denken Sie sich in die Situation des Case Interviews und in die Erwartungshaltung Ihres Interviewers hinein. Lernen Sie, basierend auf Frameworks Ihren Case zu strukturieren und Ihre eigene Lösung zu entwickeln. Sie werden merken, dass Sie dadurch am besten vorbereitet sind und entspannter ins Bewerbungsgespräch gehen.

Mit Ihrer Hilfe entwickelt sich dieses Buch weiter …

… indem Sie Ihre Erfahrungen aus dem Case Interview und die Case-Aufgaben, Brainteaser oder sonstigen Tipps als Erfahrungsbericht unter squeaker.net/report eintragen. Sie profitieren bei Ihrer Bewerbung von den Erfahrungsberichten tausender squeaker.net-Mitglieder – helfen Sie umgekehrt auch anderen mit Ihrem Insider-Wissen.

Wenn Sie Feedback, Lob, Anregungen oder Kritik zu diesem Buch haben, eventuelle Fehler entdecken oder Ihre eigenen Case-Ideen und -Lösungen beisteuern möchten, freut sich der Autor Stefan Menden über Ihre E-Mail: Stefan.Menden@squeaker.net.

Wir wünschen Ihnen eine anregende Lektüre und viel Erfolg bei Ihren anstehenden Interviews!

Stefan Menden und die squeaker.net-Redaktion

Feedback

Unterstützen Sie dieses Buchprojekt
Um das Buch kontinuierlich weiterentwickeln zu können, sind wir auf Ihre Mithilfe angewiesen. Bitte schicken Sie uns Ihr Feedback oder Verbesserungsvorschläge über unser Feedback-Formular unter *squeaker.net/ buchfeedback*.

Kapitel I: Die Bewerbung

1. Die Berater-Branche

Consulting-Excellence-Studie

squeaker.net ermittelt im Rahmen der Consulting-Excellence-Studie jedes Jahr die attraktivsten Arbeitgeber: Unser Ranking zeigt, welche Arbeitsbedingungen Sie erwarten und mit wie viel Gehalt Sie rechnen können. Alle bisherigen Ergebnisse unter *squeaker.net/Karriere/ Consulting*.

Wozu brauchen Unternehmen Unternehmensberater?

Warum werden Problemstellungen an Unternehmensberatungen abgegeben, obwohl eine Lösung möglicherweise auch intern hätte gefunden werden können? Eine Unternehmensberatung zu engagieren verursacht Kosten, jedoch gibt es Vorteile und Gründe auf externes Wissen zurückzugreifen.

Unternehmensberatungen werden aus drei Gründen mit unternehmensinternen Problemstellungen betraut:

1. **Branchenexpertise/Ideen:** Ein Berater verfügt über spezielles Knowhow und Erfahrungen, die unternehmensintern nicht verfügbar sind oder nur langsam und teuer aufgebaut werden können.
2. **Methodenwissen:** Aufgrund von zahlreichen bereits durchgeführten Projekten ist ein Berater in der Anwendung von Managementmethoden ausgesprochen erfahren.
3. **Neutraler Außenseiter:** Ein Berater wird als unabhängiger Mediator benötigt, um organisatorische Konflikte zu vermeiden.

Die meisten Beratungsprojekte lassen sich einer der folgenden drei Kategorien zuordnen:

1. **Strategie** (z. B. Marktexpansion, Produktneueinführung, Diversifikation, Kooperation ...)
2. **Operative Effizienz** (z. B. Logistik, Produktivitätssteigerung, Qualitätssteigerung, Einkauf/Lieferantenintegration, Umsatzsteigerung ...)
3. Oft führen diese Projekte zu weiteren Aufgaben im Bereich der **Organisation** (z. B. Unternehmenssteuerung, Mitarbeiterführung, Profitcenter ...)

Die folgenden Listen zeigen die nach einer aktuellen Erhebung umsatzstärksten Managementberatungen in Deutschland. Aufnahmekriterien: Mehr als 60 Prozent des Umsatzes bzw. signifikant hohe Segmentumsätze werden mit klassischer Unternehmensberatung wie Strategie- sowie Organisations- und Prozessberatung erzielt.

Internationale Managementberatungen in Deutschland

Unternehmen	Umsatz 2018 (in Mrd. Euro)	Mitarbeiter 2018 (weltweit)
A.T. Kearney	1,1	3.600
Accenture	18,3	86.000
AlixPartners	k.A.	2.000
Aon Hewitt	1,6	15.000
Bain & Company	3,1	9.000
BearingPoint	0,7	4.574
Boston Consulting Group	6,4	18.500
Capgemini Invent	1,0	6.000
Deloitte	17,0	95.000
EY	8,1	59.794
IBM	6,5	36.500
KPMG	9,7	66.160
McKinsey & Company	8,6	28.000
Mercer	4,0	23.000
Oliver Wyman	1,7	5.000
PricewaterhouseCoopers	11,7	62.613
The Capital Markets Company	0,6	4.486
Willis Towers Watson	7,2	43.300

Quelle: Lünendonk & Hossenfelder GmbH, Mindelheim 2019 – Stand 24.06.2019 (Unternehmen, die nicht ihren Hauptsitz sowie die Mehrheit des Grund- und Stammkapitals in Deutschland haben und im Jahr 2018 signifikante Umsätze mit Managementberatungsleistungen in Deutschland erzielten, Umsatz- und/oder Mitarbeiterzahlen teilweise geschätzt)

Top 10 der deutschen Managementberatungen

	Unternehmen	Umsatz (in Mio Euro)		Mitarbeiter	
		2018	2017	2018	2017
1	Roland Berger	600,0	550,0	2.400	2.400
2	Simon-Kucher & Partners	309,0	252,0	1.137	1.009
3	Detecon	215,5	220,5	1.365	1.211
4	Horváth	209,0	177,0	843	711
5	Q_Perior	195,0	178,4	637	565
6	zeb	193,4	199,0	911	892
7	Porsche Consulting	173,0	139,0	580	470
8	KPS	172,2	160,3	591	487
9	d-fine	145,0	143,5	862	782
10	goetzpartners	119,2	110,0	361	341

Quelle: Lünendonk & Hossenfelder GmbH, Mindelheim 2019 – Stand 24.06.2019 (Unternehmen, die ihren Hauptsitz sowie die Mehrheit des Grund- und Stammkapitals in Deutschland haben)

squeaker.net-Ranking

Das squeaker.net-Ranking der Unternehmensberatungen 2019 in Deutschland zeigt Ihnen, wie attraktiv die Beratungen als Arbeitgeber für die Zielgruppe der hochqualifizierten Nachwuchskräfte sind.

1. Boston Consulting Group
2. McKinsey & Company
3. Bain & Company
4. Roland Berger
5. Deloitte
6. Strategy&
7. Horváth & Partners
8. Accenture
9. EY
10. KPMG
11. Porsche Consulting
12. Siemens Management Consulting
13. Simon-Kucher & Partners
14. Capgemini Invent
15. BearingPoint

Die Rangliste basiert auf der Anzahl der Teilnehmer der Consulting-Excellence-Studie von squeaker.net, die sich definitiv bei dem Unternehmen bewerben wollen. Insider-Tipp: Top-Unternehmen, die als Arbeitgeber für Sie interessant sind, können Sie auf *squeaker.net* »folgen«.

Lernkurve

»Ich behaupte, dass die
Lernkurve in keinem
Beruf steiler ist als in der
Unternehmensberatung.
Wer schnell viele Dinge
lernen möchte, die später
auch in anderen Funkti-
onen hilfreich sein wer-
den, ist in der Beratung
bestens aufgehoben.«
Stephan Butscher,
Chief Talent Officer,
Simon-Kucher & Partners

2. Arten von Unternehmensberatungen

Management-Beratung ist nicht gleich Management-Beratung.
Recherchieren Sie den Markt und entwickeln Sie ein Verständnis für die
Unterschiede zwischen den Firmen und welche zu Ihnen passt. Nutzen
Sie hierfür die Insider-Informationen der squeaker.net-Community und
knüpfen Sie Kontakte im Netzwerk. Berücksichtigen Sie bei der Planung
Ihrer Consulting-Karriere die Segmentierung der Branche. Wir haben
eine Unterteilung der bekanntesten Unternehmen – je nach ihren
Schwerpunkten – in Full Service, Strategieberatungen und Boutiquen
vorgenommen. Anhand der Unterscheidungsmerkmale »Umsatz pro
Consultant« und »Anzahl der Consultants« erhält man folgende grobe
Übersicht:

Prinzipdarstellung (beispielhafte Firmenauswahl)

Full Service / Business Innovation / IT

Auch nach dem Outsourcing-Hype der vergangenen Jahre sehen
Unternehmen in einer stärkeren Fokussierung auf ihre Kernkompetenz
wesentliches Effizienzpotenzial. Erfahrungen aus der Zulieferindustrie
zeigen, welche Einsparungen in der Ausgliederung von ganzen Dienst-
leistungs- und Verwaltungsbereichen möglich sind. So genannte
»Innovationspartnerschaften« – der Aufbau von Co-Kompetenzen mit
Dienstleistungsanbietern zur Übernahme gesamter Geschäftsfunk-
tionen – stellen dabei hohe Anforderungen an die Organisation von
Unternehmungen.

In der Beratungsbranche entstanden vor diesem Hintergrund
sogenannte Full Service-Beratungen. Sie sind nicht auf einzelne Practices
oder Industrien spezialisiert, sondern integrieren als Komplettanbieter
alle Beratungs-, IT-Service- und Outsourcing-Leistungen für Unternehmen
der verschiedensten Branchen. Mit ihrem breiten Leistungsspektrum,

ihrer globalen Reichweite und ihrer personellen Größe sind sie so in der Lage, langfristige Partnerschaften einzugehen. In einer Studie des Marktforschungsinstituts Lünendonk werden Accenture, T-Systems, IBM, Capgemini, NTT Data, msg systems und Atos Information Technology als führende IT-Beratungs- und Systemintegrations-Unternehmen in Deutschland aufgeführt.

Strategieberatungen

Strategieberatungen spezialisieren sich auf Strategieprojekte mit einer kleinen Teamstärke. Die einzelnen Consultants sind deutlich höher bezahlt als bei Full Service-Beratungen. Strategieberatungen rekrutieren trotz ihres hohen Bedarfs an neuen Beratern sehr selektiv und sind bekannt dafür, die Besten eines Jahrgangs zu suchen. Der Arbeitsalltag ist von 60-Stunden-Wochen und viel Reiseaktivität geprägt. Aus der Intensität der Zusammenarbeit im Team leitet sich dementsprechend eines der Hauptkriterien für Einstellungsgespräche ab: der sog. Personal Fit, die nahtlose Integration in das bestehende Team an Beratern.

Boutiquen

Boutiquen haben üblicherweise eine funktionale oder eine Branchenspezialisierung. Sie sind Experten auf ihrem Gebiet, jedoch können (und wollen) sie nicht alle Aufgaben bei ihren Klienten abdecken. Da die Unternehmen deutlich kleiner sind, meist nur eines oder wenige Offices haben, ist die Arbeitsatmosphäre entsprechend persönlicher.

Inhouse Consultants

Im Markt der Inhouse-Beratungen offenbaren sich für Top-Talente interessante Karrierealternativen. Die Besonderheit ist, dass Sie die Methodik der Unternehmensberatung erlernen und darüber hinaus einen namhaften Konzern von innen kennenlernen. Zudem haben Sie die Chance, nach einiger Zeit ins Konzernmanagement zu wechseln. Große Konzerne bauen zunehmend eigene Consulting-Sparten auf. Ihre Inhouse Consultants stehen häufig im Wettbewerb zu externen Beratungen. So sollen die hohen Beraterkosten eingespart werden. Zudem möchte man das in Beratungsprojekten aufgebaute Wissen innerhalb des Konzerns halten und hochtalentierte Mitarbeiter mit »Berater-Profil« an den Konzern binden. Die Arbeitsweise ist der anderer Beratungshäuser ähnlich – meistens wurden die Consulting-Sparten von ehemaligen Partnern der bekannten Consulting-Unternehmen mit aufgebaut. Inhouse Consulting-Sparten findet man in zahlreichen Konzernen – zu den bekanntesten zählen u.a. Siemens Management Consulting, innogy Consulting, DB Management Consulting, thyssenkrupp Management Consulting, Volkswagen Consulting und Allianz Inhouse Consulting.

Insider-Tipp

Eine detaillierte Übersicht zu weiteren studentischen Beratungen an verschiedenen Hochschulen, Ihren Tätigkeiten und Möglichkeiten zur Kontaktaufnahme finden Sie unter: *squeaker.net/ Studentische-Unternehmensberatung*

Exkurs: Studentische Unternehmensberatung

Die Berufserfahrung neben dem Studium ist mittlerweile ein entscheidender Punkt in jedem Lebenslauf und wird von vielen Personalern vorausgesetzt. Gerade wenn Sie nach dem Studium in einer Unternehmensberatung Fuß fassen möchten, sind gute Noten, Auslandserfahrungen und relevante Praktika unerlässlich. Deshalb sollten Sie die Möglichkeit in Betracht ziehen, in einer studentischen Unternehmensberatung Praxiserfahrungen zu sammeln. Der Unternehmenszweck von studentischen Unternehmensberatungen (meist Vereine an Universitäten und Fachhochschulen) zielt darauf ab, möglichst vielen wirtschaftlich orientierten Studenten eine praxisnahe Ausbildung zu ermöglichen. Das Engagement in studentischen Unternehmensberatungen ist freiwillig und dauert in der Regel zwei bis vier Semester. Mehr Zeit ist meistens aber auch gar nicht nötig, denn durch die Zusammenarbeit mit renommierten Kunden können Sie Kontakte für Ihre Zeit nach dem Studium knüpfen oder als Absolvent durch eine ausgezeichnete Arbeit während des Projektes Ihre Chance zu einer Übernahme durch den Kunden erhöhen. Durch die zeitlich begrenzte Mitarbeit entsteht eine hohe Fluktuation innerhalb der studentischen Beratung. Dies bietet Ihnen die einfache Möglichkeit, in das Unternehmen »hineinzuschnuppern«, da die Posten nur kurze Zeit besetzt sind und immer wieder neue Projekte in den unterschiedlichsten Bereichen starten. Die Projekte werden meistens interdisziplinär besetzt, um möglichst viele unkonventionelle Ideen und Methoden zu kombinieren und zu entwickeln. Dadurch können Sie Ihren eigenen fachlichen und persönlichen Horizont erweitern und lernen, andere Sichtweisen zu bewerten und anzunehmen.

Der besondere Reiz einer studentischen Unternehmensberatung liegt in der Möglichkeit, Projekte für namhafte Firmen zu bearbeiten und dabei maximale Verantwortung für das eigene Handeln zu übernehmen. Hinzu kommt der direkte Kundenkontakt auf einer hohen Hierarchieebene, der in einer klassischen Unternehmensberatung viele Jahre Erfahrung erfordert. In etablierten Beratungen übernimmt man selten von Anfang an die volle Verantwortung, in studentischen Beratungen ist das aber ein Muss. Wenn Sie sich direkt einbringen und engagiert an Aufgaben herangehen, können Sie am Ende auf ein Projekt zurückschauen, das Ihre Handschrift trägt und dessen Ergebnisse beim Kunden umgesetzt werden. Die folgenden Portraits von BDSU und JCNetwork geben einen Überblick in die großen Netzwerke studentischer Beratungen und jungen Management Consultants. Die zentralen Mehrwerte zeigen, warum auch Sie sich bei einer studentischen Unternehmensberatung engagieren sollten.

BDSU – Bundesverband Deutscher Studentischer Unternehmensberatungen

Der BDSU vereint die 31 führenden Studentischen Unternehmensberatungen Deutschlands und fördert engagierte Studierende. Das sind die Mehrwerte:

1. Die Mitarbeit in externen Beratungsprojekten. Wer in einem Beratungsprojekt einer Studentischen Unternehmensberatung mitgewirkt hat, ist sensibilisiert für unternehmerische Fragestellungen und geschult im Umgang mit dem Kunden.
2. Das interne Vereinsengagement. Studentische Unternehmensberatungen sind von der Organisationsstruktur her an die »echten« Unternehmen angelehnt. Sie verfügen über verschiedene Abteilungen wie Akquise, Marketing und Qualitätsmanagement sowie einen gewählten Vorstand. Dadurch wendet man die Theorie direkt in der Praxis an und entwickelt Führungsqualitäten.
3. Der Netzwerkfaktor. Über den fachlichen und persönlichen Austausch bei den regelmäßig stattfindenden Treffen, wird auch der Kontakt zu den großen Beratungsunternehmen hergestellt. Häufig entstehen so unkomplizierte Kontaktmöglichkeiten, die einen Einstieg in die Beratung erleichtern.

www.bdsu.de

JCNetwork – Junior Consultant Network

Das Junior Consultant Network bietet Ihnen die Möglichkeit, während Ihres Studiums eine intensive Entwicklungsphase zu durchlaufen, die Ihnen wichtige Kompetenzen und Kontakte für einen idealen Berufseinstieg in der Unternehmensberatung verschaffen.

Am Ende dieser Ausbildung haben Sie sich im Rahmen Ihres freiwilligen Engagements in einer studentischen Unternehmensberatung persönlich und fachlich weiterentwickelt. Sie haben Praxiserfahrungen in internen und externen Projekten gesammelt. Sie haben sich ein deutschlandweites Netzwerk von Junior Consultants und Unternehmensberatern aufgebaut. Sie haben sich im Kontakt zu Unternehmen bewiesen und reagieren durch diese Erfahrungen effizienter und selbstbewusster auf Herausforderungen im Beruf.

Ihre Qualitäten werden durch das Certified Junior Consultant (CJC) zertifiziert, das vom JCNetwork ausgestellt wird und in der Wirtschaft einen hohen Stellenwert hat. Es bestätigt, dass Sie Fähigkeiten, wie zum Beispiel Professionalität und Flexibilität, wichtige Praxiserfahrungen und die nötigen Kompetenzen für den Beruf eines Unternehmensberaters mitbringen. Des Weiteren haben Sie die Gelegenheit Ihr erlerntes Wissen auch in Pro Bono Projekten einzusetzen und so der Gesellschaft und gemeinnützigen Organisationen etwas von Ihren Fähigkeiten zurückzugeben.

www.jcnetwork.de

Insider-Tipp

»Die Mobilitätsbranche ist für mich der aktuell spannendste Wirtschaftsbereich überhaupt. Das war auch der Grund, warum ich nach meinem Master in BWL an der Uni Mannheim über ein internationales Traineeprogramm im Konzern zur Volkswagen Consulting gekommen bin.«

Christian Meixner,
Volkswagen Consulting

3. Kompetenzen der Strategieberatungen

Die namhaftesten Beratungshäuser kommen aus der Domäne der Strategieberatungen und sind dementsprechend ganz weit oben auf der Prioritätenliste der Bewerber angesiedelt. Aus diesem Grunde präsentieren wir das Geschäftsmodell der gängigen Strategieberatungen, indem wir die sog. Practice-Groups näher betrachten und ausleuchten, welche Projektarten in diesen Gruppen durchgeführt werden. Die Practice-Groups organisieren sich zum einen um Branchen und zum anderen um Funktionen. Die gröbste Unterteilung von Industrien ergibt sich aus der Unterscheidung zwischen Kunden aus dem privaten und dem öffentlichen Sektor.

Privater Sektor

Die folgende Tabelle fasst die Practice-Groups der Beratungen überblicksartig zusammen und nennt Projektbeispiele bzw. mögliche Interview Cases aus den jeweiligen Bereichen:

Practice Groups Branchenorientiert	Typische Projektinhalte / Interview Cases
Automotive	Restrukturierung Automobilzulieferer[2] Optimierung Produktentwicklungsprozess[1]
Chemie/Energie	Geschäftsfelderweiterung eines Stromkonzerns[1] Risiko-Management im Rohstoffhandel
Financial Services	Ertragslage und digitale Vertriebswege einer Versicherung[2] Profitabilität von Kundengruppen einer Versicherung[1] Gebührenstruktur einer Kreditkarte[1] Online-Aktion für Privatkredite[1] Umbau einer Verkehrsinfrastruktur[2]
Pharma/Health Care	Business Case für ein Gesundheitszentrum[2] Markteinführung eines neuen Medikamentes[2]
Retail	Cash-Back-System einer Supermarktkette[2] Effekte eines Rabattes im LEH[2] Flagship Store Strategie einer Bekleidungskette[2] RFID Einführung[1] Stationärer Möbelhändler[2]
Consumer Goods	Umsatzrückgang bei Windeln[1] Margenprobleme bei einem Hersteller von Süßigkeiten[2]
Telekommunikation	Marketing von VoIP-Telefonanlagen[2] Strategie DSL-Produkte eines Telekommunikationskonzerns[2]
Aviation	Geschäftserweiterung eines Flughafens[1] Geschäftsmodell Low Cost Airline[1]
Travel & Transportation	Call-a-Bike Geschäftsmodell[1] Verkehrsproblem einer Stadt[2]

Tourism & Leisure	Marktpositionierung Fitnesstudio[2] Wachstumsstrategie eines Touristikkonzerns[2]
Logistik	M&A in der Cash Logistics Branche[2] Fall des Postmonopols[1] Restrukturierung einer Spedition[1]
Industrials	Working Capital Optimierung eines Industrieunternehmens[2] Total Cost of Ownership beim Kauf von Industrieanlagen[2]
Aerospace & Defense	Supply Chain Management eines Flugzeugbauers Marktstrategie Rüstungskonzern
Public Sector	Einführung Innenstadtmaut[2] Verkauf einer Brücke[2] Einführung LKW-Maut[1]

Practice Groups Funktionsorientiert	Typische Projektinhalte / Interview Cases
Corporate Finance	Bewertung von Synergien[1] Bewertung Akquisition einer Bank[1] M&A eines Automobilzulieferers[2]
Marketing	Preisoptimierung bei einem Parfumhersteller[1] Marketingstrategie bei Produktinnovationen[1]
Organisation/HR	Personalstrategie[2] Top-Management-Kompensation
Risk Management	Absicherungstransaktionen gegen Währungsrisiken Asset Management
IT	IT-Strategie und Aufbauorganisation Prozessdokumentation für SAP-Einführung
Manufacturing / Operations	Qualitätsprobleme in der Wertschöpfungskette[2] Vertriebsstrategie bei einem Batteriehersteller[1]
Strategie	Strategieentwicklung für das Service-Geschäft im Anlagenbau[2] Produkteinführung bei einem Getränkehersteller[2]

1) Beispiel-Case in diesem Buch
2) Interaktiver Interview Case zum Üben im Buch »Consulting Case-Training«

Die meisten Strategieberatungen sind in diesen oder ähnlichen Practice-Groups organisiert, wobei mit Größe der Beratung die Wahrscheinlichkeit steigt, dass tatsächlich alle Themenfelder bedient werden. Berufsein-steiger werden häufig in den ersten zwei Jahren auf Projekte von unter-schiedlichen Practices eingesetzt, um so ein möglichst breites Spektrum an Industrien kennen zu lernen. Dieses Generalistentum gehört für viele Bewerber zu den attraktivsten Eigenschaften des Berufs. Nichtsdestotrotz ist es bei einigen Beratungshäusern üblich, sich von Anfang an auf eine Industrie oder eine Funktion zu konzentrieren.

Insider-Tipp

»Ich arbeite mit hoch-motivierten Kollegen gemeinsam an strate-gisch relevanten Themen auf Vorstandsebene.«
Dr. Tim Gülke,
**Volkswagen Consulting
(China Office)**

Öffentlicher Sektor

Der öffentliche Sektor stellt einen der Bereiche dar, in dem Exoten, d. h. Bewerber mit nicht-wirtschaftswissenschaftlichem Hintergrund, die prädominante Gruppe darstellen. Die drei größten Spieler im »Public Sector« innerhalb Deutschlands sind McKinsey, Roland Berger sowie Strategy&, die Strategieberatung von PwC. Es gibt aber auch viele kleine spezialisierte Beratungen.

Einstiegstypen in der Beratung

Einsteigertyp	Hintergrund	Erfahrung	Einstiegsoptionen
Generalist	Bachelor, Master oder Doktor im Rahmen eines klassischen BWL- oder ähnlichen Studiums (International Management etc.)	Keine direkte Berufserfahrung, aber zumeist verschiedene Praktika in Beratung und/oder Industrie	Als (Junior-)Berater, keine Führungsverantwortung
Exot	Bachelor, Master oder Doktor im Rahmen eines Studiums der Naturwissenschaften, Ingenieurwissenschaften, Geisteswissenschaften, Musikwissenschaften etc.	Keine direkte Berufserfahrung, aber zumeist verschiedene Praktika in Beratung und/oder Industrie	Als (Junior-)Berater, keine Führungsverantwortung
Quereinsteiger	Bachelor, Master oder Doktor im beliebigen Studium	Mehrjährige Berufserfahrung in der Industrie oder in einer anderen Beratung, dadurch gewisse Industrieexpertise	Je nach Tiefe der Industrieexpertise, Erfahrungsgrad (meist gemessen in Berufsjahren) und Führungserfahrung als Berater, Projektleiter oder Partner

Insider-Tipp

»In der Beratung kann man durchaus länger bleiben als die typischen drei Jahre nach dem Studienabschluss. In einem entsprechenden Umfeld funktioniert Beratung auch sehr gut als Langzeitmodell.«
Christian Säuberlich,
Mitglied des Vorstands,
Andersch

4. Hierarchiestufen

Analyst, Associate Consultant, Principal, Director – die meist englischen Stellenbezeichnungen bei den Beratungshäusern sind auf den ersten Blick verwirrend und uneinheitlich. Um Licht ins Dunkel zu bringen, haben wir eine Übersicht über die gängigen Hierarchiestufen erstellt. Tatsächlich ist der Idealaufbau einer Beratung pyramidenförmig. Während die Partner ihr Netzwerk und ihre Bekanntheit einsetzen, um Projekte zu akquirieren, werden diese üblicherweise von Principals und der Manager-Ebene geleitet. Senior Associates und erfahrene Consultants bearbeiten die Untermodule der Fälle. Junge Berater bearbeiten Teilaufgaben in diesen Modulen.

Director, Partner

Principal/ Junior Partner

Case Team Leader, Manager, Project Leader, Senior Associate, Engagement Mananager

(Senior) Associate, Consultant

Fellow, Analyst, Associate Consultant, Business Analyst, Associate

Bachelors in der Beratung

Tanja Ebner, Bachelor-Absolventin der Universität Regensburg und Principal bei **Oliver Wyman** *erzählt von ihren Erfahrungen:*

»Bin ich durch den Bachelorabschluss qualifiziert genug für den Berufseinstieg?« fragte ich mich wie so viele meiner Kommilitonen nach sechs Semestern an der Universität. Doch da ich mir mit meinem BWL-Studium eine gute theoretische Basis schaffen konnte und sehr gut bewertete Praktika in den verschiedensten Bereichen gemacht hatte, lösten sich etwaige Zweifel zum Berufseinstieg schnell auf.

Das erste Projekt: Bei meinem Start bei Oliver Wyman war ich von Tag eins an als vollwertiges Teammitglied auf einem Kundenprojekt vor Ort und wurde gleich in das Jahr 2040 versetzt. Für einen internationalen Energieversorger waren zwei Fragen zu beantworten: Wie wird sich der Weltmarkt für Elektromobilität in den nächsten 30 Jahren entwickeln? Mit welchem Geschäftsmodell kann sich ein Energieversorger in diesem Markt positionieren?

Die nächsten Schritte auf der Karriereleiter: Seitdem konnte ich von der Solarbranche bis hin zum Einzelhandel verschiedenste Branchen kennenlernen und mit der schnell zunehmenden Verantwortung meine Fähigkeiten rasch ausbauen.

Mein Fazit nach vielen Jahren in der Unternehmensberatung: Mein Anspruch war es von Anfang an, in einem schnell wachsenden Unternehmen als Bachelor flexible Entwicklungsmöglichkeiten zu haben. Besonders beeindruckend ist für mich die geltende Devise »vom Bachelor zum Partner«. Wann und ob ich an die Universität zurückkehre, um einen Master oder MBA zu absolvieren, entscheide ich allein und werde darüber hinaus dabei unterstützt. Oliver Wyman ist meinen Ansprüchen mehr als gerecht geworden. Darüber hinaus macht die Arbeit aufgrund der internationalen Projekte und der kollegialen und offenen Firmenkultur jeden Tag Spaß.

Einstieg als Bachelor

»Bachelors bringen alles für einen Einstieg in die Managementberatung mit. Bei Oliver Wyman starten Bachelors unbefristet als Berater und können so direkt nach ihrem Studium Berufserfahrung sammeln.«
Carla Polo,
Recruiting Manager,
Oliver Wyman

Insider-Tipp

Manchmal können Sie im Vorfeld die Namen und Practice Groups Ihrer Interviewer herausfinden, z.B. über Freunde, die in derselben Beratung arbeiten. Nutzen Sie diesen Wissensvorsprung und bereiten Sie sich auf Themen der jeweiligen Practice Group vor.

5. Ablauf des Bewerbungsverfahrens

Auswahl Firmen	Bewerbung	Screening
● Recruitingmessen ● Firmenwebsites ● Online Communities ● Presse, Broschüren ● Kontakte	● Anschreiben ● Lebenslauf ● Bewerbungsmappe ● Zeugnisse	● Lebenslauf-Screening ● Muss-Kriterien (Noten, Praxiserfahrung, Sprachen...) ● Gesamtbild ● Ggf. Telefoninterview

Ggf. Praktikum

1. Runde	2. Runde	Angebot / Auswahl
● Cases ● Personal Fit ● Ggf. Analytiktest	● Cases ● Personal Fit ● Partnergespräch ● Ggf. Präsentation ● Ggf. Gruppenaufgabe	● Gehalt ● Sonstige Leistungen ● Zeitpunkt, Ort ● Position

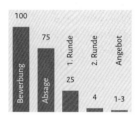

Kandidaten pro Bewerbungsstufe

Trotz der Unterschiede zwischen den zahlreichen Unternehmens-beratungen hat sich ein relativ homogenes Bewerbungs- und Auswahl-verfahren durchgesetzt. Die Grafik gibt Ihnen einen Überblick über die typischen Stufen des Bewerbungsverfahrens.

Bei Bewerbungen bei den namhaften Top-Beratungen reduziert sich das »Teilnehmerfeld« entlang dieser Kette dramatisch, wie die Prinzip-darstellung zeigt: Von 100 Bewerbern erhalten durchschnittlich weniger als fünf ein Angebot.

Bewerbungsunterlagen und Telefoninterview

Sie sehen: Die zumindest quantitativ größte Hürde nehmen Sie mit Ihren Bewerbungsunterlagen. Diese müssen auf jeden Fall vollständig sein und sollten keine unerklärten Lücken lassen. Achten Sie sowohl bei Ihrem Anschreiben als auch Ihrem Lebenslauf darauf, dass Sie die für die ange-strebte Stelle wesentlichen Punkte klar herausstellen. Sie bewerben sich bei einer Strategieberatung? Zeigen Sie anhand Ihrer praktischen Erfahrung, dass Sie bereits an strategischen Themen gearbeitet haben, wann Sie Führungserfahrung gesammelt haben oder wo Sie Ihre analytischen Fähig-keiten bereits einsetzen konnten. Eine Vielzahl an Tipps zur Gestaltung Ihrer Unterlagen finden Sie auch auf *squeaker.net*. Nutzen Sie solche Tipps und lassen Sie einen Freund Ihre Bewerbungsunterlagen auf Layout, Fehler und logische Stringenz überprüfen. Obwohl Ihnen mit den Case Interviews die größte Herausforderung noch bevorsteht, sollten Sie auch bei der Bewer-bungsvorbereitung äußerst sorgfältig arbeiten.

Bevor Sie zu einem Bewerbungsgespräch eingeladen werden, ist die nächste Hürde in seltenen Fällen ein kurzes Telefoninterview mit einem Mitarbeiter aus der Personalabteilung. Seien Sie nach dem Absenden Ihrer Bewerbung zur Sicherheit auf einen Anruf vorbereitet. Das Telefoninter-view dient – ähnlich den ersten Informationen aus Ihrem Lebenslauf wie

Insider-Tipp

»Unsere Interviews sind Dialog, nicht Kreuzver-hör. Unsere Kandidaten als Menschen kennen-zulernen, authentisch, offen und fundiert über akademische Leistun-gen hinaus, ist das Ziel! Unreflektierte Standard-floskeln, um ein ›Sollbild‹ nachzuahmen oder ›zu gefallen‹, sind es nicht.«
Julia Cedrati,
Leiterin Recruiting,
CTcon Management
Consultants

Noten, Studiendauer und bisherige praktische Erfahrungen – als Grobfilter. Hier geht es darum, weitere Informationen zu Ihrem Lebenslauf zu erhalten und einen ersten Eindruck von Ihrer Kommunikationsfähigkeit zu bekommen. Die Fragen, auf die Sie sich für ein Telefoninterview vorbereiten sollten, stimmen mit den Fragen im ersten Teil des Bewerbungsgespräches weitgehend überein.

Ihr Lebenslauf wirft Fragen auf

Planen Sie den gesamten Bewerbungsprozess bei der Erstellung Ihrer Bewerbung. Als angehender Berater sollte man das von Ihnen erwarten können. Passen Sie Ihre Bewerbung an die speziellen Schwerpunkte des jeweiligen Unternehmens und der ausgeschriebenen Stelle an. Verstehen Sie Ihren Lebenslauf nicht als einfache Auflistung von Daten, sondern als Ihr primäres und individuelles Selbstmarketing-Tool!

Unterschätzen Sie auf keinen Fall die Bedeutung von optimalen Bewerbungsunterlagen, denn sie sind Ihr Ticket zum Bewerbungsgespräch. Bedenken Sie, dass Personaler eine Vielzahl von Bewerbungen sichten – da bleibt für einen einzelnen Lebenslauf im Durchschnitt weniger als eine Minute Zeit. Zeigen Sie durch Ihre Unterlagen, dass der Durchschnitt für Sie nicht das Maß ist, denn sonst sollten Sie einen anderen Berufsweg ansteuern.

Sie haben an einem Studentenkongress im Ausland teilgenommen, einen Hochschulwettbewerb gewonnen oder bereits einige Präsentationsschulungen gemacht? Nutzen Sie diese Zusatzinformationen, um Ihre Vielfältigkeit zu unterstreichen. Beschränken Sie sich bei Ihrem Lebenslauf auf die wichtigen Stationen, steuern Sie die Eindrücke des Personalers durch gezielte Informationshäppchen. Aber lassen Sie auch bewusst kleine Stationen aus – das macht Appetit auf mehr. Bei einem perfekt geplanten »Curriculum Vitae«-Storyboard wird Ihnen der Interviewer im Telefoninterview oder im Bewerbungsgespräch die Bälle für Ihre Anekdoten nur so zuspielen – und Sie segeln gelassen dem Case Interview entgegen. Ein klein wenig mehr Arbeit und Sorgfalt bei der Erstellung, ein sauberes Layout, keine Rechtschreibfehler und ein ersichtlicher roter Faden können den Unterschied ausmachen – und Ihre Bewerbung aus der Masse hervorheben.

Das Bewerbungsgespräch

Geschafft! Endlich sind Sie eingeladen. Wahrscheinlich erhalten Sie eine schriftliche Einladung mit einigen Hinweisen zum Unternehmen und zum Bewerbungsprozess. Nehmen Sie sich die Hinweise zu Herzen und recherchieren Sie gründlich zum Unternehmen, zu den Beratungsschwerpunkten und zum Konkurrenzfeld. Sie sollten auf jeden Fall ein paar kluge Antworten parat haben, warum Sie in dieses Unternehmen passen.

Lebenslauf

»Da Ihre Bewerbungsunterlagen für uns eine erste Arbeitsprobe darstellen, sollten Sie auf Vollständigkeit, eine klare Struktur und auf eine übersichtliche Gestaltung achten.«
Natascha Nowotny,
Head of Recruiting,
Horváth & Partners
Management
Consultants

Insider-Tipp

»Zunehmend stellen wir fest, dass lediglich akademische und berufliche Stationen im Lebenslauf genannt werden, man jedoch wenig über die persönlichen Interessen liest. Doch gerade auch Hobbies und private Interessen sagen etwas über die Persönlichkeit des Bewerbers aus.«
Adelheid Lüring,
Consultant,
L.E.K. Consulting

Insider-Tipp

»Auf das persönliche Gespräch sollten Sie sich gut vorbereiten: Vor allem fachliche Aufgabenstellungen und methodische Lösungsansätze können geübt werden. Für uns ist darüber hinaus ein authentisches Auftreten und ein Schuss Humor sehr wichtig.«
Natascha Nowotny, Head of Recruiting, **Horváth & Partners Management Consultants**

Kleidung und Auftreten

Klingt selbstverständlich – scheint es aber laut den Aussagen einiger Personaler nicht zu sein. Für Ihr Vorstellungsgespräch sollten Sie so erscheinen, wie Sie auch später beim Kunden auftreten: professionell. Auch wenn der Umgangston zwischen Kollegen bei Unternehmensberatungen häufig freundschaftlich ist – bei der Bewerbung »verkaufen« Sie sich und sollten Ihrem »Preis« entsprechend auftreten: Dunkler Anzug/Kostüm, Hemd (bei Männern mit klassischer Krawatte), Lederschuhe. Im Zweifel lieber einen Tick zu formell als einen Tick zu informell.

Erste, zweite, dritte Runde

Je nach Unternehmen gibt es Unterschiede in der genauen Ausgestaltung des Bewerbungsverfahrens. Im Allgemeinen kann man sagen, dass bei der Praktikantenauswahl nach dem ersten Kontakt und dem Bewerbungsgespräch die Entscheidung gefällt wird. Bewerber um eine Festanstellung müssen mit ein bis zwei weiteren Bewerbungsrunden rechnen.

Für die erste Runde gilt

- für Praktikanten und Festeinsteiger ähnlicher Ablauf
- findet im lokalen/nationalen Office statt
- Interviewer sind Berater und Manager, selten Partner
- Personal Fit-Fragen und Cases

Die zweite Runde

- meist nur für Bewerber um eine Festanstellung
- Interviewer sind Manager und Partner
- Personal Fit-Fragen, Cases, improvisierte Test-Präsentation, Logiktests

Nach den jeweiligen Runden setzen sich die Interviewer gewöhnlich zusammen und diskutieren ihre Eindrücke von den Bewerbern. Dabei gilt meistens, dass ein Kandidat nur mit einem einstimmig positiven Votum ein Angebot erhält. Jeder Interviewer hat somit ein Veto-Recht. Bei manchen Beratungen kann ein Veto durch einen ranghöheren Partner überstimmt werden.

Eine eventuelle dritte Runde besteht oft aus einem persönlichen Gespräch mit einem Partner. Hier geht es meist nur noch um das Gehalt und das Projekt, mit dem Sie Ihre Beraterkarriere einläuten werden.

3 Tipps, um den perfekten Lebenslauf zu schreiben

1. In der Kürze liegt die Würze

Der Lebenslauf ist für die Bewerbung das zentrale Element und sollte daher übersichtlich sein. Der Recruiter und später der Interviewer möchten auf einen Blick sehen, welche Stärken der Kandidat hat und ob er zum Unternehmen passt. Daher sind auch Lebensläufe, die länger als maximal zwei Seiten sind, in der Regel ungeeignet. Sie möchten ja schließlich nicht schon im ersten Eindruck vermitteln, sich nicht auf die wichtigen Dinge fokussieren zu können.

2. Struktur ist ein absolutes Muss

Das zweite Qualitätsmerkmal eines guten Consulting-Lebenslaufs ist der Aufbau. Der Lebenslauf ist Ihre erste Arbeitsprobe und eine der wichtigsten Eigenschaften eines Beraters ist es, strukturiert zu sein. Beweisen Sie es also auch in Ihrem Lebenslauf. Eine gängige Struktur ist die Aufteilung in »Persönliche Daten«, »Ausbildung« und »Praktische Erfahrungen«. Arbeiten Sie hier am besten im amerikanischen Stil also in umgekehrter chronologischer Reihenfolge.

3. »Null-Fehler-Toleranz«

Beim Lebenslauf gilt wie später im Job als Berater die »Null-Fehler-Toleranz«. Wenn Sie es nicht schaffen auf ein oder zwei Seiten fehlerfrei zu arbeiten, wird man Ihnen nicht zutrauen, dass Sie dieses später in Ihrer Arbeit beim Kunden tun. Gehen Sie den Lebenslauf daher mehrmals Wort für Wort durch und lassen Sie ihn gegebenenfalls prüfen.

Wenn Sie sich nicht sicher sind, ob Sie die richtige Struktur für Ihren Lebenslauf gefunden haben, ist es ratsam, sich einige Vorlagen anzuschauen, die Sie im Netz finden können.

6. Elemente des Bewerbungsgesprächs

Zu den Elementen des Bewerbungsgesprächs gehören immer Fragen zum Personal Fit sowie einige Fallstudien. Weitere Inhalte können Logiktests und eine Test-Präsentation sein. Im Folgenden stellen wir die einzelnen Elemente kurz vor, um uns im Anschluss mit der detaillierten Bearbeitung der Fallstudien-Interviews zu befassen.

Bei den meisten Unternehmensberatungen erwarten Sie pro Bewerbungsrunde drei bis vier Gespräche von jeweils ca. einer Stunde Dauer. Ihre Gegenüber werden ein oder zwei Berater, Manager oder Partner sein. Nach dem Telefoninterview werden Sie wahrscheinlich keinen ausführlichen Kontakt mehr zum Recruiting-Personal haben. Die üblichen Bewerbungsgespräche bestehen zu ca. einem Drittel aus Personal Fit-Fragen zum Lebenslauf und zu Zweidrittel aus Fallstudien. Natürlich setzen die einzelnen Unternehmen unterschiedliche Schwerpunkte.

Insider-Tipp

»Wir suchen Persönlichkeiten, die für Strategieberatung und Mobilität brennen. Erfahrungen in diesen Bereichen erhöhen die Chancen für den Einstieg bei uns signifikant.«
Dr. Juliane Paul, Leiterin Projekt-, Prozess- und Budgetmanagement, **Volkswagen Consulting**

Insider-Tipp

»Entscheidend ist, dass sich ein Bewerber für verschiedene Themen begeistern kann und bereit ist, Verantwortung zu übernehmen. Relevante Auswahlkriterien sind neben den akademischen Leistungen und analytischen Fähigkeiten, auch praktische Erfahrungen und Engagement, das über das Curriculum hinausgeht.«
Nadja Peters, Director of Recruiting, **McKinsey & Company**

a) Personal Fit-Fragen

Bei Unternehmensberatungen müssen Sie täglich in kleinen Teams und unter hohem Druck zusammenarbeiten. Daher ist es besonders wichtig, dass die Teammitglieder auf einer Wellenlänge liegen und sich bei der Arbeit 100-prozentig aufeinander verlassen können. Neben Ihren fachlichen Fähigkeiten wird sich der Interviewer fragen, ob er mit Ihnen im selben Team arbeiten möchte oder ob es ihm etwas ausmachen würde, mit Ihnen allein über Nacht an einem Flughafen gestrandet zu sein. Diese Fragen beantworten Sie bereits teilweise durch Ihr Auftreten während des Interviews.

Üblicherweise erwarten Unternehmensberatungen folgende Eigenschaften von Ihnen:

- Kommunikationsfähigkeit
- Leistungswille, Drive, Energie, Begeisterungsfähigkeit
- Menschliche Reife, Führungsfähigkeit, soziale Kompetenz
- Flexibilität
- Problemlösungsfähigkeit, Kreativität
- Analytische Fähigkeiten
- Intelligenz, natürliche Neugierde

Insider-Tipp

»Der Schlüssel zu unserem Beratungserfolg liegt einzig und allein in unseren Mitarbeitern begründet: Menschen, die mit Scharfsinn, Fingerspitzengefühl und Tatkraft Veränderungen initiieren und voranbringen. Hier kommen authentische Persönlichkeiten zusammen. Deshalb auch mein Rat für den Bewerbungsprozess: Verstellen Sie sich nicht. Seien Sie ehrlich und authentisch. Wir suchen Originale!«
Stephan Weber,
Chief People Officer,
BearingPoint

Es gibt Personal Fit-Fragen, die Ihnen in jedem Beratungsunternehmen gestellt werden. Sehen Sie sich die folgenden Listen mit den häufigsten – bei Top-Beratungen in Europa gestellten – Fragen an. Überlegen Sie sich interessante und schlüssige Antworten auf diese Fragen bereits vor Ihrem Interview und notieren Sie sie als Bulletpoints. Aus unserer Erfahrung lassen sich die Personal Fit-Fragen in drei Gruppen unterteilen:

1. Lebenslauf-Fragen
2. Stress-Fragen
3. Motivations-Fragen

Lebenslauf- und Stress-Fragen zielen darauf ab, Sie anhand Ihrer Erfahrungen besser kennen zu lernen. Bei Stress-Fragen kommt noch hinzu, dass der Interviewer Ihre Reaktion auf besonders schwierige persönliche Fragen testen möchte. Motivations-Fragen testen, ob Sie wirklich Unternehmensberater werden möchten und sich ausreichend vorbereitet haben. Die folgenden Checklisten und Übungen bereiten Sie auf diesen Teil des Interviews sehr gut vor.

Checkliste 1: Die häufigsten Lebenslauf-Fragen

Überlegen Sie sich clevere Antworten auf diese Fragen bereits vor Ihrem Interview.

- *»Erzählen Sie von sich.«*
- *»Welche Schwerpunktfächer haben Sie im Studium besonders interessiert und warum?«*
- *»Warum sind Sie ausgerechnet zu dieser Universität gegangen?«*
- *»In welcher Situation haben Sie schon einmal Führungsverantwortung übernommen?«*
- *»In welcher Situation waren Sie ein guter Teamplayer?«*
- *»Erzählen Sie mir von einer Krise, die Sie gemeistert haben!«*
- *»Wann haben Sie schon einmal die Initiative ergriffen?«*
- *»Welche Leistungen geben Ihnen die größte persönliche Befriedigung?«*
- *»Was war die größte Herausforderung in Ihrem Leben und wie haben Sie diese bewältigt?«*
- *»Sind sie ein wirklicher Generalist? Wo haben Sie das bereits unter Beweis gestellt?«*
- *»Wie gut verstehen Sie sich mit Powerpoint / Excel?«*
- *»Wie gut sind Ihre Mathe-Fähigkeiten?«*
- *»Wie viel ist 6% von 43?«*
- *»Was sind Ihre Stärken?«*

Insider-Tipp

»Der Studiengang ist für uns nicht entscheidend. Wir setzen auf Vielfalt, auch was den akademischen Hintergrund angeht. Bewusst hat nur die Hälfte unserer Beraterinnen und Berater einen wirtschaftswissenschaftlichen Hintergrund. Was zählt, sind exzellente akademische Leistungen, Praxis- und Auslandserfahrung und das ›something else‹. Ein Thema oder ein Hobby, für das Kandidaten brennen, und das sie geprägt hat.«
Dr. Philipp Jostarndt,
Managing Director
and Partner,
Boston Consulting Group

Sie können Ihre Fähigkeiten anhand Ihrer Erfahrungen beweisen. Nutzen Sie diese Möglichkeit, um sich selbst im Klaren über Ihre Stärken und Schwächen zu werden. Die beiden nächsten Übungen werden Ihnen dabei helfen.

Übung 1: Fit für Personal Fit-Lebenslauf-Fragen

Die folgende Frage aus den Interviews einer Top-Beratung bringt das Interesse Ihres Interviewers auf den Punkt:
»Nennen Sie die sieben Eigenschaften die für einen Unternehmensberater Ihrer Meinung nach am wichtigsten sind. Anschließend bewerten Sie sich selbst anhand dieser Eigenschaften auf einer Skala von eins bis zehn und geben mir für Ihre Einschätzung Belege aus Ihrem Lebenslauf.«

Nutzen Sie zur Übung die folgende Tabelle, um Ihre Antworten zu strukturieren. Nutzen Sie diese Tabelle schon beim Erstellen Ihres Anschreibens und Lebenslaufs, indem Sie die wesentlichen Punkte akzentuieren. Am besten, Sie erstellen kurz vor Ihren Interviews noch einmal eine solche Übersicht, um die wesentlichen Punkte gut strukturiert und mit den notwendigen Belegen parat zu haben.

Insider-Tipp

Interviewer sehen mehrere Bewerber im Laufe des Bewerbungstags. Benutzen Sie bei der Beantwortung der Personal Fit-Fragen Bilder und Geschichten, um eine bleibende Erinnerung zu erzeugen. Später, wenn sich die Interviewer untereinander beraten, wird sich Ihr Interviewer viel besser an Sie und Ihre Antworten erinnern, wenn Sie ihm eine klare persönliche Marke vermitteln konnten – z. B. »der Gründer« oder »der Weltumsegler«.

Relevante Eigenschaft	Bewertung (1-10)	Beleg im Lebenslauf
Beispiel: Ausgeprägte analytische Fähigkeiten	8-9	Empirische Diplomarbeit Praktikum im Research einer Bank

Kritische Punkte im Lebenslauf?

Die zweite Übung »SWOT Introspektion« weiter unten bereitet Sie insbesondere auf Stressfragen vor, die vermeintlichen Schwachstellen in Ihrem Lebenslauf auf den Zahn fühlen sollen. Der Interviewer möchte wissen, ob Sie mit einer schwierigen Frage umgehen können, die Fähigkeit zur Selbstreflexion und -analyse besitzen und ob Sie tatsächlich eine bisher unaufgedeckte Schwäche haben. Erzählen Sie jetzt bloß nicht herzerweichende Leidensgeschichten, sondern nutzen Sie Ihre Notizen zu den kritischen Punkten aus Ihrer Selbstanalyse in der folgenden Übung.

Checkliste 2: Die häufigsten Stressfragen

Als zukünftiger Berater wird von Ihnen erwartet, auch in unerwarteten Situationen Ruhe und Übersicht zu bewahren. Seien Sie also darauf gefasst, auch mit überraschenden Fragen konfrontiert zu werden.

■ »Was ist Ihre größte Schwäche?«
■ »Was war bisher Ihr größter Misserfolg?«
■ »Warum hatten Sie in der 12. Klasse eine ,Drei' in Mathe?«
■ »Sie wollen Unternehmensberater werden, also wollen Sie keine Familie gründen?«
■ »Sie liegen deutlich über der Regelstudienzeit. Warum?«
■ »Sind Sie ein typischer BWLer?«
■ »Sie sind doch eigentlich gar kein Berater-Typ, oder?«

Übung 2: SWOT-Introspektion

Bei einer Top-Beratung wurde 2019 folgender kleiner Personal Fit-Case gestellt, der eine sehr gute Vorbereitung auf die verschiedenen Fit-Fragen ist: »*Wenden Sie die SWOT-Analyse auf sich selber an*«

Schauen Sie sich zur Übung die SWOT-Analyse aus Kapitel II.3 an. Tragen Sie in der folgenden SWOT-Tabelle Ihre Stärken und Schwächen ein sowie welche »Opportunities« und »Threats« Sie für das Beratungsunternehmen darstellen – sollte man Sie einstellen. Versuchen Sie, Ihre Ideen möglichst präzise und erschöpfend auf einige wenige, klare Punkte zu verdichten. Überlegen Sie, wie Sie für jeden der Punkte Beispiele oder Anekdoten nutzen können, um sich im besten Licht darzustellen.

SWOT-Introspektion

S:	W:
O:	T:

Gut vorbereitet?

Bevor die Beratung Ihnen ein Job-Angebot macht, möchte sie wissen, wie ernst es Ihnen mit Ihrer Bewerbung tatsächlich ist. Sind Sie nur hier, weil Consulting »in« ist und alle Ihre Kommilitonen bei einer der namhaften Beratungen sind? Sind Sie nur zum Üben da? Haben Sie die richtige Vorstellung vom Berater-Leben in der Firma und werden nicht in den ersten sechs Monaten enttäuscht wieder kündigen?

Checkliste 3: Die häufigsten Motivations-Fragen

Folgende Fragen prüfen, ob Sie tatsächlich Berater in dem jeweiligen Unternehmen werden möchten. Hinterfragen Sie Ihre Motivation und bereiten Sie sich gut auf die Branche und das Unternehmen vor.

- *»Warum möchten Sie Unternehmensberater werden?«*
- *»Warum möchten Sie gerade zu unserem Unternehmen?«*
- *»Welche Themen- oder Branchenschwerpunkte bei uns interessieren Sie?«*
- *»Bei welchen anderen Branchen/Beratungen haben Sie sich noch beworben?«*
- *»Wo sehen Sie unser Unternehmen im Vergleich zum Wettbewerb?«*
- *»Welche Ihrer Fähigkeiten passen am besten zu unserem Unternehmen?«*
- *»Wie stellen Sie sich den Beruf als Unternehmensberater vor?«*
- *»Wie viele Industrien, glauben Sie, zu kennen? Und welche davon möchten Sie als Berater abdecken?«*

Geeignete Wege zur Vorbereitung auf Motivations-Fragen:

- Firmen-Homepage
- Bewerber-Hotline der Personalabteilung
- Veröffentlichungen der Firma, Pressemitteilungen, Bücher
- Branchenforen und Rankings
- Unternehmensprofile in diesem Buch
- Erfahrungsberichte auf *squeaker.net*
- Stände auf Karrieremessen
- Recruiting-Events, Firmenpräsentationen an der Uni, Workshops
- Derzeitige Mitarbeiter (z. B. Alumni Ihrer Hochschule), Stipendiaten-Netzwerke und Studenteninitiativen

b) Ihre Fragen

Fast immer erhalten Sie in den letzten Minuten des Gespräches die Gelegenheit, Ihre eigenen Fragen an den Berater loszuwerden. In dieser Situation trennt sich schnell die Spreu vom Weizen: Der Interviewer prüft noch einmal, ob Sie sich wirklich für das Unternehmen interessieren. Wer hier mit »Öh, danke, ich weiß eigentlich schon alles« antwortet, befindet sich schon auf halber Strecke nach Hause.

Zeigen Sie, dass Sie sich wirklich für das Unternehmen und die Karriere als Unternehmensberater interessieren. Jetzt können Sie Ihre Fragen loswerden, zu denen Sie bei Ihrer Recherche und der Vorbereitung zu den Motivations-Fragen keine Antwort gefunden haben. Stellen Sie ruhig eine persönliche Frage, z. B. warum Ihr Gegenüber Unternehmens-berater geworden ist und welche Erfahrungen er in den vergangenen Jahren mit seiner Karrierewahl gemacht hat. Stellen Sie eine kluge Frage – und auf keinen Fall eine allgemeine, die Ihnen schon x-mal beantwortet wurde. Seien Sie auf jeden Fall auf diesen Teil des Gespräches vorbereitet. Vermeiden Sie es auch, allen Interviewern ähnliche Fragen zu stellen. Bei manchen Unternehmensberatungen sind Absprachen und Informations-austausch zwischen den Interviews nicht unüblich.

Alles beantwortet?

Die folgenden Punkte sind »beyond the obvious«, werden nicht immer klar von den Beratungen in den öffentlich zugänglichen Informationsquellen beantwortet und bieten daher gute Anregungen für Ihre eigenen Fragen im Interview. Außerdem können Sie hieran die feinen Unterschiede zwischen Ihren Ziel-Arbeitgebern herausfinden.

- »Wie werden Einsteiger auf Ihren Job vorbereitet?«
  »Welche Trainings gibt es in den ersten Jahren?«
- »Gibt es ein Mentoren-Programm?«
- »Gibt es spezielle »Mini-MBA«-Programme für Nicht-WiWis?«
- »Mit welchem Reise-Anteil ist zu rechnen?«
  »Gibt es einen Office-Friday?«
- »Wie funktioniert der Prozess zur Besetzung von Case-Teams?«
  »Inwiefern werden persönliche Interessen der Berater hierbei berücksichtigt?«
- »Wie sieht der Review-Prozess aus?«
- »Welche Möglichkeiten zum internationalen Einsatz gibt es?«
  »Wo sollen neue Offices eröffnet werden?«
- »Was ist die durchschnittliche Verweildauer der Berater?«
- »Welche Work-Life-Balance-Programme gibt es?«
- »Wie hoch ist der Anteil an Frauen (bei Beratern und Partnern)?«
  »Wie ist die Ratio von Partnern zu Beratern?«

Programme für Promotion/MBA, Office-Rotation, Sabbaticals und internationales Staffing, professionelle Trainings usw. gibt es bei vielen Firmen. Hinterfragen Sie die Details und welcher Anteil der jungen Berater diese Angebote tatsächlich nutzt.

Insider-Tipp

»Keine Beratung wird behaupten die Work-Life-Balance sei schlecht. Ich rate hier den Bewerbern die kommunizierten Statistiken genau zu hinterfragen (z.B. sind Reisezeiten in den Arbeitsstunden enthalten?) und über die sozialen Netzwerke mit Insidern zu sprechen. Da trennt sich dann schnell Fiktion von Wahrheit.«
Stephan Butscher,
Chief Talent Officer,
Simon-Kucher & Partners

c) Brainteaser, Abschätzungsfälle & Logiktests

Neben allgemeinen Fragen zum Lebenslauf werden Sie im Case Interview mit hoher Wahrscheinlichkeit auch Brainteasern, Abschätzungsfällen oder Logiktests begegnen. Unter Brainteaser fallen zum einen klassische Fragen wie »Warum sind Kanaldeckel rund?«, zum anderen Fragen der Logik sowie Abschätzungsfälle. Abhängig vom Aufgabentyp werden auch Ihre Fähigkeiten im Umgang mit Zahlen, Ihr räumliches Vorstellungsvermögen, sprachliche Fähigkeiten und Ihre Konzentrationsfähigkeit getestet. Das Lösen von Brainteasern erfordert häufig Kreativität.

Im Kapitel IV »Analytikaufgaben und Tests« bieten wir Ihnen eine Reihe von Brainteasern und Abschätzungsfällen zum Üben und stellen Ihnen die gängigsten Logiktest-Aufgaben vor. Sie sollten die verschiedenen Arten von Test-Typen auf jeden Fall vor den Bewerbungsgesprächen geübt haben, denn hier gilt: »Übung macht den Meister!« Dann fühlen Sie sich sicherer und steigern dadurch Ihr Leistungsvermögen.

Insider-Tipp

Ursprünglich kommen Brainteaser aus der Beratung. Inzwischen werden sie jedoch auch in vielen anderen Branchen angewendet: zum Beispiel bei Banken, in der Industrie oder im Projektmanagement, aber auch bei Einstellungstests für Top-MBA-Schulen. Das liegt vor allem daran, dass in vielen Schlüsselpositionen der Wirtschaft ehemalige Berater sitzen.

d) Test-Präsentation

Unternehmensberater müssen beim Auftraggeber glänzen können.
Ein wichtiger Teil der Beratertätigkeit besteht aus Präsentationen. Bei
manchen Firmen müssen Sie im Bewerbungsverfahren (üblicherweise für
eine Festanstellung) eine improvisierte Präsentation vortragen.

Für eine Test-Präsentation wird Ihnen entweder ein Thema zur
Bearbeitung vorgegeben oder Sie können frei wählen. Sie erhalten eine
Vorbereitungszeit von 15-30 Minuten und wahrscheinlich eine Auswahl an
Präsentationsmedien wie Flip-Chart, Folien und bunte Stifte. Ihre Präsentation soll vor einigen Anwesenden gehalten werden. Seien Sie hier — wie bei
jedem Ihrer Bewerbungsgespräche — darauf vorbereitet, die Präsentation in
einer Ihrer Fremdsprachen zu halten.

Wichtig sind eine strukturierte Präsentation, eine logische und
überzeugende Argumentationskette und ein sicheres, professionelles
Auftreten. Wenn Sie im Präsentieren noch ungeübt sind oder sich unsicher
fühlen, empfiehlt es sich, eine Präsentationsschulung zu besuchen. Viele
Hochschulen vermitteln über ihr Karrierezentrum oder angebundene
Berufsberatungsstellen bezahlbare Seminare zu diesem Thema.

Gruppenfall-studien

Hin und wieder sind auch Gruppenfallstudien Teil des Bewerbungsverfahrens. Hierbei arbeiten Sie mit 2-3 Mitstreitern an einer Fragestellung und präsentieren Ihre Ergebnisse anschließend gemeinsam. Überzeugen Sie die Personaler von Ihrer Teamfähigkeit, indem Sie weder alle Themen übereifrig an sich reißen noch autokratisch an das restliche Team delegieren. Achten Sie darauf, dass alle Teammitglieder in die Diskussion mit eingebunden werden und steuern Sie die Gruppe erst gegen Ende in eine von allen Teilnehmern getragene Lösungsrichtung.

e) Konfliktgespräch

Auch hiermit müssen Sie bei manchen Häusern rechnen. Sie erhalten ein
allgemeines Thema zur knappen Vorbereitung und sollen einen Vorschlag
vorstellen, zu dem Ihr Gegenüber eine konträre Meinung haben. Hier
zeigen Sie, wie gut Sie sich kognitiv und emotional in eine komplexe
Situation hineinversetzen können und wie Sie sich in Konfliktsituationen
verhalten.

Bringen Sie Ihre Punkte klar und deutlich rüber, aber behalten Sie
die Gesamtsituation im Hinterkopf. Unternehmensberater mögen zwar ein
eiskaltes Image haben, ein guter Dienstleister zeigt jedoch Einfühlungsvermögen für den Kunden und dessen spezifische Probleme.

Bleiben Sie selbstbewusst und lassen Sie sich nicht aus der Ruhe
bringen, denn genau das ist das Ziel der Gegenpartei. Seien Sie immer
höflich und zeigen Sie Kompromissbereitschaft, um die Situation im
Interesse beider Parteien zu lösen.

f) Fallstudien

Fallstudien sind die größte Besonderheit des Bewerbungsgespräches bei
Unternehmensberatungen. Im folgenden Abschnitt werden wir im Detail
auf sie eingehen.

7. Fallstudien

Warum Cases?

Beratungsfirmen stehen unter ständigem Druck, neue Mitarbeiter anzuwerben, und möchten dabei die Besten aus den Jahrgängen für sich gewinnen. Um diese zu finden, haben Unternehmensberatungen ein ausgeklügeltes Auswahlverfahren entwickelt: Nach einer gründlichen Prüfung Ihrer Bewerbungsunterlagen und Ihres Lebenslaufs, erstreckt sich das Bewerbungsverfahren über eine Vielzahl von Case Interviews bis Sie endlich ein Angebot erhalten. Die Firmen suchen außergewöhnliche Kandidaten, die den Bedingungen im Berateralltag gewachsen sind. Die Grundvoraussetzungen dafür können im Lebenslauf geprüft werden. Ob Sie wirklich das Zeug zum Berater haben, kann jedoch erst im Case Interview festgestellt werden.

Berater müssen eine bestimmte Mischung von Persönlichkeitsmerkmalen und Führungsfähigkeiten besitzen, um erfolgreich zu sein. Die Arbeitsumgebung von Unternehmensberatern ist sehr turbulent. Es gibt ständige Wechsel in der Besetzung der Beratungsteams, feindselige Klienten, zahllose politische Einflüsse, kurzfristige Staffing-Entscheidungen und einen hohen Reiseanteil. Diese Faktoren machen es erforderlich, dass Berater gelassen bleiben müssen, wenn sie unter Druck stehen. Sie sollten beeinflussen können, ohne zu lehrmeistern, äußerst analytisch und systematisch arbeiten, sowie die Fähigkeit besitzen, einzelne Aspekte eines Problems zu analysieren ohne das Ganze aus den Augen zu verlieren. Sie sind fähig, sich selbst soweit im Griff zu haben, dass sie eine gesunde Balance zwischen persönlichem und beruflichem Leben finden.

Unternehmensberater sind oft in kleinen Gruppen in entfernten Gegenden eingesetzt. Es wird von ihnen verlangt, auch in fremden, ungewöhnlichen Umgebungen gut zu »funktionieren«. Sie müssen dabei auch ohne traditionelle Arbeitsplatz-Standards auskommen und schnell »geländegängig« sein. Berater verbringen den Löwenanteil ihrer Arbeitszeit im Kontakt mit Klienten und Kollegen. Sie müssen selbstständig Interviews führen oder werden interviewt.

Die Case Interviews haben sich in diesem Zusammenhang als beste Methode erwiesen, die Fähigkeit der Kandidaten zu bewerten, mit den besonderen beruflichen Umständen in der Beratungsindustrie professionell und souverän umzugehen.

Was ist ein Case?

Einfach ausgedrückt, ist ein Case die Analyse einer wirtschaftlichen Fragestellung in einem interaktiven Frage- und Antwort-Prozess. Ihr Interviewer wird Ihnen eine Frage präsentieren und Sie um Ihre Analyse bitten. Die Mehrheit der Interviewer erwartet keine spezifische Antwort von Ihnen. Was der Interviewer bewertet, ist die Art und Weise, wie Sie an ein

Insider-Tipp

»In meiner Zeit bei der Volkswagen Consulting habe ich viele spannende Themen bearbeitet und mich sowohl beruflich als auch persönlich schnell weiterentwickelt. Außerdem habe ich Freunde unter den Kollegen gefunden. So habe ich mir eine optimale Basis für eine Führungsfunktion im Konzern erarbeitet.«
Timo Derlien,
Volkswagen Consulting

Problem herangehen, es strukturieren und wie Sie auf logischem Wege eine Lösung entwickeln. Er will verstehen, ob Sie zufällig und willkürlich vorgehen oder planmäßig und strukturiert – und er will verstehen, ob Sie die einzelnen Themen abschließen, um dann zu den nächsten zu gehen, oder zwischen den Themen herumspringen, alle offen lassen und zu keiner wirklich erarbeiteten Lösung kommen. Daher: Denken Sie laut und nicht für sich allein. Ihr Interviewer hat ein aktives Interesse daran, Ihren gedanklichen Einzelschritten zu folgen.

Tipp

Üben, üben, üben!
Die beste Art, um in den Interviews gut zu werden, ist sie oft zu proben!

Das Üben zahlreicher Beispiel-Cases und typischer Fragen kann Ihnen das entscheidende Extra an Gelassenheit und Erfahrung bringen und verschafft Ihnen einen wichtigen Vorteil gegenüber Mitbewerbern. Neben dem *One on one*-Interview mit einem Berater kann es besonders in den späteren Bewerbungsrunden auch dazu kommen, dass Sie einen schriftlichen Case erhalten, den Sie vor einem Panel von mehreren Beratern und/oder Partnern präsentieren müssen. Seien Sie für diesen Fall auch auf eine unangekündigte Präsentation auf Englisch gefasst.

Spezifisches Wissen über Branchen ist ein Bonus, aber nicht immer notwendig, es sei denn, diese Kenntnis ist eine Voraussetzung für die beschriebene Stelle. Von Kandidaten mit Hintergrund in einer bestimmten Branche werden auch weitergehende Kenntnisse erwartet. Gleichfalls müssen Kandidaten mit betriebswirtschaftlichem Background mit Fragen rechnen, die ein tieferes Verständnis von Geschäftsmodellen und -prozessen erfordern. Von allen anderen Kandidaten wird ein grundlegendes Verständnis des Wirtschaftens an sich (s. Kapitel II: Tools zur Lösung von Cases) und eine gute Portion gesunder Menschenverstand erwartet. Damit und mit entsprechender Übung werden Sie den meisten Cases gewachsen sein.

Grundsätzlich kann man zwischen Business Cases, Brainteasern und Marktabschätzungsfällen unterscheiden. Am Ende des zweiten Kapitels finden Sie zu jedem Case-Typ eine genauere Beschreibung mit Tipps zur Lösung und typischen Problemen, die bei der Bearbeitung entstehen können.

8. Aus der Sicht des Recruiters

Beratungsfirmen verwenden Case Interviews, um möglichst realistisch bewerten zu können, welche Leistungen der Kandidat im Job erbringen wird. Wenn Sie Cases üben, behalten Sie im Hinterkopf, auf welche Fähigkeiten und Eigenschaften der Interviewer besonders achtet. Sie sollten sich darauf einstellen, genau diese Eigenschaften in der Case-Bearbeitung zu demonstrieren.

Im Folgenden sind fünf zentrale Fragen aufgelistet, die der Interviewer versuchen wird, im Laufe der Case-Besprechung für sich zu beantworten.

a) Kann dieser Bewerber komplexe Probleme lösen?

Der Interviewer will wissen, ob Sie die Zusammenhänge eines Kunden-problems verstehen und das Problem lösen können. Verwenden Sie den Case, um Ihre analytischen Fähigkeiten, Ihr logisches Denkvermögen, Ihr Wirtschaftswissen und Ihre Kreativität zu demonstrieren. Zeigen Sie dem Interviewer, dass Sie bei den Fragen genau zuhören. Zerlegen Sie das Problem in seine Einzelteile, formulieren Sie sinnvolle Fragen, gehen Sie logisch durch Ihre Untersuchung und ziehen Sie vernünftige Schlüsse.

b) Kann ich diesen Kandidaten meinen Klienten vorsetzen?

Zu oft sind die Bewerber nur um ihre Problemlösungsfähigkeiten bemüht und vergessen, dass die Unternehmensberatung eine Dienstleistung ist, in der Kommunikations- und Präsentationsfähigkeiten hoch bewertet werden. Verwenden Sie das Interview, um Ruhe, menschliche Reife und Selbstvertrauen zu demonstrieren. Zeigen Sie, dass Sie taktvoll und freundlich sind und dass Sie Ihre Gedanken in einer klaren, präzisen Sprache formulieren können. Treten Sie seriös und höflich auf.

c) Wird der Bewerber die Beratung mögen?

Auch wenn Sie es zu diesem Zeitpunkt schwer glauben können: Case Interviews können und sollten Spaß machen. Wenn Sie während des Interviews zu angespannt wirken, wird der Interviewer schließen, dass Sie auch keinen Spaß haben werden, dem Klienten zu »dienen«. Zeigen Sie, dass Sie an dem Case interessiert sind, einfühlsam gegenüber den Belangen des Klienten sind und viel Energie und Enthusiasmus besitzen.

d) Will ich diesen Kandidaten in meinem Beratungsteam?

Das ist das ultimative Entscheidungskriterium, auch wenn es nicht von jeder Beratungsfirma explizit als Bewertungsmaßstab kommuniziert wird. Darin enthalten ist eine Gesamtbewertung Ihrer Person und Ihrer Integrität. Auch wenn die Beratungsfirmen versuchen, möglichst objektiv und analytisch an die Bewertung der Kandidaten heranzugehen, ist doch immer noch ein großer Teil an subjektiver Bewertung enthalten, den Sie nicht unterschätzen sollten.

e) Erhöht der Kandidat den Durchschnitt?

Hier wird die Frage gestellt, ob Sie sich persönlich weiterentwickeln können und hierfür die geeigneten Fähigkeiten mitbringen. Darüber hinaus wird die Frage gestellt, ob Sie das Potenzial haben, auch das jeweilige Beratungsunternehmen weiterentwickeln zu können. Könnten Sie das Unternehmen auf einem Recruiting-Event oder einer Fachmesse vertreten? Die ultimative Frage ist, ob der Interviewer Ihnen das Potenzial zum Partner der Beratung zugesteht.

So werden Sie bewertet

Nach Ihrem Case Interview wird Ihr Interviewer eine schriftliche Bewertung abgeben. Die Bewertungsformulare enthalten meistens eine Liste von Fähigkeiten, Qualitäten und Eigenschaften und erfordern vom Interviewer, den Kandidaten mit einem Soll-Profil zu vergleichen. Im Folgenden sind sieben Eigenschaften aufgeführt, die von den Unternehmensberatungen – ggf. in unterschiedlicher Gewichtung – bewertet werden.

a) Problemlösungsfähigkeiten

Die Kernkompetenz eines jeden Beraters ist die Fähigkeit, komplexe Fragestellungen und Probleme zu lösen. Die Problemlösungsfähigkeit ist eine unabdingbare Voraussetzung bei der Entscheidung für einen Kandidaten. Hierzu gehört es, die richtigen Aspekte einer Fragestellung zu identifizieren, Daten entsprechend zu zerlegen, sie in eine logische Struktur zu überführen, schließlich vernünftige Schlüsse daraus zu ziehen und Empfehlungen zu formulieren. Sie sollten diese Fähigkeit zeigen, indem Sie effiziente, zielgerichtete und genaue Fragen stellen und den Case in einer strukturierten Weise zu einer Lösung führen.

b) Quantitative Fähigkeiten

Da Berater in den meisten Cases Zahlen heranziehen, um ihre Lösungen und Empfehlungen zu erarbeiten, ist es unerlässlich, dass Sie gut mit Zahlen umgehen können. Marktgrößenschätzungen zielen darauf ab, Ihre quantitativen Fähigkeiten zu testen. Rechnen Sie im Case Interview mit einer Überprüfung Ihrer analytischen, numerischen und quantitativen Fähigkeiten, z. B. durch spontane Kopfrechen-Aufgaben.

c) Kommunikationsfähigkeiten

Der Erfolg eines Beratungsprojektes hängt wesentlich von der Kommunikation mit den Kundenmitarbeitern und der effektiven Präsentation von Ergebnissen ab. Nicht selten kommen Sie dabei in brenzlige Situationen, in denen Ihr kommunikatives Feingefühl gefragt ist. Das Gleiche gilt auch für das Interview. Die Interviewer werden Sie sehr genau beobachten und bemerken, ob Sie über Wörter stolpern, inhaltsleere Floskeln regelmäßig verwenden und ob Sie bei genauem Nachfragen ausweichen und nervös werden. Trainieren Sie, Ihre Aussagen wie in Form eines »Elevator Pitches« präzise und interessant zu formulieren. Beim »Elevator Pitch« geht es um die fiktive Situation, ihrem Gesprächspartner während der Dauer einer Aufzugfahrt einen Sachverhalt klar zu kommunizieren und Interesse an weiteren Informationen zu wecken. Denken Sie daran, nicht zu schnell und nicht zu langsam zu sprechen und lächeln Sie auch ab und zu. Wenn eine schwierige Frage gestellt wird, atmen Sie einmal tief durch und machen Sie eine Pause. Schließlich gehört zu Ihrer Kommunikationsfähigkeit auch ein aktives Zuhören. Machen Sie Notizen, lassen Sie Ihren

Insider-Tipp

Das Buch »Das Insider-Dossier: Consulting Survival Guide« unterstützt Sie dabei, die ersten Monate in der Beratung erfolgreich zu meistern. Als Leser des Buches erhalten Sie zudem die Möglichkeit, Teil einer geschlossenen Facebookgruppe mit den Autoren zu werden. Hier tauschen Sie sich direkt mit den Experten aus und lernen auch aus deren Fehlern.
facebook.com/groups/consultingsurvival

Gesprächspartner aussprechen und halten Sie Blickkontakt. Vergessen Sie nicht, aktiv Rückfragen zu stellen, und zeigen Sie, dass Sie mit Ihren Gedanken folgen können.

d) Führungsfähigkeit und Proaktivität

Sie werden von jeder Beratungsfirma hören, dass sie Führungspersönlichkeiten sucht. Sie werden sich sicher fragen warum, wenn doch Berater anfangs hauptsächlich Daten erheben und analysieren. Tatsache ist aber, dass Berater oft engagiert werden, um eigenständige und unabhängige Arbeit zu leisten, Projekte mit geringen Vorgaben zu gestalten und Klienten dabei zu führen. Sie sollten Ihre Proaktivität zeigen, indem Sie bei der Lösung des Cases die Führung übernehmen. Stellen Sie Ihre Fragen mit Selbstvertrauen, übernehmen Sie die Initiative, leiten Sie den Interviewer durch die Analyse und die Empfehlungen. Ein häufiger Fehler von Bewerbern ist, aus der Unsicherheit heraus dem Interviewer die Führung zu überlassen und sich jede Antwort »aus der Nase ziehen« zu lassen.

e) Energie

Auch der beste Kandidat wird einer Beratungsfirma wenig bringen, wenn er regelmäßig um 5 Uhr nachmittags nach Hause gehen will oder nach einer langen Nacht bei der Kundenpräsentation schlapp ist. Interviewer schauen auf Energie und Engagement. Anzeichen dafür sind ein fester Handschlag, wache Augen und eine aufrechte, entspannte Haltung. Bedenken Sie, dass Beratungsfirmen von Ihnen erwarten, nach einem Zehn-Stunden-Flug und kurzer Ausruhphase vor den Entscheidungsträgern des Klienten eine schwierige Präsentation zu halten und dabei frisch und überzeugend zu wirken.

f) Flexibilität

Da Berater oft innerhalb kurzer Zeit die unterschiedlichsten Aufgaben in unterschiedlichen Teams zu erledigen haben, ist Flexibilität in jedweder Hinsicht von großer Bedeutung. Im Case kann es vorkommen, dass der Interviewer Ihnen plötzlich eine kleine Zusatzaufgabe gibt, die in eine ganz andere Richtung führen kann. Sie müssen dann nachweisen, dass Sie geistig flexibel genug sind, um derartige Herausforderungen zu meistern. Denksportaufgaben zielen ebenfalls in diese Richtung.

Buchtipps

Wer sich über diese kurze Einleitung hinaus informieren möchte, sollte auf ausgewählte Bewerbungsliteratur zurückgreifen. Die squeaker.net-Bücher »Das Insider-Dossier: Auswahlverfahren bei Top-Unternehmen«, »Consulting Case-Training« und »Brainteaser im Bewerbungsgespräch« greifen speziell die bei einigen Beratungen üblichen Analytiktests auf.

g) Menschliche Reife

Berater arbeiten oft mit Mitarbeitern des Klienten zusammen, die 10, 20 oder gar 30 Jahre älter sind als sie selbst. In einem solchen Umfeld müssen Sie, um ernst genommen zu werden, eine ordentliche Portion an Reife mitbringen. Im Interview demonstrieren Sie Reife, indem Sie studentische Angewohnheiten, z. B. das Verwenden eines bestimmten Jugendjargons, unterlassen, keine Anekdoten aus Ihrem Studentenleben erzählen und auch nicht übermäßig ausgelassen lachen. Lassen Sie sich von der vermeintlich lockeren Atmosphäre des Case Interviews nicht zu sehr anstecken. Bleiben Sie professionell – als ob der Interviewer ein Kunde der Beratung wäre, den es zu überzeugen gilt.

Selbsteinschätzung

Hand aufs Herz: Wie sehen Sie sich selbst im Hinblick auf diese Berater-fähigkeiten? Füllen Sie die folgende Tabelle ehrlich aus und identifizieren Sie so Ihre persönlichen Verbesserungsansätze. Dies ist einerseits eine gute Übung, um Ihre Vorbereitungsschwerpunkte herauszufinden – gleichzeitig erhalten Sie so einen Ansatz für die gefürchtete Frage nach Ihren Schwächen.

Selbsteinschätzung (1=gering ausgeprägt, 5=herausragend)

	1	2	3	4	5
Berater-Fähigkeit					
Problemlösung					
Quantitative Fähigkeiten					
Kommunikation					
Führung und Proaktivität					
Energie					
Flexibilität					
Menschliche Reife					

Bewertungsbogen

Unter *squeaker.net/consulting-bewertungsbogen* finden Sie als eingeloggter squeaker.net-User einen typischen Bewertungsbogen von Consulting-Interviewern zum Download. Hier finden Sie außerdem den Feedbackbogen aus dem Buch »Consulting Case-Training«, den Sie für das Training von Cases zu zweit benutzen können.

Gehen Sie davon aus, dass Sie einen Wert bei »3« oder darunter grund-legend verbessern müssen. An guten, aber nicht herausragend ausge-prägten Fähigkeiten (»4«) müssen Sie weiter arbeiten, um mehrheitlich in den »5er«-Bereich zu kommen. Machen Sie die Übung nach dem Durcharbeiten dieses Buches und Ihren ersten Interviews am besten noch einmal.

Kapitel II: Tools zur Lösung von Cases

1. Der richtige Ansatz

Sie müssen das Rad nicht neu erfinden. Da die Probleme, die von Unternehmensberatungen gelöst werden, sich oft wiederholen, gibt es Tools und Konzepte, die Ihnen helfen, Ihre Gedanken zu ordnen und den Lösungsansatz zu strukturieren. Wir sprechen von sogenannten Frameworks.

Die hier vorgestellten Frameworks sind eine Arbeitsgrundlage, auf der Sie Ihre eigenen Gedanken aufbauen sollten. Sie eignen sich, um ein grundsätzliches Verständnis für das Funktionieren von Unternehmen zu erlangen und um Handlungsempfehlungen abzuleiten und zu strukturieren. Consulting Cases sind heutzutage nur selten die von amerikanischen Bewerbungsbüchern proklamierten 08/15-Standardcases. Man sollte sie daher nicht einfach in eine Lösungsschablone gießen, sondern sie auf der Basis des eigenen Grundverständnisses strukturieren und lösen. Und hierzu sind aus unserer Erfahrung die unten stehenden Frameworks sehr gut geeignet. Es bleibt Ihnen daher nicht erspart, eigenständige Ansätze zu erarbeiten.

Berater befassen sich im Laufe ihrer Karriere mit verschiedenen Klientensituationen. Ihr Erfolg wird zum Großteil dadurch determiniert, ob sie in der Lage sind, Probleme in ihrem Kern zu erfassen und effizient zu lösen. Zeitsparend wirken sich hierbei eine strukturierte Herangehensweise sowie betriebswirtschaftlicher Scharfsinn aus. Kombiniert mit einer Prise Kreativität kann so Mehrwert für den Kunden geschaffen werden.

In einem Case Interview können Sie sich als »Berater auf Zeit« beweisen. Ihr Interviewpartner ist Ihr Kunde. Überzeugen Sie ihn von Ihrer Lösung. Arbeiten Sie während des gesamten Interviews mit ihm zusammen, um möglichst umfassend über den Fall informiert zu sein und Ihre Lösung dementsprechend zu untermauern. Es kommt im Berateralltag darauf an, in Kooperation mit dem Klienten zu einer gemeinsamen Lösung zu kommen. Seien Sie empathisch bei der Kommunikation Ihrer Ergebnisse.

Wir stellen im Folgenden die Frameworks einzeln vor und ordnen sie danach in ein übergreifendes gedankliches Konstrukt ein. Diese Vorgehensweise soll Ihnen ein erstes Gefühl für Interviewsituationen geben, in denen Cases besprochen werden. Viele dieser Konzepte begegnen Wirtschaftsstudenten bereits in den ersten Studienjahren. Für sie ist dieses Kapitel eine Übung und Wiederholung bekannter Studieninhalte im Kontext eines Case Interviews. Für Nicht-Wirtschaftswissenschaftler bietet dieses Kapitel eine Einführung in die Grundzüge der BWL.

Die wichtigsten Frameworks und Konzepte haben wir in zwei Anforderungsniveaus unterteilt: Basisniveau und fortgeschrittenes Niveau. Besonders als Nicht-Wirtschaftswissenschafter (im Berater-Slang liebevoll »Exoten« genannt, obwohl sie bei einigen Unternehmen bis zu 50 Prozent der Mitarbeiter ausmachen) sollten Sie diese Basis-Frameworks verinnerlichen. All jene, die eine wirtschaftliche Studienrichtung absolviert oder einige Jahre in einem Unternehmen gearbeitet haben, sollten darüber hinaus Kenntnisse über die fortgeschrittenen Frameworks und Konzepte haben.

2. BWL-Basics

Im Folgenden stellen wir Ihnen einige BWL-Grundlagen vor, die Sie für Ihr Case Interview verstanden haben sollten. Vergewissern Sie sich, dass Sie diese Grundkonzepte beherrschen, und gehen Sie dann über zu den fortgeschrittenen Tools im nächsten Kapitel.

Gewinngleichung

Das klassische Ziel von wirtschaftlicher Aktivität ist es, Gewinne zu erwirtschaften. Dieses einfache Ziel steht hinter einer Vielzahl von Problemstellungen und ist die Mutter aller Frameworks für Ihr anstehendes Case Interview. Das grundlegende Verständnis der Gewinngleichung ist für »Exoten« wie auch für Wirtschaftswissenschaftler grundlegende Voraussetzung zur ersten Vorstrukturierung einer Vielzahl von Cases. Weitere, komplexere Frameworks knüpfen oft erst hieran an.

Wirtschaftlicher Gewinn setzt sich aus Umsatz und Kosten zusammen. Umsatz entsteht klassischerweise aus einer Preiskomponente und einer Mengenkomponente – also Preis mal Menge. Kosten werden hiervon abgezogen und setzen sich aus variablen Kosten und ggf. Fixkosten zusammen. Variable Kosten haben ebenfalls eine Preiskomponente (nämlich Stückkosten) und eine Mengenkomponente. Zusammengefasst ergibt sich:

- Gewinn = Umsatz - Kosten

Mit:

- **Umsatz** = Stückpreis · Menge
- **Kosten** = Stückkosten · Menge ggf. zzgl. fixen Kosten

Die folgende Grafik veranschaulicht die Gewinngleichung anhand von typischen Teilproblemen aus Consulting Cases:

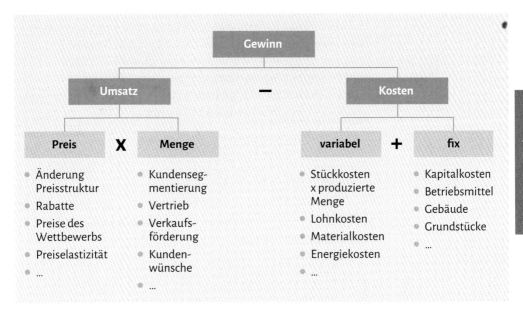

Case-Beispiel: Sie fertigen Weihnachtskugeln in einer Manufaktur und können pro Woche 1.000 Stück (=Menge) hiervon an einen Großhändler für 2 Euro das Stück (=Preis) verkaufen. Die Miete für Ihre Werkstatt beträgt 200 Euro die Woche (=Fixkosten), die Lohnkosten pro Kugel betragen 1 Euro und die Materialkosten 0,20 Euro (=variable Kosten). Die Gewinngleichung ist also:

Gewinn = Euro 2 · 1.000 − 1.000 · (Euro 1 + Euro 0,20) - Euro 200 = Euro 600

Profitabilität (Minimax-Prinzip)

Die nächste grundlegende Erweiterung des Ziels, Gewinn zu realisieren, ist das Minimax-Prinzip: Mit einem gegebenen Einsatz, das maximale Ergebnis zu erreichen – bzw. ein gegebenes Ziel mit minimalem Einsatz zu erreichen.

Dies entspricht dem Grundsatz der Profitabilitätssteigerung und ist somit Ausgangspunkt zahlreicher Beratungsprojekte und Case Studies. In den meisten Fällen handelt es sich dabei um das Zusammenspiel von Kosten und Umsatz und die Möglichkeiten hierauf Einfluss zu nehmen. Es gibt zahlreiche fortgeschrittene Erfolgskennzahlen für Unternehmen. Eine der häufigsten Kennzahlen ist die Umsatzmarge:

$$\text{Umsatzmarge (auch: Gewinnmarge, profit margin)} = \frac{\text{Gewinn}}{\text{Umsatz}}$$

Im Weihnachtskugeln-Beispiel beträgt die Umsatzmarge 30 Prozent (600 Gewinn / 2.000 Umsatz). Würde der Preis der Weihnachtskugeln um 10 Prozent erhöht, würde diese Marge auf rund 36 Prozent steigen (800 Gewinn / 2.200 Umsatz) – also eine Erhöhung des Gewinns um 33 Prozent!

Achtung

So einfach dieser Zusammenhang ist, so wichtig ist es, ihn transparent zu machen. Nicht wenige Bewerber scheitern, weil sie annehmen, dass eine 10-prozentige Preis- auch eine 10-prozentige Gewinnerhöhung nach sich zieht.

Das Grundverständnis der Gewinngleichung und des Ziels, die Profitabilität zu steigern, ist für »Exoten« der erste Schritt in die Welt der BWL und für Wirtschaftsstudenten die Vereinfachung der BWL-Grundlagen auf einen einfachen Zusammenhang. Dies kann für die erste Strukturierung eines komplexen Cases sehr hilfreich sein.

Kosten-Nutzen-Analyse

Die Kosten–Nutzen-Analyse knüpft teilweise an die Gewinngleichung an. Sie kann zur Beurteilung vieler wirtschaftlicher Fragen herangezogen werden. Oft können Sie für die vorgegebene Situation zunächst eine Liste aller Kosten und Nutzen aufstellen. Lassen Sie uns annehmen, dass der Interviewer Ihnen sagt, Sie arbeiten für ein Reisebüro, das gerade überlegt, seinen Internetauftritt auszubauen, um zukünftig Online-Buchungen zu ermöglichen. Wie bewerten Sie diesen Schritt? Nun, vielleicht haben Sie weder über die Reisebranche noch über das Internet gute Kenntnisse. Wie sollen Sie diese Fragestellung nur angehen? Keine Angst, das Kosten-Nutzen-Framework wird Sie auf den richtigen Weg bringen. Sie können z. B. so beginnen:

>*Um dieses Vorhaben zu bewerten, müssen wir die Kosten sowie den damit verbundenen Nutzen abwägen. Auf der Kostenseite fallen folgende Positionen sicherlich am stärksten ins Gewicht: Hard- und Software-Entwicklungen, Installationen und die Systemadministration, Marketing-Maßnahmen, um den neuen Vertriebsweg bekannt zu machen, der Kundenservice etc. Demgegenüber stehen auf der Nutzenseite der zusätzliche Umsatz, der mit dem Erreichen einer neuen Käuferschicht verbunden ist, sowie der Umsatzzuwachs bei bestehenden Kunden, die mehr buchen, und sicherlich auch die mögliche Kostenreduktion durch den direkten Zugang zum Kunden...«.* Schon sind Sie auf dem richtigen Weg. Hören Sie hier jedoch nicht auf, sondern erarbeiten Sie auf dieser Basis die wesentliche Stoßrichtung für ihre weitere Analyse.

Interne versus externe Faktoren

Dieses Tool ist ein guter Ausgangspunkt für Cases, die ein Unternehmen in seiner Umwelt, also seinem Marktumfeld betrachten. Es verdeutlicht, dass die Performance eines Unternehmens immer sowohl von internen als auch von externen Marktfaktoren abhängt. Im Interview wird Ihnen bspw. folgende Frage gestellt: »*Ihr Klient, eine Lebensmittel-Einzelhandelskette, erleidet einen Gewinneinbruch. Was ist passiert?*« Hier sollten Sie sowohl die Handlungen der Firma selbst als möglichen Auslöser sehen (z. B. veraltetes Geschäftskonzept, zu wenig Einkaufsmacht, schlechte Mitarbeitermoral), als auch externe Marktfaktoren (z. B. neuer Mitbewerber, Fusionen, geänderte Kundenerwartungen) berücksichtigen. Hieran sollten weitere Analysen anknüpfen.

Angebot und Nachfrage

Das Angebots-und-Nachfrage-Framework ist der Prototyp aller öko-
nomischen Frameworks. Es wird Ihnen gute Dienste bei Fragen zu Marktanalyse, Pricing und Business-Strategie leisten. Auch die Kombination
mit anderen Frameworks ist möglich. Dieses Framework hilft Ihnen zu
verstehen, wie das Marktgleichgewicht beeinflusst werden kann durch:

- Preisänderungen oder
- Angebotsänderungen oder
- Nachfrageänderungen.

Folgende Grafik zeigt eine lineare Angebotsfunktion (bei höheren
Preisen möchten Produzenten mehr anbieten) und eine lineare Nach-
fragefunktion (bei höheren Preisen möchten Nachfrager weniger kaufen).
Im Schnittpunkt beider Funktionen liegt der theoretische Gleichgewichts-
punkt für Angebot und Nachfrage, der Preis und Menge bestimmt.

Grafiken

Berater lieben einfache
Grafiken, die einen Sach-
verhalt ohne viele Worte
verdeutlichen können.

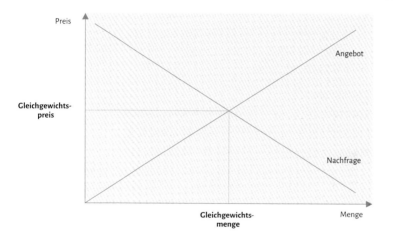

Da »Angebot und Nachfrage« ein so grundlegendes Konzept ist, müssen
Sie damit rechnen, dass Ihr Interviewer ein Blatt Papier nimmt und sagt:
»*So hat die Angebots- und Nachfragesituation in der Rüstungsindustrie 1988
ausgesehen. Zeigen Sie mir, wie sie sich seitdem verändert hat*«. Wenn Ihnen
eine derartige Frage gestellt wird, seien Sie vorbereitet und behaupten
besser nicht, noch nie eine Angebots- und Nachfragekurve gesehen zu
haben. Falls Ihre Kenntnisse schon etwas eingerostet sind, nehmen Sie
sich ein VWL-Buch zur Hand und gehen die entsprechenden Kapitel
durch.

Kostenanalyse

Damit man die Kostensituation eines Unternehmens beurteilen kann, benötigt man nicht nur die Gesamtkosten, sondern auch die Kosten pro Ausbringungsmengeneinheit, also Stück- bzw. Durchschnittskosten sowie die zusätzlichen Kosten bei der Ausweitung der Produktion, also die Grenzkosten.

Durchschnittskosten

Dividiert man die Gesamtkosten durch die Produktionsmenge, dann erhält man die Durchschnittskosten.

Grenzkosten

Die Kosten für die Produktion einer zusätzlichen Mengeneinheit bezeichnet man als Grenzkosten. Die Grenzkosten erhält man, indem man die Kostenfunktion nach der Produktionsmenge ableitet.

In der Vollkostenrechnung werden traditionell die Kosten nach der Art der Verrechnung unterschieden. Somit differenziert man zwischen Einzel- und Gemeinkosten. Die Vollkostenrechnung bezieht die Unterscheidung zwischen Einzel- und Gemeinkosten allein auf die Produkte (Kostenträger).

Einzelkosten

Kosten, die einem bestimmten Bezugsobjekt (Bezugsgröße, z. B. Kunden oder Produkt) direkt zugerechnet werden bzw. zugerechnet werden können.

Gemeinkosten

Gegenbegriff zu Einzelkosten. Allgemein bezeichnen Gemeinkosten Kosten, die sich einer bestimmten Bezugsgröße nicht exakt zurechnen lassen.

Bei der Abgrenzung der Kosten ist nach der Art der ver- bzw. gebrauchten Güter/Dienstleistungen, aus denen sich die Gesamtkosten zusammensetzen, zu unterscheiden. Allgemein differenziert man vor allem zwischen den primären und sekundären Kosten.

Jedem Bewerber sollten die grundlegenden Kostenbegriffe geläufig sein, da diese als Voraussetzung zur Bearbeitung von Fallstudien mit Kostenfragen unabdingbar sind.

Fixe versus variable Kosten

Für viele Analysen lassen sich Kosten in zwei Kategorien einteilen: fixe und variable Kosten. Fixe Kosten sind solche, die regelmäßig wiederkehrend entstehen – wie z. B. Mieten, Administrationskosten, Abschreibungen und die meisten Personalkosten. Fixe Kosten sind unabhängig vom Produktionsniveau oder der Auslastung des Servicepersonals. Auf der anderen Seite haben wir die variablen Kosten, die direkt mit dem Produktionsniveau zusammenhängen – wie z. B. Rohmaterial, Energie, Personalkosten für freie oder geleaste Mitarbeiter. Wichtig ist, dass für die Entscheidungsfindung bei kurzfristiger Betrachtungsweise nur variable Kosten herangezogen werden. Denn nur sie sind kurzfristig beeinflussbar, während die fixen Kosten unverändert bleiben. Bei langfristiger Betrachtung werden jedoch alle Kosten zu variablen Kosten – sogar Fixkosten wie Mieten. Das können Sie leicht nachvollziehen, indem Sie sich vorstellen, dass die Mieter eines Büros mittel- bis langfristig auch ein anderes Büro anmieten können – mit niedrigeren Kosten, z. B. in einem anderen Stadtteil. Das Gleiche gilt für Personalkosten, die kurz- und mittelfristig als fix angesehen werden, während sie langfristig variabel sind.

Die Kostenarten sind besonders wichtig bei der Bewertung von Vorhaben, die eine Kapazitätserhöhung darstellen, wie z. B. eine neue Produktionsanlage. Wenn ein hoher Anteil an fixen Kosten mit der neuen Produktionsanlage verbunden ist, dann braucht sie eine hohe Auslastung, um profitabel zu sein. Wenn Sie eine Case-Frage wie die Folgende erhalten, denken Sie bei dem Lösungsansatz immer an variable und fixe Kosten: *»Ihr Klient ist ein großer Papierkonzern. Sein härtester Wettbewerber hat angekündigt, ein neues Werk zu errichten. Sollte Ihr Klient ebenfalls den Bau eines neuen Werkes erwägen, um mit dem Wettbewerber mitzuziehen?«*

Break Even-Analyse

Eng mit dem Konzept der fixen und variablen Kosten verbunden ist die Break Even-Analyse. Mit ihrer Hilfe kann man bestimmen, ab welchem Zeitpunkt oder ab welchem Produktionsniveau ein Unternehmen oder eine Produktionsstätte Gewinne erwirtschaftet. Da die fixen Kosten unabhängig vom Produktionsniveau entstehen, muss zum Abdecken dieses Kostenblockes eine bestimmte Menge an Gütern produziert und verkauft werden. Erst wenn der Umsatz die fixen und variablen Kosten abdeckt, kann Gewinn erzielt werden.

Sunk Costs

Ein Begriff, der eng mit fixen Kosten verbunden ist, ist »sunk costs«. Sunk costs sind Ausgaben, die schon getätigt wurden und nicht mehr zurückgewonnen werden können. Da sie unwiederbringbar sind, sollten sunk costs niemals in die Entscheidungsfindung eingehen. Bekanntlich wirft man kein gutes Geld schlechtem hinterher.

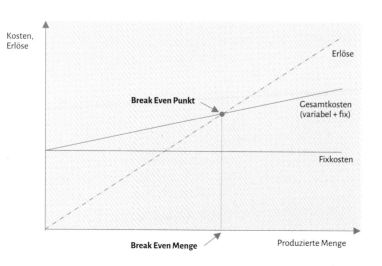

Opportunitätskosten

Jede Entscheidung bringt Opportunitätskosten mit sich. Das heißt: Eine Entscheidung für eine Sache schließt andere Optionen automatisch aus (Grundsatz der Knappheit der Ressourcen). Opportunitätskosten sind also Kosten der entgangenen Chance. Sie werden oft bei Investitionsentscheidungen ins Spiel gebracht. Hierbei vergleicht man die Rendite der Investition mit der Rendite, die eine Alternativinvestition oder sichere Anlage bringen würde. Opportunitätskosten beim Durchführen von Projekten sind damit zu erklären, dass die an einem Projekt teilnehmenden Mitarbeiter nicht an anderen, vielleicht wichtigeren Projekten teilnehmen können.

ABC-Analyse

Die ABC-Analyse ist eine einfache Methode der Priorisierung von Problemen, z. B. der Einteilung von Produktgruppen nach ihrem Umsatzanteil oder nach dem Wertgewicht. Mittels der ABC-Analyse kann z. B. das Materialsortiment nach A-, B- und C-Gütern eingeteilt werden. A-Güter sind Materialien mit einem hohen Wertanteil, jedoch oft einem niedrigem Mengenanteil. C-Güter haben einen niedrigen Wertanteil, dafür aber häufig einen hohen Mengenanteil. Nehmen wir an, Sie haben im Verlauf eines Cases herausgefunden, warum ein Unternehmen Verluste schreibt und werden nun gebeten, verschiedene Möglichkeiten darzustellen, wie das Unternehmen seine Kosten senken kann. Dann könnten Sie antworten, dass Sie eine ABC-Analyse des Materialsortiments vorschlagen. A-Güter binden aufgrund ihres hohen Wertes typischerweise viel Kapital. Durch eine bessere Bedarfsplanung dieser Güter können sich in der Lagerhaltung möglicherweise Kosten einsparen lassen.

Materialart	Wertanteil in %	Mengenanteil in %
A-Güter	ca. 80 %	ca. 10 %
B-Güter	ca. 15 %	ca. 20 %
C-Güter	ca. 5 %	ca. 70 %

Buchtipp

Die Fähigkeit, komplexe Sachverhalte schlüssig strukturieren und kommunizieren zu können, kann man als Notwendigkeit für angehende Berater gar nicht genug betonen. Der Bestseller »Das Prinzip Pyramide« übt dies im Detail. Beachten Sie hierzu unsere Buchempfehlungen auf *squeaker.net/ Karriere/Consulting*

Logikbaum

Der Logikbaum hilft, komplexe Probleme zu strukturieren und leichter bearbeitbar zu machen, indem das Problem in einzelne Teile zerlegt wird. Dabei geht man vom gegebenen Problem aus und versucht – grafisch gesprochen von links nach rechts – es in der nächsten Ebene weiter zu zerlegen. Diese Ebene wird wiederum weiter zerlegt, bis man zu einer Detaillierungsstufe kommt, für die Rohdaten aus verschiedenen Quellen bezogen werden können. Der Logikbaum kommt im Case Interview besonders bei der Bearbeitung von Marktgrößenschätzungen zum

Einsatz. Wir haben einen Beispiel-Logikbaum entwickelt, der Ihnen den grundsätzlichen Aufbau von Logikbäumen erklären soll. Ein weiteres Anwendungsbeispiel finden Sie im Kapitel »Brainteaser«. Mit diesem Logikbaum soll gezeigt werden, wie sich alle Verkehrsteilnehmer beispielhaft in Untergruppen unterteilen lassen.

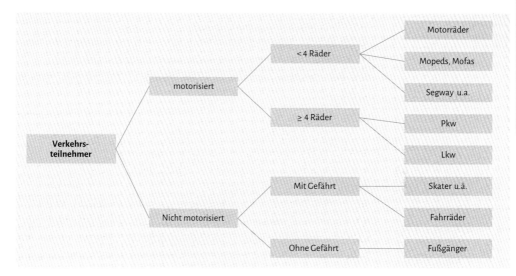

Das Einmaleins der externen Rechnungslegung

Auch wenn Sie zu den Nicht-Betriebswirtschaftlern gehören, setzen die meisten Beratungsunternehmen bei ihren Case Interviews neben dem Wissen über die Basis-Frameworks auch Grundkenntnisse in der Buchhaltung voraus. Vor allem sollten Sie die Bilanz, die Gewinn- und Verlustrechnung, das Cash Flow Statement und die Zusammenhänge zwischen den drei Konzepten verstehen und anwenden können. Wir haben einen kurzen Crashkurs mit dem wesentlichen Buchhaltungswissen für Sie zusammengestellt. Da im Case Interview und Berater-Alltag häufig die englischen Begriffe benutzt werden, führen wir die äquivalenten Übersetzungen mit an.

Bilanz (Balance Sheet)

Die Bilanz gibt Auskunft über die Finanzmittelverwendung (Aktiva – engl. Assets) und Finanzmittelherkunft (Passiva – engl. Liabilities and owner's equity) zu einem Stichtag. Die Bilanz besteht aus zwei Seiten, den Aktiva mit Anlagevermögen und Umlaufvermögen und den Passiva mit Eigenkapital und Fremdkapital. Die Aktiva sind die Ressourcen, die der Firma für ihre Geschäftstätigkeit zur Verfügung stehen. Die Ressourcen werden bereitgestellt durch die Aufnahme von Verbindlichkeiten (Fremdkapital), Emission von Aktien oder Bildung von Rücklagen (Eigenkapital). Das Eigenkapital bezieht sich auf Ansprüche der Investoren, während sich das Fremdkapital auf Ansprüche der Kreditoren bezieht.

Rechnungs-(un)wesen

Auch wenn Sie zum ersten Mal mit Rechnungslegung zu tun haben – oder das Fach ReWe geschickt umschifft haben – keine Panik! Auf dem Niveau, in dem diese Grundkonzepte für Ihr Interview notwendig sind, sind sie leicht verständlich. Unternehmensberater sind keine Wirtschaftsprüfer – aber die Grundkonzepte und relevanten Kennzahlen sollten Sie beherrschen.

Bilanz: Aktiva (Assets)

Von Bedeutung bei Case Interviews kann das Umlaufvermögen – insbesondere die Vorräte – sein. Unter Vorräte fällt der gesamte Wert von gelagertem Material. Ein Hebel zur Erhöhung der Rendite ist die Senkung des Umlaufvermögens (in Form der Vorräte) bei gleich bleibendem Unternehmensüberschuss. Als wichtiger Ansatz für die Senkung der Vorräte hat sich in den letzten Jahren das Just-in-Time-Konzept entwickelt. In der Automobilindustrie wurde dieses Konzept bereits erfolgreich umgesetzt. Dabei versucht man, Einzelteile exakt zu dem Zeitpunkt anzuliefern, zu dem sie benötigt werden. Lagerhaltung fällt dadurch fast vollständig weg. Damit reduziert sich auch der Posten Vorräte in der Bilanz.

Bilanz: Passiva (Liabilities)

Da ein Unternehmen sowohl von Investoren als auch von Kreditoren Ressourcen beziehen kann, wollen wir kurz den Unterschied zwischen beiden klären: Wenn Unternehmen Verbindlichkeiten eingehen, verpflichten sie sich, diese Verbindlichkeit in regelmäßigen Zeitabständen abzuzahlen. Dieses Zahlungsversprechen ist fixiert und ändert sich nicht mit der Leistungsfähigkeit und Wirtschaftlichkeit der Firma. Es muss also auch in wirtschaftlich schwierigen Zeiten eingehalten werden. Wegen der stetig notwendigen Auszahlungen kann es gefährlich sein, einen zu hohen Anteil an Fremdkapital zu haben. Die Firma läuft dann Gefahr, bei einem Wirtschaftsabschwung zahlungsunfähig zu werden.

Darüber hinaus können Firmen auch über schon bestehende oder neue Investoren Eigenkapital beziehen. In diesem Falle gibt es aber kein fixes Versprechen, einen bestimmten Betrag regelmäßig zu zahlen. Stattdessen versprechen Firmen ihren Investoren eine bestimmte Rendite auf das eingesetzte Kapital (ROI = Return on Investment). Da es aber keine Garantie hierauf gibt, ist dies für den Investor viel risikoreicher als die Rückzahlung der Verbindlichkeiten für die Kreditoren. Auf der anderen Seite ist die Rendite der Investoren oft viel höher, wenn die Firma gut wirtschaftet. Wegen des hohen Risikos und wegen des Verzichts auf eine Zahlungsgarantie beanspruchen Investoren ein Mitspracherecht in der Unternehmensführung in Form von Stimmen in der Jahreshauptversammlung und in der Bestellung von Aufsichtsräten, denen gegenüber das Firmenmanagement verpflichtet ist.

Gewinn- und Verlustrechnung – GuV (Income Statement)

Wir haben im Hinblick auf die Bilanz zwei Möglichkeiten besprochen, wie Unternehmen Kapital für die Finanzierung ihrer Ressourcen aufbringen können: durch Investoren und durch Kreditoren. Der dritte Weg ist der der eigenen Geschäftstätigkeit. Die Gewinn- und Verlustrechnung (bzw. auf Englisch das »Income Statement«, das auch »Profit and Loss Statement« oder »P&L« genannt wird) stellt das Ergebnis dieser Geschäftstätigkeit für eine bestimmte Periode (Monat, Quartal, Jahr) dar und besteht aus

Maschinenbau AG
Bilanz zum 31. Dezember 2019

Aktiva		Passiva	
Anlagevermögen		**Eigenkapital**	
Sachanlagen	500.000	Grundkapital	400.000
Immaterielle Anlagen	30.000	Gewinnrücklagen	80.000
Finanzanlagen	25.000		
Umlaufvermögen		**Fremdkapital**	
Vorräte	30.000	Langfristige Verbindlichkeiten	120.000
Forderungen	20.000	Kurzfristige Verbindlichkeiten	95.000
Zahlungsmittel	90.000		
Summe Aktiva	**695.000**	**Summe Passiva**	**695.000**

Erträgen (Umsätzen – engl. Revenue) und Aufwendungen (Kosten – engl. Expenses).

Erträge (Umsätze) entstehen in der Regel durch den Verkauf von Produkten oder Dienstleistungen. Wenn beispielsweise eine Bierbrauerei Bier an Großhändler verkauft, macht diese Umsatz (dieser Umsatz ist aber geringer als der Umsatz, den der Händler beim Verkauf des Biers an den Endverbraucher macht!). Neben dem Verkauf von Produkten und Dienstleistungen können Erträge aber auch aus anderen Quellen kommen wie etwa dem Verkauf eines Unternehmensteils oder einer Anlage.

Aufwendungen sind Kosten zur Erwirtschaftung von Erträgen, die in derselben Periode angefallen sind. Wenn ein Unternehmen bspw. Kühlschränke herstellt und verkauft, dann muss es die Teile, die in einem Kühlschrank verarbeitet werden, kaufen oder selbst herstellen und für die Mitarbeiter Löhne bezahlen. Eine besondere Art von Aufwendungen stellen Abschreibungen (Depreciation) dar. Sie drücken den jährlichen Wertverlust von Anlagen und Maschinen aus und werden als fiktiver Zahlungsstrom betrachtet; es ist also kein gleichzeitiger Geldfluss (Cash Flow) damit verbunden.

Maschinenbau AG
Gewinn- und Verlustrechnung
Geschäftsjahr 2019

Umsatzerlöse	+	1.500.000
Andere Erlöse	+	100.000
Summe Erträge		**1.600.000**
Materialaufwendungen	-	400.000
Personalaufwendungen	-	500.000
Abschreibungen	-	300.000
Andere Aufwendungen	-	100.000
Summe Aufwendungen		**1.300.000**
= Betriebserfolg (=EBIT)		300.000
Steuern	-	100.000
Sonstige Aufwendungen	-	50.000
Sonstige Erträge	+	20.000
= Jahresüberschuss		**170.000**

Wie unterscheiden sich Investitionen von Aufwendungen (Capital Expenditure oder »CapEx«)? Ein Kauf wird als Investition betrachtet, wenn er der Firma einen zukünftigen wirtschaftlichen Vorteil bringt, während Aufwendungen sich nur auf die laufende Periode beziehen. Investitionen mindern die Erträge nur in Form von Abschreibungen. Aufwendungen sind voll Ertrag mindernd.

Durch den Abzug der Aufwendungen von den Erträgen entsteht der Jahresüberschuss (Net Income). Ist er positiv, macht das Unternehmen einen Nettogewinn, ist er negativ, macht es einen Nettoverlust. Je nach der Höhe der Ausbezahlung des Nettogewinns an die Aktionäre (Dividende) berechnen sich die Rücklagen, die in der Bilanz im Eigenkapital erscheinen, und die, wie oben beschrieben, eine Quelle für die Finanzierung der Unternehmensressourcen darstellen.

Kapitalflussrechnung (Cash Flow-Statement)
Die Gewinn- und Verlustrechnung bezieht sich auf Erträge und Aufwendungen, die man einer Periode zuschreiben kann. Sie bildet aber nicht die tatsächlichen Zahlungsflüsse während der Periode ab. Diese Unterscheidung lässt sich damit erklären, dass Aufwendungen und Erträge nicht immer mit einem unmittelbaren Zahlungsfluss verbunden sind. Es könnte

sein, dass die Bezahlung erst viel später in einer anderen Periode oder auch früher erfolgt. In beiden Fällen gibt die Gewinn- und Verlustrechnung keinerlei Auskunft über den Zahlungszeitpunkt.

Zum Abbilden der Zusammenfassung aller Zahlungsflüsse (Cash Inflows und Cash Outflows) einer Periode verwendet man das Cash Flow Statement. Es besteht aus drei Teilen:

1. Cash Flow aus dem Betrieb: beinhaltet Zahlungsflüsse, die den Betriebserfolg beeinflussen
2. Cash Flow aus Investitionsaktivitäten: umfasst Zahlungsflüsse in Zusammenhang mit den Aktiva der Bilanz und beinhaltet den Einkauf und Verkauf von Anlagen und Investitionen
3. Cash Flow aus Finanzaktivitäten: umfasst Zahlungsflüsse in Zusammenhang mit den Passiva der Bilanz wie die Zahlung von Dividenden und die Aufnahme von Verbindlichkeiten

Der Cash Flow der Periode fließt in die Position Zahlungsmittel der Bilanz ein. Das Cash Flow-Statement ist die Grundlage von Firmenwertbestimmungen über die »Net Present Value (NPV)«- Berechnung.

Maschinenbau AG
Cash Flow-Statement
Geschäftsjahr 2019

Jahresüberschuss		**170.000**
Abschreibungen	+	50.000
Veränderung in		
Forderungen	–	15.000
Vorräten	–	20.000
Kurzfristigen Verbindlichkeiten	+	5.000
Cash Flow aus der Geschäftstätigkeit		**190.000**

Die Analyse der Wertschöpfungskette

Als Instrument der strategischen Analyse eignet sich die Wertschöpfungskette (Value Chain), bspw. um potenzielle Wettbewerbsvorteile im Bereich der Kosten oder der Differenzierung der Leistung zu ermitteln oder Probleme zu lokalisieren. Mit ihrer Hilfe lässt sich der gesamte Prozess der Leistungserbringung durchleuchten und strategisch ausrichten. Die Leistungserbringung wird in primäre und unterstützende Aktivitäten gegliedert: Primäre Aktivitäten beziehen sich auf die Herstellung der Leistung sowie den Leistungsaustausch mit den Kunden. Unterstützende Aktivitäten beschaffen und erzeugen erforderliche Inputs, damit die primären Aktivitäten durchgeführt werden können.

Value Chain

Erfolgreiche Unternehmen müssen ihre Produkte oder Leistungen preisgünstiger oder qualitativ besser anbieten als die Konkurrenz. Deshalb wird für die wichtigen Aktivitäten entlang der Wertschöpfungskette untersucht, ob sich eine Aktivität eignet, einen Kostenvorteil oder eine Differenzierung gegenüber der Konkurrenz zu erzeugen. Weiterhin wird analysiert, ob die Organisation an dieser Stelle eine Stärke oder Schwäche aufweist und wie Stärken ausgebaut und Schwächen beseitigt werden können.

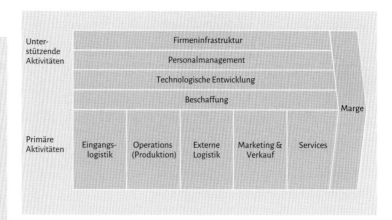

Fünf Freunde

Machen Sie die »Five Forces« zu Ihrem Freund – aber geben Sie nicht mit ihm an. Viele Cases lassen sich entlang der »Five Forces« strukturieren, ihnen jedoch mit dem Ausruf »Aha! Ein Five Forces Case!« blind zu folgen, ist ein direkter Weg zur Absage.

3. Fortgeschrittene Frameworks

Porter's Five Forces

Porter's Five Forces ist das bekannteste und wirkungsvollste Framework zur Analyse der Attraktivität von Branchen und Märkten. Es kann auf alle Branchen angewendet werden. Dieses Framework ist besonders hilfreich, wenn Sie einen Case zur Beurteilung der Potenziale eines neuen Marktes bearbeiten müssen. Nutzen Sie es in Cases, in denen es um die marktseitige Beurteilung von Business-Plänen und Investitionen, die Abwägung von Optionen, in verschiedene Märkte einzutreten, oder um die Bewertung von zu erwartenden Schwierigkeiten in einem bestehenden Markt geht.

Da es in einem Interview oft zu lange dauert, alle Bereiche des Frameworks durchzudiskutieren, nennen wir Ihnen hier die wichtigsten Punkte, die eine Industrie oder Branche attraktiv machen:

- Hohe Eintrittsbarrieren für neue Wettbewerber
- Niedrige Eintrittsbarrieren speziell für das Unternehmen
- Abnehmer und Lieferanten haben nur geringe Verhandlungsmacht
- Wenig Substitutionsprodukte
- Wettbewerber sind nicht in einen unvernünftigen Konkurrenzkampf verstrickt, der die Gewinne in der Industrie vernichtet

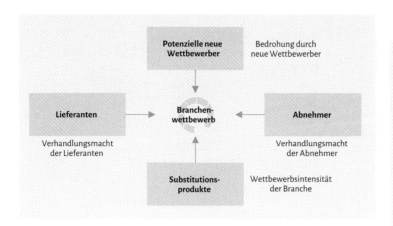

Video-Interview

In einem kurzen Video-Interview stellt Harvard-Professor Michael Porter seine Strategielehre vor und die damit verbundenen fünf Kräfte, die die Geschäftsstrategie von Unternehmen prägen:

II. Case-Tools

Die 4 Cs: Customer, Competition, Cost & Capabilities

Das Framework der 4 Cs eignet sich zur Marktanalyse bei der Einführung neuer Produkte und auch zur Branchenanalyse. Im Folgenden wollen wir einige Anregungen geben, welche Fragen Ihnen bei den Bearbeitungen der einzelnen Aspekte behilflich sein können:

1) Customer
- Wie ist der Markt segmentiert?
- Was sind die Kaufkriterien der Kunden?

2) Competition
- Was ist der Marktanteil des Unternehmens?
- Wie ist seine Marktposition?
- Welche Strategie verfolgt das Unternehmen?
- Wie sind die Kosten im Vergleich zur Konkurrenz?

3) Cost
- Welche Art von Größendegressionseffekten kann das
- Unternehmen für sich beanspruchen?
- Wie sieht die Lernkurve des Unternehmens aus?
- Wird eine Produktionserhöhung die Kosten senken?

4) Capabilities
- Auf welche Ressourcen kann das Unternehmen zurückgreifen?
- Wie sieht die Organisation des Unternehmens aus?
- Was für ein Produktionssystem wird verwendet?

Produktlebenszyklus

Wenn Sie einen Produkt-Case bearbeiten, ist es für die Lösung oft entscheidend, welche Reife der Markt aufweist. Unten dargestellt ist die Umsatz- und Gewinnentwicklung in Märkten für die verschiedenen Reife-Phasen: Einführung, Wachstum, Reife und Abschwung.

Wichtig bei der Case-Lösung ist, zu verstehen, wie sich der Schwerpunkt des Wettbewerbs verändert, je nachdem in welcher Phase man sich befindet. Die Phasen sind wie folgt ausgestaltet:

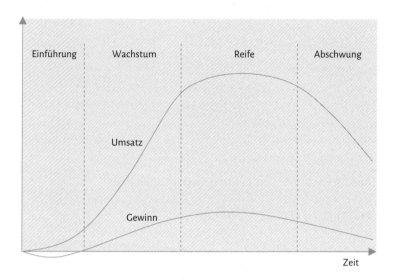

Einführungsphase
- Forschung und Entwicklung, Wecken von Bedürfnissen
- Es existiert kaum Konkurrenzkampf

Wachstumsphase
- Marketing, Management von schnellem Wachstum, Qualität
- Neue Marktteilnehmer treten ein

Reifephase
- Produktion, Kosten, fallende Preise
- Wettbewerb intensiviert sich

Abschwungphase
- Niedrige Kosten, Nischen-Player
- Wettbewerber mit zu hohen Kosten treten aus dem Markt aus

Erfahrungskurven-Analyse / Economies of Scale
Das Verständnis der Erfahrungskurven-Effekte ist essenziell z. B. für die Erklärung von Firmenzusammenschlüssen (Mergers), zur Realisierung von Größenvorteilen (Economies of Scale) oder für eine schnelle Marktdurchdringung mit einem neuen Produkt.

Eine der Hypothesen dieses Konstrukts ist, dass bei einer Verdopplung der im Zeitablauf kumulierten Produktmenge mit einem Rückgang der Kosten um 20 bis 30 Prozent zu rechnen ist. Diese Aussage gilt ausdrücklich für kumulierte Produktionsmengen, d. h. auch wenn ein Unternehmen im Jahr 2018 500 Mio. und 2019 erneut 500 Mio. Glühbirnen herstellt, tritt üblicherweise eine Kostendegression von 20 bis 30 Prozent ein.

Dieses Framework lässt sich anwenden bei Cases zum Thema Mergers & Acquisitions oder auch bei allgemeinen Fragen zur Wirtschaftlichkeit eines Unternehmens. Z. B.: »Woran liegt es, dass unser Klient, ein Transportunternehmen, Verluste schreibt?« Hier kann eine Lösung bspw. darin bestehen, dass es sich um eine kleinere Spedition mit nur wenigen Mitarbeitern handelt. Somit können größere Wettbewerber dieselbe Dienstleistung zu einem günstigeren Preis (und ggf. einer höheren Qualität) anbieten, bei welchem das kleine Unternehmen aufgrund der fehlenden Kostendegression zwangsläufig Verluste schreiben muss.

Die 4 Ps: Price, Product, Place & Promotion

Das »4 Ps-Framework« ist sicherlich das bewährteste Marketing-Framework. Mit den 4 Ps werden die vier wesentlichen Einflussmöglichkeiten im Hinblick auf Vermarktung und Marktpositionierung von Produkten (z. B. bei einer Marktneueinführungs-Strategie) beschrieben.

1) Price

Ganz allgemein umfasst der Begriff »Price« sowohl die Preise für die Konsumenten (normaler Handelspreis, Promotionen und Rabatte) als auch die Vorteile und Anreize in den verschiedenen Verkaufskanälen (Kommissionen und Handelsspannen). Von strategischer Bedeutung ist der Preis, wenn man ihn als Wettbewerbsvorteil einsetzt. Man kann den Preis bspw. erheblich niedriger als den der Konkurrenz ansetzen, um schnell Marktanteile zu gewinnen. Er kann aber auch über dem der Konkurrenz liegen, um den Anspruch der Besonderheit zu signalisieren. Achten Sie im Case Interview darauf, auf welchen Preis der Case abzielt.

Der Preis ist von besonderer Bedeutung, da er gemäß der Angebotsfunktion eine direkte Wirkung auf die Menge und – wie wir bei der Gewinngleichung gesehen haben – einen starken Einfluss auf die Profitabilität hat. Die Absatzfunktion ist in der Realität allerdings nicht linear, da es z. B. Schwellenpreise gibt. So werden Absatzsprünge bei Über- bzw. Unterschreitung bestimmter Preise vermutet, wie z. B. bei 9,99 versus 10,00 Euro. Darüber hinaus besteht eine Qualitätsausstrahlung des Preises: »Was nichts kostet, kann nichts wert sein!« Dem Preis kommt als Produktmerkmal vor allem im Wettbewerbsumfeld eine herausragende Stellung zu, da er für Konsumenten und Händler leicht zu vergleichen ist. Schließlich gibt es Möglichkeiten, den Preis »verdeckt« zu beeinflussen, wie z. B. durch Zusatzkosten (Kreditkartengebühr), Preisdiskriminierung nach Kundensegmenten (Studentenrabatte) oder anderen Faktoren (zeitgebundene Preise, Frühbucherpreise, Last Minute Preise), verdeckte Preiserhöhungen (Packungsgröße verändern, bei gleichbleibendem Preis), Zusatzkomponenten und Serviceleistungen (Rasierklingen, Drucker-toner), usw.

2) *Product*

Der Begriff »Product« umfasst neben dem Produkt selbst die Verpackung und die mit dem Kauf verbundenen Services und Garantien. Das Produkt (oder der Service) liefert oft den offensichtlichsten Wettbewerbsvorteil, wenn es das einzige Produkt am Markt ist, das ein bestimmtes Bedürfnis befriedigt. Ist das Produkt lediglich eines von vielen mit nur geringen Unterscheidungsmerkmalen, wird es wenig Zusatznutzen haben. Im Case Interview versuchen Sie zu verstehen, wie hoch der Wert des Produktes im Vergleich zu den Wettbewerbsprodukten ist.

3) *Place*

Der Begriff »Place« beinhaltet die Verkaufskanäle (Einzelhandel, Internet ...) sowie die Platzierung der Produkte in den Kanälen. Der physische Platz, an dem ein Produkt oder Service angeboten wird, kann oft ein Wettbewerbsvorteil gegenüber der Konkurrenz sein. Denken Sie im Zusammenhang der Positionierung besonders an die Distributionsmöglichkeiten.

Rabatt-Promotion

Beachten Sie besonders die verschiedenen Wir-kungen einer Rabatt-Pro-motion und überlegen Sie, wie das Zusammen-spiel mit Menge und Preis aussieht. So kann Rabatt auf ein Produkt kurzfristig den Gewinn steigern, langfristig aber negativ beeinflussen.

4) *Promotion*

»Promotion« umfasst Werbung, PR, Aktionen, Rabatte etc. Angesichts der heutigen Werbeüberflutung ist es schwer, Konsumenten gezielt auf ein Produkt aufmerksam zu machen. Promotion-Aktivitäten werden verwendet, um das Kundenbewusstsein zu erhöhen, neue Märkte zu erschließen oder auf bestimmte Wettbewerber zu reagieren. Überlegen Sie sich in Ihrem Case Interview, wie Sie sich in der Promotion von Ihren Wettbewerbern unterscheiden und Ihren Alleinstellungsvorteil kommu-nizieren können.

2x2-Matrix

Berater können, sagt man, alles mit 2x2-Matrizen erklären. Eine gute Matrix kann ein schwer verständliches Konzept auf einfache und anschau-liche Weise darstellen. Auch wenn es nicht immer die aufregendsten Weisheiten sind, die eine Matrix veranschaulicht, sind Matrizen gut genug, Klienten zu beeindrucken – was Berater gerne machen. Ein sehr einfaches Beispiel zeigt, was passiert, wenn man Cola und Fanta mischt:

Ein mehr auf die Unternehmensberatung zugeschnittenes Beispiel ist die Einteilung von Mitarbeitern in Projekten nach der Betreuungsart. Nehmen wir an, Sie wollen verstehen, welche Art der Betreuung jedes Ihrer Teammitglieder benötigt, um seine Aufgaben möglichst effizient zu erledigen. Die Betreuungsart bestimmt sich dabei nach zwei Eigenschaften: einmal nach den Fähigkeiten/Kenntnissen (skill) und dann nach dem Willen (will) eines jeden Mitarbeiters. Alle Mitarbeiter fallen in einen der folgenden Quadranten und benötigen von Ihnen die entsprechende Betreuung:

BCG-Matrix (Marktwachstums-/Marktanteils-Matrix)

Die wahrscheinlich bekannteste aller 2x2-Matrizen ist die BCG-Matrix (Boston Consulting Group). Sie wird als strategisches Werkzeug verwendet, um das Produktportfolio einer Firma zu bewerten. Es platziert jedes Produkt in einen der vier Quadranten:

	hoch	Stars	Questionmarks
Markt-wachstum			
	niedrig	Cash Cows	Poor Dogs
		hoch	niedrig
		Relativer Marktanteil	

Das Schöne an dieser Matrix ist ihre Einfachheit. Indem man zwei Messgrößen miteinander verbindet (Marktwachstum und relativer Marktanteil), erhält man eine visuelle Darstellung der Erklärung vieler verschiedener Fragestellungen wie z. B. die Attraktivität eines bestimmten Marktes oder eines Übernahmeziels. Man hat diese beiden Messgrößen ausgewählt, da das Marktwachstum als Steigungsmaß im Produktlebenszyklus verstanden werden kann. Der relative Marktanteil ist Indikator für das aus der Erfahrungskurve abgeleitete Kostensenkungspotenzial. Dass die BCG-Matrix unmittelbar mit dem Produktlebenszyklus und der Erfahrungskurve zusammenhängt, sollten Sie auf jeden Fall präsent haben.

Auch sollte darauf geachtet werden, dass man für die Matrix den relativen Marktanteil des Unternehmens heranzieht. Dieser ist definiert als der eigene Marktanteil im Verhältnis zum Anteil des größten Marktteilnehmers. Beispiel: Ihr Marktanteil in einer Geschäftseinheit ist 20 Prozent, der nächstgrößte Konkurrent hat 40 Prozent. In diesem Fall tragen Sie auf der BCG-Matrix 0,5 ein. Die Trennlinie ist üblicherweise bei 1.

Die Position der strategischen Geschäftsfelder in der Matrix wird durch Kreise gekennzeichnet. Die Größe der Kreise ist Ausdruck der Größe des Umsatzes der strategischen Geschäftsfelder. Firmen versuchen Produktportfolios zu haben, die möglichst viele Stars (hoher Marktanteil und hohes Wachstum) sowie Cash Cows (hoher Marktanteil und geringes Wachstum) und wenige Dogs (geringer Marktanteil und geringes Wachstum) enthalten. Auch wenn die BCG-Matrix aus akademischen Kreisen kritisiert wurde, weil sie in bestimmten Fällen falsche Ergebnisse liefert, ist sie für eine einfache und schnelle Beurteilung von Märkten trotzdem unbestritten wirkungsvoll.

Produkt-Markt-Matrix (Ansoff-Matrix)

Eine weitere Anwendungsmöglichkeit einer Matrix ist die Produkt-Markt-Matrix. Sie eignet sich für Marktstrategie-Cases, z. B. bei der Frage, ob ein Unternehmen ein bestimmtes Produkt auch in anderen Ländern vertreiben soll oder die Bearbeitung des heimischen Marktes mit neuen Produkten eine bessere Alternative darstellt. Ein häufiger Fall ist auch die allgemeine Frage, welche Wachstumsoptionen ein Unternehmen überhaupt hat. Durch die Kategorisierung nach Absatzprodukten und Märkten kann eine übersichtliche Darstellung der Handlungsoptionen eines Unternehmens erreicht werden.

	Märkte / Kunden	
Absatzprodukte	**Alte**	**Neue**
Alte	Marktpenetration	Marktentwicklung
Neue	Produktentwicklung	Diversifikation

Eine Methode der Marktpenetration besteht z. B. darin, das eigene Produkt durch eine Preissenkung interessanter zu machen. Marktpenetration heißt immer, den eigenen Umsatz zu Lasten der Konkurrenz zu erhöhen. Sie setzt voraus, dass das Unternehmen die niedrigsten Selbstkosten der Branche aufweist und einen langen Atem gegenüber der Konkurrenz hat. Marktentwicklung könnte z.B. eine Internationalisierung sein. Diversifikation bedeutet, in völlig neue Märkte mit neuen Produkten zu gehen. Diese Strategie haben Unternehmen z. B. aus Portfolio- und Risikostreuungsgesichtspunkten verfolgt.

Benchmarking

Benchmarking ist ein oft verwendetes Konzept in der Beratungsbranche und bedeutet einen Vergleich zwischen verschiedenen Unternehmen zu ziehen, in quantitativer wie auch in qualitativer Hinsicht. Das Ziel ist dabei herauszufinden, was andere Firmen in der gleichen Industrie oder in anderen Industrien in vergleichbaren organisatorischen Funktionen tun, um zu bestimmen, wie effizient der Klient arbeitet und Schwachstellen sowie Lösungsansätze zu identifizieren. Wenn zum Beispiel ein Bergbaukonzern seine Aufbereitungskosten reduzieren will, kann er die Kosten nach Prozessschritten runterbrechen und mit Industriedurchschnittswerten vergleichen. Aufwändiger, aber viel aussagekräftiger wäre es, Wettbewerber dazu zu bringen, ihrerseits vergleichbare Kosten preiszugeben, um einen Vergleich zu ermöglichen. Dieser rein quantitative und direkte Kostenvergleich ist zwischen im Wettbewerb stehenden Unternehmen schwer durchführbar und birgt zudem viele Manipulationsgefahren. Deshalb bedienen sich Berater oft indirekter quantitativer Vergleiche, mit deren Hilfe die Kostenstruktur abgeschätzt werden kann. Oder sie gehen in fremde Industrien, bei welchen man davon ausgehen kann, dass die Unternehmen nicht im Wettbewerb stehen. Im Fall der Aufbereitungskosten ist dies mangels Vergleichbarkeit wahrscheinlich schwer möglich, sicher jedoch bei Funktionen wie dem Einkauf oder der Administration.

Das Ergebnis des Benchmarking sind »best practices« in den einzelnen Bereichen, die den Stand der Entwicklung darstellen. Daraus kann man ableiten, was die Firmen im jeweiligen Bereich richtig machen und was man selbst für den Klienten übernehmen oder kopieren kann.

Kernkompetenzen (Core Competencies)

Als Kernkompetenzen werden die Bereiche des Unternehmens bezeichnet, die das Kerngeschäft darstellen, über die sich eine Firma profiliert. Kernkompetenzen sollten weder zu eng noch zu weit definiert werden. Sind sie zu eng und zu starr, kann das Unternehmen nicht flexibel genug auf sich ändernde Marktverhältnisse reagieren. Sind sie zu weit gefasst, besteht die Gefahr von »Verzettelung« und Ressourcen können nicht gewinnbringend genug eingesetzt werden. Ein gutes Beispiel für

Benchmarking

Im Case Interview werden Sie kaum einen Benchmarking-Case zu lösen haben, können aber Benchmarking als Lösungsansatz bei der Findung von Verbesserungsmöglichkeiten, was die Effizienz von Funktionen oder Prozessen anbelangt, anführen.

eine zu breite Diversifikation ist der frühere Daimler-Benz-Konzern. Ende der 80er und zu Beginn der 90er Jahre weitete er sein Geschäft in Bereiche wie die Flugzeugindustrie und elektrische Haushaltsgeräte aus. Im Laufe der 90er Jahre wurde jedoch erkannt, dass dies nicht profitabel ist und dass es bessere Anbieter in diesen Sparten gibt. Deshalb wurden viele dieser Bereiche wieder verkauft. Im Case Interview wird Ihnen ein Fall präsentiert, in dem ein Unternehmen seine Effizienz steigern muss. Sie sollen einen Vorschlag für eine kostensenkende Restrukturierung ausarbeiten. Bei der Überlegung, welche Unternehmensbereiche ausgegliedert werden können, müssen Sie zuerst die Kernkompetenzen des Unternehmens identifizieren. Denn diese Bereiche kommen für ein Outsourcing selbstverständlich nicht in Frage.

Wettbewerbsstrategien nach Porter

An die Überlegungen zur Kernkompetenz eines Unternehmens knüpft Porter mit seinen berühmten Wettbewerbsstrategien an. Unternehmen und ihre Produkte werden in eine Matrix eingeordnet, um ihren Positionierungsvorteil im Markt zu erkennen. Zum einen besteht die Möglichkeit der Profilierung auf dem Gesamtmarkt durch Leistungs- oder Kostenvorteile. Es ist entweder eine aggressive Preisstrategie durch ein niedriges Kostenniveau anzustreben oder eine Qualitätsführerschaft zu verfolgen. Andererseits kann man eine Marktnische besetzen. Eine Position »zwischen den Stühlen« kann nicht erfolgreich sein.

| | Art des Wettbewerbsvorteils | |
	Leistungsvorteil	Kostenvorteil
Gesamtmarkt	Differenzierungsstrategie (Qualitätsführerschaft)	Aggressive Preisstrategie
Grad der Markt-Abdeckung	Konzentration	
Teilmarkt	Produkt-Segment-Spezialisierung	Niedrigpreisstrategie

Die Wettbewerbsstrategien nach Porter eignen sich sehr gut, um die Struktur eines Marktes zu beschreiben und ggf. Nischen aufzudecken. Außerdem kann man hiermit die eigene Unternehmensstrategie daraufhin überprüfen, ob das Unternehmen klar positioniert ist.

SWOT-Analyse: Strengths, Weaknesses, Opportunities, Threats

Die SWOT-Analyse stellt eine Erweiterung des Frameworks der internen und externen Analyse dar. Informationen über die zukünftige Unternehmensumwelt werden dem Stärken-Schwächen-Profil des Unternehmens gegenübergestellt. Von einer Chance wird nur dann gesprochen, wenn eine Umweltentwicklung auf eine besondere Stärke des Unternehmens trifft.

Gefahren ergeben sich für das Unternehmen dann, wenn die Umweltentwicklungen jene Bereiche betreffen, in denen es Schwächen offenbart.

Die SWOT-Analyse ist häufig ein guter Einstieg in den Analyseteil eines Cases. Nutzen Sie die leichte Darstellbarkeit, indem Sie die einzelnen Komponenten auch grafisch gegenüberstellen:

S: Hoher Bekanntheitsgrad Cash-Reserven	**W:** Geringe Innovationskraft Veraltete Produkte
O: Wachsende Märkte in Asien	**T:** Eindringen innovativer Konkurrenten in Kernmärkte

Manchmal kann man sich auch auf die Stärken und Schwächen des Unternehmens beschränken.

Net Present Value (Netto-Barwert)

Eine der wichtigsten Entscheidungen, die Manager in Unternehmen treffen müssen, sind Entscheidungen, ob in bestimmte Dinge investiert wird oder nicht. Investitionsfragen können sein: Soll eine neue Anlage angeschafft werden? Sollen die Mitarbeiter an Weiterbildungsprogrammen teilnehmen? Soll ein bestimmtes Projekt durchgeführt werden? Da hier zukünftige Einnahmen zukünftigen Ausgaben gegenübergestellt werden, ist für die Wertberechnung auf den jetzigen Zeitpunkt bezogen eine besondere Berechnung notwendig. Die Berechnung nennt man Net Present Value (Netto-Barwert). Dabei werden zukünftige Cash Inflows und Cash Outflows so abgezinst, dass man den für den derzeitigen Zeitpunkt gültigen Wert erhält. Die Formel lautet dabei:

- I_0 = Ausgangsinvestition
- I_n = Cash Flow im Jahr n
- r = Zinsfuß

$$NPV = -I_0 + \frac{I_1}{(1+r)} + \frac{I_2}{(1+r)^2} + \frac{I_3}{(1+r)^3} + \ldots + \frac{I_n}{(1+r)^n}$$

Wichtig ist die Höhe des Zinsfußes, er beeinflusst maßgeblich den NPV. Der für jedes Unternehmen spezifische Zinsfuß ist gleich den Kosten des Kapitals. Die Kapitalkosten werden berechnet aus einer risikofreien Marktzinsrate (Leitzinssatz) und einem Risikoaufschlag, der abhängig ist vom Risiko des Marktes und vom Unternehmen selbst.

CAGR (Compound Annual Growth Rate)

Eine bei Beratern sehr beliebte Wachstumsrate ist die Compound Annual Growth Rate (CAGR). Sie stellt das durchschnittliche jährliche Wachstum einer zu betrachtenden Größe dar. Der CAGR ist eine wesentliche Kennziffer zur Betrachtung von Marktentwicklungen.

Das durchschnittliche Wachstum zwischen den Jahren X und Z, wobei Z - X = N die Anzahl der Jahre darstellt, berechnet sich wie folgt:

$$\text{CAGR Jahr X - Z} = \left(\frac{\text{Wert in Jahr Z}}{\text{Wert in Jahr X}} \right)^{1/N} - 1$$

Ein Beispiel zur Berechnung des CAGR finden Sie in den Übungsaufgaben (siehe Kapitel III, Case Nr. 4).

Die 5 Cs:
Character, Capacity, Capital, Conditions, Competitive Advantage

Dieses Framework wird hauptsächlich in Finance Cases zur Beurteilung von Akquisitionskandidaten verwendet.

1) *Character*

Bewerten Sie das Engagement und die zurückliegenden Leistungen eines Unternehmens sowie das Verhältnis des Unternehmens zu seinen Kunden. Gibt es ausstehende rechtliche Verfahren gegen das Unternehmen? Wenn ja, aus welchen Gründen? Wie gestaltet sich die Firmenkultur? Ist das Unternehmen fortschrittlich in Bezug auf die Arbeitsqualität der Mitarbeiter? Denkt und handelt das Unternehmen umweltbewusst oder investiert es in wohltätige Zwecke? Welche Auswirkung hätten diese Faktoren auf die Beurteilung des Cases?

2) *Capacity*

Wenn Sie es mit einer Produktionseinheit zu tun haben, wie hoch ist die Kapazitätsauslastung? Gibt es Pläne, die Produktionskapazität zu erhöhen, neue Technologien anzuwenden oder schlecht wirtschaftende Produktionseinheiten zu schließen?

3) *Capital*

Wie hoch sind die Kapitalkosten des Unternehmens verglichen mit den Wettbewerbern? Wie »gesund« sind Cash Flows, Umsätze und Schuldenlast gegenüber den Wettbewerbern?

4) *Conditions*

Was ist das vorherrschende Wirtschaftsklima in der Industrie? Was ist das kurz- und mittelfristige Wachstumspotenzial der Industrie? In welcher Phase des Lebenszyklusses befindet sich der Markt?

5) Competitive Advantage

Welche besonderen Eigenschaften besitzt ein Unternehmen, die gegenüber seinen Mitbewerbern einen wesentlichen Vorteil darstellen? Wendet das Unternehmen besondere, einzigartige Prozesse an, hat es einen Wissensvorsprung vor den Konkurrenten? Oder generiert es geringere Kosten bei der Erstellung von Produkten? Worin auch immer der Wettbewerbsvorteil besteht, er muss verteidigbar und schwer zu kopieren sein.

Bewertung von Akquisitionskandidaten

Berater werden oft gerufen, um den Marktwert von Akquisitionskandidaten zu bestimmen. Der Marktwert berechnet sich dabei nach dem Net Present Value von Umsätzen, Kosten und Investitionen.

Danach kann man drei Arten von Werten unterscheiden: Basiswert, möglicher Optimierungswert und Wert unter Einrechnung von Synergien. Stellen Sie sich die Frage, welchen Wert ein Unternehmen für ein anderes Unternehmen unter Einbeziehung von Synergieeffekten haben kann. Zur folgenden Berechnung des Wertes können Sie einerseits die bereits erwähnte NPV-Formel nutzen oder auch andere Quellen für eine Wertermittlung untersuchen. Solche könnten z. B. durch Branchen-Multiples oder Börsenwerte vergleichbarer Unternehmen ermittelt werden.

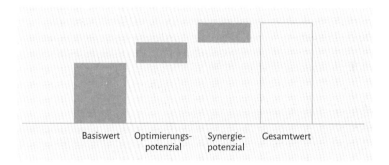

Basiswert	Optimierungs-potenzial	Synergie-potenzial	Gesamtwert

Grundsätzlich stellt sich die Frage nach der Profitabilität einer Akquisition. Der »Preis« der Akquisition ist hierbei die Käuferprämie, d. h. der Preis, der über den momentanen Marktwert hinaus bezahlt wurde. Eine Akquisition ist dann profitabel, wenn der Barwert (d. h. das Ergebnis der NPV-Rechnung) der Synergien sowie sonstiger Vorteile der Akquisition die Käuferprämie übersteigt. Man unterscheidet drei Arten von Synergien:

- **Umsatzsynergien:**
  z. B. Cross-Selling ähnlicher Produkte
- **Kostensynergien:**
  z. B. kosteneffizientere Nutzung von Ressourcen, Skaleneffekte etc.
- **Finanzielle Synergien:**
  z. B. Senkung der Kosten der Fremdfinanzierung durch verbesserte Bonität der neuen (fusionierten) Unternehmung

Frameworks

Sie müssen nicht alle Frameworks auswendig lernen. Nutzen Sie die Basis-Frameworks, um Ihre Antworten zu strukturieren. Nutzen Sie die fortgeschrittenen Frameworks, um Ihre Kenntnisse aufzufrischen und sich mit den Begrifflichkeiten vertraut zu machen.

Finance-Hintergrund

Wer einen Finance-Hintergrund hat bzw. sich bei einer Corporate-Finance-Beratung (wie goetzpartners Corporate Finance) oder einer Beratung mit Schwerpunkt auf die Private-Equity- (wie Bain & Company und L.E.K. Consulting) oder Bankenbranche (wie Oliver Wyman) bewirbt, sollte sich zusätzlich zu diesem Buch auf typische Fragen im »Finance-Interview« vorbereiten. Nicht nur für angehende Investmentbanker empfiehlt sich daher das Buch »Das Insider-Dossier: Die Finance-Bewerbung«.

Überblick: Wichtige betriebswirtschaftliche Kennzahlen

Bei der Bewertung von Unternehmen und der Identifikation von Problemen werden üblicherweise standardisierte und international gebräuchliche Kennzahlen herangezogen. Dies erleichtert vor allem die Vergleichbarkeit, wie bspw. im Rahmen des oben erwähnten Benchmarking. Da diese Zahlen häufig aus der externen Rechnungslegung zu beziehen sind, sind sie relativ leicht zugänglich und zuverlässig. Lassen Sie sich nicht von den unterschiedlichen Begrifflichkeiten auf Englisch und Deutsch verwirren – versuchen Sie lieber, die zugrunde liegende Systematik zu verstehen. Wir, so wie die meisten Berater, benutzen in erster Linie die englischen Begriffe. Die folgende Übersicht ist für die Anforderungen der meisten Case Interviews vereinfacht, da wissenschaftliche Details Ihnen in dieser Situation nicht weiterhelfen.

Gross Profit (Rohertrag) =
Umsatz (Sales) – Herstellungskosten (Cost of Goods Sold oder COGS)

Die **COGS** bestehen aus den direkten für die Produktion benötigten Kosten und beinhalten im Wesentlichen die Materialkosten und direkten Fertigungskosten. **Indirekte Kosten** bzw. Gemeinkosten, wie Vertrieb, Geschäftsführergehalt, Miete usw. die nicht klar einer Leistungseinheit zugerechnet werden können, gehen nicht in die COGS ein.

$$\textbf{\textit{Return on Sales}} = \frac{\text{Gewinn}}{\text{Umsatz}}$$

(auch Operating Profit Margin oder Umsatzrendite)

EBIT = Earnings Before Interest and Taxes = Betriebserfolg

EBITDA = EBIT + Depreciation and Amortization

Beim EBITDA werden außerordentliche Kosten und Aufwendungen ebenso ignoriert wie Zinsen, sonstige Finanzierungsaufwendungen, Steuern und Abschreibungen. Dies soll das Ergebnis der eigentlichen Unternehmenstätigkeit unabhängig von einmaligen Effekten herausstellen und vergleichbar machen. Der EBITDA wird wie folgt berechnet:

Jahresüberschuss

+ Ertragssteuern
= **EBT** (Earnings before Tax)
+ Fremdkapitalzinsen
= **EBIT**
+ Abschreibungen auf das Anlagevermögen
- Zuschreibungen zum Anlagevermögen
= **EBITDA**

$$\textbf{\textit{EBIT-Marge}} = \frac{\text{EBIT}}{\text{Umsatz}}$$

Working Capital

Das Working Capital (WC) ist die Differenz der kurzfristig liquidierbaren Aktiva eines Unternehmens und den kurzfristigen Verbindlichkeiten. Es ist also der Teil des Umlaufvermögens, der nicht zur Deckung der kurzfristigen Verbindlichkeiten gebunden ist, und deshalb im Beschaffungs-, Produktions- und Absatzprozess arbeiten kann. In Restrukturierungsfällen kommt es oft zu einer Optimierung des Working Capitals zur Liquiditätsbeschaffung.

Eine weitere, häufig verwendete Kennziffer ist der ROI (Return on Investment – oder auch Kapitalrentabilität). Dieser setzt den Gewinn nicht ins Verhältnis zum Umsatz, sondern zum eingesetzten Kapital:

$$ROI = \frac{Gewinn}{Umsatz} \cdot \frac{Umsatz}{eingesetztes\ Kapital}$$

Eine alternative Schreibweise des ROI, die lediglich durch Rechenoperationen entsteht:

$$\textit{Return on Investment (ROI)} = \frac{Gewinn}{Gesamtkapital}$$
$$= Umsatzrendite \cdot Kapitalumschlag$$

Der ROI hilft den finanziellen Erfolg des ganzen, innerhalb eines Unternehmens gebundenen Kapitals zu beurteilen.

Nehmen wir an, Sie investieren alleine 1 Mio. Euro, um ein Unternehmen zu gründen. Wenn dieses dann 100.000 Euro Umsatz und 30.000 Euro Gewinn erwirtschaftet, beträgt Ihre Umsatzrentabilität folglich satte 30 Prozent (30.000 / 100.000). Ihre Kapitalrentabilität beträgt jedoch nur 3 Prozent (30.000 / 1 Mio.), ein Wert bei dem man nach alternativen Anlagen suchen sollte.

4. Übersichts-Framework

Nachdem Sie einen Überblick über die im Case Interview nützlichen Frameworks erhalten haben, zeigen wir Ihnen anhand der Gewinngleichung die typischen Anwendungsfelder der Frameworks. Führen Sie sich zunächst den grundsätzlichen Einfluss von Umsatz (Menge und Preis) und Kosten (Variabel und Fix) auf den Gewinn vor Augen. Beachten Sie dabei, dass der Preis zudem eine unmittelbare Wirkung auf die abgesetzte Menge (siehe Angebotsfunktion) und diese wiederum auf die variablen Kosten hat.

Mehr Kennzahlen

Es gibt natürlich noch weitere Kennzahlen, deren Wiederholung allerdings nur bei Bewerbungen in bestimmten Schwerpunktbereichen erforderlich ist. Hier könnten ROCE, ROE und die genauen Herleitungen von Informationen aus der Bilanz, GuV oder anderen publizierten Dokumenten wichtig sein. Nutzen Sie Webseiten wie Wikipedia und Investopedia zur Vorbereitung.

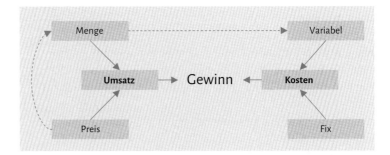

Wir haben nun eine Übersicht erstellt, die Ihnen einen Anhaltspunkt geben soll, welche Analyse- und Strategieframeworks im Zusammenhang mit den einzelnen Positionen der Gewinngleichung angewendet werden können. Natürlich gibt es hier zahlreiche Interdependenzen und keinen Automatismus. Nutzen Sie diese Übersicht, um sich vor dem Case Interview die Zusammenhänge noch mal zu vergegenwärtigen und einzelne Themen gezielt zu wiederholen.

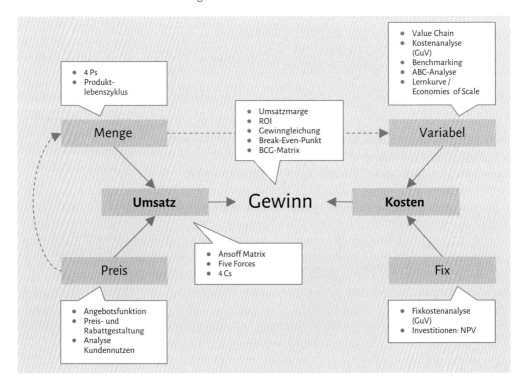

Beispiele zur Anwendung:

- Umsatzsteigerung: Strukturieren Sie die Möglichkeiten der Umsatzsteigerung anhand der Ansoff-Matrix.
- Umsatzeinbruch: Umsatz = Menge · Preis, wobei die Treiber für Menge und Preis durch die 4 Ps abgedeckt werden. Die Mengenschraube können

Sie mit 3 der 4 Ps in Angriff nehmen. Das vierte P, den Preis, diskutieren Sie gesondert.

- Kostensenkung: Suchen Sie nach ungenutztem Potenzial zur Senkung der variablen Stückkosten über Skalen- und/oder Lerneffekte. Analysieren Sie Kostenveränderungen entlang der Value Chain. Überdenken Sie Investitionsentscheidungen und damit verbundene fixe Kosten.
- Gewinnsteigerung: Steigern Sie den Gewinn, indem Sie Menge und/oder Preis und somit den Umsatz steigern. Darüber hinaus steigern Sie Gewinne, indem Sie die Kosten senken, sofern der Umsatz konstant gehalten werden kann. Bedenken Sie bei Ihrer Case-Lösung die Langfristigkeit Ihrer Vorschläge: Werden Gewinne langfristig gesteigert oder kann beispielsweise nur kurzfristig eine Preisprämie verlangt und der Gewinn somit aufgestockt werden?

Die MECE-Regel

Mithilfe der MECE-Regel können Sie sicherstellen, dass Sie ein Problem analytisch sauber in seine Teilaspekte heruntergebrochen haben. MECE steht für mutually exclusive and collectively exhaustive und übersetzt sich wörtlich in »sich gegenseitig ausschließend und zusammen allumfassend«.

Bei der Strukturierung von komplexen Sachverhalten prüfen Berater mit dieser Regel häufig, ob sich jeder Teilbereich überschneidungsfrei voneinander abgegrenzt (mutually exclusive) und ob die Gesamtheit aller Teilbereiche jeden Aspekt des Gesamtproblems widerspiegelt (collectively exhaustive).

Insbesondere beim Anlegen von Relevanz- oder Entscheidungsbäumen kann Sie diese Regel davor bewahren, einen wichtigen Aspekt zu vergessen oder fälschlicherweise mehrfach zu bewerten. Sie hilft Ihnen außerdem dabei, Teilprobleme logisch korrekt auf einer vergleichbaren Detailebene zu formulieren, bspw. beim Erstellen einer Pro- und Kontra-Liste.

Während Sie die MECE-Regel in unterschiedlichem Kontext (z. B. bei Präsentationen, Reports oder Analysen) anwenden können, ist wichtig zu verstehen, dass sie noch keine Priorisierungshilfe darstellt. Hierfür müssten in einem weiteren Schritt zuerst noch geeignete Bewertungskriterien definiert werden.

Übersicht

Bei diesem Übersichts-Framework handelt es sich um ein ganzheitliches Konstrukt, um das Ihre Gedanken beim Interview-Case kreisen sollten. Schließlich müssen Sie sich auf das Wesentliche konzentrieren, um genügend Zeit für die Erarbeitung einer Strategie zu haben. Denken Sie strategisch, nicht nur bezüglich der Probleme Ihrer zukünftigen Klienten, sondern auch im Hinblick auf Ihre eigene Vorgehensweise im Case Interview!

5. Consulting-Lingo

Berater sprechen oft eine eigene Sprache. Sie benutzen »Buzzwords«, die mitunter die Anmutung eines pervertierten Sprachgebrauchs nahe legen. Tatsächlich sind viele Projekte auf Englisch und ein Großteil der Management-Theorie und -Praxis stammt aus den USA. Man sollte sich der Aneignung dieses »Denglisch«-Kauderwelschs nicht unreflektiert hingeben, allerdings hilft es, einige der wichtigsten Begriffe parat zu haben. Die folgende Übersicht soll Ihnen helfen, sich mit dem Berater-Slang vor Ihren Interviews vertraut zu machen:

80/20-Regel	Daumenregel, laut der man 80 Prozent seiner Arbeit in 20 Prozent der Zeit erledigen kann. Um sein Ziel zu 100 Prozent zu erreichen, benötigt man unverhältnismäßig viel Zeit. Typisches, pragmatisches Vorgehen in Beratungsprojekten
B2B, B2C	Verkauf an Geschäfts- oder Privatkunden (Business to Business, Business to Consumer)
Balanced Scorecard	Umfassendes ▶ KPI-Framework
Benchmarking	Vergleich von Kennzahlen (z. B. Kosten), Prozessen oder Organisationsstrukturen des Klienten mit anderen Organisationseinheiten oder Wettbewerbern
Bottom-Up	Einen Sachverhalt von der untersten Ebene oder vom Detail ausgehend bis nach oben hoch zu aggregieren (z. B. bei Größenabschätzungen); Gegensatz zu ▶ Top-Down
Challengen	Einen Entwurf »herausfordern«, im Sinne von kritisch prüfen (»*Wir müssen unsere Vorschläge noch intern challengen, bevor wir sie dem Kunden präsentieren*«)
C-Level	Oberste Geschäftsführungsebene (CEO, CFO, CTO, CMO, COO, CIO ... = Chief Executive / Finance / Technology / Marketing / Operations / Information Officer)
Con-call, Call, Telco	Abkürzung für »Conference Call« (Wer das erste Mal an einer Telefonkonferenz teilnimmt, sollte nicht vergessen, sein Telefon stumm zu schalten, so lange er nichts zu sagen hat)
Critical path	Im Berateralltag sind damit die Teil-Aufgaben eines Projektes gemeint, die unbedingt erledigt werden müssen, damit das Projekt pünktlich abgeschlossen werden kann
Deck/Pack	Die Powerpoint-Präsentation, in die Projektteammitglieder »reinarbeiten«, um die Ergebnisse des Projektes in präsentierbarer Form festzuhalten. Einer hat immer den »Master« oder das »Masterdeck«
Deliverables	Bestimmte Aufgaben oder Meilensteine (Mile stones) die Projektteammitgliedern zugewiesen oder von Kunden-Mitarbeitern zugeliefert werden sollen
Down-/Up-stream	Position innerhalb der Wertschöpfungskette, wobei »oben« die Zulieferer und »unten« die Abnehmer anzusiedeln sind
Due Dilligence	Meist unbeliebte Projektart, da in kürzester Zeit häufig für eine Private Equity Firma eine Investition in ein Unternehmen und dessen Markt auf Herz und Nieren analysiert werden soll
Executive/Management summary	Kurze Zusammenfassung (meist am Anfang einer Präsentation) mit den wichtigsten Projekt-/Analyse-Ergebnissen (auch »Key Findings«)
FTE	Full Time Equivalent = Personalstärke umgerechnet in Ganztagsmitarbeiter
Headcount	Anzahl der Mitarbeiter
High level view	Blick von »oben« auf komplexe Sachverhalte, um sich nicht im Detail zu verlieren (Vogelperspektive)
HOD	Abkürzung für Home Office Day, meistens ein Freitag, an dem gemeinsam firmeninterne Angelegenheiten und Neuigkeiten besprochen werden
KPI	Key Performance Indicators – messbare Kennzahlen, die Aussagen zur Effizienz von Prozessen liefern (»*Die* ▶ *Balanced Scorecard muss um aussagefähige KPIs im Bereich IT erweitert werden*«)

leveragen	Die Wirksamkeit von etwas erhöhen – engl. to leverage – etwas wirksamer einsetzen, Fremdkapitaleinsatz erhöhen (»*Der Kunde sollte sein Marktwissen besser leveragen*«)
Master	Siehe ▶ »Deck«
On the beach	Phase zwischen zwei Projekten, in der man als Berater keinem Kunden zugwiesen ist. Häufig führt man in dieser Zeit beratungsinterne Studien durch oder hilft, an einem ▶ Proposal zu schreiben
Out-of-the-box	Ausdruck für das Entwickeln von ungewöhnlichen, kreativen Lösungsansätzen
Pitch, Beauty Contest	Die Vorstellung der Angebote (▶ Proposals) verschiedener konkurrierender Beratungen bei einem Kunden
PMI	Post Merger Integration = Nach Fusionen von Unternehmen gibt es häufig lange PMI-Projekte, um die unterschiedlichen Prozesse, Organisationen und Kulturen zusammen-zubringen
PMO	Project Management Office = Koordinierungsaufgabe im Beraterteam und/oder auf Kun-denseite, um Projekttermine usw. zu managen (häufige Aufgabe von jungen Beratern)
Proposal	Das Angebotsdokument einer Beratung für ein neues Projekt
Quick wins	Gewinne / Kostensenkungen / Effekte, die sofort realisiert werden können und keine lange Vorlaufzeit haben (»*Das Restrukturierungsprogramm ermöglicht einige Quick wins zur schnellen Reduktion der ▶ FTE-Zahlen*«)
Rightsizing	Beschönigender Ausdruck für »downsizing«, oder auch »freisetzen« = Reduktion von Mitarbeiterkapazitäten, Fabriken, Standorten etc.
Sabbatical, Leave	Auszeit, die Beratungen häufig anbieten, z. B. um einen MBA zu absolvieren oder die Welt zu umreisen
Staffing	Personelle Besetzung eines Projekts
Telco	Siehe ▶ Con Call
Top-Down	Gegensatz zu ▶ Bottom-Up
Up-or-out	Typischer Karrierepfad bei Beratungen: Entweder man entwickelt sich anhand bestimmter Kriterien weiter und wird befördert, oder man sucht sich einen neuen Job
White paper	Artikel dessen Ziel es ist, den Leser zu einem bestimmten Thema weiterzubilden

6. Case-Typen

Welche verschiedenen Arten von Cases gibt es? Die meisten Cases lassen sich in eine der drei folgenden Gruppen einordnen:

a) Business Cases
b) Marktgrößenschätzungen
c) Brainteaser

a) Business Cases

Dies sind die Klassiker unter den Cases und die am weitesten verbreiteten Typen von Fallstudien. Es wird Ihnen ein Business-Szenario präsentiert,

Tipp

Es ist nicht zu emp-
fehlen, dass Sie in der
Vorbereitung möglichst
viele Cases auswendig
lernen, in der Hoffnung,
die perfekte Lösung »aus
der Schublade ziehen«
zu können. Arbeiten
Sie lieber die Hinweise
und Tipps dieses Buches
ausführlich durch. Üben
Sie die Beispiel-Cases.
Versuchen Sie auch,
eigene Cases zu bauen,
um die Systematik zu
verinnerlichen. Nutzen
Sie die Frameworks, um
die Problematik zu struk-
turieren, nicht um eine
08/15-Lösung herbei-
zuzaubern.

das Sie analysieren müssen und zu dem Sie anschließend Empfehlungen aussprechen sollen. Die meisten Cases werden vom Interviewer mündlich vorgestellt. Schriftliche Unterlagen mit zusätzlichen Daten werden selten ausgegeben. Im Business Case wird neben Ihren analytischen Fähigkeiten Ihr allgemeines Verständnis für Wirtschaft und für unternehmerische Herausforderungen geprüft. Business Cases sind so facettenreich wie das Wirtschaftsgeschehen selbst.

Woher kommen die Cases?

Häufig sind die Cases direkt dem Beratungsalltag des Interviewers entnommen, können aber auch frei ausgedacht sein. Bei manchen Beratungen gibt es ein »Case-Book« mit Standard-Cases oder Case-Vorschlägen, teilweise sogar Standardlösungen. Manche Partner bei bekannten Unternehmen scheinen seit Jahren dieselben Cases und Brainteaser zu benutzten. In seltenen Fällen erwartet Sie eine Auswahl aus international standardisierten schriftlichen Cases. Andere Beratungen lassen Ihren Interviewern freien Lauf, ihre eigene Projekterfahrung in Fallstudien einzubringen. Das Verständnis für die Herkunft der Cases kann Ihnen bei der Vorbereitung und Lösung sehr helfen.

Ein Case, der offensichtlich aus der eigenen Erfahrung des Interviewers kommt, bietet am Ende des Gesprächs reichlich Gesprächsstoff. Zeigen Sie Ihr Interesse an der Beraterarbeit, der tatsächlichen Case-Lösung und den verwendeten Methoden. Hier gewinnen Sie die nötigen Bonuspunkte und schaffen einen runden und entspannten Abschluss Ihres Case Interviews.

Im Folgenden erläutern wir sechs der wichtigsten Case-Arten und bieten einige Ansatzpunkte zur Verwendung von Frameworks:

- Profitabilität
- Eintritt in einen neuen Markt
- Einführung eines neuen Produktes
- Competitive Response
- Reaktion auf Veränderungen im externen Marktumfeld
- Mergers and Acquisitions (M&A)

Profitabilität

Darum geht's: Unternehmen wollen und müssen in erster Linie Gewinn machen. Da Berater gerne dann gerufen werden, wenn dieses Ziel nicht erreicht wird, ist das Verständnis für den Zusammenhang zwischen Umsatz, Gewinn und Kosten essenziell. Mit Fragen zur Profitabilität eines Unternehmens sollten Sie in jedem Case Interview rechnen.

Darauf können Sie eingehen: Cases aus dieser Kategorie sind z. B., dass ein Unternehmen mit fallenden Gewinnen zu kämpfen hat und Sie beauftragt werden, die Ursache(n) dafür zu finden. Möglich ist auch, dass Sie um Rat gebeten werden, wie ein Unternehmen seine Gewinne weiter steigern könnte. Ausgangspunkt aller Überlegungen sollte immer die bekannte Gewinnformel sein:

- **Gewinn = Umsatz – Kosten**

Wollen Sie die Profitabilität kurzfristig erhöhen, sind dies die Stellschrauben. Fallende Gewinne resultieren meist aus einer für das Unternehmen negativen Veränderung einer oder mehrerer dieser Faktoren. Vergessen Sie bei der Bearbeitung des Cases nicht, dass die Ursachen für fallende Gewinne sowohl unternehmensintern als auch in Veränderungen der Unternehmensumwelt liegen können. Wenn z. B. die Ursache für die Verluste eines Kiosks darin liegt, dass kürzlich ein Walmart-Superstore in der Nähe eröffnet hat, können Sie nie auf die richtige Lösung kommen, solange Sie nur den Kiosk isoliert betrachten.

Mögliche Frameworks:
- Interne versus externe Faktoren
- Angebot und Nachfrage
- Fixe versus variable Kosten
- Erfahrungskurvenanalyse

Beispiel: »*Sie sind Manager eines Lebensmittelmarktes. Trotz steigenden Umsatzes sinken die Gewinne. Warum?*«

Sinkender Gewinn kann aus gestiegenen Kosten resultieren. Stellen Sie deshalb zunächst diesbezügliche Fragen. Sollte die Lösung hier nicht zu finden sein, konzentrieren Sie sich auf die Umsatzseite. In unserem Beispiel würden Sie erfragen, wie der Umsatzanstieg zustande gekommen ist. Eine Erklärung für sinkenden Gewinn bei steigendem Umsatz könnte lauten, dass Sie als Manager die Preise gesenkt oder besondere Rabattaktionen durchgeführt haben. Eine typische Lösung für das obige Beispiel ist, dass sich Veränderungen im Kaufverhalten der Kunden entwickelt haben. Ihre Kunden könnten z. B. mehr Niedrigpreis-Produkte gekauft haben. In diesem Fall erwirtschaftet Ihr Lebensmittelmarkt insgesamt mehr Umsatz, dennoch fällt der Gewinn.

Eintritt in einen neuen Markt

Darum geht's: Der Interviewer möchte wissen, ob Sie in der Lage sind, die Attraktivität eines Marktes zu bewerten und welche Konzepte Sie dabei verwenden. Außerdem wird von Ihnen erwartet, dass Sie analysieren, ob der Markteintritt für das spezifische Unternehmen Sinn macht.

Darauf sollten Sie eingehen: Nach Porter hängt die Attraktivität eines Marktes von den Faktoren potenzielle Wettbewerber, Verhandlungsmacht der Lieferanten und Abnehmer, die Bedrohung durch Substitutionsprodukte sowie die Marktrivalität ab (s. hierzu Porter's Five Forces). Die Verwendung dieser Kategorien ist eine Möglichkeit, Ihre Analyse zu strukturieren. Sie können zunächst mit der Betrachtung der Marktrivalität beginnen. Hierzu gehören Fragen nach Größe und Anzahl der Mitbewerber, nach Marktwachstum und nach den Gewinnmöglichkeiten der Marktteilnehmer in der Vergangenheit. Sollten Sie auf Nachfragen zu diesen Punkten keine Informationen erhalten, treffen Sie ggf. Annahmen und arbeiten mit diesen weiter. Vergessen Sie nicht, diese Annahmen zu begründen und bei der Zusammenfassung darauf hinzuweisen, dass die Richtigkeit Ihrer Lösung von der Genauigkeit Ihrer Annahmen abhängt.

Im nächsten Schritt können Sie sich auf die Wettbewerber im Zielmarkt konzentrieren. Hier sollten Sie Themen ansprechen wie die Stärken und Schwächen der wichtigsten Wettbewerber und deren Kostenstrukturen. Sollten Ihnen genügend Zeit und Informationen zur Verfügung stehen, können Sie eine SWOT-Analyse der Wettbewerber durchführen. Nicht zu vergessen sind die Kunden im neuen Markt. Welches sind die Zielkunden für Ihr Produkt? Welche Bedürfnisse und marktspezifischen Anforderungen ergeben sich daraus? Vielleicht gibt es Lücken im bereits bestehenden Produktangebot des Zielmarktes. Nehmen wir an, Sie haben bis hierher herausgefunden, dass es sich um einen Wachstumsmarkt handelt. Die Wettbewerber haben ungünstige Kostenstrukturen, die Kunden werden sich um die Produkte des Unternehmens reißen. Substitutionsprodukte sind nicht verfügbar. Alles klar? Leider noch nicht ganz. Denn jetzt ist es an der Zeit zu analysieren, ob der Eintritt in einen neuen Markt auch in Übereinstimmung mit der derzeitigen Firmenstrategie steht. Für ein Unternehmen, das gerade ein Kostensenkungsprogramm durchführt, um wieder in die Gewinnzone zu kommen, wird es selbst bei einem noch so attraktiven Markt nicht klug sein, zu expandieren. In einem letzten Schritt können Sie untersuchen, wie die Realisierung des Markteintritts aussehen könnte. Hierzu gehört eine Projektion der zu leistenden Investitionen, der zu erwartenden Kosten und Umsätze etc. Da sich bei Eintritt in einen neuen Markt selten genaue Umsatz- und Kostenprognosen treffen lassen, können Sie auch verschiedene Szenarien entwickeln, um das Risiko des Projektes besser einschätzen zu können.

Mögliche Frameworks:
- Porter's Five Forces
- Produkt-Markt-Matrix von Ansoff
- BCG-Matrix
- SWOT-Analyse

Beispiel: »*Ein europäischer Papierhersteller möchte in den ostasiatischen Raum expandieren. Wie beurteilen Sie diesen Plan?*«

Gehen Sie zunächst auf den Zielmarkt ein. Falls es sich wie in diesem Fall um eine sehr allgemeine, offene Frage handelt, reicht es aus, die Parameter zu nennen, die Sie untersuchen möchten und darzustellen, wie Sie an die benötigten Informationen gelangen. Einige Punkte und Fragen, die Sie bei Ihren Überlegungen berücksichtigen sollten: Stärken und

Schwächen der Wettbewerber, ihre Produktionsstandorte, ihr Produktportfolio etc. Exportieren die Wettbewerber ins Ausland? Wie sind die Kostenfaktoren dort? Auf welche Kunden will man sich konzentrieren? Was sind ihre Bedürfnisse? Wie steht man im Vergleich zu Wettbewerbern? Hat das Unternehmen besondere Vorteile, die es nutzen sollte? Warum und wie will es expandieren? Sind schon Marktrecherchen durchgeführt worden? Gibt es Handelsbeschränkungen? Zunächst ist es wichtig, Informationen zum Markt zu erhalten. Wie groß ist der Markt für Papier im ostasiatischen Raum? Handelt es sich um einen Wachstumsmarkt? Wenn Ihnen kein Datenmaterial vorliegt, nutzen Sie das vorgestellte Vorgehen zur Marktgrößenschätzung.

Einführung eines neuen Produktes

Darum geht's: Bevor ein Unternehmen sich für die Einführung eines neuen Produktes entscheidet, muss es sich fragen, ob damit tatsächlich Gewinne erwirtschaftet werden können. Lassen sich durch das neue Produkt Gewinne erzielen, muss geklärt werden, ob es eine sinnvolle Ergänzung des derzeitigen Produktportfolios darstellt.

Darauf können Sie eingehen: Grundsätzlich sind die unter »Eintritt in einen neuen Markt« genannten Faktoren auch hier relevant. Doch weiterführende Überlegungen sind notwendig, wenn es sich um die Einführung eines gänzlich neuen Produktes handelt. Eine Grundvoraussetzung für ein profitables Produkt ist, dass eine ausreichende Nachfrage dafür besteht, d. h. die Größe des potenziellen Marktes muss eingeschätzt werden. Ebenso muss analysiert werden, wie das Produkt hinsichtlich seiner Eigenschaften, der Verpackung etc. optimal auf die potenziellen Zielkunden abgestimmt werden kann.

Des Weiteren spielt der Preis des neuen Produktes eine wichtige Rolle, vor allem, wenn es noch keine vergleichbaren Produkte am Markt gibt. Sie können also analysieren, ob es sich lohnt, einen niedrigen Einstiegspreis zu wählen, um Ihren Absatz möglichst schnell wachsen zu lassen, oder ob es sinnvoller erscheint, den Einstieg mit einem »normalen« Preis zu wagen. Sofern es sich nicht nur um die Einführung einer Produktvariante, sondern um ein neues Produkt handelt, ist ferner zu überlegen, ob das Unternehmen das neue Produkt über bereits bestehende Distributionskanäle vertreiben soll oder ob es notwendig ist, zu diesem Zweck neue Möglichkeiten zu erschließen, z. B. durch das Eingehen von Partnerschaften.

Dabei sollte man nicht aus den Augen verlieren, dass sich jede Fragestellung nach internen und externen Faktoren analysieren lässt. Auf der unternehmensinternen Seite ist die Frage zu klären, ob das neue Produkt eine sinnvolle Ergänzung zu dem bereits bestehenden Produktportfolio darstellt (s. hierzu die BCG-Matrix). Jedes Unternehmen verfügt abhängig

von Branche und strategischer Ausrichtung über bestimmte Kernkompetenzen. Wenn ein Unternehmen bei der Einführung eines neuen Produktes auf Kernkompetenzen oder frühere Erfahrungen zurückgreifen kann, ist dieser Einstieg mit weniger Risiko behaftet, als wenn es Neuland betritt. Je nach Fragestellung ist es möglich, dass diese Faktoren bereits geprüft wurden und Sie nur die finanzielle Seite
betrachten müssen. Einfach ausgedrückt: Können wir mit diesem Produkt Geld verdienen – und wenn ja, wie schnell? In diesem Fall listen Sie die zu erwartenden Kosten und den Umsatz auf. Beachten Sie dabei, dass Ausgaben, die für das Projekt bereits getätigt wurden (z. B. für Entwicklungsarbeit), als »sunk costs« bezeichnet werden. Sunk costs sind bereits angefallene Kosten und werden deshalb nicht mehr in die Kosten-Nutzen-Analyse miteinbezogen.

Beispiel

Ein Bierhersteller möchte ein Energy-Getränk auf den Markt bringen. Was empfehlen Sie?

Mögliche Frameworks:

- 4 Ps
- BCG-Matrix
- Kernkompetenzen
- Kosten-Nutzen-Analyse
- Break Even-Analyse

Competitive Response

Darum geht's: Competitive Response heißt für Sie, Lösungsvorschläge zu erarbeiten, wie ein Unternehmen sich gegenüber seinen Wettbewerbern verhalten soll. Es geht darum, dem Interviewer zu zeigen, dass Sie Marktdaten mit unternehmensinternen Daten verbinden können, um daraus eine überzeugende Empfehlung abzuleiten. Der Interviewer wird darauf achten, ob Sie die dynamischen Kräfte eines Marktes oder einer Industrie verstehen und analysieren können.

Darauf können Sie eingehen: Sie sollten als erstes feststellen, wie Ihr Klient hinsichtlich Kosten, Produkten, Kunden etc. im Verhältnis zu seinen Wettbewerbern aufgestellt ist. Hierzu vergleichen Sie die Kostenstruktur des Klienten mit der seiner Wettbewerber. Es kann helfen, die Trends in der Kostenstruktur darzustellen. Nun können Sie sich um die Kundschaft kümmern. Hierzu segmentieren Sie die Kunden in Alt- und Neukunden, loyale Kunden und Wechsler. Wichtig ist es, Annahmen über die Profitabilität der einzelnen Produktsegmente des Unternehmens zu treffen. Zu guter Letzt gehen Sie auf die Wettbewerber ein. Wie hoch sind die Marktanteile der wichtigsten Wettbewerber? Wo haben diese ihre Stärken und Schwächen?

Um zu einer überzeugenden Lösung zu kommen, müssen Sie die Annahmen, die Sie bezüglich des Unternehmens und den externen Daten getroffen haben, zu sinnvollen Empfehlungen verbinden können.

Mögliche Frameworks:

- 4 Cs
- SWOT-Analyse
- ABC-Analyse

Beispiel

Neben ein kleines Kino ist ein Mega-Kinocenter gebaut worden. Wie kann der Kinobesitzer reagieren?

Reaktion auf Veränderungen im externen Marktumfeld

Darum geht's: Um zu überleben, müssen Unternehmen sich ständig den Veränderungen ihrer Umwelt anpassen (»Survival of the Fittest«). Veränderungen entstehen durch staatliche Deregulierung von Märkten (z. B. in der Luftfahrtindustrie seit den 80er Jahren), Veränderung von Kundenansprüchen oder Entwicklung neuer Technologien (z. B. Veränderung der Wertschöpfungsketten durch E-Commerce). Bei diesem Case-Typ handelt es sich weniger um konkrete Fragen auf operativer Ebene, sondern es soll geprüft werden, ob Sie die strategischen Optionen eines Unternehmens identifizieren und bewerten können. Dabei kommt es nicht nur auf ein strukturiertes Vorgehen an, sondern auch auf die Kreativität, mit der Sie Handlungsalternativen für ein Unternehmen entwickeln.

Darauf können Sie eingehen: Damit man sich auf Veränderungen einstellen kann, muss man zunächst herausfinden, welche Konsequenzen diese Veränderungen für eine Branche und insbesondere für das eigene Unternehmen mit sich bringen. Diese Analyse allein ist schon schwierig genug, denn Veränderungen laufen mit einer Dynamik, die verlässliche Aussagen über ihre Auswirkungen nahezu unmöglich machen. Wer hat schon damals erwartet, dass sich aus der Erfindung der drahtlosen Telegraphie einmal der noch heute bestehende Rundfunk entwickeln würde? Ihr Interviewpartner wird von Ihnen keine prophetischen Aussagen verlangen, sondern erwarten, dass Sie plausible Annahmen treffen können.

Auf Basis dieser Annahmen können Sie versuchen, die sich ergebenden Chancen für die Branche oder ein Unternehmen abzuleiten sowie auf potenzielle Gefahrenquellen zu verweisen. Da es für Unternehmensberater aber grundsätzlich keine Gefahren oder Schwächen, sondern höchstens Verbesserungsmöglichkeiten gibt, kann es Ihnen Pluspunkte bringen, wenn Sie sich diese Sichtweise zu eigen machen und versuchen, auch potenziellen Bedrohungen etwas Positives abzugewinnen.

Mögliche Frameworks:

- Kernkompetenzen
- SWOT-Analyse

Beispiele

Ein Rüstungshersteller fragt Sie, was er nach dem Kalten Krieg mit seinen Überkapazitäten machen soll.

Ein Papierproduzent möchte untersuchen, ob die elektronische Kommunikation sein Geschäft obsolet macht.

Mergers and Acquisitions (M&A)

Darum geht's: Die Cases aus dem Bereich Mergers and Acquisitions gehören zu den komplexesten Fragestellungen, da bei Unternehmenszusammenschlüssen eine Vielzahl von Faktoren greifen. Außerdem gibt es sehr viele unterschiedliche Arten von Zusammenschlüssen. Daher ist es schwierig, generelle Lösungsansätze für diese Cases zu präsentieren. Bewerbern mit dem Schwerpunkt Finanzen wird geraten, sich darauf einzustellen, dass von ihnen eine quantitative Bewertung von Übernahmekandidaten verlangt wird.

Darauf können Sie eingehen: Um eine fundierte Aussage darüber zu treffen, ob ein Unternehmenszusammenschluss von Vorteil ist, müssen Sie die Ziele der Verbindung kennen. Natürlich ist die Zielsetzung jeder Übernahme grundsätzlich die langfristige Erhöhung der Wirtschaftlichkeit, z. B. durch Rationalisierungseffekte. Dennoch hängen die Ziele eines Unternehmenszusammenschlusses auch von der Art der Verbindung ab. Schließen sich Unternehmen der gleichen Produktions- und Handelsstufe zusammen, so spricht man von einem horizontalen Zusammenschluss. Als Ziele werden u. a. die Schaffung einer marktbeherrschenden Stellung gegenüber nicht angeschlossenen Unternehmen, Erringen gemeinsamer Marktmacht gegenüber Lieferanten und Abnehmern sowie die Koordinierung bestimmter Funktionen verfolgt. Zusammenschlüsse auf vertikaler Ebene entstehen durch Vereinigung aufeinander folgender Produktions- und Handelsstufen. Die Ziele solcher Zusammenschlüsse liegen in der Absicherung der Versorgung und des Absatzes des übernehmenden Unternehmens. Als drittes kommen Verbindungen in Form von Konglomeraten in Frage. Gründe hierfür können z. B. sein, dass ein Unternehmen den Eintritt in ein neues Produktsegment nicht selbst, sondern durch die Übernahme eines bestehenden Marktteilnehmers vollziehen will.

Im nächsten Schritt ist zu untersuchen, welche Unternehmen für das Erreichen des Ziels geeignet erscheinen bzw. ob die Akquisition eines bestimmten Unternehmens von Vorteil ist. Hier können Sie den möglichen Übernahmekandidaten einer SWOT-Analyse unterziehen und feststellen, wie gut sich beide Unternehmen ergänzen würden. Des Weiteren empfiehlt es sich, die einzelnen Funktionsbereiche beider Unternehmen einander gegenüberzustellen, um sie auf potenzielle Risiken hin zu untersuchen.

Beispiel

Hätten wir im Krisenjahr 2009 die Beratung XYZ kaufen sollen? Was empfehlen Sie? Was wären Sie bereit zu zahlen?

Mögliche Frameworks:

- 5 Cs
- Wertschöpfungskette
- Erfahrungskurvenanalyse

b) Marktgrößenschätzungen

Da das sichere Umgehen mit Zahlen zum täglichen Brot eines jeden Beraters zählt, sollen mit Marktgrößenschätzungen Ihre Fähigkeiten im Umgang mit Zahlen unter die Lupe genommen werden. Ihre quantitativen und numerischen Fähigkeiten sind ein ganz entscheidendes Bewertungskriterium für den Interviewer. Wenn Sie hier schlecht abschneiden, können Sie leicht für einen »Poeten« gehalten werden – und das wollen Sie doch unter keinen Umständen. Neben Ihrem Verständnis für Zahlen wird auch Ihr Vermögen getestet, realistische Annahmen zu treffen und wichtige Einflussgrößen zu identifizieren. Marktgrößenschätzungen können als Zwischenfrage innerhalb eines Business Cases oder als eigenständige Aufgabe gestellt werden. Wir haben diesen Fragen einen eigenständigen Abschnitt gewidmet. Im vierten Kapitel »Analytikaufgaben und Tests« finden Sie viele Abschätzungsfälle zum Üben.

c) Brainteaser

Zu Brainteasern zählen sowohl klassische Fragen wie zum Beispiel »Warum sind Kanaldeckel rund?« als auch Fragen, die Ihre Kreativität fordern. Es geht vor allem darum, ein abstraktes oder ungewöhnliches Problem systematisch zu strukturieren und in lösbare Komponenten zu zerlegen. Brainteaser können bei fast allen Beratungen vorkommen. Es kann aber auch sein, dass Sie in zehn Interviews keinen einzigen gestellt bekommen. Ob und in welchem Ausmaß Sie mit Brainteasern im Interview konfrontiert werden, hängt vom persönlichen Gusto Ihres Interviewers ab. Einen ausführlichen Abschnitt zu Brainteasern finden Sie im Kapitel IV.

7. Vorgehensweise zur Lösung von Cases

Vorgehensweise: Rationales Entscheiden

Um Probleme strukturiert zu lösen, empfiehlt sich die Vorgehensweise nach dem Muster des Rationalen Entscheidens. Wenn Sie die folgende Struktur im Hinterkopf behalten, können Sie immer auf ein erprobtes Schema zur Lösung von Fallstudien zurückgreifen:

1. Lösen Sie das richtige Problem?

Leicht kann es Ihnen passieren, dass Sie bei einer bewusst allgemein gehaltenen Fragestellung mit Ihrer Lösung in die Irre laufen. Wenn Sie sich nicht sicher sind, welches Problem eigentlich zu lösen ist, versuchen Sie noch weitere Informationen zu erhalten. Filtern Sie die Einführung in die Thematik durch den Interviewer und geben Sie zusammenfassend in einem Satz den Kern der Aufgabenstellung wieder. Schon durch die Zusammenfassung sammeln Sie Ihre ersten Pluspunkte!

Brainteaser

Das Feedback aus dem Recruiting 2019 zeigt, dass etwa jeder fünfte Interviewer Brainteaser benutzt.

Nervosität

»Nervosität ist normal, aber vieles andere lässt sich durch gute Vorbereitung geschickt auffangen. Fragen Sie, wenn etwas unklar ist. Dies ist besser, als nach längerer Case-Diskussion falsch abgebogen zu sein. Und wenn Sie einmal partout nicht weiterkommen: Kämpfen ist mindestens genauso wichtig wie analytische Brillianz.«
Hans-Gerd Hegener,
Senior Manager,
Ebner Stolz Management Consultants

- Hören Sie gut zu und machen Sie sich Notizen – vor allem Kerndaten wird der Interviewer nicht wiederholen wollen.
- Fassen Sie die Kernfrage nochmals zusammen – ein guter Trick, um sicher zu gehen, dass Sie die richtige Frage beantworten und ein guter Start in die Analyse.
- Stellen Sie erste klärende Fragen: Gibt es noch Nebenbedingungen? Wissen Sie alles, um zur Strukturierung fortzuschreiten?

2. Struktur: Wie lässt sich das Problem in Teilprobleme zerlegen?

Strukturierung ist im Case Interview mehr als die halbe Miete! Die gezielte Strukturierung eines Problems mit Hilfe des richtigen Frameworks zeigt dem Interviewer, dass Sie in der Lage sind, mit Komplexität umzugehen. Fangen Sie dabei immer an, das Problem aus der Vogelperspektive zu betrachten, um so einen Überblick zu gewinnen. Erst danach gehen Sie bei Ihrer Analyse ins Detail (vgl. Top-Down Verstehensprozess). Ein typischer Fehler ist, sich gleich am Anfang an einer Einzelheit festzubeißen.

- Stellen Sie zielgerichtete Fragen – vom Allgemeinen ins Besondere, nicht umgekehrt.
- Geben Sie dem Interviewer einen Fahrplan Ihrer Case-Lösung. Bei manchen Cases ist die Struktur schon die ganze Lösung.
- Leiten Sie den Dialog mit dem Interviewer und vermeiden Sie lange Monologe. Aber: Lösen Sie den Case selber, lassen Sie nicht den Interviewer den Case lösen.
- Achten Sie auf das Feedback von Ihrem Interviewer.
- Bearbeiten Sie die Teilprobleme entlang Ihrer Struktur. Verdeutlichen Sie immer wieder laut, wo Sie sich in der Struktur befinden. Stellen Sie (wichtige) Fragen und testen Sie Ihre Hypothesen.
- Achten Sie auf die Zeit und bleiben Sie fokussiert.

3. Welche Handlungsalternativen gibt es?

Wenn Sie die Analysephase abgeschlossen haben, geht es um die Lösung. Viele Cases erreichen dieses Stadium gar nicht, da die Strukturierung bereits die Lösung ist. Zeigen Sie Handlungsalternativen auf. Wenn Sie sich bei der Bearbeitung eines Cases nicht sicher sind, welche Lösung die beste ist, führen Sie die Handlungsalternativen mit den jeweiligen Vor- und Nachteilen auf. Sie sollten nicht darauf verzichten, die möglichen Optionen eines Unternehmens zumindest zu erwähnen, auch wenn Sie sie nicht weiter verwenden. So können Sie dokumentieren, dass Sie gründlich in mehrere Richtungen gedacht haben.

- Zeigen Sie Ihre Handlungsempfehlung oder die Alternativen mit ihren Vor- und Nachteilen strukturiert auf. Zeigen Sie dabei immer, dass Sie die Kundenperspektive übernehmen können.
- Seien Sie kreativ.
- Begründen Sie Ihre Entscheidungen.
- Halten Sie den Bezug zwischen der Kernfrage und Ihrer Analyse.

- Quantifizieren Sie Ihre Antwort. Zeigen Sie, dass Sie messbare Ergebnisse erarbeiten und mit Zahlen umgehen können. Vermeiden Sie Flüchtigkeitsfehler beim Arbeiten mit Zahlen.
- Ziehen Sie ein klares Fazit.

4. Welches sind die relevanten Umweltbedingungen?

Richtige Lösungen lassen sich in den meisten Fällen nur erreichen, wenn man das Unternehmensumfeld – z. B. Branche, Konjunktur, etc. – mit in die Betrachtung einbezieht. Deshalb kann es zur Vorbereitung auf Case Interviews helfen, ausgiebig Zeitungen, Wirtschaftsmagazine und andere Medien zu lesen. Die Lösung Ihres Cases liegt häufig nicht allein in den gegebenen Daten, sondern muss durch Erfragen von Einflussfaktoren herausgefunden werden. Finden Sie heraus, welche Umweltbedingungen für Ihren Fall relevant sind – und beschränken Sie sich vor allem auf diese relevanten Faktoren. Wenn Sie Annahmen treffen, erwähnen Sie diese explizit.

- Machen Sie am Schluss einen »Sanity Check« und diskutieren Sie Implikationen, die über die unmittelbare Frage hinausgehen – so zeigen Sie, dass Sie über den Tellerrand hinaus denken.
- Zeigen Sie Ihre Lust auf mehr. Fragen Sie, wie der Case in Realität gelöst wurde oder welche Aspekte man noch beachten sollte.

Es gibt keine objektiv richtigen Entscheidungen!

Handlungsempfehlungen können nur als richtig oder falsch bewertet werden, wenn die zu erreichenden Ziele in der Beurteilung berücksichtigt worden sind. Es kann durchaus vorkommen, dass Ihre Lösung von der Lösung des Interviewers abweicht. Wenn Sie Ihre Punkte sicher argumentieren, sollten Sie sich allerdings nicht verwirren oder von Ihrer Lösung abbringen lassen. Schon allein die Fähigkeit, Ihren Standpunkt firm vertreten zu können, wird beim Interviewer positiv auffallen.

8. Zehn Tipps zur besseren Case-Lösung

1. Der Einstieg: Machen Sie sich Notizen!

Wenn Ihnen der Interviewer den Case präsentiert, achten Sie darauf, zu allen wichtigen Details Notizen zu machen, besonders von Zahlen und Faktenangaben. Schließlich wollen Sie nicht in die Situation kommen, den Interviewer erneut nach Informationen fragen zu müssen, die er Ihnen schon gegeben hat. Nutzen Sie Ihren Notizblock für kurze schriftliche Rechnungen und Hypothesen.

2. Stellen Sie Fragen!

Viele unerfahrene Kandidaten machen den Fehler, zu wenige Fragen zu stellen. Sie fürchten, unwissend zu erscheinen oder wollen den Interviewer nicht mit nervigen Fragen belästigen. Keine Fragen zu stellen ist jedoch ein schwerwiegender Fehler. Denn Ihr Interviewer erwartet von Ihnen, dass Sie Fragen stellen – so viele intelligente Fragen wie notwendig sind, um ein gutes Bild von den relevanten Fakten eines Cases zu erhalten. Meist sind die Cases, insbesondere Business Cases, so gestaltet, dass Sie zusätzlich zu den vorab erhaltenen Informationen Fragen stellen müssen, um den Case überhaupt lösen zu können. Beratungsunternehmen legen darauf großen Wert, da es im realen Beratungsfall ebenfalls notwendig ist, relevante Informationen zu erfragen, um die vorgegebenen Analysen durchführen zu können. Wenn Sie beispielsweise nichts über den Markt für Angelbedarf wissen, fragen Sie, aus welchen Teilen eine Angel besteht, wie viel es kostet diese herzustellen und welche Produkte der Angelbedarfsmarkt umfasst. Wenn Sie den Markt für Campingzelte in Nordirland abschätzen müssen, fragen Sie, wie viele Einwohner es in Nordirland gibt etc.

Prüfen Sie, ob Sie über alle Informationen verfügen, um den Case zu lösen, und ein vollständiges Bild der Problemstellung zu haben. Wenn die Aufgabenstellung unklar ist, gibt es meistens einen Grund dafür. Fragen Sie den Interviewer, besonders wenn es Löcher in der Darstellung gibt. Der Interviewer prüft vielleicht, ob Sie herausfinden, dass es ein fehlendes Stück im Puzzle gibt, und hält eine wesentliche Information zur Lösung des Falles zurück. Besonders wichtig ist, dass Sie das Gespräch mit Ihren intelligenten Fragen führen. Geben Sie diese Führung nicht aus der Hand, indem Sie hilflos wirken. Stellen Sie präzise Fragen und erläutern Sie selbstbewusst Ihre Schlussfolgerungen. Genau dieses souveräne Verhalten wird von Ihnen auch im Gespräch mit Klienten erwartet.

3. Hören Sie den Antworten zu!

Viele Kandidaten sind derart damit beschäftigt, die perfekten Fragen zu stellen, dass sie die Antworten, die sie erhalten, nicht mehr wahrnehmen. Sie gehen einen Katalog von Fragen durch, ohne den darauf erhaltenen Antworten Beachtung zu schenken, was sie innerhalb kurzer Zeit ins Straucheln bringen kann. Achten Sie auf kleine versteckte Hinweise des Interviewers, die Sie in die richtige Richtung leiten.

4. Nehmen Sie sich Zeit!

Es ist überhaupt kein Problem, wenn Sie sich eine Minute Zeit nehmen, um den Fall geistig zu durchdringen. Die meisten Interviewer werden dies begrüßen. Es demonstriert, dass Sie trotz der angespannten Situation immer noch in der Lage sind, sich zurückzunehmen, um ruhig und konzentriert über ein Problem nachzudenken und sich nicht unnötig unter Druck setzen lassen. Nehmen Sie sich also eine Minute Zeit und schreiben Sie sich Notizen auf, denen Sie folgen können, wenn Sie durch den Case gehen. So vermeiden Sie auch typische Flüchtigkeitsfehler. Aber aufgepasst! Auch wenn eine oder zwei Minuten Pause durchaus angebracht sind, wären fünf Minuten auf jeden Fall zu lange. Bedenken Sie, dass Sie für die Besprechung des Falles nur 15 bis 20 Minuten Zeit haben.

5. Seien Sie up to date!

Oft werden im Rahmen des Bewerbungsgespräches Fragen zu Ihrer Einschätzung aktueller wirtschaftlicher, sozialer, technologischer und politischer Entwicklungen gestellt. Verfolgen Sie zumindest einige Wochen vor Ihren Interviews das Tagesgeschehen, da nicht selten aus aktuellen Problemstellungen Cases abgeleitet werden. Ganz besonders gilt dies für Neuentwicklungen in dynamischen Märkten. So wurden im Jahr 2003 viele Fragen zum Wettbewerbsvorteil von »Billig-Airlines« und 2004 zu RFID (siehe Kapitel III, Case Nr. 14) gestellt. In den letzten Jahren kamen Web 2.0 und »Mobile«-Geschäftsmodelle auf (Cases hierzu in unserem neuen »Übungsbuch«). In 2008 kam es vorhersehbarerweise zu Fragen zur Finanzkrise und 2009 zur Kapazitätsanpassung in Zeiten der Rezession. Überraschen Sie Ihren Interviewer mit ein wenig Hintergrundwissen zu solchen aktuellen Themen.

6. Benutzen Sie Frameworks, aber ...

Finden Sie heraus, welches Framework oder welche Kombination von Frameworks Ihnen helfen kann, die Antworten zu strukturieren. Vergessen Sie nicht, dass die Auswahl eines Frameworks nicht das Ziel der Übung ist, sondern Ihnen lediglich helfen soll, eine Antwort auf die im Case gestellten Fragen zu strukturieren. Die Frameworks sollen keine 08/15-Lösungen suggerieren, Sie müssen ihnen noch mit Ihrer Analyse Leben einhauchen. Auch für den Interviewer wird es dadurch einfacher, Ihren Ausführungen zu folgen.

Schließen Sie außerdem nicht zu früh andere Lösungen im Case aus, sondern halten Sie sich Alternativen offen und wägen Sie bis zum Schluss die Argumente gegeneinander ab. Genauso, wie ein unreflektiertes Anwenden von Frameworks als mangelnde Kreativität aufgefasst werden kann, wird Ihnen eine übertriebene Determiniertheit bezüglich Ihrer Lösungen als analytische Schwäche ausgelegt werden. Kurz: Vermeiden Sie den Tunnelblick!

7. Geben Sie dem Interviewer einen Vorgehensplan!

Geben Sie dem Interviewer am Anfang Ihrer Lösungsdarstellung in einigen Sätzen einen Leitfaden in die Hand, wie Sie den Fall bearbeiten möchten. Zum Beispiel können Sie sagen: »Zuerst werde ich den deutschen und französischen Markt analysieren, dann unsere Markteintrittsstrategie darstellen und schließlich anhand von mehreren Parametern meine Empfehlungen entwickeln.« Sie helfen damit nicht nur sich selbst, strukturiert zu arbeiten, sondern zeigen auch dem Interviewer, dass Sie ein Konzept haben.

Struktur

Dem Interviewer die Struktur der folgenden Argumentation zu geben, bringt Ihnen reichlich Bonuspunkte.

8. Stellen Sie Ihre Gedanken klar und logisch dar!

Setzen Sie Prioritäten, indem Sie immer mit den wichtigsten Fragen und Problemen anfangen. Sie wollen, wenn zu wenig Zeit bleibt, zumindest die wichtigsten Punkte erwähnt haben. Illustrieren Sie Ihre Ergebnisse, wenn möglich grafisch (einige Beispiele bieten unsere Standardgrafiken im folgenden Abschnitt), denn Berater lieben Bilder.

9. Der Abschluss: Zusammenfassung, Plausibilität und Umsetzbarkeit

Der Einstieg und der Abschluss eines Gespräches bleiben Menschen am ehesten in der Erinnerung. Wenn Sie Pluspunkte am Ende der Case-Lösung sammeln möchten, fassen Sie am Schluss Ihre Empfehlungen noch einmal zusammen und sagen Sie dem Interviewer gegebenenfalls, wie Sie weiter vorgegangen wären, wenn mehr Zeit zur Verfügung gestanden hätte. Als nächstes überprüfen Sie Ihre Analyse und Empfehlung auf Plausibilität und Umsetzbarkeit. Haben Sie geeignete Annahmen getroffen? Wie würde das Ergebnis bei anderen Annahmen abweichen? Auf welche Umsetzungsprobleme würde Ihre Lösung in der »echten Welt« stoßen? Das Ziel in der Beratung ist nicht allein die Analyse, Berater wollen gute, auf Fakten gestützte Empfehlungen für ihren Klienten entwickeln und diese gut präsentieren.

10. Üben Sie Case Interviews!

Übung erzeugt Selbstvertrauen, automatisiert Abläufe und verstärkt gute Eigenschaften. Außerdem werden Sie mehr Zeit haben, kreative Gedankengänge zu entwickeln. Bei einem so wichtigen Ereignis wie dem Case Interview überlassen Sie besser nichts dem Zufall. Proben Sie ein oder mehrere Interviews! Die Vorbereitung auf ein Case Interview ähnelt Prüfungsvorbereitungen, die Sie bereits aus dem Studium kennen. Auch hier üben Sie, um Ihre Fähigkeiten zu verbessern und Ihr Selbstvertrauen zu stärken. Versuchen Sie, beim Übungsinterview so gut wie möglich das wirkliche Interview zu simulieren. Treffen Sie sich auf neutralem Boden mit einem Freund oder Bekannten, der die Rolle des Interviewers übernimmt. Sie müssen versuchen, eine ähnliche Spannung zu erzeugen wie in einem realen Interview. Die beste Übung ist natürlich ein echtes Interview. Darum sollten Sie sich bei Ihren »wichtigsten« Firmen zuletzt bewerben.

Übung

Üben Sie zu zweit. Suchen Sie sich aus Ihrem Bekanntenkreis oder im squeaker.net-Netzwerk einen Übungspartner, der sich auch gerade auf seine Interviews vorbereitet. Trainieren Sie mit den neuen Übungscases aus dem Buch »Das Insider-Dossier: Consulting Case-Training«.

9. Professionelles Coaching mit erfahrenen Consultants

Wenn Sie nichts dem Zufall überlassen möchten, sind Coachings mit erfahrenen Consultants eine sehr gute Option. Die Angebote sind oft kostenpflichtig, aber als Investition in die Karriere zu sehen. Die Simulation eines Interviews mit einem Ex-Berater hat im Vergleich zum Üben mit anderen Bewerbern deutliche Vorteile:

Es macht Sinn die Coaching-Sessions mit Übungseinheiten mit anderen Bewerbern oder Kommilitonen zu flankieren. So können Sie neue Erkenntnisse und Feedback von Ihren Coaches anwenden und üben.

1. Genaue Kenntnis über die Anforderungen im Case Interview

Die Coaches wissen genau wovon sie sprechen. Oft waren sie im Recruiting tätig und haben hunderte Kandidaten selbst im Interview geprüft. So kann man vor dem Interviewtag zielgerichtetes Feedback sammeln, statt danach, wenn es zu spät ist.

2. Besonderheiten bei der jeweiligen Firma

Ein ehemaliger Berater aus dem Unternehmen für das Sie sich bewerben, kann Ihnen besser als kaum jemand anderes sagen, worauf Ihre Wunschfirma besonderen Wert legt.

3. Personal Fit Fragen

Für Ihren möglichen zukünftigen Arbeitgeber ist es sehr wichtig zu überprüfen, ob Sie gut zur Kultur und den Werten der Beratung passen. Sie können an dieser Stelle von der Erfahrung des Coaches profitieren.

4. Flexible Anpassung an Ihr Niveau

Aufgrund der Erfahrung mit Case Interviews, merkt der Coach sehr schnell, was Ihre Schwächen sind und was Sie bereits sehr gut können. Er wird entsprechend den Fokus auf die Stellen im Case legen, mit denen Sie die größten Schwierigkeiten haben. Dadurch ist der Lerneffekt für Sie maximal.

5. Detailliertes Feedback

Der Coach gibt Ihnen im Anschluss an das Interview konkrete Ratschläge, wie Sie Ihre Performance verbessern können. Hier ist es wichtig, dass Sie so viel Feedback einfordern wie es geht. Das ist schließlich Ihr gutes Recht, wenn Sie für diese Dienstleistung zahlen. Bei echten Interviews mit negativem Ausgang ist konstruktives Feedback nämlich meist sehr spärlich. Machen Sie sich schon mal mit allgemeinen Floskeln wie »Es hat an der Struktur gefehlt« vertraut.

10. Tipps aus der Praxis

Wir haben auch 2019 wieder erfahrene Berater nach ihren Eindrücken aus den Case Interviews und Tipps zur Beraterkarriere befragt. Folgende Insider-Tipps möchten sie Bewerbern ans Herz legen:

»Wir suchen Einsteiger mit intellektueller Neugier und dem Willen, etwas Neues in die Welt zu bringen. Talente, die Sensibilität für die Perspektive des Kunden haben und die Motivation, in einem vertrauensvollen Verhältnis auf ein gemeinsames Ziel hinzuarbeiten. Nicht der Lebenslauf allein ist entscheidend, sondern die Person dahinter – und hierfür gibt es keine Schablonen: Die eine mag durch die Erfahrung in der Großbank reifen. Für den anderen ist es gerade die Lücke im Lebenslauf, die ihn besonders ausfüllt. Uns ist wichtig, dass man als Person Grenzen erfahren und diese im Team überwunden hat.«
Dr. Philipp Jostarndt, Managing Director und Partner und verantwortlich für das Recruiting bei **Boston Consulting Group**

»Die Entscheidung, welchem Arbeitgeber Sie zukünftig Ihr Vertrauen schenken, ist keine Rechenaufgabe: Neben interessanten Themen und konkreten Entwicklungsperspektiven sind auch Teamatmosphäre und Ihr Bauchgefühl gefragt. Flache Hierarchien, offene Türen, kurze Wege, offenes Feedback, Eigeninitiative und Entrepreneurship – das ist der Geist bei jungen Unternehmen und diesen haben wir uns bewahrt. Viele Neu- oder Quereinsteiger, die aus anderen Beratungen zu uns kommen, bestätigen uns, eine besondere Kultur und einen außergewöhnlich positiven Teamspirit zu haben. Und das wird uns übrigens auch marktseitig von unseren Klienten zurückgespielt. «
Gunnar Elbers, Associate Partner, **CTcon Management Consultants**

»Wenn Sie am Ende des Bewerbungsprozesses die Vertragsangebote verschiedener Beratungen vor sich liegen haben, werden Sie versucht sein, einen Kriterienkatalog aufzustellen: die Kriterien zu bewerten, sie zu gewichten. Neu zu bewerten. Neu zu gewichten. Um zu einer eindeutigen Entscheidung für eine Beratung zu kommen. Mein Tipp: Entscheiden Sie sich aus dem Bauch für die Beratung, bei der Sie sich in den Bewerbungsgesprächen am wohlsten gefühlt haben.«
Nicolai Andersen, Partner und Innovation Leader, **Deloitte**

»Wir suchen Persönlichkeiten, die Spaß daran haben, immer wieder neue Lösungsansätze zu den unterschiedlichsten Themen zu erarbeiten und Verantwortung zu übernehmen. Analytisches Denken und Flexibilität sind dabei genauso gefragt wie kommunikative und soziale Kompetenzen.«
Nadja Peters, Director of Recruiting, **McKinsey & Company**

»Oliver Wyman legt Wert auf soziale Kompetenz und Flexibilität. Bewerber sollten hervorragende analytische Fähigkeiten mitbringen und komplexe Sachverhalte klar kommunizieren können. Vor allem Motivation und Eigeninitiative

sind entscheidend. Wir suchen Persönlichkeiten, die Spaß an der kreativen und strukturierten Entwicklung von Lösungen haben.«
Carla Polo, Recruiting Manager, **Oliver Wyman**

»Ein Berater sollte Dingen auf den Grund gehen wollen, neugierig sein. Er muss komplexe Sachverhalte strukturiert und einfach darstellen können und in der Lage sein, die Lösung beim Kunden auch umzusetzen. Uns ist es wichtig, dass sich auch Einsteiger als Unternehmer verstehen und mit innovativen Ideen uns und unsere Kunden voranbringen.«
Per Breuer, Head of Global HR, **Roland Berger**

»Natürlich achten wir in der Strategieberatung bei unseren Mitarbeitern auf exzellente analytische und kommunikative Fähigkeiten und Spaß an komplexen Themenstellungen. Neben den fachlichen und methodischen Fähigkeiten ist es uns bei Strategy& jedoch auch sehr wichtig, Talente unterschiedlicher Fachrichtungen einzustellen, die authentisch auftreten und über eine hohe Sozialkompetenz verfügen. Denn genau diese Kombination aus fachlicher Expertise und persönlicher Überzeugungskraft führt in der Zusammenarbeit mit unseren Klienten zu herausragenden Lösungen und cleveren Antworten auf die Herausforderungen unserer Zeit.«
Ilkay Boramir, Head of Recruiting, **Strategy&**, Düsseldorf

»Machen Sie sich Ihrer Stärken bewusst. Es gibt keine Alleskönner, deshalb versuchen wir auch nicht, welche zu finden. Wir suchen Leute, die herausragende Stärken haben – denn wir sind im Team stark. Diese Stärken sollten sich im Lebenslauf nachvollziehbar widerspiegeln. Wenn dieses Stärkenprofil mit unseren Anforderungen zusammenpasst und Sie sich persönlich in unserer Kultur und Mission wiederfinden, bringen Sie das in Ihrem Motivationsschreiben auf den Punkt – dann haben Sie gute Chancen auf ein persönliches Kennenlernen. Die Bewerbergespräche meistern Sie mit Authentizität, Übung im Lösen von Fallstudien, Kenntnis grundlegender betriebswirtschaftlicher Zusammenhänge und Humor. Wir beißen nicht. Auch wenn Sie eine Absage erhalten, wird der Prozess eine wertvolle Lernerfahrung sein.«
Felix Schwabedal, Partner, **Struktur Management Partner**

»Eine fehlerfreie Bewerbung, herausragende Leistungen im Studium und relevante praktische Erfahrungen sind Grundvoraussetzungen für die erfolgreiche Bewerbung. Um uns zu begeistern, ist uns daher besonders wichtig zu erfahren, warum SMP Strategy Consulting zu Ihnen passt und was Sie konkret motiviert, Teil unseres einzigartigen Teams werden zu wollen. Wir suchen Persönlichkeiten, die unsere Werte teilen: Strategisch, Menschlich, Pragmatisch!«
Claudia Schulze, Head of Business Development und Recruiting,
SMP Strategy Consulting

11. Standardgrafiken

Zum Job von Unternehmensberatern gehört die Lösung komplexer Sach-
verhalte, genauso wie die einfache Darstellung und Kommunikation der
Ergebnisse. Die wenigsten Konzernvorstände wollen sich mit seitenlangen
Datentabellen beschäftigen. Sie erwarten eine einfache und verständliche
Zusammenfassung der Ergebnisse des Beratungsprojektes.

Nichts anderes gilt für Sie beim Lösen einer Fallstudie. Berater
denken häufig in Darstellungen und Powerpoint-Folien. Sie werden
feststellen, dass ein erfahrener Berater auch im Interview schnell zu einem
Stift und Blatt Papier greift, um die Aufgabenstellung oder einen Lösungsansatz grafisch zu verdeutlichen.

Sie können in Ihrem Bewerbungsverfahren punkten, wenn Sie Ihre
Gedanken zu Papier bringen. Nutzen Sie Skizzen, um die Zusammen-
hänge der Aufgabenstellung zu strukturieren. Auch beim Visualisieren der
Aufgabenstellung oder des Lösungswegs sind Querdenker gefragt: Wenn
Sie eine Grafik zeichnen, legen Sie das Papier oder den Notizblock quer.
Berater denken wie gesagt im Powerpoint-Format — vergessen Sie das
Hochkantformat, wenn Sie Berater werden wollen. In Bildern zu denken
mag Ihnen aus der Studienzeit her ungewohnt vorkommen. Glauben
Sie uns, im Interview wird es Ihnen helfen. Man kann es nicht oft genug
sagen: Berater lieben Bilder.

Bereits erwähnt hatten wir bei den Frameworks die 2x2-Matrix, an
späterer Stelle gehen wir auf die Verwendung von Logikbäumen zur Bearbeitung von Größenabschätzungen noch detaillierter ein. Im Folgenden
geben wir Ihnen einige Anregungen zur Verwendung von bekannten
Standardgrafiken, die Ihnen helfen können, Ihre Analyse im Interview zu
verdeutlichen.

Visualisierung

Die Video-Tutorials auf youtube.com/firmsconsulting veranschaulichen
anhand einfacherer Fallbeispiele, wie Sie Ihr Wissen im Interview strukturiert zu Papier bringen können. Das Buch »The Back of the Napkin: Solving
Problems and Selling Ideas with Pictures« zeigt, wie Sie Ideen im Kopf
visualisieren, auf den Punkt bringen und freihändig Schaubilder entwerfen.

12. Visualisierung: Welches Diagramm für welche Daten?

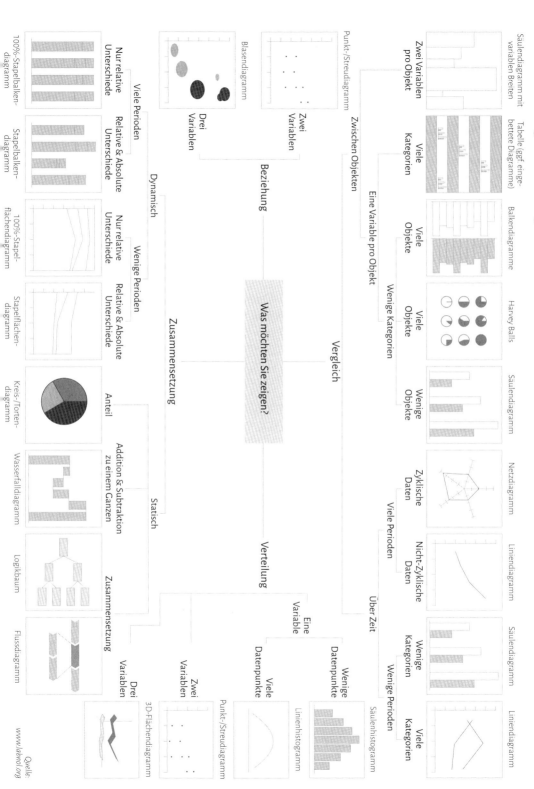

Was möchten Sie zeigen?

Vergleich

Zwischen Objekten

- Zwei Variablen pro Objekt
  - Saulendiagramm mit variablen Breiten
- Viele Kategorien
  - Tabelle (ggf. eingebettete Diagramme)
- Eine Variable pro Objekt
  - Viele Objekte
    - Balkendiagramme
  - Wenige Kategorien
    - Viele Objekte
      - Harvey Balls
    - Wenige Objekte
      - Säulendiagramm

Über Zeit

- Viele Perioden
  - Zyklische Daten
    - Netzdiagramm
  - Nicht-Zyklische Daten
    - Liniendiagramm
- Wenige Perioden
  - Wenige Kategorien
    - Säulendiagramm
  - Viele Kategorien
    - Liniendiagramm

Beziehung

- Zwei Variablen
  - Punkt-/Streudiagramm
- Drei Variablen
  - Blasendiagramm

Zusammensetzung

Dynamisch

- Viele Perioden
  - Nur relative Unterschiede
    - 100%-Stapelbalkendiagramm
  - Relative & Absolute Unterschiede
    - Stapelbalkendiagramm
- Wenige Perioden
  - Nur relative Unterschiede
    - 100%-Stapelflächendiagramm
  - Relative & Absolute Unterschiede
    - Stapelflächendiagramm

Statisch

- Anteil
  - Kreis-/Tortendiagramm
- Addition & Subtraktion zu einem Ganzen
  - Wasserfalldiagramm
- Zusammensetzung
  - Logikbaum
  - Flussdiagramm

Verteilung

- Eine Variable
  - Wenige Datenpunkte
    - Säulenhistogramm
  - Viele Datenpunkte
    - Linienhistogramm
- Zwei Variablen
  - Punkt-/Streudiagramm
- Drei Variablen
  - 3D-Flächendiagramm

Quelle: www.lanol.org

85

13. Was Sie im Case Interview vermeiden sollten

1. Auftreten: Nehmen Sie keine lässige oder schlampige Haltung ein. Halten Sie den Blickkontakt zu Ihren Gesprächspartnern. Seien Sie nicht übermüdet oder sogar krank. Achten Sie auf ein gepflegtes (eher konservatives) Erscheinungsbild – der Casual Friday gilt nicht für Bewerber! Vergessen Sie nicht zu lächeln! Sie waren es, der von der Beratungsfirma eingeladen wurde. Bleiben Sie entspannt und souverän. Und: Seien Sie pünktlich.

2. Zeitmanagement: Lassen Sie sich nicht zu lange Zeit, bis Sie eine Antwort auf die Fragen des Interviewers finden. Aber nehmen Sie sich genug Zeit, um vorschnelle Antworten zu vermeiden – und geben Sie auch niemals auf. Verwenden Sie nicht übertrieben viel Zeit zur Darstellung Ihrer Lösung. Beobachten Sie den Interviewer. Wenn er anfängt zu gähnen oder gelangweilt durch die Gegend zu schauen, hören Sie mit Ihren Ausführungen lieber auf. Der Interviewer lässt Sie wissen, wenn er etwas genauer analysiert haben will.

3. Sagen Sie nicht: »*Die Antwort ist 5.000!*«. Auch nicht, wenn Sie die Antwort zufällig kennen. Die exakte Antwort ist nicht so entscheidend wie Ihr Gedankengang bei der Erarbeitung der Lösung. Sagen Sie nicht: »*Da gibt es keine Lösung.*« Oder »*Die Antwort ist 5.000 – äh – 50.000 – oder doch 500.000 … ?*« oder »*Ich kann diesen Case nicht lösen, da ich noch keine Strategievorlesung hatte.*«

4. Springen Sie nicht von einem Thema zum anderen, ohne den Zusammenhang zwischen den Themen zu erklären. Der Interviewer muss Ihnen folgen können – ideal ist ein Vorgehensplan (»Erstens, zweitens, drittens«).

5. Reden Sie nicht um den heißen Brei herum. Erarbeiten Sie Ihre Aussage und bringen Sie Ihre Argumentation möglichst präzise auf den Punkt.

6. Werden Sie nicht unsachlich und brechen Sie nicht in Angstschweiss aus. Die meisten Case Interviews laufen sehr nett und freundlich ab. Bewerber berichten uns jedoch von dem seltenen unangenehmen Interview, in dem der Interviewer gezielt versucht, Sie unter Stress zu setzen. Berater kennen solche Situationen von Kunden, die sie unter Stress setzen wollen. Typische Tricks sind:

- Anzweifeln Ihres Fachwissens / Intelligenz / Fähigkeiten: »*Sie kennen sich in dem Thema doch gar nicht aus. Was wollen Sie dann hier?*«
- Mit unerwarteten Fragen aus der Reserve locken: »*Tach! So, was für einen Case wollen Sie denn nun von mir hören?*«

- Keine Hilfe anbieten, die Case-Lösung stören: *»Falsch!«*, *»So kommen wir nicht weiter«*, *»Was nun?«*, *»Das müssen Sie doch wissen«*, *»Das muss schneller gehen«* usw.
- Hartnäckig gegenargumentieren: *»Aber der Kunde sieht das anders. Sind Sie sich sicher?«*

Bleiben Sie gelassen und ruhig und antworten Sie sachlich.

7. Duzen Sie den Interviewer nur, wenn er es Ihnen ausdrücklich anbietet – auch wenn Sie ihn bereits kennen. Übertriebene Kumpelhaftigkeit ist in der Interviewsituation nicht angemessen.

8. Vergessen Sie nicht, intelligente Fragen zur Beratungsfirma parat zu haben, wenn Sie danach gefragt werden. Wenn Ihnen gar nichts mehr einfällt, fragen Sie Ihren Interviewer (mit einer Portion Begeisterung in Ihrer Stimme), in wie vielen Städten er in den letzten 12 Monaten war, was sein spannendster Case war oder warum er Berater geworden ist.

9. Bleiben Sie selbstsicher, werden Sie aber niemals arrogant. Interviewer berichten uns von immer wieder vorkommenden Überheblichkeiten, die meistens den direkten Weg zur Absage für den Bewerber bedeuten:
- *»Ich bekomme sowieso ein Angebot bei einer der Top-Firmen.«*
- *»Ich will nur wegen des guten Namens im Lebenslauf in die Beratung – eigentlich will ich was ganz anderes machen.«*
- *»Ich bin einer der Besten an meiner Uni. Wenn ich hier eine Absage bekäme, würde Ihre Firma an meiner Uni ihren guten Ruf verlieren.«*
- *»Wir Berater zaubern doch sowieso nur rum und verkaufen den Kunden aufgewärmte Standardempfehlungen für viel Geld.«*
- *»In der Industrie/bei Beratung xy arbeiten nur Verlierer – darum will ich zu Ihnen.«*
- *»Ich will mir hier keine Freunde machen, ich bin einer der Besten und will den Erfolg.«*

10. Sagen Sie nicht: *»Das ist einfach, da muss man nur die 5-Forces anwenden!«* Nutzen Sie die Frameworks zur Strukturierung Ihrer Lösung, niemals als 08/15-Lösung. Nutzen Sie die Übungen und die Tools dieses Buches, um Ihr eigenes Framework zu bauen und eine passende Lösung zu erarbeiten. Wenn Sie ein Framework Punkt für Punkt genau anwenden, dann benennen Sie es beim Namen.

Kapitel III: Beispiel-Cases

Jetzt geht's richtig los. Nutzen Sie die folgenden Beispiel-Cases zum Üben. Viele Cases ähneln sich von der Grundstruktur her – Sie sind gut beraten, wenn Sie die folgenden Cases gründlich bearbeiten. Machen Sie sich, bevor Sie die Lösung lesen, Gedanken, wie Sie in der realen Interview-Situation an die Problemstellung herangehen würden. Die skizzierte Lösung muss nicht die einzig richtige Lösung sein, sondern spiegelt typische Interaktionsszenen aus dem Case Interview wider. Hieran lernen Sie die Interviewsituation richtig einzuschätzen und sind besser vorbereitet.

Die Fallstudien stammen aus aktuellen Bewerbungsgesprächen bei Unternehmensberatungen oder sind typische Beispiel-Cases, die zu Übungszwecken konstruiert wurden. Einige der Cases sind sehr ausführlich und stellen typische Interaktionssituationen im Case Interview dar. Wir haben vor allem den Anteil an konkreten Rechenaufgaben verstärkt, da fast jeder Case in der Realität einen kleinen Mathe-Teil beinhaltet und sich die Art der Aufgaben sehr gut üben lässt. Machen Sie sich die Mühe, die Aufgaben selber zu rechnen, bevor Sie sich die Lösung ansehen.

Nachdem die Systematik und die typische Interviewsituation ausführlich in den ersten Cases dargestellt wird, werden Sie merken, dass die späteren Cases knapper besprochen sind, um das Buch übersichtlich zu halten. Scheuen Sie jedoch nicht davor zurück, mit Ihren eigenen Annahmen auch diese Cases zu rechnen: Practice makes perfect!

Cases leben von dem Dialog zwischen Interviewer und Bewerber. Erwarten Sie nicht, dass die Cases in Ihren Interviews genau den hier verwendeten Fällen entsprechen – erwarten Sie vielmehr, dass Sie nach der Übung dieser Cases entspannter und erfolgreicher Ihre Recruiting-Cases bearbeiten können. Letzter Hinweis: Natürlich sind alle Cases rein fiktiv und für die Anforderungen eines 20 bis 40-minütigen Interviews stark vereinfacht.

Noch mehr Cases

Aufgrund des häufig geäußerten Wunschs, mehr Cases zum Üben zu veröffentlichen, gibt es ein aktuelles Buch zur Ergänzung dieses Insider-Dossiers mit zahlreichen Übungscases: »Das Insider-Dossier: Consulting Case-Training«. Die squeaker.net-Bücher sind am schnellsten unter *squeaker.net/insider* erhältlich. Alternativ können sie auch im Buchhandel bezogen werden.

1. Diversifizierung eines Stromkonzerns

Sie helfen einem lokalen Stromkonzern, sich auf ein neues Marktumfeld einzustellen und das Geschäftsfeld zu erweitern. Frühere Versuche, sich in verschiedene Bereiche wie Finanzdienstleistungen, Immobilienverwaltung und Software zu diversifizieren, sind gescheitert. Jetzt möchte der Konzern den Schritt wagen und in den Haussicherungsmarkt eintreten.

Fragestellung

Es handelt sich hier um eine Strategie-Fragestellung über die Ausweitung der Geschäftsfelder in einen neuen Markt. Um hier eine fundierte Empfehlung abgeben zu können, müssen sowohl interne, firmenspezifische Faktoren sowie externe, marktseitige Aspekte betrachtet werden. Für den Kandidaten liegt die Herausforderung vor allem darin, ein geeignetes Framework zu finden, das ihn gut strukturiert und zielgerichtet durch die Analyse führt.

Die anziehenden Aspekte dieses Marktes sind:

- Zusammenhang mit dem Kerngeschäft (Verbindung zu den Haushalten, Installationsservice, 24-Stunden-Kundenzentrum)
- Keine großen Wettbewerber am Markt (Die fünf größten Firmen haben gemeinsam einen Marktanteil von weniger als vier Prozent)
- Große potenzielle Nachfrage (Nur fünf Prozent der Haushalte sind mit Sicherheitssystemen ausgestattet)
- Kundenwert ist langfristig hoch (Überwachungsgeschäft mit hohen Margen)

Ist das eine gute Idee? Was müssen Sie wissen, um das zu beurteilen?

Identifizieren Sie einige übergeordnete Themen und fragen Sie den Interviewer, welche Sie weiterverfolgen sollen. Konzentrieren Sie sich anschließend auf einige wesentliche Bereiche, die Sie für die Lösung des Cases am relevantesten erachten:

- Ist der Haussicherungsmarkt wirklich ein interessanter Markt? Wie ist die Attraktivität dieses Marktes im Hinblick auf Gewinne zu bewerten?
- Kann der Klient in diesem Markt erfolgreich sein? Passt die Diversifizierung zur Firmenstrategie? Bringt der Klient Wettbewerbsvorteile mit?
- Betrachtet man die gescheiterten Versuche des Klienten, sich in anderen Industrien zu etablieren, stellt sich die grundsätzliche Frage, ob der Klient organisatorisch und auch von seinen Kompetenzen her in der Lage ist, neue Geschäftsfelder zu erschließen und zum Erfolg zu bringen.

Zu diesem Zeitpunkt wird der Interviewer wahrscheinlich Hinweise darauf geben, in welche Richtung Sie sich weiterbewegen sollen. Falls Sie keine Hinweise erhalten, verfolgen Sie immer den Weg, der Ihnen die effektivste Lösung für die Beantwortung des Falles verspricht und in dem Sie selbst das größte Wissen mitbringen. In unserem Fall können Sie mit einer Bewertung der Industrie beginnen. Suchen Sie ein Framework aus: Es gibt hier mehrere anwendbare Frameworks, am umfassendsten ist das Porter'sche Five-Forces-Framework. Wie Sie aus unserer Einführung in die Frameworks wissen, handelt es sich bei den fünf Kräften um Branchenwettbewerb, potenzielle neue Wettbewerber, Abnehmer, Lieferanten und Substitutionsprodukte.

1. Branchenwettbewerb

Am Anfang ist es ratsam, darauf hinzuweisen, dass es durch die Fragmentierung im Markt möglicherweise erhebliche Rivalität zwischen den Marktteilnehmern gibt. Warum existieren keine größeren Firmen im Markt? Gibt es einen Vorteil für kleine Unternehmen? Eine logische Antwort darauf wäre, dass lokaler persönlicher Service wichtig für die Kunden ist – kein viel versprechender Ausblick für unseren Stromproduzenten!

Eine andere mögliche Erklärung wäre, dass es keine Größendegressionseffekte gibt. Es ist nicht klar, warum der Überwachungsbereich des
Geschäfts (hohe Margen) einen Vorteil hat, wenn die Funktion zentral
geführt wird, und ob Gemeinkosten gesenkt werden können. Der Klient
bringt die finanziellen Mittel mit, um mit kleineren Mitbewerbern zu
konkurrieren. Trotzdem muss in der Heimsicherungsbranche »größer«
nicht unbedingt »besser« heißen. Es wird immer lokale Mitbewerber und
neu eintretende Marktteilnehmer geben, die Kunden abwerben.

Überlegen Sie, ob Konsolidierung in dieser Industrie Sinn macht.
Wir wissen: Manchmal werden hohe Gewinne erzielt, indem man eine
fragmentierte Industrie konsolidiert. Um herauszufinden, ob dies auch
auf die betrachtete Industrie zutrifft, müssen mögliche Tendenzen in der
Industrie untersucht werden. Findet Konsolidierung bereits statt? Worin
liegen die potenziellen Vorteile einer Konsolidierung? Schließlich ist
die Nachfrage in diesem Markt nicht geklärt. Handelt es sich um einen
gesättigten Markt oder gibt es noch erhebliches Marktpotenzial?

2. Potenzielle neue Wettbewerber

Nachdem Sie die Konkurrenzsituation betrachtet haben, sollten Sie die
Eintrittsbarrieren genauer analysieren. Wenn der Klient es schafft, in
diesen Markt einzutreten, dann gibt es wahrscheinlich auch für andere
Unternehmen geringe Eintrittsbarrieren. Der Markt ist offenbar rechtlich
kaum reguliert. Auch gibt es keine Technologie, die zu Wettbewerbsvorteilen führen kann. Es sind keine großen Kapitalmengen notwendig, um in
den Markt einzutreten. Möglicherweise kann die Etablierung einer Marke
einen Wiedererkennungswert gewähren und einen Vorteil gegenüber
Konkurrenten bedeuten. Trotzdem scheint das Produkt nicht entscheidend
differenziert zu sein. Fragen Sie sich, ob Ihr Klient eine Position erreichen
kann, die er am Markt verteidigen kann.

3. Abnehmer

Zum Großteil scheinen die Käufer in dieser Industrie geringe Macht
auszuüben. Sie treffen pro installiertem System nur einmal eine Einkaufsentscheidung. Das schwächt ihre Position gegenüber dem Produzenten.
Wenn das System läuft, werden sie wenig Motivation haben, den Anbieter
zu wechseln. Trotzdem sind die Abnehmer nicht gänzlich ohne Macht; Sie
können aus einer Vielzahl von Lieferanten wählen, zudem ist ein Wechseln
der Anbieter ist zu geringen Kosten möglich.

4. Lieferanten

Die Angebotsseite lässt in unserem Fall keine Schwierigkeiten erwarten.
Sicherheitsanbieter kaufen ihre Produkte ein und heuern Mitarbeiter
zum Überwachen an. Auch wenn es große Spieler auf der Angebotsseite
gibt (Überprüfen Sie, ob dies auch stimmt!), würde dies die Verhandlungssituation unseres Klienten wahrscheinlich nicht schwächen. Es gibt

höchstens eine mögliche Bedrohung durch die Vorwärtsintegration eines Lieferanten. Setzt man die Größe und die Erfahrung des Klienten mit dem Management von Technologien voraus, kann man von einer ausgeprägten Verhandlungsmacht des Stromkonzerns gegenüber Lieferanten ausgehen.

5. Substitutionsprodukte

Substitutionsprodukte gibt es in eingeschränkter Weise in Form von kleinen Sicherheitssystemen, die man im Handel kaufen kann, die aber einen viel geringeren Leistungsumfang bieten und keinen Ersatz für ein umfangreiches Haussicherungssystem darstellen. Bei der Überwachung selbst gibt es keine Substitutionsprodukte.

Zu diesem Zeitpunkt (oder auch früher) wird Ihr Interviewer Sie bitten, einen der erwähnten Punkte genauer zu analysieren. In unserem Beispiel werden Sie aufgefordert, den Punkt »Branchenwettbewerb« genauer zu betrachten und in diesem Zusammenhang die internen Faktoren in die Analyse der möglichen Wettbewerbsvorteile des Klienten einzubringen. Um diesen Punkt zu untersuchen, haben Sie wahrscheinlich kein Framework zur Hand. Trotzdem können Sie damit beginnen, drei oder vier verschiedene Quellen von potenziellen Wettbewerbsvorteilen genauer zu analysieren und zu beurteilen, was das für den Klienten bedeutet.

First-Mover-Vorteil

Falls die Industrie wirklich so fragmentiert ist wie angegeben, dann hat Ihr Klient die Möglichkeit, einen First-Mover-Vorteil auszuspielen und einen Markennamen und einen differenzierten Service zu etablieren. Um dieses Geschäft langfristig weiterzuentwickeln und den Wettbewerbsvorteil zu verteidigen, wären sicherlich große Investitionen notwendig. Es ist nicht absehbar, ob diese Investitionen auch die erwarteten Ergebnisse bringen. Man darf nicht vergessen, dass der Klient im Moment noch keine Erfahrung in diesem Markt hat und sich sein Know-how erst aufbauen muss. Ob er jemals einen Wettbewerbsvorteil entwickeln kann, ist zum jetzigen Zeitpunkt nicht klar. Langfristig ist es fraglich, ob der Klient in diesem Markt weit über dem Durchschnitt liegende Renditen erzielen kann.

Niedrigkosten-Anbieter

Setzt man die existierenden Einrichtungen und Kompetenzen des Klienten voraus, gibt es sicherlich ein Potenzial, sich als Niedrigkosten-Anbieter zu etablieren. Man müsste bei der Analyse mit der Wirtschaftlichkeit des Geschäfts beginnen. Gibt es Beschaffungs- oder Installationskosten, die durch höhere Volumina reduziert werden könnten? Es ist möglich, dass die Installation des Systems nur geringe Margen abwirft. Würde der Überwachungsteil des Geschäfts es erlauben, erhebliche Kostenvorteile durch höhere Volumina zu erreichen (Erinnern Sie sich an das

Erfahrungskurven-Framework)? Es ist nicht klar, ob das der Fall ist. Ein Schlüssel zur Kostensenkung ist hier sicherlich die Kapazitätsausnutzung. Wie sind die derzeitigen Firmen besetzt? Ist das Personal ausgelastet?

Eine weitere Frage in diesem Zusammenhang ist, wie produktiv das Personal des Stromkonzerns ist. Kleine Unternehmen sind wahrscheinlich produktiver. Und da der Stromkonzern einem anderen Tarifvertrag unterliegt, sind sogar Kostennachteile gegenüber kleinen Wettbewerbern möglich. Was die Akquisition von Kunden betrifft, ist der Klient wegen seiner schon so großen existierenden Kundenbasis gut aufgestellt. In diesem Bereich kann er einen Kosten- und Wettbewerbsvorteil für sich beanspruchen. Außerdem ist es leichter für ihn als für die Konkurrenten, die Kunden zu erreichen. Auf der anderen Seite scheint es, dass die Industrie hauptsächlich aus lokalen Playern besteht. Es ist sicher schwer für den Klienten, gegen Firmen zu konkurrieren, deren Eigentümer jeden Sonntag in die gleiche Kirche gehen wie ihre Kunden. Alles in allem offeriert die Option des Niedrigkosten-Anbieters bestenfalls eine gemischte Aussage über die Haltbarkeit eines Wettbewerbsvorteils.

Markenname und Reputation

Reputation und Wiedererkennung des Namens offerieren eine bessere Möglichkeit, einen Wettbewerbsvorteil herauszuarbeiten. Für eine erhebliche Investition, wie ein Heimsicherungssystem, kann man annehmen, dass Kunden sich auf etablierte Marken und größere Firmen verlassen. Es ist sicherlich ein großer Vorteil, als Stromkonzern diesen Service anzubieten, da man bereits einen ausgebauten Kundenservice hat und Neukunden leicht einen Kontakt aufbauen können. Nicht jeder weiß, wie man »Mayer Sicherheitssystem« erreichen kann. Nicht jeder wird dieser Firma vertrauen. Es ist dem Klienten schon aufgrund seiner Finanzkraft möglich, als erster neue Technologien einzusetzen. Dies schafft einen weiteren Differenzierungspunkt. Als Ergebnis scheint der Markenname die größte Möglichkeit zu bieten, einen haltbaren Wettbewerbsvorteil zu erzielen.

Umsetzung

Nach Betrachtung der vorangegangenen Punkte bleibt das Problem der Umsetzung der Strategien. Da eine Strategie immer nur so gut ist wie ihre Umsetzung, müssen Sie sich überlegen, welcher Ansatz am besten zur Organisation des Klienten passt. Häufig wird Sie Ihr Interviewer am Ende eines Cases nach möglichen Problemen bei der Umsetzung fragen. Er kommt aus der Praxis und wird regelmäßig mit den täglichen Umsetzungsproblemen guter Strategien konfrontiert. Für Pluspunkte im Interview sollten Sie am besten proaktiv die Frage nach der Realisierbarkeit anbringen: Worin ist der Stromkonzern besonders gut? Was sind seine Stärken und Schwächen? Welche Ressourcen hat er, die kein potenzieller Mitbewerber aufbringt?

2. Kauf einer europäischen Bank

Ein britischer Bankklient fragt: »Sollen wir einen Aktien-Broker in Kontinentaleuropa erwerben?«

Interviewer: Sie arbeiten für eine Bank in England. Der Vorstandsvorsitzende kommt zu Ihnen und sagt: »Ich denke, wir sollten einen Aktien-Broker auf dem Kontinent erwerben. Ich hätte gerne Ihre Meinung dazu gehört.« Was würden Sie darauf antworten?

Kandidat: Nun, ich würde damit beginnen, ein paar Fragen zu stellen: »Denken Sie daran, eine bestimmte Firma zu erwerben? Sind Sie daran interessiert, in einen bestimmten Markt oder ein bestimmtes Land zu gehen? Oder wollen Sie in den Aktien–Broker-Markt allgemein eintreten?« Daneben würde ich den Vorstandsvorsitzenden über seine generellen Beweggründe und seine Strategie hinter diesen Überlegungen befragen. Will er nur seinen Umsatz erhöhen oder stecken andere strategische Überlegungen dahinter? Wie passt die Expansion in die langfristige Strategie der Firma? Will er nur in den Broker-Markt oder auch in andere Märkte? Ist die Bank schon in Kontinentaleuropa tätig?

Interviewer: Der Kunde sagt, er will die Möglichkeiten untersuchen und hat kein bestimmtes Akquisitionsziel. Er ist nur daran interessiert, die Position der Bank in Kontinentaleuropa, zu stärken. Er glaubt, dass sich in der Brokerindustrie viele kleine profitable Spieler aufhalten, die reif für eine Akquisition sind.

Der Interviewer dirigiert den Kandidaten in die Richtung einer generellen Strategie- und Akquisitionsfragestellung. Die Schwerpunkte der Analyse sollten deshalb bei dem Unternehmen des Klienten (strategische Ziele, Stärken und Schwächen) und den externen Möglichkeiten (makroökonomische Themen wie auch die Identifikation und Bewertung von spezifischen Akquisitionskandidaten) liegen.

Tipp

Geben Sie Acht bei solchen generellen Fragen! Der Interviewer wird oftmals damit beginnen, eine sehr breit und offen gehaltene Frage zu stellen, die ohne zusätzliche Informationen gar nicht zu beantworten ist. Er will damit testen, ob Sie klug genug sind, zu Beginn der Case-Bearbeitung weitere Informationen zu erfragen. Jede Frage sollte so formuliert sein, dass Ihnen die Antwort bei der Case-Lösung unmittelbar weiterhilft. Meist wird Ihnen die Antwort des Interviewers einen Hinweis darauf geben, in welche Richtung Sie sich weiterbewegen sollen. Stellen Sie die Fragen nicht nur, um Zeit zu gewinnen oder weil Ihnen sonst nichts mehr einfällt.

Die Analyse: Interne und externe Faktoren

Kandidat: Da der Klient weder einen spezifischen Akquisitionskandidaten noch ein bestimmtes Land im Auge hat, würde ich gerne damit beginnen, interne und externe Faktoren für den Klienten zu analysieren.

Interviewer: Warum beginnen Sie nicht damit, einige der internen Faktoren zu beschreiben, auf die Sie Ihre Analyse konzentrieren würden?

Der Interviewer findet offenbar Gefallen an dem gewählten Toplevel-Ansatz interne/externe Faktoren. Er möchte nun sicherstellen, dass der Kandidat auch versteht, welche Informationen er für die Akquisitionsstudie benötigt.

Kandidat: Auf der internen Seite möchte ich gerne vier oder fünf Kernbereiche des Klienten analysieren: die strategische Zielrichtung der Akquisition, seine Stärken und Schwächen, seine existierenden Geschäftsfelder, wie die Akquisition in das Portfolio passt und die für die Akquisition zur Verfügung stehenden Ressourcen.

Der Kandidat hat ein Framework zusammengestellt, um seine Antwort zu fokussieren. Auch wenn diese Antwort kein Standard-Konzept ist, ist eine Reihe von strategischen und operativen Fragen enthalten.

Kandidat: Von diesen Kernbereichen möchte ich zunächst die strategische Zielrichtung des Klienten für die Akquisition untersuchen. Als erstes würde ich fragen, ob der Klient überhaupt eine Firma in einem anderen Land erwerben soll. Ist das Teil einer breiteren Internationalisierung des Klienten? Oder sucht er nur nach einem Investitionsobjekt um seine schlecht verzinsten Kassenbestände zu reduzieren?

Auch in einem realen Beratungsprojekt ist es oft eine große Herausforderung, die richtigen Fragen zu stellen. Mit seinen Ausführungen versucht der Kandidat herauszufinden, wie es überhaupt zu dem Projektauftrag gekommen ist. Alternativ hätte er auch explizit fragen können, ob die Entscheidung über die Akquisition bereits gefällt wurde und die Berater nur gerufen wurden, um die Entscheidung umzusetzen.

Kandidat: Nachdem die strategischen Ziele bestimmt sind, würde ich gerne die für die Akquisition relevanten Stärken und Schwächen des Klienten genauer analysieren. Verfügt der Klient über bestimmte Ressourcen, die eine Akquisition grundsätzlich erfolgreich machen? Hat er Erfahrung mit Akquisitionen? Hat er in Europa Firmen oder Geschäftsverbindungen, die es ihm erleichtern, eine Akquisition zu tätigen? Hat er die Managementressourcen, eine Akquisition erfolgreich umzusetzen? Wie sieht es mit der Firmenkultur aus? Lässt sie zu, dass eine neue Firma genauso behandelt wird wie die eigene und auch die neuen Mitarbeiter gleichgestellt sind? Um all diese Faktoren in eine Struktur zu bringen, würde ich versuchen, Parameter aufzustellen, anhand derer eine

Tipp

Mit einer allgemeinen Aussage können Sie testen, ob Sie auf dem richtigen Weg sind. Falls Sie sich vertan haben sollten, werden Ihnen die meisten Interviewer vorsichtig den richtigen Weg zeigen. Aber Vorsicht: Es gibt auch Interviewer, die Sie bewusst irreleiten!

Insider-Tipp

»Sei wach, neugierig, gespannt. In fachliche Themen musst du dich immer neu einarbeiten. Hier hilft es dir, über die nötigen ›Werkzeuge‹ zu verfügen, um dies schnell zu schaffen. Aber vor allem bringe etwas von dir selbst mit: Eine eigene Überzeugung, deinen Antrieb, deine eigene Persönlichkeit. Du sollst letztlich Menschen mitnehmen.«
Matthias Henzgen,
Projektleiter,
CTcon Management
Consultants

Bewertung der verschiedenen Investmentoptionen möglich ist. Dabei würde ich besonders mögliche Synergieeffekte und Kostensenkungen berücksichtigen.

Der Kandidat arbeitet sich durch sein eigenes Framework und beginnt mit den Punkten, die den größten Informationsgewinn erwarten lassen. Anschließend erläutert er, wie er die erlangten Informationen strukturieren würde, um eine fundierte Investitionsempfehlung abgeben zu können.

Interviewer: Welche anderen Informationen brauchen Sie noch, um dem Klienten Ihre Empfehlung zu geben?

Hier stellt der Interviewer eine Frage, die auf verschiedene Weisen beantwortet werden kann. Der Kandidat könnte fortfahren, die internen Punkte zu analysieren, oder er könnte die wichtigsten externen Aspekte ansprechen.

Kandidat: Es gibt einige Punkte auf der internen Seite, auf die ich noch nicht eingegangen bin — wie die internen Systeme oder die Ressourcen für die Akquisition. Um aber eine Empfehlung für den Klienten zu entwickeln, halte ich einige der externen Punkte für wichtiger und würde gerne auf diese näher eingehen.

Hier interpretiert der Kandidat die Frage sehr wörtlich und geht weiter zu Bereichen von besonderer Wichtigkeit für die Erstellung einer Empfehlung. Es ist wichtig, den Interviewer darauf aufmerksam zu machen, wenn man von seinem ursprünglichen Framework abweicht. Auf diese Weise wird der Interviewer nicht annehmen, man sei vom Weg abgekommen, sondern merken, dass Sie selbst den Überblick nicht verloren haben.

Obwohl der Bewerber mit seiner Antwort nicht auf ein Standard-Framework wie Porter's Five-Forces aufsetzt, hat er doch einen logischen Ansatz gefunden, um die Frage zu beantworten. Außerdem überzeugt er den Interviewer mit einer professionellen und routinierten Arbeitsweise, indem er von vornherein eine klare Struktur für seine Vorgehensweise definiert.

Kandidat: Auf der externen Seite möchte ich die Untersuchung in drei Teile unterteilen: Der erste Teil beinhaltet eine Makrosicht auf den Broker-Marktplatz in Kontinentaleuropa. Der zweite Teil würde eine Auswahl von Akquisitionskandidaten und eine Bewertung ihrer Attraktivität, basierend auf zuvor aufgestellten Parametern, beinhalten. Nach einer breiten Sicht auf mehrere Kandidaten beinhaltet der dritte Teil die detaillierte Bewertung von drei oder vier der erfolgversprechendsten Kandidaten.

Interviewer: Lassen Sie uns Ihren Ansatz verwenden, um den Markt für Broker-Services in Europa zu untersuchen. Wie würden Sie vorgehen und was würden Sie in Ihre Analyse einbeziehen?

Kandidat: Europa besteht aus vielen verschiedenen Ländern, die sich in ihren rechtlichen Grundlagen und Rahmenbedingungen voneinander unterscheiden. Der beste Weg scheint mir, mit einer Analyse der verschiedenen Märkte, in die wir beabsichtigen einzutreten, zu beginnen und zu bestimmen, welcher die besten Möglichkeiten für eine Investition einer britischen Bank bietet. Ich würde diese Analyse zweigleisig durchführen: Erstens würde ich die allgemeinen wirtschaftlichen Rahmenbedingungen aller Länder darstellen. Wie hoch ist das Bruttosozialprodukt? Wie ist die Wirtschaft strukturiert? Wie schnell wächst sie? Ich würde auch den Aktienmarkt analysieren. Manche Länder haben nur eine sehr geringe Marktkapitalisierung. Welche rechtlichen Rahmenbedingungen existieren, die die Tätigkeit von Aktien-Brokern regeln? Zweitens würde ich gleichzeitig das Broker-Geschäft in jedem Markt untersuchen. Wie ist der Broker-Markt beschaffen? Wie viele Firmen stehen im Wettbewerb im Broker-Geschäft? Wie profitabel sind diese? Welche Eigenschaften und Leistungen bringen einen Vorteil gegenüber den Konkurrenten? Welche Firmen zeigen herausragende Leistungen?

Wieder gibt der Kandidat seiner Antwort eine Struktur: Erstens, Zweitens usw. Das hilft dem Zuhörer, den Ausführungen zu folgen. Auch bringt er eine Reihe von Themen mit potenziell großer Bedeutung zur Sprache: wirtschaftliche Verhältnisse der Länder, rechtliche Einschränkungen und der Wettbewerb zwischen den Firmen.

Daten, Daten, Daten

Interviewer: Wie würden Sie die Informationen bekommen?
Kandidat: Ich würde prüfen, ob interne Datenquellen des Klienten vorliegen. Es ist möglich, dass ein Beraterkollege im Rahmen eines anderen Projekts schon einmal einer ähnlichen Frage nachgegangen ist. Darüber hinaus würde ich Informationsquellen in jedem der einzelnen Märkte identifizieren. Diese Informationsquellen könnten die Börsenaufsichtsbehörden der einzelnen Länder sein, andere Banken oder Wettbewerber in der Broker-Industrie. Auch offizielle Informationen können sicher einige der Fragen beantworten. Hilfreich sind außerdem Datenbanken, die bei verschiedenen Organisationen gepflegt werden. Zum Zeitpunkt der Auswahl der letzten drei oder vier Kandidaten, glaube ich, dass wir auch andere sekundäre Informationsquellen benötigen, um eine Bewertung der Kandidaten durchzuführen. Diese sekundären Quellen können Kundenumfragen oder auch Expertenmeinungen sein.

Der Bewerber beginnt mit Informationsquellen, die am einfachsten zu erreichen sind, und arbeitet sich dann zu schwerer zugänglichen Quellen vor. Er scheint die bevorzugten Quellen von Beratern zu kennen. Gut ist auch, dass er keine unrealistischen Vorschläge gemacht hat.

Interviewer: Okay, Sie sind rausgegangen, haben Informationen über verschiedene Firmen gesammelt und drei bis vier für die letzte Auswahl identifiziert. Wie würden Sie bei der endgültigen Entscheidung vorgehen?

Der Interviewer will herausfinden, ob der Kandidat etwas mit all den Informationen, die er gerade gesammelt hat, anfangen kann.
Kandidat: Ich würde mich auf meine ursprünglichen Bewertungskriterien berufen, die ich nach der internen Analyse entwickelt habe. Ich würde darauf achten, welcher Akquisitionskandidat am besten in die langfristige

Recherche

Berater sind professionelle Datensucher, ein wesentlicher Teil der meisten Studien ist die Beschaffung von externen sowie internen Daten. Der Interviewer will prüfen, ob der Kandidat in der Informationsbeschaffung auch findig und einfallsreich genug ist. Behalten Sie einige typische Informationsquellen (intern-extern; primär-sekundär) für Ihr Interview in Erinnerung.

Zusammen-
fassung

III. Beispiel-Cases

Dieser und der vorangegangene Case waren eindeutig Strategie-Cases. Häufig würde an dieser Stelle jetzt ein Rechenteil kommen. Dies werden wir in einigen der folgenden Cases aufgreifen. Der Kandidat hat einige Frameworks angewendet und damit seine Antworten so fokussiert, dass die wichtigsten Punkte angesprochen wurden. Er hat es sehr gut bewerkstelligt, den Interviewer wissen zu lassen, wo er gerade steht und wohin er sich bewegt. Es wird deutlich, wie wichtig es ist, sich bei der Bearbeitung wie der Darstellung an eine schlüssige Struktur zu halten.

Strategie und die Organisation des Klienten passt. Besonders wichtig ist, Hinweise dafür zu finden, dass die Akquisition dem Klienten einen Wettbewerbsvorteil bringt, sei es in Form von Marktzugang oder in Form von Synergien zwischen beiden Unternehmen, die dem Klienten erlauben, effizienter zu werden. Ich würde außerdem die mit jedem Kandidaten verbundenen Risiken bewerten.

Der Kandidat greift auf seine aus der internen Analyse entwickelten Bewertungskriterien zurück und baut sie in die Entscheidung über einen Akquisitionskandidaten ein.

Interviewer: Welche Risiken würden Sie sich anschauen?
Der Interviewer sucht sich einen kleinen Teil der Antwort des Kandidaten aus, um zu untersuchen, ob der Kandidat den Fall auch vollständig durchdacht hat.
Kandidat: Ein wesentlicher Risikobereich liegt sicherlich in der allgemeinen Marktunsicherheit nach der Finanzkrise. Alle Finanzinformationen über die Kandidaten und auch die Renditen, die man nach einer Akquisition erwartet, müssten unter diesen Gesichtspunkten neu bewertet werden. Zusätzlich müsste man auch noch andere Risikofaktoren wie Management-Risiken, technologische Risiken und Risiken durch neue Regulierungen berücksichtigen.

Der Kandidat gibt eine gute Antwort, indem er die möglichen Risiken auflistet und genau die Art von Information liefert, auf die der Interviewer gewartet hat.
Interviewer: Gut, wir haben die meisten der Punkte, die mir wichtig waren, besprochen. Lassen Sie uns nun eine andere Situation betrachten.

3. Umsatzrückgang eines Batterieherstellers

Unser Klient ist ein deutscher Hersteller von Batterien. In punkto Lebensdauer und Leistung sind seine Produkte der Konkurrenz überlegen. Dennoch verzeichnet er Umsatzrückgänge. Wie gehen Sie bei der Analyse dieses Problems vor? Wie leiten Sie daraus Ihre Handlungsempfehlungen ab?

Da Sie ein geübter Case-Löser sind, wissen Sie, was hier von Ihnen verlangt wird: das Abfragen von weiteren Informationen. Natürlich gibt es für ein allgemein formuliertes Problem nicht den einen richtigen Ansatz. Vielmehr entwickelt sich der Ansatz, während Sie das Problem durch gezieltes Fragen abgrenzen. Hier könnten Sie zum Beispiel so beginnen:

Die Komponenten der Gewinngleichung abklopfen
»Unser Klient beklagt einen Umsatzrückgang. Ein Umsatzrückgang kann grundsätzlich entweder durch einen Nachfragerückgang oder durch sinkende Preise verursacht werden. Für einen Nachfragerückgang gibt

es zwei mögliche Szenarien: Erstens, der Markt ist allgemein rückgängig, zum Beispiel weil Substitutionsprodukte entwickelt wurden. Zweitens, der Wettbewerb im Markt wird insgesamt stärker und der Marktanteil des eigenen Produktes verringert sich. Um zu sehen, in welcher Situation sich unser Kunde befindet, benötigen wir einige weitere Informationen und Daten. Können Sie mir bitte sagen, in welchem Markt wir uns bewegen und wie sich die Nachfrage und der Preis in den vergangenen Jahren entwickelt haben?«

Gut, der Kandidat fragt nicht einfach nach weiteren Informationen, sondern definiert zunächst das Problemfeld und fragt dann innerhalb dieses Rahmens gezielt nach weiteren Angaben.

Gerne gibt Ihnen der Interviewer die benötigten Informationen: »Unser Klient stellt Batterien für die industrielle Nutzung her. Hauptsächlich werden seine Produkte in elektrisch betriebenen Fahrzeugen wie Gabelstaplern oder Ameisen eingesetzt. Die Käufer sind in erster Linie die Fahrzeughersteller selbst. Doch auch die großen Firmen, in denen die Fahrzeuge zum Einsatz kommen, sowie die Fahrzeughändler zählen zu den Kunden, da sie Ersatzbatterien benötigen. Die Kunden sind über ganz Europa verteilt. Neben unserem Klienten gibt es insgesamt fünf oder sechs weitere Hersteller von ähnlicher Größenordnung. Die Nachfrage ist in den letzten Jahren konstant geblieben, allerdings gibt es Verschiebungen der Marktanteile zwischen den Wettbewerbern.«

Nun ahnen Sie, was hier der Fall ist: Der Umsatzrückgang ist auf eine Verringerung des Marktanteils zurückzuführen. Sie müssen nach weiteren Informationen fragen, um analysieren zu können, wodurch der Marktanteilsrückgang verursacht wurde: »Welche Ergebnisse haben Sie aus der Marktbeobachtung gewinnen können? Ist ein Substitutionsprodukt auf den Markt gekommen? Gibt es neue Wettbewerber im Markt?«

Der Interviewer verrät Ihnen weitere Informationen: »Es gibt tatsächlich einen neuen Mitbewerber im Markt. Ein tschechischer Produzent hat es geschafft, innerhalb kurzer Zeit die gleiche Größe wie unser Klient zu erreichen.«

Zu Recht fragen Sie sich, wie der Konkurrent dies geschafft hat. Sie forschen nach: »Aber wie konnte es der tschechische Wettbewerber schaffen, in einer stabilen Industrie so schnell Marktanteile zu gewinnen? Wir müssen das Preis-Leistungs-Verhältnis der Produkte vergleichen. Sie sagten, dass die Produkte unseres Klienten in punkto Lebensdauer und Leistung führend sind. Wie unterscheiden sich die Produkte im Verkaufspreis voneinander?«

Interviewer: »Genau das ist der Punkt. Die Preise unseres Klienten sind höher. Allerdings glaubt er, dass die höhere Qualität diesen Preisunterschied mehr als wettmacht. Dies schlägt sich vor allem in einer längeren Lebensdauer der Produkte nieder.«

Die Analyse

Sie wissen nun, dass Sie die beiden Produkte hinsichtlich Ihrer Leistung und Ihres Preises miteinander vergleichbar machen müssen. Sind die Produkte des Klienten wirklich den höheren Preis wert? Sie teilen dem Interviewer Ihre Überlegung mit und fragen gleichzeitig wieder nach weiteren Informationen, nach den Leistungskennzahlen: »Ich würde nun gerne die Aussage unseres Klienten genauer prüfen und analysieren, ob der höhere Preis im richtigen Verhältnis zur besseren Qualität steht. Um die beiden Produkte vergleichen zu können, möchte ich Sie nach folgenden Daten fragen: »Wie hoch sind die Preise der beiden Produkte und was ist die Lebensdauer der Batterien?«

Sie erhalten folgende Antwort:
- Unser Produkt: Preis: 2.400 Euro; Lebensdauer: sechs Jahre
- Konkurrenzprodukt: Preis: 1.500 Euro; Lebensdauer: fünf Jahre

Ihnen ist klar, wie Sie diese Informationen verwerten: Da die Lebensdauer unterschiedlich sind, müssen die Anschaffungskosten der Batterien auf ein Jahr umgelegt werden, um verglichen werden zu können. Sie rechnen: 2.400 Euro / 6 Jahre = 400 Euro pro Jahr für unseren Klienten. Und 1.500 Euro / 5 Jahre = 300 Euro pro Jahr für den Wettbewerber.

Sie fragen sich, ob es nicht möglich ist, die Kosten zu senken, um günstiger anbieten zu können: »Wenn wir die Anschaffungskosten auf die Lebensdauer umlegen, so entstehen bei unserem Produkt jährliche Kosten von 400 Euro, beim Wettbewerber jedoch nur 300 Euro - das bedeutet Mehrkosten von 100 Euro pro Jahr für die Produkte unseres Klienten. Ist es nicht möglich, die Verkaufspreise zu senken? Wie sieht die Kostenstruktur unseres Klienten aus? Vielleicht kann man da ansetzen.«

»Nein, können wir nicht!«, schmettert der Interviewer Ihren Vorschlag ab. »Unser Klient ist nicht bereit, von seiner Philosophie abzugehen, Qualitätsprodukte anzubieten. Aufgrund des höheren Qualitätsniveaus ist die Kostenbasis auch erheblich höher als die des Konkurrenten. Hinzu kommen die – im Vergleich mit Tschechien – hohen Personalkosten. Haben Sie einen anderen Vorschlag, wie wir unserem Klienten helfen können?«

Sie überlegen: »Wenn es keine Möglichkeit gibt, sich mit den Verkaufspreisen am Wettbewerb zu orientieren und die Anschaffungskosten höher sind als beim tschechischen Konkurrenten, so muss es zwingend einen Vorteil unseres Produktes geben, den es herauszustellen gilt. Wir müssen den Kunden erklären, warum der höhere Preis gerechtfertigt ist. Ich würde gerne tiefer in den Zusammenhang zwischen Preis und Leistung blicken; die unterschiedliche Qualität der Batterien muss noch weitere Kosten beeinflussen.«

Der Interviewer hilft Ihnen auf die Sprünge: »Schauen wir uns die Verwendung der Batterien genauer an: Sie werden in industriell genutzten Elektrofahrzeugen eingesetzt, die den ganzen Tag im Einsatz sind. Die Batterien sind nach einer gewissen Zeit leer und müssen wieder aufgeladen werden.«

Sie erhalten folgende Werte vom Interviewer:
- Unser Produkt: Betriebszeit: 12 Stunden; Ladezeit: 8 Stunden
- Konkurrenzprodukt: Betriebszeit: 10 Stunden; Ladezeit: 12 Stunden

Beim Ladevorgang benötigen beide Batterien die gleiche Menge an elektrischer Energie und verursachen Energiekosten von 0,10 Euro pro Stunde. Die Zeit für das Wechseln der Batterien können wir vernachlässigen. Mit der Angabe der Energiekosten, die beim Ladevorgang verursacht werden, hat der Interviewer Ihnen schon einen guten Hinweis geliefert: Die unterschiedlichen Leistungswerte werden mit Kosten bewertet um Vergleichbarkeit zu erreichen. Sie fahren fort mit Ihren Berechnungen: »Um die Leistungsunterschiede in Kosten ausdrücken zu können, müssen wir noch einige Überlegungen anstellen.«

Einsatzdauer:
Die Batterien werden industriell genutzt, wir können von einem Einsatz von 24 Stunden pro Tag ausgehen. Runden wir das Jahr auf 350 Tage, so ergibt sich eine Batterienutzung von 8.400 Stunden pro Jahr und Fahrzeug.

Anzahl Batterien:
Um einen ununterbrochenen Betrieb zu gewährleisten, müssen mehr Batterien als Fahrzeuge vorliegen. Wir gehen davon aus, dass die Fahrzeuge auf einen Batterien-Pool zugreifen. Daher können wir, unter Berücksichtigung von Betriebs- und Ladezeit, sagen: Für eine sich im Betrieb befindliche Batterie benötigt man 2/3 weitere Batterien unseres Klienten (8 Std. Ladezeit / 12 Std. Betriebszeit), also insgesamt 1 2/3 Batterien. Beim Konkurrenten sieht es so aus: Pro genutzter Batterie muss man 1,2 Batterien vorhalten (12 Std. Ladezeit / 10 Std. Betriebszeit), also insgesamt 2,2 Batterien.

Anzahl Ladezyklen:
Bei einer Nutzung von 8.400 Stunden im Jahr kommen wir auf 700 Ladezyklen à 8 Stunden (8.400 Std. / 12 Std. = 700) für unsere Batterien sowie 840 Ladezyklen à 12 Stunden (8.400 Std. / 10 Std. = 840) für die Batterien des Wettbewerbers. In Stunden ausgedrückt, haben wir 5.600 Ladestunden für das Produkt unseres Klienten und 10.080 Ladestunden für das Konkurrenzprodukt.

Kosten für Ladezyklen:

Da eine Ladestunde 0,10 Euro Kosten verursacht, sprechen wir von Energiekosten in Höhe von 560 Euro bei unserem Produkt und 1.008 Euro beim Produkt des Wettbewerbers. Mit unserem Produkt kann man also Energiekosten in Höhe von 448 Euro pro Jahr und Fahrzeug sparen.

Anschaffungskosten:

Wir dürfen nicht vergessen, die Anschaffungskosten erneut zu betrachten. Da wir ja pro Fahrzeug mehr als eine Batterie vorhalten müssen, kommen wir zu neuen Kosten. Für unser Produkt sind diese 666 Euro, nämlich 400 Euro · 1 2/3, während das Konkurrenzprodukt Anschaffungskosten in Höhe von 660 verzeichnet (300 Euro · 2,2). Diesen Kostenunterschied von 6 Euro können wir vernachlässigen und uns auf die Betriebskosten konzentrieren.

Das Fazit

Als Ergebnis können Sie nun festhalten, dass die Batterien unseres Klienten einen »versteckten« Kostenvorteil in Höhe von 448 Euro pro Jahr und Fahrzeug bieten. Der Kundennutzen liegt in einem geringeren Energieverbrauch, einer geringeren Anzahl Batterien im Pool sowie einem geringeren Zeitverbrauch beim Batteriewechseln, da unsere Batterien seltener geladen werden müssen.

Schließlich ist zu bestimmen, wie diese entscheidende Information den Kunden unseres Klienten näher gebracht werden kann. Offensichtlich sind sich die Kunden über die Kostenunterschiede nicht im Klaren und lassen sich von dem geringeren Preis des Konkurrenzproduktes in ihrer Kaufentscheidung leiten, ohne die Gesamtkosten zu betrachten. Wir könnten überlegen, eine Verkaufsorganisation damit zu betrauen, die Unterschiede zu demonstrieren. Zur Ergänzung kann man Werbematerial drucken, das genau diesen Unterschied kommuniziert.

4. Umsätze in luftiger Höhe

Der Flughafen Köln-Bonn hat seinen Umsatz in den letzten vier Jahren um 50 Prozent gesteigert. Beflügelt hiervon möchte ihn der CEO jetzt in den nächsten drei Jahren an die Börse bringen. Hierzu müsste man den Umsatz um noch mal 30 Prozent steigern. Wie gehen Sie vor?

Zunächst strukturieren Sie den Case wie gewohnt. Gefragt ist nach einer Umsatzsteigerung, also klären Sie die Haupteinnahmequellen des Flughafens, die Marktdynamik und die Entwicklung der letzten Jahre. Natürlich fragen Sie auch nach der Kostenseite der Gewinngleichung. Der Interviewer weist Sie jedoch darauf hin, dass Sie sich auf die Einnahmenseite konzentrieren sollen.

Zur Übung: »Wie können Sie das Passagieraufkommen am Flughafen Köln-Bonn abschätzen?«

Sie bekommen folgende vereinfachte Darstellung der Entwicklung der Einnahmen vorgelegt, an der Sie erkennen, dass die Flughafengebühren (pro Passagier) die Haupteinnahmequelle sind:

Flughafen Köln	2015	2016	2017	2018	2019
Gebühr p. P. (Euro)	15,77	13,32	11,20	11,21	11,21
Passagiere (Tsd.)	3.456	3.672	4.303	5.492	5.813
Umsatz (Tsd. Euro)	56.242	51.118	54.650	71.456	76.800
Auslastung	69 %	73 %	61 %	78 %	83 %

»Wie hoch sind eigentlich die sonstigen Umsätze außer den Flughafengebühren?«, fragt Sie Ihr Interviewer plötzlich.

Übung: Detailfragen ohne Taschenrechner bearbeiten

Wir haben Ihnen in den obigen Cases ja mehr Übungsaufgaben zum Rechnen versprochen – hier können Sie loslegen. Die folgenden Aufgaben sind typische Beispiele für Detailfragen. Natürlich werden Sie in einem Case Interview nicht viele solcher Fragen erhalten, aber Sie liefern eine glänzende Performance, wenn Sie eine fiese Rechenaufgabe souverän meistern.

Ergänzen Sie die folgende Tabelle. Benutzen Sie keinen Taschenrechner! Nehmen Sie sich 45 Minuten Zeit. Wenn Sie erst das Buch durchgehen und später üben möchten, dann lassen Sie diesen Case für den Moment aus.

- Um wie viel Prozent ist der Anteil der sonstigen Umsätze am Gesamtumsatz seit 2014 gestiegen?
- Um wie viel Prozent ist der Anteil der sonstigen Umsätze von Jahr zu Jahr gestiegen?
- Wie hoch ist der sonstige Umsatz pro Passagier?
- Wie hat sich die Passagierkapazität am Flughafen verändert?
- Was ist die durchschnittliche jährliche Wachstumsrate von Passagieren und Umsätzen (CAGR)?
- Wie hoch ist das jährliche Umsatzwachstum von 2015 bis 2019?
- Wie hoch müsste der Umsatz 2020 sein, um dem gesetzten Wachstumsziel zu entsprechen?

Detailfragen

Ein beliebtes Mittel, um Ihre Sicherheit im Umgang mit Zahlen zu testen – oder Sie auch ein wenig aus dem Konzept zu bringen – ist, Ihnen Detailfragen zu solchen Tabellen zu stellen. Seien Sie darauf gefasst. Ähnliche Fragen erwarten Sie z. B. auch in den schriftlichen Logiktests, die Sie bei einigen Beratungen durchlaufen müssen.

Tragen Sie hier Ihre selbst berechneten Werte ein:

	2015	2016	2017	2018	2019
Sonstige Umsätze					
Anteil stg. Umsätze					
Anstieg Umsatz					
Anstieg stg. Umsatz					
Anstieg Passagiere					
Passagierkapazität					

Üben, üben, üben

Üben Sie diese Art von Aufgaben z. B. mit Tabellen, die Sie in Zeitungen oder sonstigen Datenquellen finden und anhand der Matheaufgaben in diesem Buch. Darüber hinaus bietet das Ergänzungsbuch »Das Insider-Dossier: Consulting Case-Training« zahlreiche typische Rechenaufgaben als Teil der Übungscases.

Sie sehen, man kann eine ganze Menge Fragen zu solchen Datentabellen stellen. In einem Interview Case werden Sie nicht so viele Berechnungen auf einmal im Kopf durchführen müssen. Aber seien Sie darauf vorbereitet, eine fehlende Datenreihe durch Dreisatz oder Grundrechenarten herleiten zu müssen. Die komplett ausgefüllte Tabelle finden Sie zum Vergleich Ihrer Werte auch im Lösungsteil dieses Buches.

Analysen verschaffen Klarheit

Einige der berechneten Daten liefern Ihnen bereits einen guten Anhaltspunkt zur weiteren Analyse. Sie sehen z. B.,

- dass der Rückgang der Flughafengebühren durch einen stärkeren Anstieg der Passagierzahlen überkompensiert wurde,
- dass der sonstige Umsatz deutlich stärker als der Gesamtumsatz gestiegen ist,
- dass die Passagierkapazität in 2017 erhöht wurde.

Sie errechnen auch, dass Sie fast 100 Mio. Euro Umsatz in 2020 benötigen, um Ihr Ziel einer weiteren 30-prozentigen Umsatzsteigerung zu erreichen.

Anhand der wesentlichen Daten können Sie nun Ihrem Interviewer kluge Fragen zur Erklärung der Entwicklung stellen. Hierdurch erfahren Sie, dass der Regionalflughafen durch günstige Modelle für Flughafengebühren, freie Kapazitäten und eine effiziente Abwicklung der Passagiere in den letzten Jahren vor allem Günstig-Fluglinien anziehen konnte und hierdurch auch überregional an Bedeutung gewonnen hat. Die gegebene Situation ist, dass das Passagiervolumen am Flughafen stark gestiegen ist, aber aufgrund des starken Wettbewerbes der Airlines untereinander inzwischen keine neuen Airlines mehr angelockt werden können. Die Kapazitätserweiterung von 2017 durch Anbaumaßnahmen war aufgrund von Anwohnerbeschwerden eine einmalige Möglichkeit und steht Ihnen nun zur Erweiterung der Aktivitäten nicht mehr zur Verfügung. Der CEO geht von einer Stagnation der Auslastung bei 6,5 Mio. Passagieren und Gebühren von 11,30 Euro pro Passagier aus.

Unter diesen Bedingungen bleibt Ihnen eine Lücke zum Umsatzziel von ca. 27 Mio. (100 Mio. Umsatzziel − (6,5 Mio. Passagiere · 11,30 Euro Gebühr) = 26,55 Mio. Euro).

Das folgende »Waterfall-Chart« verdeutlicht die »Lücke« von 26,5 Mio. Euro zum Erreichen des Ziels.

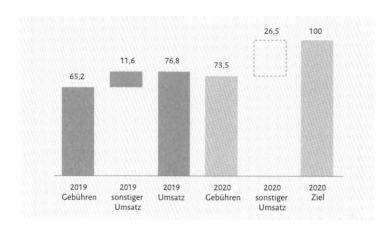

Insider-Tipp

Nutzen Sie solche einfachen Grafiken, um Ihren Gedankengang zu visualisieren und Zwischenergebnisse zusammenzufassen. Bei Ihrem Interviewer werden Sie auf jeden Fall Eindruck machen.

»Um wie viel müsste der sonstige Umsatz pro Passagier steigen, damit wir unser Ziel erreichen?«, lautet die nächste Frage. Sie errechnen, dass sich der sonstige Umsatz pro Passagier mehr als verdoppeln müsste (6,5 Mio. Passagiere · 4 Euro sonstiger Umsatz = 26 Mio. Euro).

»Überlegen Sie, was sich hinter den sonstigen Umsätzen verbirgt. Womit kann ein Flughafen Geld verdienen?«, fragt Sie Ihr Interviewer. Der Interviewer will sich an dieser Stelle einen Eindruck von Ihrer natürlichen Beobachtungsgabe, Ihrer Kreativität und Ihrem Geschäftssinn machen. Nutzen Sie Ihr Allgemeinwissen über Flughäfen, seien Sie kreativ, aber gehen Sie auf jeden Fall strukturiert vor. Eine mögliche Spontanstruktur könnte die Segmentierung der Kundengruppen eines Flughafens in »Business« und »Consumer« sein. Brainstormen Sie kurz und ergänzen Sie die folgende Tabelle mit Ihren eigenen Ideen.

Business	Consumer
Freie Kapazität für ein Logistikzentrum nutzen	Parkgebühren
Wartungshallen errichten	Anfahrtsgebühren
Werbeflächen vermieten	Gepäckträgerservice
Ladenlokale verpachten	Trolley-Gebühren
Business-Lounges vermieten	Ladenlokale, Restaurants
Beratung für andere Flughäfen	Shuttle-Bus anbieten
Cateringservice für Airlines anbieten	Aussichtsplattform/Besucherpark
...	Shopping-Events (nicht nur für Passagiere)
	...

Anhand Ihrer Liste können Sie vom Interviewer einen Eindruck bekommen, welche Ideen für den Flughafen noch Potenzial bieten. Sie erfahren, dass die Parkgebühren 1 Euro pro Tag betragen und dass der durchschnittliche Passagier 1,75 Euro in den flughafeneigenen Gastronomiebetrieben ausgibt, die in den letzten Jahren vermehrt beworben wurden. »Der CEO glaubt, dass wir das Ziel mit einer Erhöhung der Parkgebühren und einer Ausweitung des Konsums pro Passagier im Flughafen erreichen können«, erklärt Ihnen der Interviewer.

»Welcher Anteil der Passagiere nutzt eigentlich das Parkhaus?«, könnte eine Folgefrage sein, bevor Sie Ihren Vorschlag ausarbeiten können. Jetzt heißt es, die richtigen Zahlen miteinander in Verbindung zu bringen: 2 Euro setzt der durchschnittliche Passagier zusätzlich zu den Flughafengebühren um (sonstige Umsätze geteilt durch die Anzahl der Passagiere), 1 Euro ist die Parkgebühr und 1,75 Euro setzt der durchschnittliche Passagier in der Gastronomie um. Innerhalb der Vereinfachungen dieses Falles bedeutet dies, dass jeder vierte Passagier das Parkhaus nutzt.

Nun könnten Sie z. B. vorschlagen, dass man die Parkgebühren erhöhen und neben der Gastronomie auch Shopping-Gelegenheiten bieten sollte (Supermarkt, Reiseliteratur, Geschenke). Der Interviewer könnte Sie nun fragen, wie Sie zu einer fundierten Abschätzung über das Ertragspotenzial Ihrer Vorschläge kommen können. Im tatsächlichen Beratungsprojekt könnten Sie ein Benchmarking durchführen, um z. B. die Parkgebühren an vergleichbaren Flughäfen zu erheben. Darüber hinaus könnten Sie eine Marktforschung in Auftrag geben, um die Wünsche, das Kaufinteresse und die Zahlungsbereitschaft der Passagiere zu erheben. Für den weiteren Fortschritt des Cases sollten Sie zu Ihren eigenen

Diese Art von Case zeigt, dass man nicht einfach ein Standardschema zur Lösung heranziehen sollte, wie es vor allem amerikanische Bewerbungsratgeber häufig vorschlagen. In der Realität wird Ihnen ein solcher Case in abgespecktem Umfang bei Bewerbungen im deutschsprachigen Raum mit hoher Wahrscheinlichkeit begegnen. Ähnlich verhält es sich mit dem nächsten Case aus dem Berateralltag.

Vorschlägen eine Abschätzung des Potenzials abgeben und Ihre »back-of-the-envelope«-Berechnungen immer wieder einer Plausibilitätsanalyse unterziehen.

Eine mögliche Lösung dieses Cases könnte schließlich sein, dass die Parkgebühren auf 3 Euro pro Tag erhöht werden. Bei einem angenommenen Rückgang der Parker von 25 auf 20 Prozent ergibt dies Einnahmen von 3,9 Euro Mio. Zusätzliche Shopping-Gelegenheiten können die durchschnittlichen Ausgaben der Passagiere auf 3,50 Euro erhöhen. Hiermit erreichen wir sonstige Umsätze von 26,65 Mio. Euro (6,5 Mio. Passagiere · ((0,2 · 3 Euro) + 3,5 Euro)) und übertreffen das Gesamtumsatzziel von 100 Mio. Euro sogar leicht.

5. Automobilzulieferer unter Druck

Trotz hoher Auslastung kämpft ein Tier-1-Automobilzulieferer für Innenarmaturen seit einigen Jahren mit rückläufigen Margen aus dem Projektgeschäft. Einem neuen Controller fällt auf, dass vor allem die Kosten für Werkzeuge stark gestiegen sind und die Kundenzahlungen für die Entwicklungsprojekte zur Deckung der Kosten oft nicht ausreichen. Der Vorstand ist alarmiert und beauftragt Sie, dem Problem auf den Grund zu gehen und eine Lösung anzubieten.

Dies ist ein typischer Case, der wahrscheinlich aus dem tatsächlichen Projektalltag kommt und sich nicht so leicht in ein Framework-Schema pressen lässt. Auch bei den schillernden Strategieberatungen besteht das Tagesgeschäft häufig aus der Bearbeitung von Detailproblemen und dem Verständnis für Prozesse und Branchenzusammenhänge. Wenn Sie nicht gerade Ingenieur sind und Berufserfahrung in der Automobilzulieferindustrie gesammelt haben, dürfte dieses Thema für Sie neu sein. Ihr Interviewer hingegen hat einige Zeit in der betroffenen Branche gearbeitet und ist ein Experte auf dem Gebiet. Er kann aus der Aufgabenstellung zahlreiche Teil-Cases ableiten, die er in verschiedenen Interviews mit leichten Variationen stellen kann.

Unbekannte Zusammenhänge schnell verstehen

Suchen Sie Ihre ersten Anhaltspunkte aus den Informationen der Aufgabenstellung und strukturieren Sie Ihre Informationssammlung. Um dem Problem auf den Grund zu gehen, könnten Sie in Ihrem ersten Teil-Case den typischen Projektablauf bei einem Automobilzulieferer darstellen, um die Bedeutung der Werkzeugkosten zu verstehen. Am besten Sie erarbeiten im Dialog mit Ihrem Interviewer ein einfaches Prozessdiagramm:

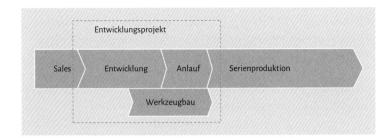

Mikrokosmen

Eine der spannenden Aspekte der Berater-Arbeit ist die Möglichkeit, Einblicke in die Besonderheiten von Branchen zu bekommen. Bei vielen Cases gilt es, einen besonderen Knackpunkt zu verstehen. Wie bisher unbekannte Business-Modelle funktionieren, kann man natürlich auch üben. In dem Ergänzungsbuch »Das Insider-Dossier: Consulting Case-Training« bearbeiten wir hierzu gezielt die Besonderheiten bestimmter Branchen, wie Online-Werbung, Pharma, Telekommunikation usw.

Die Sales-Abteilung erhält den Entwicklungsauftrag von dem Automobilhersteller (OEM=Original Equipment Manufacturer). Nun erstellt die Entwicklungsabteilung Produktzeichnungen und Modelle und testet diese. Um die Komponenten für das Endprodukt in großen Stückzahlen zu fertigen, werden Werkzeuge gebaut, die z. B. große Spritzformen oder Stanzwerkzeuge sein können. Im Anlauf werden diese Werkzeuge unter Serienbedingungen erprobt und es werden Verbesserungen vorgenommen. Schließlich geht die funktionierende Produktionslinie mit großen Stückzahlen in die Serienproduktion. Der OEM zahlt in diesem Fall eine verhandelte Kostenpauschale für das Entwicklungsprojekt. Hierzu zählen vor allem die Kosten für Entwicklung und die Herstellung von Neuwerkzeugen.

Den Case strukturieren

Nun beginnen Sie die Gründe für die zurückgehenden Margen in den Entwicklungsprojekten herauszufinden. Grob gesprochen lässt sich die Gewinnmarge aus der bekannten Gewinngleichung ableiten (Gewinn = Umsatz − Kosten), indem man den Gewinn relativ zum Umsatz betrachtet: Gewinnmarge = Gewinn/Umsatz. Ganz allgemein kann man Gründe für eine rückläufige Gewinnmarge einerseits auf der Kosten-, andererseits auf der Umsatzseite finden. Halten Sie sich an diese Struktur und fahren Sie so mit der Case-Lösung fort.

»Welche Umsätze und welche Kosten fallen in der betrachteten Projektphase an?«, fragt Sie der Interviewer. Hier zeigt sich, wie wichtig eine saubere Abgrenzung und Visualisierung besonders bei neuen Themen ist, damit Sie Ihre Antwort entlang des Prozessdiagrammes herbeiführen können. Zusammen mit Ihrem Interviewer erarbeiten Sie folgende wesentliche Treiber für Umsatz und Kosten:

Kosten:
- Kosten für Entwicklung (Konstruktion, Tests, Prototypen)
- Neu-Werkzeuge und Werkzeugänderungen
- Kosten für den Produktionsanlauf

Umsätze:
- Pauschale Entwicklungskosten-Erstattung (üblicherweise inklusive eines Gewinnaufschlages)

- Werkzeugerlöse: Die Kosten für Neu-Werkzeuge inklusive einem kleinen Aufschlag werden im Vorfeld verhandelt und vom OEM bezahlt, sobald der Serienanlauf begonnen hat. Werden vom OEM im Zuge des Entwicklungsprojektes Änderungen am Design oder Material vorgenommen, so werden die hierdurch entstehenden Mehrkosten durch Änderungen am Werkzeug ebenso gezahlt.

»Gründe für rückläufige Margen können also darin liegen, dass sich nicht gedeckte Kosten (wie Kosten für den Produktionsanlauf) erhöht haben oder sich nur noch geringere Gewinnaufschläge durchsetzen lassen«, schlagen Sie vor. Der Interviewer gibt Ihnen in beiden Punkten Recht und fragt Sie nach den möglichen Gründen hierfür. Sie haben unseren Tipp beherzigt, sich über aktuelle wirtschaftliche Zusammenhänge im Vorfeld Ihres Interviews zu informieren. Es fallen Ihnen die Pressemeldungen über die Wirtschaftskrise, der Kostendruck bei den Autoherstellern, und dass diese den Druck gerne an die Zulieferer weitergeben, ein. Gleichzeitig fällt es den Zulieferern schwer, mit derselben Professionalität wie die OEMs Kosten systematisch zu senken und den Druck entsprechend weiterzugeben. Im konkreten Fall ist es zusätzlich so, dass die verkürzten Entwicklungszeiten von Projekten dazu führen, dass immer häufiger kostspielige Design-Änderungen und entsprechende Werkzeugänderungen vorgenommen werden müssen – sowohl vom OEM, als auch vom Zulieferer. Die Management- und Controllingsysteme des mittelständischen Zulieferers lassen es nicht mehr zu, diese Kosten und die entsprechenden Folgekosten sinnvoll zu verfolgen und an den OEM weiterzuverrechnen.

Lösungsansätze erarbeiten

Sie haben die Grundproblematik verstanden. Nun könnte der Interviewer einen mathematischen Case-Teil starten. Z. B. könnte Ihnen die Kostenentwicklung über verschiedene Produktlinien, Standorte oder Kunden vorgelegt werden, anhand der Sie unprofitable Segmente herausrechnen können. Oder Sie sollen einen Ansatz zur nötigen Verrechnung von Werkzeugkosten an den OEM durchkalkulieren. Zur Übung greifen wir diesen Fall am Ende des Cases noch mal auf.

Für den Moment liegt dem Interviewer (und uns) mehr daran, Ihren Sinn für strategische Fragestellungen zu erforschen: »Welche Lösungsansätze sehen Sie?«, könnte schließlich die Folgefrage lauten. Hier geht es nun darum, ob Sie auf einige sinnvolle Ansätze kommen.

Solche können sein, dass der Zulieferer ein neues Kostenrechnungssystem einführt, Änderungen systematisch gemanagt werden, Anlaufkosten und Folgekosten verfolgt und weitergereicht werden und Anreizsysteme für Entwickler zur Kostenvermeidung geschaffen werden. Radikalere Lösungen sind die Verlagerung der Entwicklung in Low-Cost-Länder, Einkauf von Werkzeugen in China oder das komplette Outsourcing

Ein solcher Case prüft in erster Linie Ihre schnelle Auffassungsgabe für unbekannte Zusammenhänge und Ihre Flexibilität, mit diesen umzugehen.

der Produktion, inklusive Werkzeugbau, an Systemlieferanten. Auf mindestens drei weitere Ideen sollten Sie jetzt noch selbst kommen:

Weitere Lösungsansätze:

1.

2.

3.

4.

Bewertung der Machbarkeit und Priorisierung

»Welche Probleme in der Umsetzung sehen Sie?« Strukturieren Sie die möglichen Umsetzungs-Roadblocks z. B. nach »Intern«, »Kunde« und »Umweltfaktoren«. Ergänzen Sie zur Übung die folgenden Ideen und beachten Sie Probleme bei der Umsetzung Ihrer eigenen Lösungsansätze:

Intern	Kunde	Umweltfaktoren
»Talentproblem«: Mangelnde Fähigkeiten der Mitarbeiter	Verlangt Entwicklung im Inland und engen Kontakt zu Entwicklern	Systemlieferanten mit geeignetem Know-how fehlen
Interne »Bremser« und allgemeiner Widerstand gegen Wechsel	Akzeptiert keine höheren Entwicklungskosten	Betriebsrat und rechtliche Rahmenbedingungen machen Verlagerung ins Ausland unmöglich
Fehlende Finanzmittel	...	...
...		

Abschließend können Sie Ihren Interviewer überraschen, indem Sie Ihr Fazit in einer übersichtlichen Grafik darstellen und die Lösungsansätze nach monetärem Potenzial und Leichtigkeit der Umsetzung in einer 2x2-Matrix gliedern und beurteilen. Tragen Sie auch Ihre Ansätze ein:

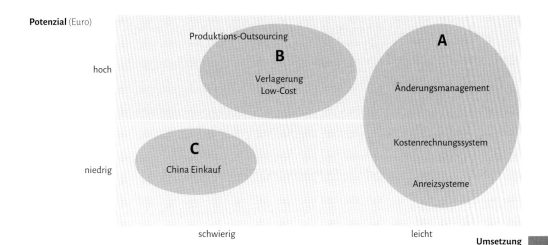

Potenzial (Euro)

Produktions-Outsourcing

B

Verlagerung
Low-Cost

A

Änderungsmanagement

Kostenrechnungssystem

Anreizsysteme

hoch

niedrig

C

China Einkauf

schwierig   leicht

Umsetzung

Dann stellen Sie die folgende Entscheidungsregel auf:

- A-Projekte: Sofort umsetzen
- B-Projekte: Umsetzung genauer prüfen
- C-Projekte: Nicht umsetzen

Rechenteil

Wenn Sie in Ihrem Interview so weit gekommen sind, könnte noch Zeit bleiben, Ihre quantitativen und numerischen Fähigkeiten unter Beweis zu stellen. Wir greifen eine der Lösungsalternativen wie versprochen heraus: »Gehen wir davon aus, dass Sie den Kunden überzeugen können, ein neues Kostenrechnungssystem einzuführen, um die tatsächlich entstandenen Kosten zu erfassen und mit einem Aufschlag in Rechnung zu stellen. Sie können Ihre Systematik an einem neuen Projekt sofort einsetzen. Ermitteln Sie anhand der folgenden Daten, welchen Betrag wir den OEM in Rechnung stellen müssen.«

Kostenrechnung Werkzeug (Euro)

Datum: 1. Januar (Datum der Zahlung)	
Neuwerkzeugkosten	100.000
Werkzeugtransport	2.000
Werkzeug-Versuche (Material etc.)	8.000
Pauschale für Änderungen	10.000
Datum der Kundenzahlung: 1. August	
Zinssatz: 10 %	
Aufschlag: 15 %	

Tipp

Insbesondere bei Interviews im deutschsprachigen Raum wird von Ihnen ein weitergehendes Verständnis für Umsetzungsprobleme erwartet. Das vorliegende Insider-Dossier ist auf der Basis von zahlreichen aktuellen Erfahrungsberichten entstanden. Diese haben gezeigt, dass hierzulande Bewerber meistens älter sind und tendenziell mehr persönliche Erfahrung aufweisen als in dem amerikanischen System. Insbesondere wenn Sie sich mit Promotion oder Berufserfahrung bewerben, müssen Sie daher besonders deutlich Ihre Kenntnisse hinsichtlich komplexer Sachzusammenhänge zeigen.

Die Zahlenkomplexität ist für ein Rechnen ohne Taschenrechner durchaus das Niveau, das von Ihnen erwartet wird. Sie können eine grobe Abschätzung machen, indem Sie 120.000 Euro (100.000 + 2.000 + 8.000 + 10.000) plus etwa 20 Prozent (15 Prozent Aufschlag plus als grobe Schätzung 5 Prozent für etwa ein halbes Jahr Verzinsung) rechnen und auf etwas mehr als 144.000 Euro kommen (genauer Wert inkl. Zinseszins: $120.000 \cdot 1,15 \cdot 1,10^{(7/12)} = 145.890$).

6. Fall des Postmonopols

In einem europäischen Land fällt in zwei Jahren das Postmonopol. Der Post-Monopolist ist Ihr Kunde und möchte wissen, wie er sich hierauf vorbereiten soll.

Ein ganz klassischer Case mit Bezug zum aktuellen Wirtschaftsgeschehen. Tatsächlich wurde dieser Fall in verschiedenen Variationen bei einer führenden Strategieberatung im vergangenen Jahr häufig gestellt.

Ihr Interviewer diskutiert kurz mit Ihnen verwandte Themen, um Ihr Wirtschaftswissen und Ihre Fähigkeit zur stringenten Argumentation zu testen. Sie könnten z. B. gefragt werden, warum staatliche Monopole existieren und warum sie abgebaut werden, obwohl hierbei doch Arbeitsplätze verloren gehen. Hier punkten Sie, wenn Sie aktuelles Wirtschaftsgeschehen mit Konzepten aus dem Studium oder Hintergrundwissen sinnvoll und logisch in Verbindung bringen können.

Danach beginnt der eigentliche Case, und Sie erfahren von Ihrem Interviewer, dass Ihr Kunde derzeit 10 Mrd. Umsatz bei einer Gewinnmarge von 20 Prozent macht. Es wird erwartet, dass er etwa 20 Prozent seines Marktanteiles verlieren wird. »Was bedeutet das für die Profitabilität des Unternehmens?«, wäre eine typische Folgefrage des Interviewers, um richtig in den Case einzusteigen.

Rufen Sie sich die Gewinngleichung vor Augen und Sie erkennen, dass in diesem Fall eines Marktanteilrückganges die vorhandenen Fixkosten (Personal, Filialnetz, Verteilzentren, Fahrzeugflotte usw.) mit weniger Umsatz gedeckt werden müssen. Sie erkundigen sich nach der Kostenstruktur des Unternehmens und erfahren, dass 80 Prozent der Kosten fix sind. Nun können Sie eine einfache Gewinngleichung aufstellen und nach den Fixkosten auflösen:

Gewinn	= Gewinnmarge · Umsatz = 20 % · 10 Mrd. = 2 Mrd.
Kosten	= Umsatz − Gewinn = 10 Mrd. − 2 Mrd. = 8 Mrd.
Fixkosten	= 80 % · Kosten = 6,4 Mrd.

Nach dem Fall des Monopols ergibt sich eine andere Situation:

Umsatz	= 80 % des alten Umsatzes = 8 Mrd.
Fixkosten	= unverändert = 6,4 Mrd.

Variable Kosten	= 80 % · vorige variable Kosten = 1,28 Mrd.
Kosten	= Fixkosten + variable Kosten = 6,4 Mrd. + 1,28 Mrd.
	= 7,68 Mrd.
Gewinn	= Umsatz − Kosten = 8 Mrd. − 7,68 Mrd. = 0,32 Mrd.
Gewinnmarge	= Gewinn/Umsatz = 4 %

Die Gewinnmarge sinkt also von 20 auf 4 Prozent.

Zwischenergebnisse festhalten

Nehmen Sie sich die Zeit, ein solches Zwischenergebnis nochmals klar zusammenzufassen und zu reflektieren, indem Sie sich kurz die folgenden Fragen stellen:

- Ist Ihr Ergebnis plausibel? Passt die Größenordnung der Zahlen zum Case-Zusammenhang?   .
- Wonach wurde in der Fragestellung ursprünglich gefragt? Haben Sie die Frage beantwortet? Haben Sie Ihre Gedanken und Ihren Rechenweg dem Interviewer deutlich gemacht und das Ergebnis zusammengefasst?
- Haben Sie das Ergebnis im Case-Zusammenhang bewertet? Was bedeutet das Ergebnis für den Kunden? Was sind die folgenden Fragen, die Sie sich stellen sollten?

Im vorliegenden Fall können Sie die ersten beiden Punkte abhaken. Was bedeutet aber ein derartiger Rückgang der Profitabilität für den Kunden und welche Lösungsalternativen können Sie erarbeiten? Sie könnten z. B. einige Optionen sammeln und andiskutieren. Gehen Sie dabei strukturiert vor, indem Sie z. B. nochmals die Gewinngleichung reflektieren oder ein anderes Framework zur Strukturierung Ihrer Gedanken heranziehen.

Wir suchen also nach Lösungsstrategien zur Vermeidung des Profitabilitätsrückgangs.

Grundsätzliche Lösungsansätze präsentieren

Sie könnten z. B. drei grundsätzlich verschiedene Lösungsansätze gruppieren: Reduktion von Kosten, Steigerung des Umsatzes und sonstige Ansätze. Auf der Kostenseite strukturieren Sie nach fixen und variablen Kosten, wobei Sie erwähnen sollten, dass der interessante Hebel in diesem Fall bei den fixen Kosten liegt. Auf der Umsatzseite könnten Sie zur Strukturierung die Ansoff-Matrix verwenden. Schließlich ergänzen Sie noch ein paar »Out-of-the-box«-Ansätze, um zu zeigen, dass Sie den Gesamtzusammenhang verstanden haben.

1. Kosten reduzieren

- Variable Kosten (z. B. Routen optimieren, ...)
- Fixkosten (z. B. Personalabbau, Konsolidierung Filialnetz, ...)

Kreativität

Scheuen Sie sich nicht, Ihr eigenes Framework zu entwickeln oder kreative Lösungsvorschläge zu unterbreiten, die in der Realität gar nicht so unwahrscheinlich wären. Wichtig ist, dass Sie sich in die Situation hereinversetzen und systematisch zu einer Lösung kommen.

2. Umsatz stabilisieren/erhöhen

(hier könnten Sie z. B. der Ansoff-Matrix folgen)

- Vorhandene Märkte und Produkte
  - Porto erhöhen (eher unwahrscheinlich)
  - Menge stabilisieren/erhöhen (Kundenbindungsprogramme, Marketing, etc.)
  - ...
- Neue Produkte in vorhandenen Märkten
  - Vertikale Integration: z. B. Übernahme von vorgelagerten Wertschöpfungsstufen, wie Druck und Eintüten von Briefen
  - ...
- Bestehende Produkte in neuen Märkten
  - Internationalisierung
  - ...
- Neue Produkte in neuen Märkten
  - Diversifizierung (z. B. Telekommunikation)
  - ...

3. »Out-of-the-box«

- Fall des Monopols durch Lobbying im Parlament und bei Arbeitnehmerverbänden vermeiden
- ...

> An so einer Stelle ist es wahrscheinlich, dass Ihr Interviewer einen der möglichen Wege einschlagen wird. Sie könnten z. B. die Umsatzseite genauer analysieren, während ein anderer Bewerber bei demselben Case die Kostenseite bearbeiten wird.

Ergänzen Sie die Liste mit Ihren eigenen Ideen.

Der Interviewer bittet Sie, mit der Umsatzseite fortzufahren und die Kostenseite zu vernachlässigen. Welche Möglichkeiten gibt es, den Umsatzrückgang zu stabilisieren, bzw. welche neuen Umsatztreiber könnte man verfolgen?

Lösungsansatz vertiefen

Sie könnten nun die Kundengruppen des Monopolisten segmentieren, um zu verstehen, womit wirklich Geld verdient wird und welche Kundengruppen die Konkurrenten am ehesten angreifen werden. Sie werden hierbei erkennen, dass die Konkurrenten gezielt die profitablen Nischen angreifen werden, die geringere Fixkosten benötigen. So könnten sich die Konkurrenten auf Sendungen innerhalb von Städten und auf Großkunden konzentrieren, während der Monopolist ja zu Einheitspreisen alle Kunden und alle Strecken bedient.

Diese Strategie könnten Sie bekämpfen, indem Sie die Porto-Preise differenzieren. Sie könnten z. B. günstigere Preise für Großkunden anbieten. Darüber hinaus könnten Sie durch vertikale Integration weitere Umsatzbereiche erschließen. Sie können grundsätzlich vorwärts oder rückwärts vertikal integrieren.

Listen Sie Ihre Ansatzpunkte auf:

Vorwärts
- Hauspost-Service innerhalb von Unternehmen anbieten
- ...

Rückwärts
- Druck von Geschäftspost
- Verkauf und Aktualisierung von Adressdaten
- ...

Ein großer Umsatzposten ist die Geschäftspost zwischen Unternehmen sowie zwischen Unternehmen und Verbrauchern (Mahnungen, Rechnungen, etc.). Ein weiterer großer Teil ist die Werbepost an Privathaushalte.

Nachdem Sie also einige Ideen gesammelt haben, sollten Sie ein Framework aufstellen, woran Sie die Alternativen bewerten können. Setzen Sie dabei die Kriterien an, nach denen der Kunde die Optionen bewerten wird (z. B. Schnelligkeit der Umsetzung, Kosten und Risiko der Implementierung, kurzfristiger oder langfristiger Umsatzeffekt, Nachahmbarkeit, existierender Wettbewerb usw.). Eine mögliche Hilfe zur gedanklichen Strukturierung solcher Punkte ist bspw. das 5-Forces-Framework. Im vorliegenden Fall können Sie eine 2x2-Matrix verwenden und die Optionen nach den zwei wesentlichen Entscheidungskriterien ordnen.

Wenn noch Zeit ist, könnte der Interviewer nun von Ihnen verlangen, eine der Lösungen anhand von Annahmen durchzurechnen. Im Falle der Reduzierung des Portos bei Großkunden könnten Sie den Preiseffekt (der Umsatz, den Sie durch die Portoreduzierung verlieren) gegen den Umsatzeffekt (die Menge an Sendungen, die Sie nicht an die Konkurrenz verlieren) rechnen und entscheiden, ob dies ein sinnvolles Vorgehen wäre. Am besten, Sie rechnen zur Übung diese und eine weitere Option durch. Treffen Sie geeignete Annahmen zu Mengen, Kosten, Preisen usw. Hinterfragen Sie Ihre Annahmen und Ergebnisse und interpretieren Sie Ihre Aussagen.

Üben, üben, üben

Für Sie ist es eine sehr gute Übung, solche Case-Alternativen mit diesem und einigen der weiteren Cases in diesem Buch durchzurechnen. An diesem Fall erkennen Sie auch, wie wichtig es ist, aktuelle Wirtschaftsereignisse und aufkommende Geschäftsmodelle in der Wirtschaftspresse zu verfolgen. Versuchen Sie zur Übung, sich selber Cases zu stellen, die auf den Auswirkungen und den Geschäftsmodellen von aktuellen wirtschaftlichen Entwicklungen basieren. Fangen Sie z. B. mit den folgenden Beispielen an:

Wie erwähnt, kann ein erfahrener Interviewer diesen Case auf viele verschiedene Arten stellen. Bewerber berichten von Fallstudien bei derselben Beratung, die auf derselben wirtschaftlichen Grundlage aufbauen. So könnte Ihr Interviewer innerhalb der Angaben dieses Cases anstelle der Umsatzseite die Kostenseite des Postmonopolisten bearbeiten lassen oder Sie bitten den Business-Case oder die Markteintrittsstrategie für einen der neuen Post-Konkurrenten zu erarbeiten.

- Privatisierungen (z. B. Post, Energie, Bahnverkehr, Gefängnisse, Autobahnen)
- Gesetzesänderungen (z. B. längere Ladenöffnungszeiten, Flexibilisierung von Arbeitsgesetzen, Änderungen bei der Krankenversicherungspflicht, Einführung der Lkw-Maut, CO_2-Emissionshandel, Bankenregulierung)
- Veränderungen im Welthandel (z. B. neue EU-Mitglieder, neue Märkte)
- Neue Geschäftsmodelle (z. B. Internet-TV, Voice-over-IP-Telefonie, Privat-zu-Privat Kredite, Online-Musicstores, Social Networks)

Lesen Sie die Tagespresse, verfolgen Sie Technologie-Blogs (wie **techcrunch.com**), diskutieren Sie in der squeaker.net-Community – mit Sicherheit werden Sie weitere spannende Beispiele finden. Eine bessere Übung ist nur die tatsächliche Teilnahme an Case Interviews. Es geht nicht darum, ein möglichst perfektes Abbild der Realität in Ihrer Case-Lösung zu schaffen, sondern eine plausible Lösung innerhalb der Rahmenbedingungen des Cases zu erarbeiten und Ihre Aussagen und Berechnungen in diesem Zusammenhang schlüssig darzustellen.

Dies war in Länge und Komplexität ein typischer Fall für ein ca. 30-minütiges Case Interview.

7. Restrukturierung eines Speditionsunternehmens

Eine Spedition, die in Deutschland und in den angrenzenden Ländern operiert, hat aufgrund von aufkommender osteuropäischer Konkurrenz ihre Preise gesenkt. Das Ergebnis ist, dass nun praktisch kein Gewinn mehr gemacht wird. Sie besprechen ein mögliches Restrukturierungsprogramm Ihrer Beratung mit dem Geschäftsführer beim Golf. Dieser nennt Ihnen sein Ziel, in zwei Jahren wieder mindestens 150 Mio. Euro Gewinn einfahren zu wollen, da er sonst das Geschäft aufgeben muss. Er gibt Ihnen einige Rahmendaten, anhand derer Sie die Situation analysieren und beim 19. Loch einen grundsätzlichen Lösungsansatz präsentieren können.

Die weiteren Daten, die Ihnen der Geschäftsführer (dessen Rolle Ihr Interviewer eingenommen hat) mitteilt, sind:
- Das Unternehmen hat eine Flotte von 4.000 Lkw
- Das Unternehmen beschäftigt 16.000 Lkw-Fahrer

Sie erkennen das Ungleichgewicht von Fahrern zu Lkw und erfahren, dass in besseren Tagen gute Fahrer knapp waren und vergleichbar attraktive Arbeitnehmerbedingungen ausgehandelt wurden:

- Der Jahreslohn beträgt 27.000 Euro, während die innerdeutsche Konkurrenz lediglich 25.000 Euro bezahlt.
- Die Trucker fahren sechs Stunden und machen dann sechs Stunden Pause. Bei der Konkurrenz werden acht Stunden gefahren und dann acht Stunden pausiert.

Sie diskutieren weiter mit dem Geschäftsführer, inwiefern man sich bei diesen beiden Punkten der Konkurrenz anpassen kann. Dieser sieht grundsätzlich keine Probleme und möchte wissen, was der Effekt einer Anpassung wäre. Sie berechnen, dass die Lohnanpassung zu Kosteneinsparungen von 32 Mio. Euro führen würde (Euro 2.000 · 16.000).

Die Implikationen einer Änderung der Pausenzeiten sind hingegen etwas komplexer. An der effektiven Arbeitszeit ändert sich nichts. Die Fahrer machen jeweils zur Hälfte Pause und fahren die andere Hälfte. Wettbewerbsnachteile entstehen erst dann, wenn die Fahrt länger als sechs Stunden dauert. Bei einer Fahrtzeit zwischen sechs und acht Stunden ist die Konkurrenz um sechs Stunden schneller, da keine Zwischenpause eingelegt werden muss. Vor allem bei verderblichen Gütern ist dies ein entscheidender Vorteil. Umgekehrt hat das Unternehmen allerdings bei Fahrten zwischen acht und zwölf Stunden einen Vorteil. Sie erfahren aber, dass diese Fahrten aufgrund der bestehenden Kundenstruktur nicht so häufig sind. Was sind also mögliche Lösungsansätze?

Problem erkannt, Lösungen sind gefragt

An dieser Stelle kann der Interviewer den Case in verschiedene Richtungen lenken. Sie könnten die Struktur der Kunden und Lieferstrecken in Europa analysieren, um eine Optimierung des Kundenportfolios zu erarbeiten. Wir gehen aber davon aus, dass Sie immer noch beim Golfspielen mit dem Geschäftsführer sind, und daher eher hemdsärmelige Ansätze gefragt sind. Eine genaue Analyse wäre dann Teil des Restrukturierungsprojektes, das Sie spätestens nach dem 19. Loch verkauft haben wollen.

Sie könnten also auf die Idee kommen, die Lkw-Fahrzeuge mit zwei Fahrern zu besetzen. Auf den ersten Blick zahlt man hierdurch scheinbar doppelte Lohnkosten, tatsächlich können Sie nun aber 24 Stunden (statt lediglich zwölf Stunden) am Tag mit dem Lkw fahren. Sie nutzen Ihre Fixkosten (Lkw) besser aus und können mit Ihren 4.000 Trucks fast doppelt so viele Aufträge abarbeiten. Gleichzeitig sind Sie auch noch schneller, da keine Ruhepausen anfallen. Da die Fahrer immer abwechselnd ruhen und fahren, zahlen Sie die doppelten Lohnkosten lediglich beim Be- und Entladen (die Zeit, in der die Fahrer Pause machen, zählt nicht als Arbeitszeit, auch wenn sie dabei mit im Lkw sitzen).

Nehmen wir einmal an, dieser Ansatz ist grundsätzlich möglich und findet das Interesse des Geschäftsführers. Es bleibt jedoch das Problem, dass das Unternehmen immer noch zu viele Fahrer hat, nämlich vier pro Lkw. Während zwei arbeiten, nehmen die anderen beiden frei. Bei theoretisch sieben möglichen Arbeitstagen hätte also jeder Fahrer 3,5 Tage Urlaub pro Woche, macht 1,75 Tage Pause und fährt 1,75 Tage. D. h. seine Arbeitszeit würde nur 1,75 Tage pro Woche betragen.

Um zu berechnen, wie viele Fahrer wir brauchen, müsste man die Verfügbarkeit von Lkw durch die Verfügbarkeit von Fahrern teilen. Aufs Jahr gerechnet haben wir 4.000 Lkw, die 24 Stunden am Tag an 350 Tagen (vereinfachte Annahme) im Jahr einsetzbar sind. Dies ergibt eine jährliche Lkw-Verfügbarkeit von 33,6 Mio. Stunden. Die Fahrer haben theoretisch eine Wochenarbeitszeit von 48 Stunden. Bei vier Wochen Urlaub im Jahr ergibt sich eine Jahresverfügbarkeit von etwa 2.300 Stunden pro Fahrer (48 Stunden · (52 Wochen – 4 Wochen Urlaub)). Man braucht also lediglich rund 14.600 Fahrer (33,6 Mio. / 2.300 = 14.609), um die 4.000 Lkw voll auszulasten. 1.400 Trucker könnten entlassen werden.

Bezug zur Ausgangsfrage finden
»Wie nah sind wir nun dem Ziel des Geschäftsführers, wieder 150 Mio. Euro Gewinn pro Jahr machen zu können?«, fragt Sie der Interviewer.

Zunächst haben wir die eingesparten Personalkosten durch die entlassenen Fahrer von 37,8 Mio. Euro (1.400 Fahrer · 27.000 Euro). Sollte man dann noch eine Reduktion des Lohnniveaus durchsetzen können, könnten weitere 29.2 Mio. Euro jährlich gespart werden (14.600 Fahrer · 2.000 Euro Lohnreduktion). Die anvisierten 150 Mio. Euro Gewinn liegen damit leider noch in einiger Ferne. Allerdings haben wir zusätzlich erhebliches Potenzial durch die Besetzung der Lkw mit zwei Fahrern, da die Flotte nun 24 Stunden pro Tag einsetzbar ist. Durch die doppelt so hohe Einsatzbereitschaft der Lkw reichen jetzt schon 50 Prozent der Lkw-Verfügbarkeit aus, nämlich 16,8 Mio. Stunden (33,6 Mio. / 2), um die aktuelle Transportnachfrage zu bedienen.

Um den bisherigen Umsatz zu erbringen, benötigt man also nur noch 7.300 Fahrer (16,8 Mio. / 2.300), sodass man durch die Entlassung der übrigen 7.300 Fahrer zusätzlich 182,5 Mio. Euro (7.300 · 25.000 Euro) einsparen könnte. Da die Unternehmensgewinne zu Beginn gleich null sind, können alle Einsparungen direkt als Gesamtgewinn verbucht werden. Alternativ wäre zu überlegen, mit den bestehenden Fahrern den Umsatz zu verdoppeln. Da die Kapazitäten ohnehin zur Verfügung stehen, würde dies zu einer deutlichen Gewinnsteigerung führen. Die grundsätzlichen Stellhebel zur Erarbeitung eines Restrukturierungsprogramms sind damit identifiziert.

In der Realität eines Beratungsprojektes müssen natürlich viele weitere Fragen beantwortet werden. Zeigen Sie, dass Sie über die Rahmenbedingungen eines stark vereinfachten Cases hinaussehen können und Interesse an der Lösung komplexerer Probleme haben. Reflektieren Sie Ihre Case-Lösung an der wirtschaftlichen und gesellschaftlichen Realität, um Bonuspunkte zu sammeln, z. B.:

- Eine Umsatzverdoppelung setzt eine neue Marktstrategie voraus. Welche Stellhebel fallen Ihnen hierzu ein? Welches Framework könnte man zur Problemstrukturierung anwenden?
- Mitarbeiter lassen sich nicht von heute auf morgen abbauen. Es gilt ein sozialverträgliches Programm aufzusetzen, Alternativoptionen zu erarbeiten und Abfindungszahlungen einzukalkulieren.
- Welche strategischen Alternativen zu einem Mitarbeiterabbau hat das Unternehmen noch? Welches Framework könnten Sie hierfür anwenden?

8. Lkw-Maut

Ihnen wird das Angebot gemacht, die Autobahn Berlin-München samt Mautsystem vom Staat zu kaufen. Der Preis sei drei Milliarden Euro. Sollten Sie kaufen?

Eine interessante und politisch aktuelle Frage. In solchen Cases können Sie mit ein wenig Hintergrundwissen zur aktuellen Lage Pluspunkte sammeln. Für die folgende Lösung des Cases kommen Sie aber auch ohne den täglichen Wirtschaftsteil der Zeitung gut aus.

Allgemein steht im Mittelpunkt einer Kaufentscheidung der Preis. Die Höhe des Preises hängt von dem angebotenen Gut ab. In diesem Fall ist Ihnen der Preis bekannt: drei Milliarden Euro sollen Sie für die Autobahn zahlen. Die Frage müsste eigentlich anders lauten: Ist der Preis gerechtfertigt? Um dies zu bewerten, müssen Sie sich überlegen, welcher Nutzen und welche Kosten Ihnen durch den Erwerb der Autobahn entstehen. Sie sehen, wir wenden das einfachste Framework für die Lösung dieses Cases an: Die Kosten-Nutzen-Analyse.

Framework aufstellen

Definieren wir im nächsten Schritt die Begriffe Kosten und Nutzen für Sie als Betreiber einer Autobahn mit einem Mautsystem. Kosten entstehen Ihnen für den Unterhalt der Straße, z. B. Ausbesserung von Schlaglöchern, Aufstellen neuer Schilder, Ausbau der Spuren usw. Das Mautsystem verursacht weitere Kosten für die Erhebung und Überwachung der Fahrzeuge, Abrechnung der Gebühren und Wartung. Hinzu kommen Kosten für Personal, Steuern, möglicherweise für Umweltauflagen. Nutzen entsteht Ihnen durch die Umsätze aus dem Mautsystem. Sind das die einzigen Umsätze, mit denen Sie rechnen können? Überlegen Sie, wie Sie das

Fokus

Zeigen Sie Kreativität und Ihre Fähigkeit über den Tellerrand hinauszusehen, aber verlieren Sie nie die Aufgabenstellung aus dem Auge.

Tipp

Für das Lösen von quantitativen Cases müssen Sie häufig diverse Annahmen treffen. Intuitiv schwer abschätzbare Daten sollten Sie dabei erst so spät wie möglich in Ihre Kalkulationen einfließen lassen. Wenn Sie bis zur finalen Gleichung mit einer Variablen arbeiten, können Sie zum Schluss leicht verschiedene Werte für den Datenpunkt ausprobieren und den Effekt auf das Ergebnis jeweils direkt ablesen.

Potenzial Ihrer Autobahn noch nutzen können. Beweisen Sie Kreativität und nennen Sie andere Umsatzmöglichkeiten: Pkw-Maut, Lizenzeinnahmen von Gaststätten und Tankstellen, Werbeflächen an der Autobahn usw.

Nachdem Sie die verschiedenen Umsatzmöglichkeiten aufgezählt haben, weist Sie der Interviewer darauf hin, dass sich in diesem Case die Umsätze auf die Einnahmen aus der Lkw-Maut beschränken. Stellen Sie im nächsten Schritt die Einnahmen und die Ausgaben für die Lkw-Maut gegenüber.

Die Einnahmen sind abhängig von zwei Komponenten: die Höhe der Mautgebühr und die Anzahl der Lkws. Die Anzahl der Lkws ist schwer abzuschätzen, daher empfiehlt es sich, diese Größe als unbekannte Variable stehen zu lassen und erst zum Schluss auszurechnen – durch Auflösen nach dieser Variablen. Anschließend ist eine Aussage, ob die benötigte Anzahl an Lkws realistisch ist oder nicht, leichter zu treffen. Ein möglicher Ansatz ist, die individuelle Zahlungsbereitschaft für die Zeitersparnis zu berechnen.

Ein Lkw-Fahrer wird so viel zahlen, wie ihn die Nutzung der Autobahn an Zeitersparnis einbringt. Die Zeitersparnis entsteht dadurch, dass ein Lkw auf der Autobahn, vorausgesetzt es ist kein Stau, am schnellsten fahren kann. Berechnen Sie die Zeitersparnis, indem Sie zwei Möglichkeiten vergleichen: Ihre Autobahn mit der Landstraße, die ebenfalls von Berlin nach München führt. Die Strecke Berlin-München ist rund 600 km lang. Auf der Landstraße sind nur 60 km/h erlaubt, sodass die Fahrt zehn Stunden dauert. Auf der Autobahn darf der Lkw-Fahrer 100 km/h fahren, er benötigt nur sechs Stunden für die gleiche Strecke. Das bedeutet eine Zeitersparnis von vier Stunden.

Framework mit Daten und Annahmen füttern

Wie viel sind die vier Stunden Zeitersparnis wert? Überlegen Sie, was der Fahrer und der Lkw pro Stunde kosten. Unter Berücksichtigung von Personalkosten, Benzin, Abschreibung für das Fahrzeug und weiteren Faktoren wie Steuern und Versicherung kommen Sie zu einem Stundensatz von 35 Euro. Die Zeitersparnis von vier Stunden entspricht genau 140 Euro. Nutzt der Lkw-Fahrer Ihre Autobahn nicht, so muss er oder die Spedition, für die er fährt, 140 Euro mehr ausgeben. Dies entspricht der maximalen Mautgebühr, die Sie als Betreiber verlangen können oder der maximalen Zahlungsbereitschaft des Lkw-Fahrers. (Zur Vereinfachung gehen wir davon aus, dass alle Lkw-Fahrer dieselbe Zahlungsbereitschaft haben.)

Den Einnahmen stehen die Kosten für das Mautsystem gegenüber, die wir bereits identifiziert haben. Eine genaue Berechnung der Kosten ist schwierig, stattdessen gibt der Interviewer vor, dass für jeden Lkw, der Ihre Autobahn nutzt, 40 Euro Kosten für Sie entstehen. Naiv gerechnet haben Sie daher einen »Reingewinn« pro Lkw von 140 Euro - 40 Euro = 100 Euro.

Im letzten Schritt müssen Sie ermitteln, wie viele Lkws notwendig sind, um den Preis von drei Milliarden Euro zu rechtfertigen. Da Sie realistischerweise davon ausgehen, dass Sie den Kaufpreis nicht innerhalb eines Jahres amortisieren können, wählen Sie eine Amortisationsdauer von sechs Jahren. Das bedeutet, dass in der Amortisationszeit pro Jahr 500 Mio. Euro Gewinn gemacht werden müssen. Bei 100 Euro Gewinn und etwa 300 Tagen im Jahr, an denen Lkws fahren (aufgrund des Sonntags-fahrverbotes), müssen pro Tag rund 17.000 Lkws Ihre Autobahn befahren, damit ein Preis von drei Milliarden gerechtfertigt ist (genau: 500 Mio. / 30.000 = 16.666 – natürlich berücksichtigt diese Rechnung viele Faktoren nicht, wie Finanzierung oder Inflation).

Abschließend sollten Sie Überlegungen zur Plausibilität Ihrer Annahmen anstellen (ist die Zahlungsbereitschaft wirklich 140 Euro?) oder über eine Großenschätzung die Anzahl an Lkws auf der betrachteten Autobahn errechnen. Weisen Sie explizit auf die Beschränkungen Ihres Frameworks hin. Wir greifen komplexere Überlegungen z. B. im folgenden Case auf.

Oft entspricht diese Case-Länge der Realität, wenn Sie noch etwa 15 Minuten im Interview Zeit haben und der Interviewer keinen umfassenderen Case bearbeiten möchte.

9. »Call-a-Bike«-Case

»Wahrscheinlich haben Sie bemerkt, dass von der Deutschen Bahn in einigen Großstädten Mietfahrräder angeboten werden. Prüfen Sie, ob dies ein lohnendes Geschäftsmodell ist und ob es auch in weiteren Städten angeboten werden sollte.«

Auf Ihre Rückfragen erläutert der Interviewer das Prinzip des »Fahrrades bei Anruf« kurz: Im Stadtgebiet von Berlin, München, Köln, Karlsruhe, Stuttgart und Frankfurt finden Sie an Kreuzungen und Haltestellen häufig rote Mietfahrräder. Zu einem Preis von sieben Cent pro Minute können mit Kreditkarte registrierte Kunden diese Fahrräder mieten und jederzeit an einer beliebigen Kreuzung innerhalb des Stadtgebietes wieder abstellen. Zum Ausleihen und Entsperren sowie zur Rückgabe reicht ein kurzer Telefonanruf, bei dem man von der automatischen Ansage einen entsprechenden Code genannt bekommt.

Struktur

Es ist wichtig, eine gute Struktur zur Herangehensweise aufzustellen. In der Realität werden Sie sich im Verlauf des Gespräches nicht unbedingt an diese Struktur halten müssen, da der Interviewer Zwischenfragen stellt, Teilbereiche herausgreift oder die Zeit einfach nicht ausreicht.

Vorgehensplan aufstellen

Bei diesem Case geht es weniger um die Analyse eines neuen Marktes. Vielmehr sollen Sie ein bestehendes Geschäftsmodell überprüfen und eine Abschätzung seiner Übertragbarkeit auf andere Märkte durchführen. Im Fokus des Falles steht also das Kosten-Nutzen Framework. Sie strukturieren Ihren Case: »Um mir einen Eindruck von dem Erfolg des Geschäftsmodells machen zu können, schlage ich vor, zunächst die Treiber der Kosten- und Erlösseite zu analysieren. Sofern keine detaillierten Daten vorliegen, werde ich anhand einer Marktgrößenabschätzung die Profitabilität des Geschäftes an den derzeitigen Standorten berechnen. Hiermit würde ich gerne in die Diskussion weiterer interner und externer Einflussfaktoren einsteigen, um schließlich die Attraktivität des Geschäftsmodells für einen Markteintritt in weiteren Städten zu bewerten. Sollte eine Erweiterung grundsätzlich sinnvoll sein, schlage ich auch vor, die wesentlichen Einflussfaktoren eines solchen Markteintritts zu durchleuchten.«

Ihr Interviewer ist vorerst einverstanden und bittet Sie, mit dem ersten Analyseschritt anzufangen. »Für die Kosten-Nutzen-Analyse schaue ich mir die Kosten- und Erlösseite der Gewinngleichung an«, fahren Sie fort. Sie strukturieren die Kostenseite nach fixen und variablen Kosten: »Um das Mietsystem anbieten zu können, muss man eine ausreichende Anzahl an Fahrrädern erwerben sowie in das Call-Center und Kundenmanagement-System investieren. Die wesentlichen variablen Kosten könnten die Call-Center-Mitarbeiter, die Kreditkartenabbuchungen sowie die Wartung der Fahrräder sein. Die Umsatzseite besteht aus einer Mengen- und Preiskomponente, also den Nutzminuten und den erwähnten sieben Cent pro Minute.«

»In fünfzehn Minuten haben wir einen Telefontermin mit dem Manager von Call-a-Bike. Er will wissen, ob sein Geschäft grundsätzlich Potenzial hat und ob die Erweiterung in neue Städte verfolgt werden sollte. Für Sie geht es darum, Ihrem Projektleiter eine grobe Analyse zu präsentieren, damit er einen Beratungsauftrag für die mögliche Erweiterung oder Restrukturierung des Geschäftes gewinnen kann. Detaillierte Daten liegen nicht vor«, erklärt der Berater.

Die Marktgrößenabschätzung

Sie schlagen vor, die Marktgrößenabschätzung an einer Ihnen bekannten Stadt vorzunehmen und unter der vereinfachenden Annahme weitestgehender Homogenität der Städte untereinander das Gesamtergebnis anhand einer Multiplikation mit den Einwohnerzahlen der anderen Städte zu berechnen. Am Beispiel von Köln strukturieren Sie Ihre Abschätzung.

Sie könnten z. B. so vorgehen, dass Sie die Nutzungsminuten pro Jahr über die Anzahl an Kunden, die Anzahl der Anmietungen und die durchschnittliche Nutzungsdauer abschätzen.

Kunden:

- Köln hat eine Million Einwohner
- Als Kunden kommen zehn- bis 60-jährige in Betracht
- Unter der Vereinfachung einer linearen Altersverteilung zwischen 0-100 kommen also etwa 500.000 Einwohner grundsätzlich als Kunden in Frage

Anzahl Anmietungen:

- Die Mietfahrräder stehen nur von Anfang April bis Ende Oktober zur Verfügung, also sieben von zwölf Monaten
- Wir nehmen an, dass zehn Prozent der ermittelten potenziellen Kunden das System schon mal genutzt haben und somit angemeldet sind, also 50.000 Kunden
- Von den 50.000 Kunden nutzen 30 Prozent das System nur einmal im Jahr, 30 Prozent viermal im Jahr, 30 Prozent einmal im Monat und zehn Prozent viermal im Monat
- Dies ergibt 320.000 Anmietungen pro Jahr:
  $50.000 \cdot (30\,\% \cdot 1 + 30\,\% \cdot 4 + 30\,\% \cdot 7 + 10\,\% \cdot 4 \cdot 7)$

Durchschnittliche Nutzungsdauer:

- Als wichtigste Nutzungsgründe ermitteln wir
  - 1. Spazierfahrten von durchschnittlich einer Stunde Dauer (30 Prozent Anteil an allen Fahrten)
  - 2. Berufspendler mit 30 Minuten Fahrtzeit (30 Prozent Anteil) und
  - 3. Kurzmieter von zehn Minuten Dauer (40 Prozent Anteil)
- Dies ergibt eine durchschnittliche Nutzungsdauer von 31 Minuten:
  $30\,\% \cdot 60 + 30\,\% \cdot 30 + 40\,\% \cdot 10$

Multipliziert mit dem Minutenpreis ergibt sich ein jährlicher Umsatz von rund 700.000 Euro (320.000 Anmietungen · 31 Minuten · 0,07 Euro = 694.400 Euro). Pro Einwohner Kölns entsteht also ein rechnerischer Umsatz von etwa 0,70 Euro. Bei 6,5 Mio. Einwohnern in den vier Zielmärkten ergibt sich bei einer linearen Extrapolation ein Gesamtumsatz von 4,5 Mio. Euro.

Weitergehende Übung

Die hier angewandte Systematik zur Marktgrößenabschätzung sollte klar sein. Wenn Sie einen Rechenteil des Cases sauber durchkalkuliert haben, wird Ihr Interviewer Sie nicht auffordern, auch weitere Teile im Detail zu rechnen. Ermitteln Sie zur Übung für die weitere Case-Lösung die Werte anhand einer eigenen Abschätzung:

- Wie viele Fahrräder benötigt man für Köln?
- Was sind die Treiber der variablen Kosten einer Anmietung und wie hoch sind sie?

Den Umsätzen stehen angenommene variable Anmietkosten von 0,50 Euro pro Anmietung für Call-Center, Kreditkartenbuchung und Wartung der Räder gegenüber. Für die vier Städte bedeutet dies rund eine Mio. Euro Kosten (320.000 Anmietungen für die eine Mio. Einwohner Köln mal 6,5 für alle Städte mal 0,50 Euro Kosten pro Anmietung). Dazu kommt der Kauf der Räder (aus einer Pressemitteilung erfahren Sie, dass 5.000 Räder für die vier Städte gekauft wurden). Wir nehmen an, dass der Kauf eines Rades 400 Euro kostet und die relevanten Zinsen zehn Prozent betragen. Dies ergibt (vereinfacht) Kapitalkosten pro Jahr von 200.000 Euro (5.000 · 400 · 10 %). Der Interviewer gibt Ihnen noch zwei weitere Kostenblöcke bekannt: Es sind einmalige Investitionen von 1.000.000 Euro in Infrastruktur angefallen (entspricht 100.000 Euro Kapitalkosten pro Jahr) und jährliche Kosten von 500.000 Euro für Overhead, Marketing und Administration.

Insgesamt ergibt sich also folgende Gewinngleichung: 4,5 Mio. Euro Umsatz minus eine Mio. Euro variable Kosten minus 200.000 Euro Kapitalkosten für die Räder minus 100.000 Euro Kapitalkosten für die Infrastruktur minus 500.000 Euro für administrative Kosten. Das Ergebnis ist ein Gewinn von 2,7 Mio. Euro pro Jahr.

Bewertung der Ergebnisse

»Nehmen wir dieses Ergebnis erstmal als gegeben an. In einer Minute ist das Telefonat mit dem Kunden. Welche Punkte müssen wir in Betracht ziehen, um die Erweiterung des Geschäftes in andere Städte zu beurteilen? Was ist ihre Hypothese zum Erfolg einer Erweiterung?«, fährt der Interviewer fort.

Falls in Ihrem Interview noch ausreichend Zeit ist, könnten Sie nun natürlich anhand des 5-Forces-Frameworks zusammen mit einer Analyse der Kostenstruktur des Geschäftes den Case zu Ende bearbeiten. Häufig fällt das Fazit nach einem ausführlichen Rechenteil jedoch recht knapp aus. Wir empfehlen Ihnen dennoch, auch wenn die restliche Zeit im Interview langsam knapp wird, mit einigen Worten Ihr ganzheitliches Verständnis und Ihre wirtschaftliche Intuition zu verdeutlichen und zu einer klaren Empfehlung und kritischen Auseinandersetzung mit Ihren Ergebnissen zu kommen.

In diesem Fall könnten Sie z. B. grob die Vor- und Nachteile einer Erweiterung aufzählen und zu einem Fazit kommen. Ergänzen Sie die folgende Liste:

Vorteile	Nachteile
Skaleneffekte durch Verteilung der Fixkosten auf mehrere Städte	Andere Einstellung zum Fahrrad in anderen Städten
Bessere Auslastung von Ressourcen zur Reduzierung des variablen Kostenanteils	Kritische Größe: Bevölkerungszahl anderer Städte zu gering
Durchsetzung höherer Preise	Ggf. weitere Investitionen in Infrastruktur notwendig
Bundesweiter Werbeeffekt als umweltfreundlicher Mobilitätsdienstleister	Erweiterung des Kundenstammes bei bestehenden Städten wichtiger
...	...

Ihr Fazit könnte sein, die Erweiterung nur in den nächst größeren Städten fortzuführen und dann eher über Marketingmaßnahmen den Kundenstamm innerhalb der Städte auszuweiten. Abschließend können Sie noch andere Ideen zur Erweiterung des Geschäftes aufzeigen (z. B. anhand der Ansoff-Matrix) und einen kurzen Plausibilitätscheck Ihrer Ergebnisse durchführen. So erscheinen 60 Prozent Umsatzrendite (2,7 Mio. Euro Gewinn bei 4,5 Mio. Euro Umsatz) sehr hoch. Haben Sie die Erlösseite überschätzt (z. B. Anteil an Kunden an der Bevölkerung) oder die Kostenseite unterschätzt (Diebstahl der Räder, Pflegeaufwand)?

Anschlussfragen zur Übung

- Angenommen, die mit Subventionen für den öffentlichen Nahverkehr ausgestatteten Stadtwerke der jeweiligen Städte würden ein günstigeres Konkurrenzangebot auf den Markt bringen: Was ist Ihr Vorschlag zur Reaktion auf dieses geänderte Marktumfeld?
- Die Bahn hat das Modell inzwischen erweitert und bietet in 50 Bahnhöfen im gesamten Bundesgebiet dieses System mit fixen Anmietstationen. Inwiefern hat dies einen Einfluss auf Ihre Berechnungen?

10. Verkaufspreise eines Parfumherstellers

Sie arbeiten für einen großen Konzern im Kosmetikbereich. Dieser Klient möchte seine Profitabilität in der Produktlinie Parfum erhöhen. Im Bereich mittelpreisiger Parfums ist der Klient Marktführer und überlegt nun, wie er seinen Gewinn steigern kann. Soll er die Verkaufspreise anheben oder senken?

»Verkaufspreise anheben oder senken? Das muss ein Pricing Case sein!« denken Sie. Nicht ganz falsch gedacht, doch machen Sie es sich nicht zu einfach. Wenn ein Interviewer Ihnen solch eine Frage stellt, möchte er testen, wie Sie Ihre Überlegungen angehen. Fixieren Sie sich direkt auf einen offensichtlichen Aspekt oder fächern Sie Ihre Überlegungen breit und können auch andere mögliche Aspekte einbeziehen? Sie können zum Beispiel so starten: »Das Unternehmen möchte seine Profitabilität steigern. Da der Gewinn sich aus dem Umsatz minus Kosten berechnet, ist eine Profitabilitätssteigerung nicht allein über die Erlösseite möglich, sondern auch über die Kostenseite. Ist schon darüber nachgedacht worden, die Kostenstruktur zu analysieren und gegebenenfalls eine Kostensenkung zu erreichen?« Sie zeigen hiermit, dass Sie strukturiert vorgehen. Fassen Sie die Kernfrage zusammen und greifen Sie einen ersten Analyseansatz heraus. Mit seiner folgenden Reaktion wird der Interviewer Ihnen Hilfestellung geben, in welche Richtung Sie weiterdenken sollen.

Ihr Ansatz in Richtung Kostensenkung wird anerkannt, jedoch erhalten Sie folgende Antwort: »Sowohl der Kunde als auch wir haben uns bereits mit der Kostenstruktur auseinandergesetzt und mussten feststellen, dass die Parfumproduktion, verglichen mit der der Konkurrenten, sehr effizient ist. Auf der Kostenseite haben wir kaum Möglichkeiten, eine Gewinnerhöhung zu erreichen.«

Sie können Ihre Überlegungen auf die Erlösseite konzentrieren. Sie wissen, dass sich der Umsatz aus dem Produkt von Preis und Menge ergibt, und sehen, dass sich auch hier wieder zwei Aspekte ergeben, die zu betrachten sind. Sie fragen den Interviewer: »Hat der Klient bereits versucht, die Absatzmenge zu erhöhen, ohne den Preis zu ändern? Durch mehr Promotion, mehr Regalfläche oder durch neue Vertriebswege könnten größere Mengen angeboten und verkauft werden.« Auch hier erkennen Sie an der Antwort des Interviewers, in welche Richtung sich Ihre Analyse bewegen soll. Sie erhalten die Antwort, dass der Klient glaubt, die Nachfrage in allen Verkaufskanälen gesättigt zu haben. Auch mehr Promotion kann Endkunden und Händlern keinen neuen Anreiz bieten. Die Absatzmenge wird sich ohne Preissenkung nicht erhöhen lassen. Nun können Sie sich auf das Thema Pricing konzentrieren: »Gut, somit ist klar, dass der Gewinn nur über eine Preisänderung erreicht werden kann. Nun ist der Preis zu finden, bei dem der Gewinn des Unternehmens am höchsten ist.«

Tipp

Durch eine kurze Zusammenfassung können Sie sichergehen, dass Sie den Interviewer richtig verstanden haben, Ihre Gedanken strukturieren — und dabei ein wenig Zeit gewinnen.

Framework aufstellen

»Wir nehmen für dieses Parfum eine normale Preis-Absatz-Funktion an. Also ergibt sich bei einem niedrigeren Preis eine höhere Nachfrage.« Wann immer möglich, verwenden Sie grafische Darstellungen, um den Sachverhalt anschaulich zu präsentieren. Hier bietet sich die Visualisierung geradezu an. Sie skizzieren also die Nachfragekurve nach Parfum und erläutern den Preis-Absatzmechanismus anhand eines Zahlenbeispiels.

»Nehmen wir an, dass wir bei einem Ausgangspreis von 15 Euro etwa 3.000 Parfums absetzen könnten und sich die Nachfrage bei einer Preissenkung auf zehn Euro auf 5.000 Parfums erhöhen würde. Dann könnte der Umsatz von 45.000 Euro (15 Euro · 3.000) auf 50.000 Euro (10 Euro · 5.000) gesteigert werden.« An dieser Stelle unterbricht Sie der Interviewer: »Aber wir wollen doch den Gewinn steigern und nicht den Umsatz!«

Sie nutzen diesen Einwand, um schnell mit Ihren Überlegungen fortzufahren: »Richtig. Das Grundkonzept bleibt bei einer Gewinnmaximierung das Gleiche, allerdings müssen wir, wegen des Zusammenhangs Gewinn = Umsatz - Kosten, auch die Kosten mitberücksichtigen. Hierbei ist wichtig, die marginalen (variablen) Kosten sowie den marginalen Umsatz anzusetzen. Für die Gewinnmaximierung ist nur entscheidend, ob bei einem zusätzlich verkauften Parfum die zusätzlich entstehenden Kosten geringer sind als die zusätzlichen Erlöse. Im Gewinnmaximum sind beide gleich groß, es gilt dass Grenzerlös gleich Grenzkosten sind. Ich möchte dies kurz skizzieren.«

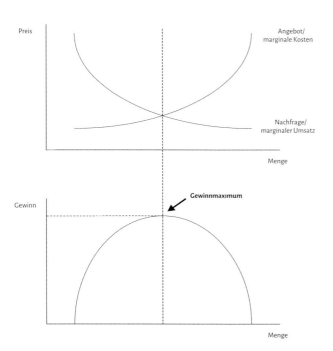

»Das Gewinnmaximum ist am Scheitelpunkt der Parabel erreicht. Bei allen Mengen links von diesem Scheitelpunkt könnte man den Gewinn mit jeder zusätzlich verkauften Einheit noch erhöhen. Bei den Mengen rechts vom Scheitelpunkt wird, trotz höheren Umsatzes, weniger Gewinn gemacht. Um den Scheitelpunkt zu bestimmen, muss man seine marginalen (variablen) Kosten für die verschiedenen Mengen bestimmen. Das ist bei einer gut funktionierenden Kostenrechnung kein Problem. Da wir es wahrscheinlich mit einer Produktion mit fixen Kapazitäten zu tun haben, werden die Produktionskosten bei Erreichen der Kapazitätsgrenze zunehmen.

Schwieriger ist die Bestimmung der Erlösseite. Sie hängt im Wesentlichen vom Verhalten der Kunden ab und davon wie viel Parfum gekauft wird, was nicht exakt vorherzusagen ist. Zwar steigt die Nachfrage bei sinkenden Preisen, doch der exakte Zusammenhang zwischen Preis und Nachfrage (Preiselastizität der Nachfrage) ist entscheidend für die Möglichkeit, eine Gewinnmaximierung über den Preis zu erzielen und den Preis überhaupt zu erhöhen.« Gut: Der Kandidat hat die wichtigsten Aspekte der mikroökonomischen Analyse diskutiert, ohne zu tief ins Detail zu gehen. Es ist ihm eine einfache und anschauliche Analyse gelungen. Dies ist besonders für das Kundengespräch eine wichtige Fähigkeit.

Ruhen Sie sich nicht auf Ihren Lorbeeren aus, wenn Ihnen eine solche Analyse gelungen ist. Sie ist immer noch sehr theoretisch. Es sollte Sie nicht verwundern, wenn der Interviewer Sie nach der Situation auf dem tatsächlichen Markt fragt: »Für eine Lehrbuchanalyse war das gut. Doch sagen Sie mir, was in der realen Welt passieren kann, wenn Sie basierend auf Ihrer Analyse die Preise stark anheben?«

An dieser Stelle wird von Ihnen gefordert, weitere Einflussfaktoren zu nennen, sowie mögliche Szenarien zu bedenken. Sie können z. B. antworten: »Wir nehmen an, dass wir eine vorsichtige und genaue Analyse gemacht haben und der Gewinn bei einer Preiserhöhung in bestimmten Grenzen ansteigt. Was bisher nicht berücksichtigt ist, sind die Reaktionen von anderen Marktteilnehmern und auch von marktfremden Firmen. Wenn der Klient wirklich der dominante Spieler in diesem Markt ist, kann er sicher die Preise bis zu einer gewissen Grenze erhöhen. Es ist wahrscheinlich, dass die Wettbewerber auf diese Preiserhöhung reagieren werden. Entweder folgen sie der Erhöhung oder sie versuchen, über den Preis zu konkurrieren, um dem Klienten Marktanteile zu nehmen. Gleichzeitig kann man davon ausgehen, dass sich bei hohen Gewinnen unseres Klienten das Interesse anderer Firmen erhöht, in den Markt einzutreten und der Wettbewerb intensiver wird. Der Erfolg einer solchen Preiserhöhung hängt zu einem großen Teil von der Dominanz und Marktmacht des Klienten ab.«

An dieser Stelle wendet sich der Interviewer dem nächsten Case zu. Erschrecken Sie nicht, wenn Sie den ersten Fall noch nicht abschließend

gelöst haben. Wenn der Interviewer sieht, dass Sie auf dem richtigen
Weg sind, kann es passieren, dass er den Fall abbricht. Dies ist also kein
schlechtes Zeichen.

11. Händewaschen im Restaurant

**Ein Restaurantbesitzer möchte eine neue Gastronomie eröffnen und
muss unter anderem entscheiden, welche Möglichkeiten er zum
Händetrocknen in seinen Toiletten anbringen soll. Er hat drei Optionen:
Trocknen mit Heißluft, Trocknen mit Papiertüchern und Trocknen mit
Stoffrollen. Was sollte er in seinem Entscheidungsprozess beachten?**

Hierbei handelt es sich um einen einfachen Logik-Case. Kein komplexes
BWL-Framework wird Ihnen hier weiterhelfen – und die aufgesetzte
Anwendung eines Frameworks würde nur schaden. Bei einer solchen
Frage will der Interviewer sehen, wie Sie logisch und strukturiert an die
Lösung einer abstrakten Fragestellung herangehen.

Die erste Frage ist, welche Faktoren im Entscheidungsprozess
überhaupt berücksichtigt werden sollten. Zeigen Sie, dass Sie dieses
diffuse Problem des »Kunden« gut strukturieren können. Sie könnten z. B.
folgende Entscheidungsrelevanten Faktoren entlang einer Kosten-Nutzen-
Betrachtung aufstellen:

Kosten
- Fixkosten
- variable Kosten pro Toilettenbesuch
- ...

Nutzen
- Qualitätsanmutung für die Gäste
- Wartungsaufwand (z. B. für regelmäßiges Nachfüllen)
- Umweltschutz
- ...

Kostenseite untersuchen
Um eine Entscheidung treffen zu können, betrachten Sie das Problem
zunächst bezüglich der Kosten. Diese sind abhängig von der Anzahl der
Toilettenbesucher. Wir gehen davon aus, dass jeder Gast die Toiletten
während seines Besuchs einmal aufsucht. Die Anzahl der Gäste ist von
verschiedenen Faktoren abhängig:
- Wie groß ist das Restaurant? Wie viele Tische sind vorhanden?
- Wie sind die Öffnungszeiten? Nur abends? Ganztägig? Gibt es
  Ruhetage?
- Wie ist das Lokal gelegen? Kann mit einer hohen Auslastung gerechnet
  werden?

Nun müssen Sie wissen, wie die Kosten für die verschiedenen Alternativen der Händetrockner aussehen. Sie fragen den Interviewer, ob der Restaurantbesitzer schon Angebote von verschiedenen Lieferanten eingeholt hat und erhalten folgende Informationen:

Handlufttrockner

- Anschaffungskosten: 500 Euro pro Stück (man braucht mindestens zwei – je einen für die Damen- und die Herrentoilette)
- Monatliche Servicekosten: 100 Euro
- Vom Lieferant geschätzte Lebensdauer eines Trockners: vier Jahre

Zum Zwecke der Vereinfachung werden laufende Energiekosten vernachlässigt.

Papiertücher

- Kosten pro Papiertuch: 5 Cent
- Kostenlose Halterung bei Abschluss eines Jahresvertrages
- Anzahl der verbrauchten Tücher hängt direkt von der Anzahl der Gäste ab
- Ein Gast verbraucht im Durchschnitt ein Papiertuch

Stoffrollen

- Kosten pro Stoffrolle: 5 Euro (Man braucht mindestens zwei – je eine für Damen- und Herrentoilette)
- Kostenlose Halterung bei Abschluss eines Jahresvertrages. Rollen werden täglich gewechselt, wenn das Restaurant mehr als 2.000 Gäste pro Monat hat, bei weniger als 2.000 Gästen werden sie jeden zweiten Tag gewechselt.

Mit Hilfe der »Break-Even-Analyse« kann man die Möglichkeiten durchrechnen und anschließend bewerten.

Handlufttrockner

Ein Handlufttrockner kostet 100 Euro pro Monat, hinzu kommt ein über die Lebenszeit abzuschreibender Teilbetrag des Anschaffungspreises von 1.000 Euro (das ergibt 1.000 / (4 x 12) pro Monat = 20,83 Euro). Gerundet ergibt das Gesamtkosten von 120 Euro pro Monat, die unabhängig von der Anzahl der Restaurant-Gäste sind.

Papiertücher

Hier sind die Kosten proportional zu der Anzahl der Restaurant-Gäste und daher bis zu einer bestimmten Anzahl an Gästen kostengünstiger als die Handlufttrockner-Option. Die Kosten der Handtücher müssten 120 Euro pro Monat übersteigen, dies ist der Fall, wenn mehr als 120/0,05 = 2.400 Gäste das Restaurant im Monat besuchen.

Wird dieser Break-Even von der Option mit den Tuchrollen beeinflusst? Bei weniger als 2.000 Gästen pro Monat entstehen Kosten von 10 Euro jeden zweiten Tag oder 10 x 15 = 150 Euro pro Monat. Da dies teurer ist als die vorher berechneten 120 Euro bei 2.400 Gästen der beiden anderen Optionen, scheiden die Tuchrollen bei einer rein kostenmäßigen Betrachtung aus der Analyse aus. Die kostenrelevante Entscheidung wird zwischen den Optionen Handlufttrockner und Papierhandtücher getroffen. Erwarten Sie mehr als 2.400 Gäste pro Monat oder 2.400/30 = 80 Gäste pro Tag, dann sind Sie mit den Handtrocknern (120 Euro) am günstigsten. Bei weniger als 2.400 Gästen pro Monat sind die Papierhandtücher die kostengünstigere Option.

Weitere Faktoren beachten

Abgesehen von dieser Kostenbetrachtung können Sie weitere betriebswirtschaftliche Punkte erfragen, die einen Einfluss auf die Wirtschaftlichkeit der Optionen haben könnten:

- Entstehen zusätzliche Personalkosten bei den einzelnen Optionen? In welcher Höhe?
  - ▸ Häufigkeit des Wechselns der Tücher / Rollen / ...
- Wie viele Lieferanten gibt es für jede Option? Gibt es nur einen Lieferanten, wäre er in der Lage die Preise in Zukunft anzuziehen?
  - ▸ Abhängigkeit

Die Faktoren auf der Nutzenseite sind »weicher« und hängen stark von den Rahmenbedingungen ab. Um welche Art von Restaurant handelt es sich? Spitzenküche, gediegene Qualitätsküche oder ein Studentenrestaurant? Handelt es sich um ersteres, so sollte man nicht nur die Kosten betrachten, sondern beachten, dass es auch um eine Frage des Images und Stils geht. Recycling-Papiertücher wären dann nicht zu bevorzugen, sondern qualitativ hochwertige Stofftücher, wenn nicht sogar kleine Frottee-Gästehandtücher. Verlieren Sie aber nicht zu viel Zeit bei der Diskussion dieser »weichen« Faktoren. Abschließend sollten Sie Ihre Lösung noch unter Berücksichtigung aller Faktoren zusammenfassen.

Insider-Tipp

Es ist wichtig zu zeigen, dass man in Zusammenhängen und kreativ denken kann. Ihr Case Interviewer wird sich jedoch besonders darauf konzentrieren, Ihre analytischen Fähigkeiten zu überprüfen.

12. Boys & Girls-Windeln

Unser Klient, ein großer Konsumgüterproduzent, brachte vor einigen Jahren Boys & Girls-Windeln auf den Markt. Marktforschungsergebnisse zeigten, dass die Konsumenten, vornehmlich Mütter, sehr angetan waren vom neuen Produkt. Dennoch wurden die Boys & Girls-Windeln zugunsten von Unisex-Windeln wieder eingestellt. Wie erklären Sie sich das?

Um strukturiert zu analysieren, wo die Ursache dieses Problems liegt, eignet sich das Konzept der Value Chain nach Porter. Die Value-Chain-Analyse untersucht die Prozesse entlang der Wertschöpfungskette. Sie analysieren die Prozesse Beschaffung, Produktion, Marketing und Vertrieb, Distribution und Service. Erläutern Sie dem Interviewer Ihren Gedankengang: »Um herauszufinden, warum die Boys & Girls-Windeln vom Markt genommen wurden, möchte ich eine Analyse der Wertschöpfungskette durchführen. Ich möchte die Boys & Girls-Windeln mit herkömmlichen Windeln vergleichen, um den Problemfaktor zu finden.«

Strukturierung der Fragen entlang des Frameworks

Natürlich fehlt Ihnen eine Vielzahl an Informationen. Erschrecken Sie nicht, es wird nicht von Ihnen verlangt, mit detailliertem Wissen über die verschiedensten Märkte, Produkte und Unternehmen ins Gespräch zu gehen. Von Ihnen wird das Wissen gefordert, zu erkennen, an welchen Stellen Ihnen Informationen fehlen, sodass Sie gezielt danach fragen können. Sie überlegen einen Moment und fragen sich, ob für Boys & Girls-Windeln anderes Material beschafft werden muss als für Unisex-Windeln. Sie fragen den Interviewer: »Liege ich richtig in der Annahme, dass für Boys & Girls-Windeln dieselben Rohstoffe wie für Unisex-Windeln beschafft werden müssen? Im Beschaffungsprozess gibt es keine Unterschiede, richtig?« »Richtig, der Beschaffungsprozess ist derselbe. Der Produktionsprozess ist verändert worden, um die Differenzierung der Windeln zu ermöglichen. Doch es sind keine nennenswert höheren Kosten angefallen, sodass wir auch diesen Bereich ausklammern können. Auf welchen Bereich würden Sie Ihre Betrachtung fokussieren?«

Ihnen bleiben die Bereiche Marketing und Vertrieb, Distribution und Service. Da der Interviewer bereits in der Eingangsfrage erwähnt hat, dass die neuen Produkte von den Kunden akzeptiert worden sind, kann es sich nicht um ein Marketing-Problem handeln. Auch den Service schließen Sie aus, da Windeln ein Produkt sind, bei dem weder Garantien noch ein aufwändiges After-Sales-Marketing notwendig sind, im Gegensatz zu teuren Gütern wie Autos.

Durch gezieltes Nachfragen und sinnvolle Überlegungen ersparen Sie sich eine ausschweifende Analyse und vermeiden, sich zu verzetteln. Sie können sich auf den Bereich Distribution konzentrieren.

Vorsichtig tasten Sie sich weiter voran: »Logistische Probleme wird es auch nicht gegeben haben. Die Differenzierung in Windeln für Jungs und Mädchen führt nicht zu einer veränderten Packungsgröße, lediglich der Inhalt ändert sich, oder?« »Packungsgröße, das ist das Stichwort!«, unterbricht Sie der Interviewer. Windeln sind sehr sperrige Produkte und nehmen viel Platz weg im Geschäft. Regalfläche in den Verbrauchermärkten ist knapp und somit teuer. Der Hersteller wird also, obwohl er nun zwei verschiedene Produkte anbietet, nicht automatisch die doppelte Regalfläche zur Verfügung haben. Es ist realistisch, dass er die bereits vorhandene Fläche nach Boys and Girls-Windeln aufteilt, was bedeutet, dass von einer Produktart nur halb so viel Ware im Handel vorhanden sein kann.

Zusammenfassung der Lösung

Sie präsentieren Ihre Lösung: »Das Problem ist die knappe und teure Regalfläche im Handel. Gehen wir davon aus, dass der Hersteller aus Kostengründen keine doppelte Regalfläche zur Verfügung hat, so haben wir, verglichen mit Unisex-Windeln, jeweils nur halb so viel Ware je Produktart im Verkauf. Das Regal ist somit schneller leer. Wenn der Konsument Girls-Windeln kaufen möchte, diese aber ausverkauft sind, wird er nicht Boys-Windeln kaufen, sondern zu einem Unisex-Konkurrenzprodukt greifen. Dadurch lässt sich der Umsatzrückgang und die daraus folgende Einstellung des Produktes erklären.«

»Das ist ein sehr gutes Ergebnis und ist auch der tatsächliche Grund für die Einstellung der Boys und Girls-Windeln. Doch lassen Sie mich eine weitere Frage stellen: Wie groß schätzen Sie das Marktvolumen für Babywindeln in Deutschland?« Hier geht es um eine Marktgrößenschätzung innerhalb eines Business Cases. Dies ist nicht selten, seien Sie flexibel und schalten schnell auf diese neue Fragestellung um!

Rechenteil

Um das Marktvolumen zu berechnen, müssen Sie die Anzahl der jährlich in Deutschland verwendeten Windeln mit dem durchschnittlichen Preis einer Windel multiplizieren. Beide Faktoren müssen geschätzt werden (verwenden Sie den vorgestellten Logikbaum zur Marktgrößenschätzung): »Als erstes möchte ich die Anzahl der jährlich verwendeten Windeln ableiten. Dazu treffe ich folgende Annahmen: Ein Baby benötigt in den ersten Monaten sechs Windeln am Tag. Später vier oder fünf. Ich gehe von durchschnittlich fünf aus. Ich muss wissen, wie lange ein Kleinkind Windeln trägt. Als durchschnittliches Alter, in dem ein Kind »trocken« wird, nehme ich 2,5 Jahre an. Dann gilt es zu schätzen, wie viele Babys und Kleinkinder zwischen 0 und 2,5 Jahren in Deutschland leben. Wir nehmen einen Anteil von 2,5 Prozent an der Gesamtbevölkerung (bei einer vereinfachten Gleichverteilung der Bevölkerung zwischen 0 und 100 Jahren) und erhalten eine Größe von zwei Mio. (80 Mio. Einwohner · 0,025). Da der Anteil an Personen in Deutschland, die Stoffwindeln verwenden, sehr gering ist, nehmen wir weiterhin an, dass alle Babys mit Einwegwindeln gewickelt werden. Die Anzahl der jährlich verwendeten Windeln in Deutschland beträgt somit 3,5 Mrd. Windeln (fünf Windeln pro Tag · 350 Tage im Jahr · zwei Mio. Windelträger).«

Insider-Tipp

Um das Rechnen zu vereinfachen, ist es legitim, mit runden Zahlen zu arbeiten. Machen Sie es sich nicht unnötig schwer, immerhin treffen SIE die Annahmen. Aber versuchen Sie auch nicht durch besonders komfortable Werte den Rechenteil komplett zu umgehen!

Große Zahlen

III. Beispiel-Cases

Achtung: Oft lässt man sich von den großen Zahlen durcheinander bringen und vertauscht Kommapositionen. Seien Sie aufmerksam! Das Wiederholen von schriftlichem Rechnen vor dem Gespräch kann nicht schaden. Viele Bewerber haben die Erfahrung gemacht, dass sie tatsächlich eine komplexe Rechnung schnell »per Hand« ausrechnen mussten.

Nun fehlt noch der durchschnittliche Preis einer Windel. Dieser ist nicht so einfach zu ermitteln, denn Sie müssen Preisunterschiede zwischen Einzel- und Großhandel berücksichtigen, die verschiedenen Windelarten etc. Und vermutlich haben Sie noch keine Kinder und haben sich nie Gedanken gemacht über den Preis von Windeln. Sichern Sie sich ruhig beim Interviewer ab. Erläutern Sie, welche Faktoren Sie berücksichtigen müssen, um den Preis zu schätzen. Schließlich schätzen Sie 0,30 Euro als durchschnittlichen Preis. An der Reaktion des Interviewers werden Sie merken, wenn Sie sich völlig verschätzt haben. Der Marktwert errechnet sich nun wie folgt: 0,30 Euro pro Windel · 3,5 Mrd. Windeln = 1,05 Mrd. Euro pro Jahr.

Der Interviewer ist zufrieden mit Ihrem Ergebnis. Und stellt Ihnen eine zusätzliche Frage: »Was glauben Sie, wie wird sich der Windelmarkt in Deutschland entwickeln? Und wie kann die Industrie auf diese Entwicklung reagieren?« Überlegen Sie sich, welche Faktoren den Windelmarkt in Deutschland beeinflussen könnten. Mögliche Ansätze sind:

- Wertewandel und verstärktes Ökobewusstsein: Werden vermehrt Stoffwindeln verwendet?
- Weitere Markteinflüsse, wenn vorhanden: rechtliche Regelungen, Rohstoffknappheit, Produktinnovationen (Windeln, die seltener gewechselt werden müssen)
- Demographischer Übergang: die abnehmende Geburtenrate

»Da wir rückläufige Geburtenraten haben, wird sich der Windelmarkt analog auch rückläufig entwickeln. Man könnte anhand von Marktforschungsergebnissen versuchen abzulesen, ob es eine Rückbesinnung hin zu Stoffwindeln gibt. Dies könnte Einfluss haben auf die Entwicklung des Windelmarktes. Den rückläufigen Geburten steht eine Veralterung der Gesellschaft gegenüber. Inkontinenzprodukte für ältere Menschen sind produktionstechnisch betrachtet ein sehr verwandtes Produkt von Babywindeln. Ein Windelhersteller könnte überlegen, ob die Erweiterung des Produktsortiments in Richtung Inkontinenzprodukte Sinn macht.«

Wie Sie sehen, haben Sie einen Zusammenhang durchleuchtet in einem Markt, der Ihnen bislang vermutlich unbekannt war. Die Fähigkeit, sich schnell in unbekannte Probleme einzuarbeiten, diese mit analytischem Geschick zu lösen und dann noch verständlich zu kommunizieren, macht einen erfolgreichen Unternehmensberater aus.

13. Kfz-Versicherungen

Einer unserer Klienten bietet Kfz-Versicherungen an. Wir wurden gebeten, mit ihm zwei seiner Marktsegmente zu untersuchen. Hier haben wir die relevanten Datenreihen für das Segment der 18- bis 25-Jährigen sowie für das Segment der Senioren vorliegen.

Mit diesen Worten eröffnet der Interviewer einen neuen Case. In Ihrem Kopf sehen Sie Vergleichskriterien und viele Zahlen. Doch statt Ihnen die erwartete Frage zu stellen, überrascht der Interviewer Sie mit einer viel grundsätzlicheren Frage: »Wieso nimmt eine Privatperson eine Versicherung auf?«

Seien Sie auf solche allgemeinen Fragen vorbereitet. Angenommen, Sie bewerben sich bei einer Unternehmensberatung, die einen Schwerpunkt im Bereich Financial Services gesetzt hat, dann sollten Sie über grundsätzliche Zusammenhänge in diesem Bereich nicht lange nachdenken müssen. Bei der hier gestellten Versicherungsfrage könnten Sie zum Beispiel antworten: »Allgemein bieten Versicherungen eine Absicherung von plötzlichen, hohen Zahlungen durch eine Transformation in regelmäßige, kleine Zahlungsströme und eine Verteilung des individuellen Schadensrisikos auf eine große Zahl an Versicherungsnehmern.«

Nun stellt Ihnen der Interviewer die eingangs erwarteten Fragen: »Auf welches Marktsegment sollte sich die Versicherung konzentrieren? Was sind die wichtigsten Faktoren bei der Betrachtung der Marktsegmente?«

Die Analyse

Was ist zu tun? Sie sollten dem Interviewer Ihren Vorgehensplan geben: »Ich werde nun die Profitabilität der beiden Segmente miteinander vergleichen.« Sie analysieren die zur Verfügung gestellten Datentabellen und starten mit der Betrachtung des Segments der 18- bis 25-jährigen. Vielleicht fehlen relevante Informationen für Ihre Analyse. Zweifeln Sie nicht an sich selbst, sondern fragen Sie den Interviewer gezielt nach fehlenden Angaben. Das Vorenthalten von Informationen dient oft als Test, ob Sie die Unvollständigkeit der Informationen erkennen.

Nach Betrachtung der vorliegenden Daten sowie gezieltem Nachfragen können Sie folgende Zahlen für das Segment der 18- bis 25-jährigen festhalten:
- Die Prämie beträgt 525 Euro jährlich
- Der durchschnittliche Versicherte in diesem Segment hat alle 20 Jahre einen Schadensfall
- Die Durchschnittliche Schadenssumme beträgt 8.400 Euro
- Pro Versicherungsnehmer fallen jährliche Kosten für Verwaltung i. H. v. 30 Euro an

Insider-Tipp

Wenn Ihnen Daten in Papierform vorgelegt werden, sind diese oft mit zu vielen Details überfrachtet. Hier ist es entscheidend, das Wichtigste schnell herauszufiltern und Prioritäten zu setzen. Beschränken Sie sich auf die Fakten, die für die gestellte Aufgabe unmittelbar relevant sind.

III. Beispiel-Cases

Laut denken

Vergessen Sie nie, dass der Interviewer als Ergebnis nicht nur Zahlen hören möchte. Der Lösungsweg ist wichtiger. Lassen Sie den Interviewer die einzelnen Schritte Ihrer Überlegungen nachvollziehen, indem Sie »laut denken«.

Sie errechnen eine durchschnittliche Schadenssumme pro Versicherungsnehmer und Jahr in Höhe von 420 Euro (vereinfacht 8.400 geteilt durch 20, wenn man annimmt, dass 5 Prozent der Versicherten einen Schadensfall in einem betrachteten Jahr haben). Somit kommen Sie auf einen Deckungsbeitrag von 105 Euro pro Versichertem und Jahr.

Der Interviewer scheint zufrieden mit Ihrem Vorgehen. Er verändert die Bedingungen und stellt Ihnen eine weitere Frage: »Nun werden bei Versicherungen die Prämien jeweils zu Beginn des Jahres gezahlt. Die Schäden werden erst nach durchschnittlich sechs Monaten reguliert. Das haben Sie noch nicht beachtet. Wie verändert sich dadurch der Deckungsbeitrag?«

Dies zeigt wieder, wie wichtig es ist, dass Sie auch ohne Taschenrechner zurechtkommen und sicheren Umgang mit Zahlen beweisen. Sie nehmen an, dass ein Unfall sich bei einer Gleichverteilung der Unfallwahrscheinlichkeit über das Jahr genau in der Mitte des Jahres, also nach sechs Monaten, ereignet. Da die Auszahlung weitere sechs Monate später stattfindet, kann die am Jahresanfang gezahlte Prämie das ganze Jahr über Gewinn bringend angelegt werden. Wir nehmen einen Marktzins von fünf Prozent p. a. an. Zu errechnen ist der Wert der Prämie am Ende des Jahres: 525 Euro, verzinst mit fünf Prozent p. a. = 551,25 Euro. Dies ist der rechnerisch exakte Betrag; durch Anlage der Prämie erhalten Sie Zinsen in Höhe von 26,25 Euro. Zur Vereinfachung (und da Sie im Kopf rechnen) kommen Sie auf ein Ergebnis von 25 Euro. Benutzen Sie in Ihren Annahmen und Rechnungen möglichst glatte Zahlen, um in der Hektik nicht mit den Kommastellen durcheinander zu kommen. Sie rechnen mit einer Prämie von 550 Euro weiter. Abzüglich der durchschnittlichen Schadenskosten ergibt sich am Jahresende ein Deckungsbeitrag von 130 Euro. Abzüglich der Verwaltungskosten, die wir vereinfachend auch auf das Jahresende beziehen, ergibt sich ein Deckungsbeitrag von 100 Euro.

Im nächsten Schritt betrachten Sie das Seniorensegment. Der Interviewer gibt Ihnen gleich das Ergebnis: »Der vergleichbare Deckungsbeitrag bei den Senioren beträgt 42 Euro. Auf welches Marktsegment soll unser Klient sich fokussieren?«

Die Lösung ist nicht so einfach, wie sie auf den ersten Blick erscheint. Sie zeigen dem Interviewer wieder Ihren Gedankengang: »Neben den unterschiedlichen Deckungsbeiträgen, gibt es noch weitere Faktoren, die die Profitabilität der Segmente beeinflussen. Die entscheidende Frage ist, wie lange die Personen des jeweiligen Segments bei unserem Klient versichert bleiben und was die Akquisitionskosten sind.«

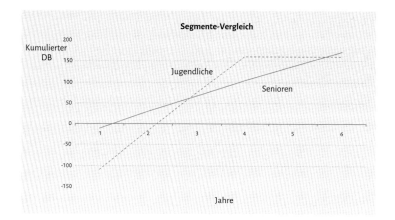

Mit einem Blick in das vorliegende Datenmaterial erhalten Sie folgende Information: Die Jugendlichen bleiben durchschnittlich vier Jahre bei derselben Versicherung und kosten 200 Euro um als Neukunden gewonnen zu werden. Die Senioren bleiben sechs Jahre treu und verursachen lediglich 50 Euro Akquisitionskosten.

Anhand der vorhandenen Daten kann errechnet werden (und grafisch gezeigt werden), dass sich die Zahlenreihen in Form von auf das erste Jahresende abgezinsten kumulierten Deckungsbeiträgen nach etwa sechs Jahren schneiden. (Erläuterung: Zinsen Sie die Akquisitionskosten auf das Jahresende des ersten Jahres auf und saldieren Sie mit dem Deckungsbeitrag. Nun addieren Sie Jahr für Jahr die auf das erste Jahr abgezinsten Deckungsbeiträge. Nach vier, bzw. sechs Jahren ist das Maximum erreicht.)

Zusammenfassung

Die Senioren stellen, trotz des zunächst niedrigeren Deckungsbeitrages, die interessantere Zielgruppe dar, weil sie eine längere Verweildauer haben. Das Ergebnis zeigt, dass erhebliches Potenzial in einer richtigen Segmentierungsstrategie steckt. Entwickeln Sie nach Ihrer Zusammenfassung der Ergebnisse Ansätze, wie die Gesamtprofitabilität verbessert werden kann. So könnte man segmentspezifische Marketingstrategien (4Ps-Framework) entwickeln und Anreize (z. B. durch Bonuszahlungen für eine lange Mitgliedschaft) schaffen, damit vor allem die Jugendlichen länger treue Kunden bleiben.

14. Scannen im Supermarkt

Welche Vorteile ergeben sich aus der Einführung eines Radio-Frequency-Identification-Systems (RFID) für eine Supermarktkette und wie würden Sie diese bewerten?

In diesem Case steht die Bewertung einer neuen Technologie im Zusammenhang einer Investitionsentscheidung im Mittelpunkt. Im RFID-System wird ein RFID-Chip auf den Konsumgütern angebracht. Dieser RFID-Chip ermöglicht das Scannen der Konsumgüter über größere Distanzen und ohne Sichtkontakt.

Strukturieren ...

Strukturieren Sie Ihre Analyse anhand des Kosten-Nutzen-Frameworks. Beginnen Sie mit den Verbesserungen, die durch die neue Technologie entstehen: Sie sehen Verbesserungen in den beiden Bereichen Informationen und Prozesse. Unter Informationen erfassen Sie alle neuen Informationen, die sich nicht direkt auf den Prozess auswirken, aber anderweitig nützlich sein könnten. Unter Prozesse fassen Sie alle Verbesserungen des eigentlichen Prozesses. Konzentrieren Sie sich bei Ihrer Analyse auf die Vorteile durch RFID, die für den Supermarkt einen wirklichen finanziellen Vorteil bedeuten. Zeigen Sie dem Interviewer, inwiefern der Supermarkt durch die Verbesserungen einen finanziellen Vorteil erhält. Bereiche, in denen nur eine geringe finanzielle Auswirkung zu erwarten ist, erwähnen Sie nur kurz und gehen zu wesentlicheren Bereichen über.

Informationen: Hier überlegen Sie, welche bisher nicht vorhandenen Informationen gesammelt werden können und wie diese genutzt werden können bzw. welche schon vorhandenen Informationen kostengünstiger gesammelt werden können. So ist vorstellbar, dass man mittels RFID leichter feststellen kann, wie die Einkaufswege eines Konsumenten im Geschäft sind. Derzeit wird durch Beobachtung herausgefunden, ob der Einkäufer erst Fleisch und dann Butter kauft – dies könnte in Zukunft über RFID abgedeckt werden. Diese Informationen könnten in der Marktforschung genutzt werden und durch bessere Gestaltung der Produktanordnung die Abverkäufe gesteigert werden.

Prozesse: Hier überlegen Sie, wie der RFID-Chip Prozesse vereinfacht. Sie sollten nur die Vorteile erwähnen, die bisher durch Barcodes nicht möglich sind. Analysieren Sie den gesamten relevanten Teil der Wertschöpfungskette, angefangen bei den Transport- und Lagerprozessen über die Prozesse im Verkaufsraum bis hin zum Kassierprozess. Ein Ansatzpunkt im Lager wäre, dass in dem Chip die Haltbarkeitsinformationen der Produkte gespeichert werden und so im Lager der Warenumschlag derart gesteuert werden kann, dass immer zuerst die älteste Ware ausgeliefert wird. Dies würde Verluste durch Überschreitung der Haltbarkeit reduzieren. Beim

Wareneingang im Supermarkt entfällt durch RFID die Erfassung der gelieferten Ware. Dies ermöglicht eine genauere Abrechnung zwischen Supermarkt und Zentrallager. Eine Nachfrage bei Ihrem Interviewer nach der Relevanz dieses Vorteils wird Ihnen zeigen, dass hierdurch nur wenig Geld gespart werden kann. Ähnliches gilt bei der Kontrolle der Ware nach Haltbarkeit im Regal. Hier ist das manuelle Aussortieren von abgelaufenen Produkten nicht viel langsamer als das Erfassen von abgelaufener Ware per RFID-Scanner. Ein weiterer Punkt ist Diebstahlschutz, der durch RFID erhöht werden kann. Da jeder Chip individuell ist, können Sie feststellen, ob ein bezahltes Produkt das Geschäft verlässt oder nicht. Es gibt jedoch schon häufig Diebstahlsicherungen an den Produkten, die eine ähnliche Funktion haben. Es ergibt sich eine Preisersparnis, da die Produkte nicht mehr mit dem speziellen Diebstahlschutz ausgestattet werden müssen.

Interessant wird es beim Kassierprozess. Hier entfällt das lästige einzelne Scannen der Produkte, sodass ein ganzer Einkaufswagen auf einmal gescannt werden kann. Sie stellen nach einer Analyse des Kassierprozesses fest, dass das Scannen den größten Teil der Zeit und aufgrund der hohen Personalkosten den wesentlichen Punkt Ihrer weiteren Analyse ausmachen sollte. Gemäß der 80/20-Regel bohren Sie an dieser Stelle ins Detail und vernachlässigen erstmal die anderen Bereiche.

... und mit Daten untermauern

Sie können über den Stundenlohn der Kassierer ausrechnen, wie viel Sie durch die Zeitersparnis pro Kassiervorgang sparen. Sie könnten z. B. eine grobe Annäherung machen, wenn Sie davon ausgehen, dass bei Ihren üblichen Einkäufen die Kassiererin etwa drei Minuten pro Kunde mit 30 Artikeln braucht. Bei einem Stundenlohn von 25 Euro inkl. aller Nebenkosten kommt man auf Kosten von etwa vier Cent pro Artikel (25 Euro geteilt durch 600 gescannte Artikel pro Stunde).

Außerdem können Sie überlegen, wie viel Sie an der Reduzierung von Kassenausstattungen sparen. Vorsicht: Bedenken Sie, dass die eingesparten Kosten für die Ausstattung einer Kasse relativ gering sind im Vergleich zu den Vorteilen, die sich ergeben, wenn Sie den Kassenraum anderweitig nutzen können. Die neue Verkaufsfläche bringt neue Umsätze, die Sie mitkalkulieren müssen.

Nachdem Sie die Vorteile analysiert haben, werfen Sie noch einen kurzen Blick auf die Kosten. Hier wird der Interviewer Sie über die Kosten pro Chip (wir nehmen 3,5 Cent pro Artikel an) und die fixen Kosten (Kauf, Einrichtung und Wartung des Systems) aufklären. Da der Kostenblock der variablen Kosten bei den tausenden von Artikeln, die täglich in einem Supermarkt gekauft werden, deutlich höher ist, analysieren Sie nur die variablen Kosten. Diese vergleichen Sie mit den Kosteneinsparungen durch den RFID-Chip. Sie stellen fest, dass allein die Kosteneffekte aus

Ergebniswerte

Häufig macht es Sinn, Ihre zu kalkulierenden Ertrags- oder Kostenwerte nicht absolut auszudrücken, sondern sie in Relation zu einer zeitlichen Periode (Jahr, Monat, Stunde, etc.) oder einer Mengenkomponente (Artikel, Kunde, Mitarbeiter, etc.) zu setzen. Überlegen Sie zu Beginn Ihrer Rechnungen, was die übergeordnete Bezugsgröße sein könnte und ermitteln Sie alle Werte im Verhältnis zu dieser Größe. Im nebenstehenden Case hat sich der Kandidat viele Kopfschmerzen dadurch erspart, dass er die Einsparungen pro Artikel berechnet hat und diese dadurch direkt mit der gegebenen Kosteninformation (Kosten pro Artikel) verrechnen konnte.

den eingesparten Kassenmitarbeitern die RFID-Lösung attraktiv machen. Es könnte sein, dass Sie auch eine Bewertung der erwähnten weiteren Vorteile des Systems vornehmen sollen, um eine saubere »Return on Investment«-Berechnung durchzuführen. Abschließend fassen Sie die Kernergebnisse kurz zusammen und präsentieren Ihr Fazit. Sie zeigen so, dass Sie den roten Faden in der Hand behalten haben. Wir schlagen vor, dass Sie das vorliegende Case-Konstrukt nutzen, um eine detaillierte Investitionsrechnung anhand von Annahmen aufzustellen und die Methodik hieran üben. Überlegen Sie, welche fixen und variablen Kosten mit dem RFID-System verbunden sind und wie man die weiteren Nutzenkomponenten monetär quantifizieren kann.

15. Bewertung einer Fernsehkabelgesellschaft

Vor drei Jahren hat ein Venture-Capital-Unternehmen ein Kabelnetz gekauft, das Zugang zu eine Mio. Haushalten im Südwesten Deutschlands hat. Aufgrund der hohen Reichweite des Netzes und dem daraus resultierenden Gewinnpotenzial, schien dies eine lohnende Investition zu sein. Trotz vielfältiger Anstrengungen ist es dem VC-Unternehmen nicht gelungen, in den letzten drei Jahren die Gewinnzone zu erreichen. Sie sind damit beauftragt festzustellen, ob das Kabelnetz zukünftig Gewinne abwerfen kann oder ob man es verkaufen sollte.

Tipp

Passen Sie Ihre verwendeten Frameworks an die Aufgabenstellung an. Nutzen Sie die Lehrbuch-Frameworks als Strukturierungshilfe und entwickeln Sie daraus Ihr eigenes Framework.

Sie machen sich kurz Gedanken erarbeiten Ihren Vorgehensplan. Eine sehr gute erste Struktur bei einer solchen Fragestellung ist, die Triade »Interne Faktoren«, »Nachfrager« und »Konkurrenten« zu betrachten. Eine komplette 5-Forces-Analyse ist nicht immer zielführend und könnte bei Ihrem Interviewer als zu aufgesetzt ankommen.

Ihr Vorgehensplan

Sie erklären Ihrem Interviewer, dass Sie die folgenden drei Punkte analysieren möchten:

- »Erstens möchte ich herausfinden, was die Hauptgründe für das Verfehlen der Gewinnzone sind. Hierzu möchte ich die GuV des Unternehmens verstehen, indem ich die grobe Ertragslage und Kostenstruktur analysiere.«
- »Zweitens ist es wichtig, die Nachfrage, bzw. das Marktpotenzial in der Region zu verstehen. Wer sind unsere Kunden, welches Potenzial ist vorhanden, welche Vor-/Nachteile sehen die Kunden in unserem Angebot?«
- »Drittens möchte ich die Wettbewerbssituation untersuchen. Welche direkten regionalen und nationalen Wettbewerber gibt es, mit welchen Substitutionsprodukten stehen wir im Wettbewerb? Wie sind die Preis- und Leistungsmerkmale der verschiedenen Angebote differenziert?«

Um die Kostenstruktur zu analysieren, betrachten Sie die Fixkosten für das Kabelnetz, die Zins- und Tilgungskosten für den Kauf des Netzes sowie die Wartungskosten. Da eine eindeutige Empfehlung von Ihnen erwartet wird, erhalten Sie auf Nachfrage weitere Informationen. Nehmen wir an, Ihnen wird mitgeteilt, dass die Fixkosten aufgrund der großen Entfernung zwischen den Städten in der Gegend extrem hoch sind. Ähnliches gilt für die Wartungskosten, die höher liegen als die für Kabelnetze im Großstadtbereich.

Die Einnahmen werden sich zusammensetzen aus den Gebühren, die Kunden für monatliche Abonnements zahlen sowie einmalig zu zahlende Gebühren für spezielle Filme, Sportveranstaltungen etc. Hier müssen Sie wissen, wie hoch die Auslastung des Netzes ist, vor allem im Vergleich zur Konkurrenz. Sie erfahren, dass die Auslastung nur bei 47 Prozent liegt, im Gegensatz zum Branchendurchschnitt von 63 Prozent. Hieraus können Sie die Hypothese entwickeln, dass die Umsätze nicht ausreichen, um die hohen Fixkosten zu decken. Einerseits könnte die augenblickliche Anzahl der Abonnenten zu niedrig sein, andererseits könnten Sie das Netz für zusätzliche Dienste (Internet, Telefonie) nutzen.

Die Analyse der Abonnentenrate in der Region führt Sie zu Ihrem zweiten Analysepunkt. Hierzu müssen Sie Annahmen über den Markt und die Konsumenten in der Region treffen. Eine Erklärung für eine niedrige Abonnentenrate könnte z. B. sein, dass die Bevölkerung in der Gegend generell weniger fernsieht als der Durchschnitt. Vielleicht werden auf dem Kabelnetz des Venture-Capital-Unternehmens nicht die richtigen Inhalte angeboten. Falls die Lösung hier nicht zu finden ist, liegt das Problem vermutlich in den starken Wettbewerbern in der Region, Ihrem dritten Analyseteil. Fragen Sie nach, welche anderen Möglichkeiten die Konsumenten in der Region haben, um fernzusehen. Nehmen wir an, Ihnen wird mitgeteilt, dass es noch zwei weitere Kabelbetreiber in der Region und drei unabhängige Sendestationen gibt. Diese unabhängigen Stationen haben hohe Zuschauerzahlen und sind gebührenfrei zu empfangen. Hiermit haben Sie die Hauptursache für die niedrige Auslastung des Kabelnetzes gefunden.

Zwischenfazit und Lösungsansätze

Nun fassen Sie die bisherigen Annahmen noch einmal zusammen: Das Kabelnetz befindet sich in einer Region mit starker, teilweise sogar gebührenfreier Konkurrenz. Die erzielten Umsätze reichen nicht aus, die hohen Fixkosten zu decken.

Nun können Sie Ansatzpunkte für die Verbesserung der Gewinnsituation ableiten. Ergänzen Sie die folgende Liste mit mindestens fünf eigenen Ideen und führen Sie abschließend eine Bewertung der Ansätze anhand der bereits verwendeten Potenzial-Umsetzbarkeits-Matrix durch.

Umsatzseite:

- Gibt es Kundenwünsche in der Region, die von den unabhängigen Sendestationen noch nicht bedient werden, von Ihnen angeboten werden könnten und für die die Kunden auch bereit wären zu zahlen?
- Könnte die Auslastung des Kabelnetzes mit anderen Dienstleistungen wie einem Internetzugang oder IP-Telefonie erhöht werden?
- Es könnte analysiert werden, ob die Wettbewerber ebenso keinen Gewinn machen. Man könnte mit den Wettbewerbern die Infrastruktur gemeinsam nutzen und Überkapazitäten abbauen.
- Können die Umsätze pro Kunde durch ein geschickteres Pricing erhöht werden? Zum Beispiel könnte man Neukunden durch günstige Einstiegs-Angebote locken und später die Kundenbeziehung ausbauen.
- Wenn das Produkt- und Preisangebot attraktiv ist, könnte das Unternehmen in der Region einfach nicht bekannt genug sein. Könnte durch eine Marketingkampagne die Kundenzahl erhöht werden?
- ...

Kostenseite:

- Können die Fixkosten ggf. besser verteilt werden, wenn man weitere Kabelnetze hinzukauft und neue Regionen erschließt?
- Kann die Kostensituation beeinflusst werden (Umschuldung, andere Finanzierungsinstrumente, Outsourcing der Wartung)?
- ...

Sie sollten die Rahmenbedingungen der Aufgabenstellung nie aus den Augen verlieren. Sie arbeiten nicht für die Kabelgesellschaft selber, sondern für einen Venture Capitalist (VC). VC-Unternehmen zielen meistens auf einen schnellen und gewinnbringenden Verkauf Ihrer Investitionen ab. Ihre Maßnahmen sollten also relativ schnell umsetzbar sein und die Wertsteigerung des Unternehmens im Fokus haben.

Rechenteil

Sie haben eine grobe Analyse der Probleme durchgeführt und einige Ansatzpunkte erarbeitet. Wie bereits mehrfach angesprochen, werden Interviewer häufig einen Lösungsansatz herausgreifen und im Detail bearbeiten lassen, um Ihre mathematischen Fähigkeiten zu testen. Wenn die Optimierungsansätze alle nicht greifen oder zu schwierig umzusetzen sind, bleibt natürlich als Option der sofortige Verkauf des Kabelnetzes an einen Wettbewerber oder einen anderen Investor. In diesem Fall könnte der Interviewer von Ihnen eine Bewertung des vorhandenen Netzes für einen Verkauf verlangen. Seien Sie in einem solchen Case auf jeden Fall darauf vorbereitet, zwei oder mehr Optionen durchzurechnen und den Verkaufswert des Unternehmens heute und nach der Durchführung Ihrer Maßnahmen abzuschätzen. Ihr Interviewer greift zwei Maßnahmen-Optionen heraus und gibt Ihnen die Investitionskosten heute und den angenommenen Verkaufspreis in der Zukunft.

Sie erhalten die folgenden Angaben: Das heutige Geschäft ist für 350 Mio. Euro verkaufbar. Aus Ihren Analysen ergeben sich zwei Maßnahmenoptionen, die in fünf bzw. zehn Jahren den Break-Even erreichen und zu diesem Zeitpunkt einen Unternehmensverkauf ermöglichen. Es müssen also keine Gewinne berücksichtigt werden. Führt man die auf fünf Jahre angelegte Maßnahme A (z. B. eine Marketing-Offensive und ein verbessertes Produktangebot) durch, müsste man heute 100 Mio. Euro investieren, würde aber in fünf Jahren einen geschätzten Verkaufspreis von 750 Mio. Euro erzielen können. Die auf zehn Jahre angelegte Maßnahme B (z. B. der Aufkauf eines Wettbewerbers in einer angrenzenden Region und die Zusammenlegung der Netze) würde heute 150 Mio. Euro CapEx (Capital Expenditure = Investitionen) bedeuten, in zehn Jahren aber einen Unternehmenswert von 950 Mio. Euro ermöglichen.

Um die verschiedenen Zahlungsströme miteinander vergleichen zu können, muss man den Barwert zum heutigen Zeitpunkt ermitteln. Hierbei ist der Zinssatz wesentlich, der für die Investitionsentscheidung angelegt wird. Bei einer geforderten Kapitalverzinsung von 10 Prozent pro Jahr, erscheint Maßnahme A attraktiver als der Sofortverkauf (-100 + 750 / (1,1^5) = 366). Maßnahme B ist trotz des höheren Payoffs in der Zukunft aufgrund des Zinseffekts wesentlich unattraktiver.

In Mio. Euro	Verkaufspreis				Barwert heute	
Option	Invest	Heute	In 5 J.	In 10 J.	10 %	25 %
1. Sofortverkauf	0	350			350	
2. Maßnahme A	100		750		366	
3. Maßnahme B	150			950	216	

Ein Venture Capitalist fordert für seine risikobehafteten Investitionen oft eine deutlich überdurchschnittliche Verzinsung. Tragen Sie zur Übung die Werte für eine Verzinsung von 25 Prozent in die Tabelle ein (Ergebnisse siehe im Lösungsteil).

Fazit

Abschließend sollten Sie Ihre Ergebnisse wie gewohnt zusammenfassen und Ihre Empfehlung abgeben. Wagen Sie dabei den Blick über die nackten Zahlen hinaus: Hinterfragen Sie das Risiko Ihrer Investition, die Möglichkeiten alternativer Kapitalverwendung, Portfolioeffekte und die Sensitivität Ihrer Daten gegenüber möglichen Veränderungen im Marktumfeld. Vor diesem Hintergrund könnte auch ein Sofortverkauf des Kabelnetzes eine sinnvolle Empfehlung sein.

16. Gebührenerhöhung für eine Kreditkarte

American Express hat mit starkem Wettbewerb zu kämpfen, da neue Kreditkartenanbieter in den Markt gekommen sind. Deshalb wird überlegt, den Kunden die Jahresgebühr in Höhe von 50 Euro zu erlassen. Sie sind damit beauftragt herauszufinden, ob American Express die Gebühr fallen lassen sollte oder nicht.

Dies ist ein relativ generischer Case, wie er bei verschiedenen Beratungen immer wieder vorkommt. Schwerpunkt ist kein strategisches Thema, sondern das Verständnis eines besonderen Geschäftsmodells, die Erarbeitung eines Lösungsansatzes und die Berechnung eines optimalen Ergebnisses.

Zunächst müssen Sie herausfinden, wie ein Kreditkartenunternehmen Geld verdient. Sie können von den beiden folgenden Einnahmequellen ausgehen:

1. Die Anzahl der Karteninhaber multipliziert mit der jährlichen Gebühr von 50 Euro ergibt die Summe, die über die Kartengebühr eingenommen wird.
2. American Express erhält von den angeschlossenen Geschäften ein Prozent der Umsätze, die über American-Express-Kunden umgesetzt werden.

Es gilt herauszufinden, ob der Verlust, der durch den Wegfall der Jahresgebühr entsteht, aufgefangen werden kann. Dazu müssten entweder bestehende American-Express-Kunden mehr einkaufen, oder die Anzahl der Neukunden sich erhöhen. Der Fall, dass eine befürchtete Abwanderung bestehender Kunden vermieden werden kann, soll nicht weiter betrachtet werden. Sie nehmen realistischerweise an, das Altkunden nicht mehr mit ihrer Karte umsetzen werden, wenn die Jahresgebühr erlassen wird. Somit muss sich die Zahl der Neukunden erhöhen.

Annahmen treffen und rechnen

Jetzt müssen Sie möglichst plausible Annahmen treffen, z. B.: Wenn durchschnittlich jeder vierte Deutsche eine Kreditkarte besitzt (entspricht 20 Mio. Kreditkarten bei 80 Mio. Deutschen) und hiervon 10 Prozent eine American-Express-Karte, dann gibt es 2 Mio. American-Express-Kunden. Wenn die Jahresgebühr entfällt, entsteht somit ein Verlust in Höhe von 50 Euro · 2 Mio. Kunden = 100 Mio. Euro. Letztendlich wollen Sie wissen, wie viele Neukunden geworben werden müssen, um den Verlust wieder auszugleichen. Mit den 2 Mio. Kunden macht American Express bei einem geschätztem durchschnittlichen Kundenumsatz von 15.000 Euro pro Jahr einen Gesamtumsatz von 2 Mio. · (15.000 Euro · 1 %) = 300 Mio. Euro.

III. Beispiel-Cases

Nun zur entscheidenden Frage: Wie viele Neukunden müssen geworben werden, um den Ausfall der Jahresgebühr wieder auszugleichen? Jeder Neukunde bringt einen jährlichen Umsatz von 150 Euro (15.000 Euro · 1 %). Damit der Verlust ausgeglichen werden kann, müssten rund 670.000 (genau: 100 Mio. Euro / 150 Euro = 666.666) neue Kunden geworben werden.

Wenn Sie ein solches Zwischenergebnis haben, sollten Sie darauf achten, dass Sie den Gesamtüberblick über den Case behalten und Ihr Ergebnis reflektieren. Um den Verlust von 100 Mio. Euro durch Wegfall der Jahresgebühr auszugleichen, muss die bestehende Kundenbasis um mehr als 30 Prozent wachsen. Machen Sie solche Erkenntnisse auch Ihrem Interviewer deutlich.

Anhand dieser Datenbasis können Sie eine Empfehlung treffen. Notieren Sie kurz Ihre nächsten Schritte und Ansätze, um an dieser Stelle dem Interviewer Ihren weiteren Weg aufzuzeigen:

1. Fazit: Jahresgebühr fallen lassen? Ja/Nein

2. Weiteres Vorgehen:

- Bei »Ja«: Wie kann das Kundenwachstum erreicht werden?
  - Z. B.: »Investition in eine Marketingkampagne: Man könnte weitere 100 Mio. Euro in eine dreijährige Marketingkampagne investieren. Nach wie vielen Jahren amortisiert sich diese Investition, wenn das Kundenwachstum pro Jahr über die drei Jahre 11 Prozent beträgt?«
  - **Übung:** Stellen Sie eine Investitionsrechnung auf.
- Ihre Ideen:
  - 1)

  - 2)

  - 3)

- Bei »Nein«: Welche Alternativen gibt es?
  - Z. B.: Man könnte andere Incentives zum Einsatz der Karte setzen, wie eine Rückvergütung des Jahresbeitrages je nach getätigtem Umsatz (z. B. 10 Prozent Rückvergütung des Jahresbeitrages pro 5.000 Euro Kartenumsatz im Jahr)
  - **Übung:** Welche Auswirkungen hat dies auf die Profitabilität?
- Ihre Ideen:
  - 1)

  - 2)

  - 3)

Zum Fazit sollten Sie die wesentlichen Lösungsansätze zusammenfassen und idealerweise in einer Matrix darstellen (z. B. nach Leichtigkeit der Umsetzung und Ergebnisbeitrag). Kommen Sie nach Ihrem Fazit zu einer klaren Empfehlung. Diese könnte z. B. lauten: »Meine Analyse zeigt, dass der Wegfall der Jahresgebühr durch ein Wachstum der Kundenbasis um ca. 30 Prozent kompensiert werden könnte. Da dies jedoch entsprechende Investitionen in Werbung und Aufbau der Marke bedeutet und zudem unklar ist, ob die neu erschlossenen Kundengruppen ähnlich profitabel sind, rate ich von diesem Schritt ab. Im Gegenzug sollte eine Rückvergütung der Jahresgebühr abhängig vom Jahresumsatz eingeführt werden. Bei einer geschickten Wahl der Rückvergütung könnten wir den Jahresumsatz unserer Kunden ggf. sogar soweit stimulieren, dass in der Summe ein positiver Effekt für uns herauskommt.«

An dieser Stelle könnte Ihr Interviewer von Ihnen eine Detailrechnung verlangen. Sie können zur Übung die Profitabilitätseffekte der verschiedenen Maßnahmen bearbeiten.

17. Produktinnovation

Ein renommiertes deutsches Konsumgüter-Unternehmen hat ein Produkt entwickelt, mit dem man Wäsche, die man normalerweise zur Reinigung bringt, im Trockner reinigen kann. Dazu gibt man Waschmittel auf die Wäsche und lässt sie einweichen. Anschließend wird die Wäsche in einem Leinensack im Trockner gereinigt. Das Unternehmen fragt sich, wie die Markteintrittsstrategie aussehen kann. Wie hoch ist der potenzielle Umsatz?

In diesem Case geht es um die Neueinführung eines Produktes. Für die Marktanalyse – ob die Neueinführung in Gesamteuropa, in Deutschland oder nur regional stattfinden soll – kann das Konzept der »4 Cs: Customer, Competition, Cost & Capabilities« verwendet werden, um strukturiert weitere Informationen vom Interviewer zu erfragen. Anschließend sollte man eine entsprechende Marktgrößenabschätzung durchführen.

Die Anwendung der Strategie-Frameworks 4 Ps und 4 Cs

1. *Customer:* Wer sind die Käufer dieses Produkts und nach welchen Kriterien entscheiden sie? Das Produkt richtet sich an Konsumenten, die über zahlreiche Kleidungsstücke verfügen, die man in einer normalen Waschmaschine nicht reinigen kann. Solche Kleidung kann sein: Anzüge, Hemden, Blusen, Kleidung aus Stoffen wie Seide oder Leder. Tendenziell ist dies Kleidung, die von berufstätigen Erwachsenen getragen wird. Familien mit Kindern werden daher ein solches Waschmittel nicht benötigen.

2. Competition: Das Unternehmen befindet sich bereits im Markt und hat daher für Konsumgüter einen Markennamen und eine Reputation aufgebaut. Zur Strategie gibt es in der Aufgabenstellung keine Angaben, aber es ist wahrscheinlich, dass das Unternehmen auch Waschmittel herstellt und ggf. bereits vorher Innovationen auf den Markt gebracht hat. Dies ist ein Wettbewerbsvorteil gegenüber der Konkurrenz. Der Wettbewerb zu dem neuen Produkt besteht in erster Linie aus Wäschereien, die den größten Teil der Kleidung aus feinen Stoffen reinigen. Allerdings könnten Wettbewerber im Waschmittelmarkt die Innovation in Zukunft nachahmen.

3. Cost: Gehen Sie die Kosten entlang der Wertschöpfungskette durch. Sie werden sehen, dass an den wesentlichen Stellen die Kosten für das neue Produkt mit zunehmender Produktion durch Größendegressionseffekte sinken. Ordnen Sie das Produkt anhand des Produktlebenszyklus-Konzepts ein. Der Produktlebenszyklus hat vier Phasen: Einführung, Wachstum, Reife und Abschwung. Unser Produkt befindet sich in der Einführungsphase. So wird das Produkt zu Beginn relativ teuer in der Herstellung sein. Da es unbekannt ist, muss in Marketing und Distribution investiert werden. Erst wenn sich die Innovation durchgesetzt hat, kann über Economies of Scale eine Kostensenkung realisiert werden.

4. Capabilities: Da das Unternehmen bereits im Markt etabliert ist, verfügt es über Ressourcen und Kapazitäten in der Produktion und über die notwendige Organisation innerhalb des Unternehmens sowie über geeignete Distributionskanäle.

Nun geht es darum, eine Markteintrittstrategie zu entwerfen. Im Mittelpunkt steht die Frage, wie Sie das Produkt im Markt positionieren. Hier sind wieder Ihre Kreativität, Ihr Blick für das Wesentliche und Ihr Geschäftssinn gefragt. Gehen wir davon aus, dass Sie das Produkt im Massenmarkt neben herkömmlichen Waschmitteln positionieren möchten. Bearbeiten Sie anhand des 4P-Frameworks die wesentlichen Marktpositionierungs-Fragestellungen und ergänzen Sie die folgenden Notizen mit Ihren Anmerkungen:

1. Product: Sie könnten das Produkt als technische Innovation mit hohem Convenience-Nutzen gestalten und durch die Verpackungsgestaltung und Packungsgröße eine hohe Wertanmutung erzeugen.

2. Price: Überlegen Sie, welche Pricing-Strategie Sie verfolgen möchten: Eine Abschöpfungsstrategie mit einer hochpreisigen Markteinführung und langsamer von Preisnachlässen gekennzeichneter Verbreitung — oder eine Penetrationsstrategie mit günstigen Preisen und einer schnellen Verbreitung. Für letzteres spricht ihr Ziel, ein Massenprodukt zu etablieren, bevor Wettbewerber Ihren Vorsprung aufholen können. Um einen Preis zu bestimmen, könnten Sie als Preisobergrenze die Kosten für die Reinigung in einer Wäscherei ansetzen und als Untergrenze die Preise für die Wäsche mit herkömmlichen Waschmitteln.

3. Place: In welchen Ländern oder Regionen wollen Sie das Produkt einführen? Wir gehen davon aus, dass Sie in Deutschland produzieren und durch Ihre anderen Produkte eine gute Reputation genießen. Daher wollen Sie den deutschen Markt zuerst ansprechen. Um eine schnelle Verbreitung zu gewährleisten, sollte das Produkt flächendeckend im Handel erhältlich sein. In Verbindung mit der Pricing-Strategie sollten Sie für den Distributionskanal »Handel« Anreize festlegen, die eine Aufnahme in das Sortiment gewährleisten.

4. Promotion: In welchem Umfang müssten Sie Werbe- und Verkaufs-förderungsmaßnahmen einplanen? Sie könnten eine nationale Marketing- und PR-Kampagne mit Probepackungen oder Geld-zurück-Aktionen koppeln, um die Bekanntheit des Produktes zu erhöhen und gleichzeitig die Kaufschwelle bei den Kunden zu senken.

Um Ihre Strategie bewerten zu können, sollten Sie – bevor Sie weiter lesen – selbst eine Break-Even-Analyse mit Ihren Annahmen durchführen. Anhand Ihrer Annahmen zu den Kosten und Erlösen, die hinter Ihrer Strategie stehen, können Sie abzeichnen, wann das Produkt schwarze Zahlen schreibt. Wir gehen zur Vereinfachung von Produkteinführungskosten in den ersten zwei Jahren von jeweils 100 Mio. Euro sowie ab Jahr drei 20 Mio. Euro jährlich für Marketing und Verkaufsförderung aus. Sie entscheiden, das Produkt für zehn Reinigungsgänge für 30 Euro anzubieten und liegen so zwischen den Preisen für Wäscherei und herkömmlichem Waschmittel. Herstellung und Distribution/Logistik kosten für eine 10er-Packung vier Euro im ersten Jahr und aufgrund der Kostendegressionseffekte zwei Euro ab dem dritten Jahr. Der Handel verlangt einen Preisnachlass von 40 Prozent. Mit diesen Maßnahmen erreichen wir eine Marktdurch-dringung von fünf Prozent der Haushalte im ersten Jahr und dann die folgenden vier Jahre jeweils eine Mio. Haushalte mehr, die alle 50 Prozent Ihrer feinen Wäsche mit unserem Produkt reinigen. Zinseffekte und Kapitalkosten lassen wir außer Betracht.

Mit diesen Daten könnten Sie unter Annahme von 40 Waschgängen pro Haushalt und Jahr bei 40 Mio. Haushalten auf folgende Tabelle und somit einen Break-Even im dritten Jahr kommen. Die weitere Strategie könnte dann so aussehen, ab dem dritten Jahr die Erfahrung der Markt-einführung in Deutschland für den Eintritt in internationale Märkte zu nutzen und ab Jahr fünf die Marktmacht zu nutzen, um mehr Druck auf die Distributionskanäle auszuüben.

In Mio.	Jahr 1	Jahr 2	Jahr 3	Jahr 4	Jahr 5
Investitionen	-100	-100	-20	-20	-20
Anzahl Kunden	2	3	4	5	6
Waschgänge p. a. (50%)	40	60	80	100	120
Absatz (Waschgänge / 10)	4	6	8	10	12
Umsatz (x 30 Euro)	120	180	240	300	360
Stückkosten (4; 2 Euro)	-16	-24	-16	-20	-24
Handelsmarge (40 %)	-48	-72	-96	-120	-144
Gewinn (EBITDA)	-44	-16	108	140	172

18. Billig-Airlines

Positionieren Sie verschiedene Airlines. Können die Billig-Airlines ihre Wettbewerbsvorteile halten?

Billig-Airlines sorgen seit einigen Jahren für Wirbel auf dem Markt für Personenluftverkehr. An solchen Cases zeigt sich, dass ein wenig Hintergrundwissen zu aktuellen wirtschaftlichen Zusammenhängen und neuen Geschäftskonzepten nützlich sein kann. Bei solchen Cases geht es häufig erstmal darum, das Geschäftsmodell klar zu verstehen.

Zur Lösung des ersten Teiles der Frage können Sie Porter's Matrix zu verschiedenen Wettbewerbsstrategien verwenden. Ein Bild bringt den Sachverhalt ohne große Umwege auf den Punkt:

Grad der Marktabdeckung	Gesamtmarkt	Lufthansa, British Airways, Air France-KLM	
	Teilmarkt	Virgin	Germanwings Ryanair, Easyjet
		Leistungsvorteil	Kostenvorteil
		Art des Wettbewerbsvorteils	

Während die in globalen Allianzen zusammengeschlossenen großen Carrier wie die Lufthansa von Touristen bis Geschäfts- und Luxusreisenden alles abdecken, spezialisieren sich andere Airlines auf gewisse Kundensegmente und erreichen dadurch einen Wettbewerbsvorteil.

Es stellt sich die Frage, was die Vorteile der neuen Billig-Airlines sind und wie leicht diese nachgeahmt werden können. Das Konzept der Billig-Airlines stammt aus den USA, wo es von Southwest erfolgreich perfektioniert wurde. Der Vorteil schöpft sich aus einer wesentlich günstigeren Kostenstruktur aufgrund abgespeckter Leistungen im Vergleich zu den großen Airlines. Letztere sind so positioniert, dass sie möglichst viele Kundengruppen zu möglichst vielen Zielflughäfen möglichst jederzeit mit hohem Service fliegen können (= Gesamtmarkt). Billig-Airlines haben das Produkt »Flug« soweit wie möglich verschlankt, um eine günstige Kostenstruktur zu erreichen.

Tipp

Die Kernfragen bei neuen Geschäftsmodellen sind: Wie verdient das Unternehmen Geld? Wie kann ein Kundenbedürfnis durch ein Leistungsversprechen besser bedient werden als vorher?

Hier sehen Sie die Leistungen der verschiedenen Modelle im Vergleich:

	Major-Airline	**Billig-Airline**
Ziele	Über Allianzen und Verbindungsflüge jeder Flughafen der Welt	Nur Hauptstädte, nur Kurz- und Mittelstrecken, keine Allianzen, keine Verbindungsflüge, teilw. Neben-Airports
Service	Vielflieger-Programm, Verpflegung an Bord, Zeitungen, Umbuchung, Sitzplatzreservierung etc.	Kein Vielflieger-Programm, Verpflegung kostenpflichtig, keine kostenlose Umbuchung, keine Sitzplatzreservierung
Preis	Economy / Business / First-Class bestimmt Preise, fester Preis	Keine Klassen, Frühbucher (19 Euro) – Spätbucher (200 Euro), Sitzplatzverfügbarkeit bestimmt Endpreis
Kosten	Heterogene Flotte (hoher Wartungsaufwand), hohe Distributionskosten (Reisebüros), Tarifvertrag	Homogene Flotte, geringe Drehzeiten (Flugbegleiter helfen bei Reinigung, weniger Essen), nur Online-Buchung

Es zeigt sich, dass die Kostenvorteile der Billig-Airlines grundsätzlich kopiert werden könnten. Dies erklärt, warum so viele Newcomer sowohl in den USA als auch in Europa das Konzept nachahmen. Für die etablierten Airlines ist dies jedoch nicht ohne weiteres möglich.

Eine häufige Case-Frage ist daher: »Wie können etablierte Airlines auf die Bedrohung durch Günstig-Anbieter reagieren?« Mögliche Ansätze sind die Förderung von Loyalitätsprogrammen, mehr Produktdifferenzierung und Kosteneinsparungen. Durch die Gründung eigener Günstig-Marken (wie Germanwings durch die Lufthansa) können Markteintrittsbarrieren vor allem für neue Günstig Airlines geschaffen werden.

Ein weiterer Faktor, den man in der Analyse betrachten kann, ist die Konkurrenzbeziehung zur Bahn, die mit der Hochgeschwindigkeitsstrecke Köln-Frankfurt oder dem Transrapid (sollte er denn kommen) das Flug-Klientel auf sich zieht. Außerdem ist das begrenzte Slot-Kontingent der Haupt-Airports als limitierender Faktor zu beachten, der z. B. das Wachstum neuer Billig-Airlines bremst.

Eine verwandte Case-Frage, die 2019 gestellt wurde: Sie beraten eine Günstig-Airline (easyjet, Ryanair etc.). Ein Investor merkt auf der Hauptversammlung an, dass interkontinentale Flüge doch viel profitabler seien und man diese anbieten solle. Der CEO bittet Sie nun um eine Analyse, ob die Günstig-Airline interkontinentale Verbindungen (z. B. Frankfurt – New York) anbieten solle.

19. Online-Auktion für Privatkredite

Noch 15 Minuten Zeit im Interview für einen kurzen Case: Ihr Kunde ist eine deutsche Direktbank, die prüft, ob sie in ihrem Online-Angebot ein Tool zur Vermittlung von Privatkrediten anbieten sollte. Lohnt sich das?

New Business

Dies ist ein klassischer Case, der Bezug auf neue Geschäftsmodelle nimmt (Carsharing). Weitere solcher Cases finden Sie in dem neuen Übungsbuch für Consulting-Cases: »Das Insider-Dossier: Consulting Case-Training«.

Sie erhalten einige Hintergrunddaten zu dem Geschäftsmodell: Bei einer solchen Online-Auktion können angemeldete Privatpersonen Darlehen für andere private Nutzer anbieten und den verlangten Zinssatz selbst bestimmen. Die Direktbank würde für die Vermittlung des Kredites über ihre Webseite eine Vermittlungsprovision in Höhe von 1 Prozent der Kreditsumme erhalten (ähnlich, wie ebay eine Provision für Online-Auktionen erhält). Darüber hinaus möchte die Direktbank eine Bonitätsprüfung der potenziellen Kreditnehmer für 50 Euro anbieten.

Bei der Lösung ist zunächst der zusätzliche Gewinn abzuschätzen, den ein solches Angebot für die Direktbank bringen würde. Dagegen ist allerdings der entgangene Gewinn zu stellen, da ein Teil der Kunden nun nicht mehr das eigene Kreditangebot der Direktbank nutzt, bei dem höhere Gebühren als bei der Vermittlung von Privatkrediten anfallen. Um diese Abschätzungen erstellen zu können, sollten Sie zunächst eine Segmentierung der vorhandenen Kunden der Direktbank vornehmen, um die Kunden zu identifizieren, für die das Vermittlungsangebot wahrscheinlich in Frage kommt.

Neben der einfachen Gegenüberstellung von zusätzlichem und entgangenem Gewinn durch die neue Kreditvermittlung, können nun noch strategische Fragen im Zusammenhang des wahrscheinlich aufkommenden Wettbewerbes diskutiert werden.

Ein Thema, dass in diesem Zusammenhang sicherlich aufkommt, ist das Ausfallrisiko der Kreditrückzahlung. Ob und zu welchen Kosten könnte die Bank dieses bei einem Privat-zu-Privat Kredit versichern? Eine interessante fortführende Frage könnte sein, ob genau diese Information über Kundenprofile und hiermit verbundene Ausfallrisiken die eigentlichen Kernkompetenzen einer Bank sind. Wie könnte sich dieser Wettbewerbsvorteil in Zukunft ändern? Welchen Nachteil haben Wettbewerber zur Vergabe von Privatkrediten, die nicht mit einer Bank kooperieren?

20. Bewertung von Synergien

Stellen Sie sich vor, einer Ihrer engsten Wettbewerber auf dem Markt für Schuhmode akquiriert einen anderen größeren Spieler im selben Markt (wir befinden uns im Jahr 2019). Um die Akquisition besser einschätzen zu können, wollen Sie versuchen, die antizipierten Synergien zu analysieren.

Neben den üblichen Fallstudien im Interview, die wie ein Frage-und-Antwort-Spiel bearbeitet werden, gibt es auch schriftliche Cases, die bei Strategieberatungen zum Tragen kommen. Hierbei werden Fälle ausführlich samt Abbildungen und Tabellen auf mehreren Seiten dargestellt, der Bewerber mit jenen Seiten für etwa 30 Minuten allein gelassen und die Ergebnisse daraufhin diskutiert. Ihnen steht – sowohl für diese Übung als auch für den schriftlichen Case im realen Ernstfall – ein Taschenrechner zur Verfügung. Auch wenn diese Art von Fallstudienaufgabenstellung relativ selten ist, wollen wir ein Beispiel vorstellen und besprechen.

Ein bisschen Rechengeschick wird wohl dazugehören, denken Sie sich, aber zunächst müssen Sie wohl oder übel die Daten zusammentragen. Als da wären:

- Käuferprämie: 150 Mio. Euro
- Aktienkursanstieg des Käufers antizipiert einen Netto-Barwert der Akquisition von: 50 Mio. Euro

Kostensynergien (werden mit fünf Prozent diskontiert):

- 200 Mio. Euro verteilt auf 2020-2022

Jahr	2020	2021	2022
Anteil Kostensynergien	20 %	30 %	50 %

Umsatzsynergien:

Keine Angaben! Wir werden hier auf ein paar Kalkulationen zurückgreifen müssen. Hoffentlich wissen Sie Rat. Zunächst wäre relevant, auf welchen Barwert sich die Umsatzsynergien schätzungsweise belaufen.

Zur Lösung:

Was Sie wissen sollten: Der antizipierte Netto-Barwert der Akquisition errechnet sich folgendermaßen:

+   Barwert der Kostensynergien
+   Barwert der Umsatzsynergien
−   Käuferprämie

=   Netto-Barwert der Akquisition

Wer sich nun fragt, wo der eigentliche Kaufpreis geblieben ist, hat völlig Recht. Der Kaufpreis entspricht dem Marktwert der Assets, die gekauft werden, zuzüglich der Käuferprämie. Der Netto-Barwert der Akquisition entspricht dann den Einnahmen abzüglich der Ausgaben. »Eingenommen« werden bei einer Akquisition der Marktwert der Assets sowie die Barwerte der Synergien, wohingegen der Kaufpreis »ausgegeben« wird, d. h. der Marktwert der Assets zuzüglich der Käuferprämie. Das geschulte Auge wird der o. g. Rechnung direkt ansehen, dass sich der Marktwert der Assets heraus kürzt.

     Da der Netto-Barwert der Akquisition als auch die Käuferprämie gegeben sind, berechnen wir den Barwert der Kostensynergien und können dann den Barwert der Umsatzsynergien determinieren. Der Barwert der Kostensynergien errechnet sich bei einem Diskontsatz von fünf Prozent folgendermaßen:

$$\frac{(20\,\% \cdot 200)}{1{,}05} + \frac{(30\,\% \cdot 200)}{1{,}05^2} + \frac{(50\,\% \cdot 200)}{1{,}05^3} \approx 178{,}90$$

Wir gingen nämlich davon aus, dass wir 20 Prozent der Kostensynergien von 200 Mio. Euro im ersten, 30 Prozent im zweiten und 50 Prozent im dritten Jahr realisieren können. Eine grundsätzliche Annahme bei dieser Kalkulation ist, dass im Jahr 2019 (t=0) keinerlei Investitionen zwecks Realisierung der Kostensynergien unternommen werden müssen. Wir setzen in die Gleichung ein und stellen um:

+   Netto-Barwert der Akquisition
+   Käuferprämie
−   Barwert der Kostensynergien

=   Barwert der Umsatzsynergien

Der Barwert der Umsatzsynergien beläuft sich also folglich auf:
50 + 150 − 178,90 = 21,1 Mio. Euro

Finance

Diese Art von Case erwartet Sie sicherlich nur, wenn Sie einen entsprechenden Studienhintergrund haben oder sich speziell für den Finanzbereich bewerben. Wir empfehlen Ihnen hierzu zusätzlich die Lektüre des squeaker.net-Buches »Das Insider-Dossier: Die Finance-Bewerbung« mit zahlreichen Übungsaufgaben speziell für die Finanzbranche.

21. Case Interview auf Englisch

Gas stations in Paris

Im Vorstellungsgespräch verlangen alle großen Management Beratungen mindestens ein Case Interview auf Englisch. Im Folgenden stellen wir Ihnen daher einen Beispiel-Case auf Englisch vor.

Your objective today is to estimate the number of gas stations in the city of Paris. For that, please first describe two different estimation strategies, then choose one of them and do the estimate. The consulting case topics you have to cover are market sizing and market entry.

There are a number of ways to tackle this estimation and to a certain degree they may be governed by the amount of information that the interviewer is prepared to give away (in this case not many). A good recommendation for any estimation question however is to choose quantities that may be easily estimated and »sanity checked« (verified with another approach). The following framework/structure would be a good approach for the problem at hand: Strategies – Selection – Calculation.

Strategies

Offer: this strategy is the more direct one of the two. We will estimate the offer of gas stations in Paris by thinking about the usual availability of gas stations in a big city. We can thus assume that there is more or less on gas station per block in Paris (a block being for example an area of 1 sq km). By estimating the total surface of Paris we can then come to a rough estimate of how many gas stations there are in Paris.

Demand: this strategy builds on the demand of gas in Paris. The demand will be proportional to the number of vehicles in the city which in turn is proportional to the number of inhabitants. After calculating the whole demand of the city, we need to estimate the demand that one single gas station can serve. By dividing the two we will find approximately how many stations there are in Paris.

Selection

As discussed at the beginning, the second strategy will be chosen as it is more representative of the reality (gas stations are built as the market demands it). The first approach is also very inaccurate as the population density of a block can vary significantly, demanding more or less gas stations per block as a consequence.

Calculation

Now the amount of gas stations should be calculated.

First we will calculate the left side of the tree, the total city demand per day. The number of inhabitants in Paris is **about ten million**. We can suppose that for every 5 people there is a car (as people less than 18 have no car at all and a lot of people use public transportation in Paris). Then we have **two million cars** in Paris. There are also (not shown in the tree above for simplicity's sake) commercial vehicles like trucks and company cars. Let's say there are four times less of those vehicles than there are cars. Then the **total number** of vehicles is **2.5 million**. To estimate the consumption per vehicle, let's assume that cars have **tanks of 50 liters** and replenish them every **ten days**, that is, a consumption of **five liters** of fuel **per day**. Commercial vehicles are almost always on the road and consume up to **five times** more.

By making a **weighted average** of the two vehicle types we have an »Ø consumption = 20 % · 25 liters + 80 % · 5 liters = **9 liters/car**

That gives us a **daily** city **demand** of 9 liters/car · 2,5 m cars = **22.5 m liters**.

Now, to estimate the right side of the tree, let us first assume that an average gas station has about **five pumps**. Each pump serves about **twelve cars per hour** (one every five min) in rush hours and **five** in normal hours. Assuming a gas station is open for ten hours per day, of which four are rush hours, we have **78 vehicles** being **served per pump** per day (4 · 12 + 6 · 5). That gives us **390 vehicles** served per **gas station** per **day**. Let us consider it **400** for simplicity's sake.

Assume that, every time they go to the gas station, normal vehicles buy about 50 liters and commercial vehicles (some of them trucks) about 100.

This gives us an **average of** = 80 % · 50 Liter + 20 % · 100 Liter = 60 Liter bought per vehicle.

The demand served by one gas station per day is then »60 (liters/car) · 400 (cars/day+gas station) = **24,000 (liters/day+gas station)**

The last step is then very simple and gives us = 22.5m (liters/day) / 24,000 (liters/day+gas station) = **937.5 gas stations in Paris**.

22. Weitere Cases üben

Die hier behandelten Cases haben Ihnen einen ersten, guten Überblick darüber gegeben, wie Case Interviews klassischerweise verlaufen. Um sich noch besser auf das Bewerbungsgespräch vorzubereiten, empfiehlt es sich nun, mit eigenen Cases weiter zu trainieren. Hierzu ein paar Tipps:

1) Themen antizipieren

Antizipieren Sie, welche Themen bei Ihren Case Interviews behandelt werden könnten.

- Welche Themenschwerpunkte hat die Beratung? (z. B. aktuelle Studien)
- Welche neuen Geschäftskonzepte sind gerade in aller Munde und bieten perfekte Steilvorlagen für Cases?
- Welche Themen beeinflussen gerade die Wirtschaft?

2) Cases selber bauen

Bauen Sie Ihre eigenen Cases. Schnell erkennen Sie die Grundtreiber von Cases.

- Bauen Sie Cases basierend auf den in 1) identifizierten aktuellen Themen. (»Wie sollte die Telekom auf zunehmendes Telefonieren über das Internet reagieren?«; »Wie teuer ist der CO_2-Ausstoß Ihres Fluges zum Bewerbungsgespräch?«; »Würden Sie jetzt in Finanzwerte investieren?«)
- Gehen Sie mit offenen Augen durch die Welt und suchen Sie überall Cases (»Welchen Tagesumsatz macht die Mensa?«; »Welchen Profit macht der Starbucks in der Stadt?«)
- Stellen Sie sich idiotische Rechenaufgaben. (»Wie teuer ist ein einstündiger Stau um neun Uhr morgens auf der A8?«; »Wie viele Liter Wasser fließen in Köln pro Stunde durch den Rhein?«)
- Stellen Sie sich »Warum?«-Fragen und lösen Sie sie in Form eines Cases. (»Warum geht McKinsey nicht an die Börse und kauft BCG (oder umgekehrt)?«; »Warum investiert Dubai in gigantische Bauvorhaben?«; »Warum fahren nicht alle Autos mit Bio-Diesel?«)

3) Üben, üben, üben

Üben Sie alleine und vor allem zusammen mit Freunden – oder finden Sie über *squeaker.net* andere Community-Mitglieder, mit denen Sie in Ihrer Stadt oder über Skype üben können.

4) Cases speziell zum Üben

Trainieren Sie weitere Cases mit dem ersten Übungsbuch für Consulting-Cases: »*Das Insider-Dossier: Consulting Case-Training*«. Diese Cases wurden – anders als die typischen Interview-Situationen, die wir in diesem Buch behandeln – speziell zum Üben entwickelt. Wir haben sie mit interaktiven Zwischenfragen oder als Case, zum Bearbeiten mit einem Trainingspartner, aufgebaut. Darüber hinaus beleuchten wir in dem Buch einige grundsätzlichen »Knackpunkte« spezieller Branchen, die man auch bei anderen Cases aus diesen Branchen gut anwenden kann. Die folgenden sind einige Übungscases aus dem Buch:

- Analysieren Sie das Google-Geschäftsmodell. Wo liegen die größten Risiken und Herausforderungen?
- Sollte eine Drogeriekette eigene SIM-Karten anbieten?
- Ihr Kunde ist das marktführende Unternehmen für Geldtransporte. Sollte er den Hauptwettbewerber übernehmen?
- Wie kann das führende Touristikunternehmen in einem gesättigten Markt wachsen?
- Planen Sie die Restrukturierung eines Automobilzulieferers, der in Liquiditätsschwierigkeiten geraten ist.
- Erarbeiten Sie Maßnahmen zur Optimierung des Working Capitals im Rahmen der Restrukturierung eines Industrieunternehmens.
- Erstellen Sie den Business Plan für ein Gesundheitszentrum.
- Sollte eine Supermarktkette ein Cashback-System einführen?
- Ein Hersteller von Schreibwaren hat mit stagnierendem Wachstum und rückläufigem Profit zu kämpfen. Wie können Sie ihm helfen?
- Sollte ein Telekommunikationskonzern auch DSL-Zugänge anbieten?
- Sollte ein Pharma-Unternehmen ein neues Antidepressivum einführen? Was gilt es im Pharma-Markt zu beachten?

Insider-Tipp

Wo liegen strategische Risiken für Google? Sind die Umsatzprognosen für ein digitales Geschäftsmodell realistisch? Dies sind typische Case-Fragen aus Bewerbungsgesprächen von namhaften Unternehmensberatungen. Wie schaffen Sie es, in einer realen Interview-Situation, solche komplexen Probleme in kurzer Zeit anzugehen? Das Buch »Consulting Case-Training« trainiert, sich in ein neuartiges Problem hineinzudenken und dieses überzeugend zu präsentieren.
squeaker.net/case-training

III. Beispiel-Cases

Kapitel IV: Analytikaufgaben und Tests

Die folgenden Aufgabenarten kommen bei einigen Beratungen vor. Informieren Sie sich anhand der Erfahrungsberichte in Kapitel V, welche Art von Aufgaben Sie bei Ihren anstehenden Interviews erwartet. So können Sie sich ganz gezielt auf das Bewerbungsverfahren bei Ihrer Wunschfirma vorbereiten.

1. Brainteaser

Wie eingangs beschrieben, fordern Brainteaser sowohl Ihr logisches Denkvermögen als auch Ihre Kreativität. Wir empfehlen daher, dass Sie sich alle Brainteaser sorgfältig durchlesen und vor dem Lesen der vorgeschlagenen Lösung versuchen, sie selbst zu lösen. Brainteaser kommen nicht bei allen Beratungen vor – unsere Erfahrung zeigt, dass Sie in ca. jedem fünften Gespräch ein Brainteaser erwartet. Man kann und sollte Brainteaser nicht auswendig lernen – man kann aber die Herangehensweise sehr gut üben.

Im Folgenden stellen wir Ihnen zehn beispielhafte Brainteaser-Aufgaben vor, wie sie bei Beratungen vorkommen können. Für die detaillierte Übung ganz verschiedener weiterer Brainteaser empfehlen wir »Das Insider-Dossier: Brainteaser im Bewerbungsgespräch«.

Wir haben die typischen Brainteaser-Typen analysiert und das folgende squeaker.net-5-Schritte-Schema zur Lösung entwickelt. Gehen Sie jeden Brainteaser mit den vorgestellten Methoden an, und Sie werden einen guten Ansatz zur Lösung finden. Wenn Sie dann noch strukturiert und konzentriert an die Bearbeitung herangehen, haben Sie die nötige Gelassenheit, um mit Ihren analytischen und kreativen Fähigkeiten zu überzeugen.

Mehr Brainteaser

Die squeaker.net-Publikation »Das Insider-Dossier: Brainteaser im Bewerbungsgespräch« deckt jede Aufgabenart ab, die Sie im Consulting-Interview erwarten kann. In der aktuellen Auflage werden über 140 Brainteaser ausführlich besprochen und die Herangehensweise geübt:
squeaker.net/brainteaser

Das 5-Schritte-Schema zur Lösung von Brainteasern

Schritt 1 – Herausfordernde Unmöglichkeiten?
Grundsätzlich gilt: »Nichts ist unmöglich!« Auch wenn eine Frage noch so unlösbar aussieht, sie darf Sie nicht entmutigen, sondern muss Sie herausfordern und motivieren, sie zu knacken. Wenn Sie davon überzeugt sind, dass das Problem im Kern simpel ist, dann haben Denkblockaden keine Chance!

Schritt 2 – Mathematisch und »logisch unbeirrt«

Lassen Sie sich von bunten Kugeln, Hühnern und Eiern nicht verwirren. Viele der anschaulich gestellten Fragen lassen sich mathematisch darstellen. Erinnern Sie sich an Ihr mathematisches und stochastisches Wissen und prüfen Sie, ob sich das Problem in einer Gleichung darstellen lässt und rechnen Sie!

Schritt 3 – »Out-of-the-box-thinking«

So sehr Sie auf der einen Seite strikt beachten müssen, was in der Problembeschreibung an Fakten gegeben ist, so sehr müssen Sie sich auf der anderen Seite von diesen Fakten lösen und versuchen, kreative Lösungen außerhalb des nahe liegenden Antwortrahmens zu finden. Kennen Sie die Aufgabe, neun Punkte mit einer Linie zu verbinden? Sie dürfen vier Geraden ziehen, ohne den Stift abzuheben (also dreimal die Richtung wechseln). Wahrscheinlich haben Sie – wie die meisten anderen auch – die Lösung innerhalb der neun Punkte gesucht und sind nicht auf die Idee gekommen, die Linie außerhalb der Punkte weiter zu ziehen. Sehen Sie! Das ist, im wahrsten Sinne des Wortes, »out-of-the-box-thinking«.

 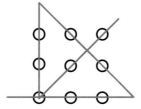

Schritt 4 – »Trial and Error«

Manchmal ist ein klar strukturierter Lösungsweg nicht möglich, und Sie müssen sich der Lösung einfach Schritt für Schritt nähern. Doch auch bei Trial and Error kann es Struktur geben.

Schritt 5 – Freude an der intellektuellen Herausforderung

Last but not least: Lassen Sie sich mit Freude auf jeden neuen Brainteaser ein! Zeigen Sie dem Interviewer, dass Ihnen intellektuelle Herausforderungen Spaß machen! Im besten Fall wird er von Ihrem Brainteaser-Ehrgeiz auf Ihren Biss als zukünftiger Berater schließen.

2. Brainteaser-Aufgaben

Einige der folgenden Aufgaben sind »Klassiker« und schon in vielen Bewerbungsgesprächen – nicht nur bei Unternehmensberatungen – gestellt worden. Andere sind brandneu und erst kürzlich aufgetaucht.

Tipp

Brainteaser sollte man niemals auswendig lernen – man kann sie aber sehr gut üben. Und es macht Spaß, die scheinbar unlösbaren Aufgaben zu knacken!

Für die Aufgaben finden Sie im Anschluss ausführliche Lösungen. Viel Erfolg und Spaß beim Brainteaser-Knacken!

1) DIN-A 4 Blatt
Wenn die kurze Seite eines DIN-A 4 Blattes eine Länge von 1 hat, wie lang ist dann die andere Seite?

2) Gold wiegen
Ein Goldschmied hat zehn Angestellte. Er hat insgesamt ein Kilogramm Gold und gibt jedem Angestellten 100 Gramm. Jeder von ihnen soll hieraus je zehn Ringe fertigen. Allerdings betrügt einer der Angestellten. Er unterschlägt je Ring genau ein Gramm Gold. Wie kann der Goldschmied mit einer digitalen Präzisionswaage und nur einmal Wiegen herausfinden, wer ihn betrügt?

3) Kugeln wiegen
Sie haben eine Apothekerwaage und neun Kugeln. Sie wissen, dass eine der Kugeln etwas schwerer ist als die anderen. Der Unterschied ist so gering, dass Sie nicht erkennen können, welche der Kugeln es ist. Mit der Waage können Sie es aber herausfinden. Können Sie mit zwei Wiegevorgängen die schwerere Kugel identifizieren? Wenn ja, wie? (Alternative: Mit wie vielen Wiegevorgängen finden Sie die schwerere Kugel?)

4) Uhrzeigersinn
Warum gehen unsere heutigen Uhren im und nicht gegen den Uhrzeigersinn?

5) Autos
Zwei Autos fahren jeweils acht Meter in entgegengesetzte Richtung. Dann fahren beide sechs Meter nach links. Wie weit sind sie danach voneinander entfernt?

6) Der Hirten-Käse
Zwei Hirten machen auf einer Wiese Rast. Der eine hat fünf Stück Käse, der andere drei Stück. Da kommt ein Wanderer vorbei und fragt, ob er mit ihnen zusammen den Käse essen darf. Die beiden sind einverstanden. Bei dieser gemeinsamen Mahlzeit essen alle drei Personen gleich viel Käse. Nach dem Essen steht der Wanderer auf und bezahlt acht Euro als Entschädigung für den Käse. Wie muss dieser Betrag unter den Hirten aufgeteilt werden, damit ihr Beitrag gerecht berücksichtigt wird?

7) Wässrige Gurke
Sie haben eine Gurke, die 1.200 Gramm wiegt. Ihr Wassergehalt beträgt 99 Prozent. Wie viel wiegt die Gurke, wenn der Wassergehalt auf 98 Prozent sinkt? (Bei BCG wird diese Frage übrigens regelmäßig mit Erdbeeren gestellt!)

Personalauswahl

Brainteaser kommen übrigens nicht nur bei Beratungen und Banken vor. Viele Ex-Berater, die nun Positionen in der Industrie, an Lehrstühlen oder bei einem Start-Up haben, greifen auf ihre guten Erfahrungen mit Consulting-Cases und Brainteasern in der Personalauswahl zurück.

8) Würfel

5 · 5 · 5 Würfel ergeben einen neuen Würfel. Wie viele Würfel hat dieser auf der Oberfläche?

9) Ziffernblatt

Wie oft innerhalb von zwölf Stunden überkreuzen sich der Stunden- und der Minutenzeiger einer Uhr?

10) Wasser schöpfen

An einem Brunnen soll Berta versuchen, einen Liter Wasser zu schöpfen. Sie hat jedoch nur einen Fünf-Liter-Kanister und einen Drei-Liter-Kanister. Kann Berta mit nur zwei Versuchen genau einen Liter Wasser schöpfen?

Lösungen zu den Brainteasern

Lösung zu 1) DIN-A 4 Blatt

Die Lösung ist √2 (Wurzel aus 2). Man bekommt ein DIN-A 4 Blatt und kann beim Experimentieren folgenden Zusammenhang feststellen:

1. Man legt eine Ecke zur gegenüberliegenden langen Kante, so dass ein 45°-Winkel entsteht. Die Diagonale hat die Länge √2 (Satz des Pythagoras).
2. Nun knickt man noch mal an der Winkelhalbierenden des 45°-Winkels, so dass die diagonale Seite auf der gegenüberliegenden langen Kannte genau aufliegt.
3. Da die Diagonale und die Kante gleich lang sind, ist die lange Seite des Blattes √2 lang.

Lösung zu 2) Gold wiegen

Ein einmaliges Wiegen schließt nicht aus, dass Sie mehr als einen Ring wiegen. Und genau hier liegt der Schlüssel zur Lösung: Wiegen Sie Ringe von allen Angestellten auf einmal. Man kann ein Schema entwickeln, wodurch man mit einem Wiegevorgang genau den betrügerischen Angestellten enttarnen kann. Beachten Sie: Das Schema funktioniert nur, weil vorgegeben ist, dass der Betrüger bei jedem Ring genau ein Gramm Gold unterschlägt. Geben Sie den Angestellten Nummern von eins bis zehn. Lassen Sie sich von den Angestellten jeweils die Anzahl an Ringen geben, die seiner Nummer entspricht. Vom Angestellten Nr. 1 verlangen Sie einen

Ring, vom Angestellten Nr. 2 zwei Ringe usw. bis Sie bei dem Angestellten Nr. 10 angekommen sind, der Ihnen zehn Ringe übergibt. Diese Anzahl an Ringen (es handelt sich um 1+2+3+4+5+6+7+8+9+10 = 55 Ringe) legen Sie auf die Waage. Würde keiner der Angestellten betrügen, würden die 55 Ringe genau 550 Gramm wiegen. Bei einem Betrug wird das Gewicht kleiner sein als 550 Gramm. Die bis zu 550 Gramm fehlende Grammzahl entspricht genau der Nummer des Angestellten, der Sie betrogen hat. Deutlich wird die Lösung, wenn Sie eine Möglichkeit durchspielen: Sie wiegen die 55 Ringe und erhalten das Gewicht von 546 Gramm. Rechnen Sie weiter: 550 g - 546 g = 4 g. Der Angestellte Nr. 4 hat bei der Herstellung der Ringe das Gold unterschlagen.

Lösung zu 3) Kugeln wiegen

Sie nehmen sich zuerst jeweils drei Kugeln und wiegen diese. Dabei gibt es zwei Möglichkeiten: Einmal kann die schwerere Kugel nicht bei den sechs Kugeln sein und die Waage bleibt im Gleichgewicht, dann müssen Sie beim zweiten Wiegen nur die restlichen zwei Kugeln nehmen und die schwerere Kugel kann identifiziert werden. Der zweite Fall ist, dass sich unter den ersten sechs Kugeln die schwerere Kugel befindet und die Waage ausschlägt. Dann nehmen Sie zwei dieser drei Kugeln und wiegen diese noch einmal. Hier gibt es wiederum zwei Fälle. Einmal bleibt die Waage im Gleichgewicht, dann wissen Sie, dass die schwerere Kugel nicht die abgewogene ist, oder die Waage schlägt aus und Sie kennen die schwerere Kugel ebenfalls. In allen möglichen Fällen sind lediglich zwei Wiegevorgänge notwendig, um die schwerere Kugel zu identifizieren.

Lösung zu 4) Uhrzeigersinn

Überlegen Sie mal, wo und wie die Uhr erfunden wurde: In Kontinentaleuropa – und zwar zunächst als Sonnenuhr. Und da haben Sie auch schon die Lösung: In Europa wandert die Sonne so über den Himmel, dass eine Sonnenuhr (also im Prinzip eine Stange, die einen Schatten wirft) im Uhrzeigersinn läuft (also der Schatten des Stabes im Uhrzeigersinn läuft).

Lösung zu 5) Autos

Wenden Sie den Satz des Pythagoras an:
$(a^2 + b^2 = c^2) : \sqrt{((8+8)^2 + (6+6)^2)} = \sqrt{400} = 20$ Meter

Lösung zu 6) Der Hirten-Käse

Wer hier anfängt, ein Gleichungssystem aufzustellen, der wird zwar auch zum Ziel kommen, macht sich aber das Leben unnötig schwer. Schneller und sicherer kommen Sie bei diesem Brainteaser zu einer Lösung, wenn Sie verbal vorgehen: Bei acht Stück Käse und drei Personen isst jeder 8/3 Stück Käse. Der erste Hirte hat drei Stück Käse, also 9/3, isst davon 8/3 Stück selbst und gibt 1/3 Stück an den Wanderer. Die restlichen 7/3 Stück Käse bekommt der Wanderer folglich vom zweiten Hirten. Der erste Hirte

Kommen Sie drauf?

Eine erschwerende Variation dieser Frage: Man hat zwölf Kugeln, aber eine der Kugeln ist leichter oder schwerer als die elf anderen. Durch dreimaliges Wiegen soll herausgefunden werden, welche der Kugeln die leichtere oder schwerere ist.

hat also einen Teil zur Mahlzeit des Wanderers beigetragen, der zweite Hirte sieben Teile, also bekommt der erste Hirte einen Euro und der zweite Hirte sieben Euro.

Lösung zu 7) Wässrige Gurke

Nein, die Lösung ist nicht 1.188 Gramm. Die Gurke wiegt 1.200 Gramm, ihr Festgehalt beträgt ein Prozent, also 12 Gramm. Wenn der Wassergehalt der Gurke sinkt, dann steigt zwar der Festgehalt in Prozent, absolut betrachtet beträgt der Festgehalt bei der betrachteten Gurke jedoch immer noch 12 Gramm. Wenn der Wassergehalt auf 98 Prozent sinkt, dann bedeutet das, dass diese 12 Gramm Festgehalt jetzt zwei Prozent des Gewichts der betrachteten Gurke ausmachen. Die gesamte Gurke wiegt also nur noch 600 Gramm, wenn der Wassergehalt von 99 Prozent auf 98 Prozent absinkt.

Lösung zu 8) Würfel

$5^3 - 3^3 = 125 - 27 = 98$

Lösung zu 9) Ziffernblatt

Die Zeiger überkreuzen sich innerhalb von zwölf Stunden normalerweise elf Mal. Wenn die Zeiger zu Beginn des Zählvorganges jedoch genau übereinander liegen, also zum Beispiel genau um 0:00 Uhr, überkreuzen sich die Zeiger nur zehn Mal.

Lösung zu 10) Wasser schöpfen

Der Trick an der Lösung ist, dass man nicht versucht, mit den beiden Kanistern nur einen Liter Wasser zu schöpfen, sondern mehr als einen Liter. Dadurch kann Berta genau einen Liter schöpfen, ohne einen Messbecher zu haben.

Berta geht so vor: Sie nimmt den Drei-Liter-Kanister, füllt ihn ganz und schüttet das Wasser in den Fünf-Liter-Kanister. Der Drei-Liter-Kanister wird noch einmal gefüllt. Dieses Wasser wird dann in den Fünf-Liter-Kanister umgefüllt bis dieses voll ist. Da im Fünf-Liter-Kanister bereits drei Liter aus dem ersten Schöpfvorgang vorhanden sind, ist der Kanister voll, wenn im Drei-Liter-Kanister noch genau ein Liter verbleibt. Falls Berta kein Wasser verschüttet hat, hat sie mit nur zwei Schöpfungen genau einen Liter Wasser abgemessen.

Weitere Aufgaben

Die folgenden Fragen stammen aus dem squeaker.net-Buch: »Das Insider-Dossier: Brainteaser im Bewerbungsgespräch«, wo sie ausführlich gelöst sind:

- **Bergsteiger:** Ein Bergsteiger läuft um 8:00 Uhr morgens am Fuß eines Berges los, und legt in drei Stunden 500 Höhenmeter zurück. An dem Punkt macht er dann eine 30-minütige Pause, um dann in den darauf folgenden zwei Stunden weitere 300 Höhenmeter bis zum Gipfel zurückzulegen. Er übernachtet auf dem Gipfel, und läuft am nächsten Tag dieselbe Strecke wieder bergab. Der Abstieg beginnt um 8:00 Uhr morgens. Diesmal macht er jedoch schon nach zwei Stunden eine 30-minütige Pause, und kommt insgesamt nach vier Stunden wieder am Fuß des Berges an. War der Bergsteiger an beiden Tagen zur selben Tageszeit am selben Ort?
- **Dreien:** Wie viel Prozent der natürlichen Zahlen beinhalten mindestens einmal die Ziffer »3«?
- **Eieruhr:** Sie möchten ein Neun-Minuten-Ei haben. Leider haben Sie nur eine Sanduhr mit sieben Minuten und eine Sanduhr mit vier Minuten zur Verfügung. Um wie viele Minuten weicht Ihr bestes Ergebnis von den neun Minuten ab und wie müssen Sie die Sanduhren dazu stellen?
- **Pferdewagen:** Zu einem Fest auf dem Land fahren mehrere Pferdewagen mit der jeweils gleichen Anzahl an Personen. Auf halbem Weg fallen zehn Wagen aus, so dass jeder der übrigen Wagen eine weitere Person aufnehmen muss. Vor Antritt des Rückweges fallen weitere 15 Wagen aus, was zur Folge hat, dass in jedem Wagen drei Personen mehr sind als bei der Abfahrt am Morgen. Wie viele Personen nahmen an dem Fest teil?
- **Glas Wasser:** Sie haben einen quadratischen Glasbehälter vor sich auf dem Tisch stehen. Es sieht so aus, als ob er genau zur Hälfte gefüllt sei. Ihre Gesprächspartnerin fragt: »Ist das Glas halb voll oder halb leer?« Sie sagen halb voll. Darauf sagt die Gesprächspartnerin barsch »Dies ist kein Persönlichkeitstest. Messen Sie es GENAU«. Sie haben keinerlei Lineale, Stifte oder sonstiges. Wie können Sie die Frage trotzdem exakt beantworten?
- **Betrogene Frauen:** In einer kleinen abgeschiedenen Stadt leben die Frauen friedlich mit ihren Männern zusammen. Die Frauen tratschen den ganzen Tag. Jede Frau weiß alles über die anderen Frauen, kann aber die anderen Frauen nicht fragen, was diese über sie selbst denken. Sie kann also über ihre eigene Situation nur logische Schlüsse aus dem (beobachtbaren) Verhalten aller anderen Frauen ziehen. Zusätzliche Annahmen: Nur die Männer betrügen ihre Frauen, nicht umgekehrt. Wenn eine Frau weiß, dass ihr Mann sie betrügt, dann wirft sie ihren

squeaker.net-Forum

Im Forum von *squeaker.net* diskutieren registrierte Mitglieder regelmäßig aktuelle Brainteaser-Aufgaben. Haben Sie einen neuen Brainteaser gestellt bekommen? Fordern Sie die squeaker.net-Community heraus! *squeaker.net/forum*

Mann am nächsten Morgen raus. Immer um 8:00 Uhr, ohne Ausnahme. Eines Abends nun kommt ein Wahrsager in die Stadt und spricht zu den Frauen: »In dieser Stadt wird betrogen.« Frage: Wie viele Männer können nach 16 Tagen maximal von ihren Frauen rausgeworfen worden sein?

- **Lebensgefahr:** Sie haben drei Achtel einer Brücke überquert, als Sie plötzlich das Pfeifen eines Zuges hören. Sie wissen, dass Sie höchstens mit einer Geschwindigkeit von 10 km/h laufen können. Egal in welche Richtung Sie von der Brücke laufen, Sie schaffen es gerade noch, bevor der Zug Sie erwischt. Wie schnell fährt der Zug?
- **Hühner:** Eineinhalb Hühner legen an eineinhalb Tagen eineinhalb Eier. Wie viele Eier legt ein Huhn an einem Tag?
- **Güterzug:** Warum muss ein langer, schwerer Güterzug ein Stück rückwärts fahren, bevor er losfährt?
- **Winkel:** Was ist der Winkel zwischen dem kleinen und dem großen Zeiger einer Uhr um viertel nach Zwölf?

3. Kreativität

Auch als perfekter Analytiker werden Sie bei den meisten Unternehmensberatungen keinen Job bekommen, ohne Ihre Kreativität unter Beweis gestellt zu haben. Hierzu gibt es im Rahmen der Fallstudien schon Möglichkeiten. Manchmal – heutzutage allerdings eher selten – kommen jedoch auch spezielle Kreativitäts-Brainteaser im Bewerbungs-Interview vor. Jetzt geht es darum zu zeigen, dass Sie Ihren logischen Scharfsinn mit Kreativität paaren können.

Der Klassiker: Warum sind Kanaldeckel rund?

Die eine richtige Antwort gibt es nicht, dafür aber viele gute Antworten. Die erste und offensichtlichste Antwort ist, weil die Kanalöffnungen rund sind. Mit dieser Antwort geraten Sie aber in eine Sackgasse, denn es stellt sich sofort die Frage, warum die Kanalöffnungen selbst rund sind. Lassen Sie Ihrer Kreativität freien Lauf und veranstalten eine bei Beratern sehr beliebte Brainstorming-Session. Kanaldeckel sind rund,

- damit sie nicht in die Kanalöffnung fallen können,
- damit man sie leichter durch Rollen transportieren kann,
- weil es leichter ist, runde Kanalöffnungen zu bohren,
- da die Verletzungsgefahr bei runden Gegenständen geringer ist,
- weil sich in Rundungen nicht so viel Dreck absetzen kann wie in Ecken etc.

Es können auch Produktionsgründe ausschlaggebend sein, vielleicht braucht man weniger Stahl oder kann sie in einem einfacheren Verfahren herstellen. Schlussendlich, wenn Sie technisch vorgebildet sind, können Sie argumentieren, dass Kanalöffnungen deshalb rund sind, weil ein Kreis eine gleichmäßige Spannungsverteilung über den Umfang bedingt und es damit zu keinen schwer beherrschbaren Spannungsspitzen kommen kann, wie sie etwa bei einem quadratischen Querschnitt auftreten.

Nennen Sie mir zehn Dinge, die Sie mit einer Büroklammer tun können – außer Papier zusammenzuklammern.

Auch hier müssen Sie Ihrer Phantasie freien Lauf lassen und versuchen, verschiedenste Antworten aus den verschiedensten Blickwinkeln zu entwickeln. Hier einige Beispiele: Sie können Büroklammern verwenden als Ohrring, Wandschmuck, Halskette, Lesezeichen, elektrischen Draht, Angelhaken, Haarklammer, Fingernagelreiniger, Geschoss für Steinschleudern, Clip zum Zusammenhalten von Kabeln, Wandhaken, Gürtelschnalle... Versuchen Sie, möglichst kreative Antworten zu finden und diese in eine Struktur zu bringen.

Stellen sie sich vor, ein UFO landet auf der Erde. Die Außerirdischen kennen nichts von unserem Planeten, können aber mit Ihnen kommunizieren. Sie zeigen auf die Allianz-Arena und fragen, was das sei. Wie würden Sie den Außerirdischen Fußball erklären?

Berater müssen gut kommunizieren können. Oft wird es Ihre Aufgabe in einem Beratungsprojekt sein, sehr komplexe Zusammenhänge und Ihre Analysen von mehreren Monaten Projektarbeit auf wenigen Powerpoint-Seiten für den Kunden vom Vorstandsvorsitzenden bis zum »Mann an der Maschine« ganz einfach zu erklären. Gehen Sie also auch hier bei Ihrer Antwort strukturiert vor. Zeigen Sie, dass Sie sich in die Situation des Empfängers Ihrer Nachricht hineinversetzen können.

Ist Ihnen schon einmal aufgefallen, dass in Kaufhäusern die Lebensmittelabteilung immer im Untergeschoss, das Restaurant immer oben und die Parfümerie immer am Eingang sind? Was glauben Sie, warum?

Wenn Sie als Betriebswirt Handel oder Marketing als Schwerpunkt studiert haben, sollten Sie die Antwort auf diese Frage kennen. Doch auch Fachfremde sollten mit einigen Überlegungen auf richtige Antworten kommen. Zum einen gibt es logische Gründe für die Anordnung der einzelnen Abteilungen. Zum anderen können Sie mit ein wenig Kreativität weitere Erklärungen finden. Diese Aufgabe ist also nicht hauptsächlich ein Kreativ-Brainteaser, sondern spricht vor allem Ihre Beobachtungsgabe sowie Ihr analytisches Denkvermögen an.

Lebensmittelabteilungen sind aus logistischen Gründen im Untergeschoss. Frische Waren werden täglich umgeschlagen (»Schnelldreher«) und so muss die Lieferung einfach abgewickelt werden können. Außerdem sind Lebensmittelabteilungen klimatisiert und es ist wohl einfacher, ein Kellergeschoss kühl zu halten als die oberste Etage eines Kaufhauses, auf die im Sommer direktes Sonnenlicht fällt. Warum ist das Restaurant immer oben? Viele Kunden suchen oft die Toilette auf, die meistens im Restaurantbereich zu finden ist. Diese Kunden müssen alle anderen Etagen und Waren passieren – vielleicht werden sie so zu spontanen Impulskäufen angeregt? Aus diesem Grund werden übrigens Waren, die man geplant kauft – wie zum Beispiel HiFi- oder Elektro-Geräte – in den oberen Etagen angesiedelt. Auch Kunden, die ein Geschäft für gezielte Käufe betreten, müssen so an allen anderen Waren vorbei.

Aus ganz einfachen Gründen finden sich Parfumartikel immer nah am Eingang. Parfum ist ein Luxusgut, das edel und anschaulich dargeboten wird. Es »macht sich gut« und einige Kunden werden zum spontanen Duft-Testen angeregt.

Sie und Ihr Nachbar, mit dem Sie kein sehr freundschaftliches Verhältnis verbindet, planen bei einem Garagenverkauf ihre alten Rasenmäher zu verkaufen (gleiches Modell, gleicher Zustand). Sie verlangen 100 Euro, Ihr Nachbar jedoch nur 40 Euro. Was sollen Sie machen?
Kaufen Sie den Rasenmäher des Nachbarn für 40 Euro und verkaufen Sie beide Rasenmäher für 100 Euro weiter!

Weitere Kreativ-Brainteaser zum Üben:
- Wie viele Möglichkeiten gibt es, von Köln nach Hongkong zu kommen?
- Was kann man alles mit einem Schneebesen machen?
- Wie kann man industriell Haselnüsse knacken, ohne die Nuss zu beschädigen?
- Wie glauben Sie, werden M&M's hergestellt?
- Welche Möglichkeiten gibt es, einen Golfball aus einem Golfloch zu nehmen, ohne sich die Finger schmutzig zu machen?
- Sie sind Jäger. Erklären Sie einem Kleinkind, dass Sie Tiere töten.

4. Abschätzungsfälle

Erwarten Sie in jedem Consulting-Interview Abschätzungsfälle und Marktgrößen-Cases (auch »Market-Sizing« genannt). Wichtige Berater--Eigenschaften sind der sichere Umgang mit Zahlen und ein Gefühl für Größen – besonders für große Größen. Mit Abschätzungsfragen können diese Fähigkeiten gut überprüft werden. Es muss nicht immer ein wirtschaftlicher Bezug gegeben sein. Auch im Alltag lassen sich Beispiele für Abschätzungsfälle finden.

Achten Sie auf die genaue Größe, nach der gefragt ist (z. B. Marktvolumen in Euro, nicht verkaufte Stückzahl eines Produktes). Gehen Sie strukturiert vor, stellen Sie kluge Fragen und erläutern Sie Ihre Denkschritte und Annahmen. Benutzen Sie einfache Zahlen und bleiben Sie beim Rechnen mit Ihren Zahlen konzentriert. Wenn Sie dann noch bei der

Präsentation Ihrer Lösung »den Faden in der Hand behalten«, ist dieser vorhersehbare – und leicht zu übende – Teil Ihres Bewerbungsgespräches gut zu meistern.

Wie viele Hunde gibt es in Deutschland?

Vielleicht ist Ihr Onkel Vorsitzender des Schäferhundzuchtvereines und Sie wissen die exakte Antwort. Machen Sie nicht den Fehler und beantworten Sie eine solche Frage schlicht mit einer einzigen Zahl – das ist nicht gefordert. Was vielmehr gefragt ist, ist eine strukturierte Herleitung. Ein Tool, das sich sehr gut zur Bearbeitung von Abschätzungsfällen eignet, ist der bereits erwähnte Logikbaum. In unserem Beispiel könnte die Entwicklung eines Logikbaums so aussehen:

- 1. Ebene: Anzahl der Einwohner in Deutschland dividiert durch die durchschnittlichen Menschen pro Haushalt
- 2. Ebene: Anzahl der Haushalte multipliziert mit dem Anteil der Haushalte mit Hunden
- 3. Ebene: Anzahl der Haushalte mit Hunden multipliziert mit der durchschnittlichen Anzahl an Hunden; Anzahl der Hunde, die woanders leben
- 4. Ebene: Anzahl der Hunde, die in Haushalten leben, und Anzahl der Hunde, die woanders leben
- 5. Ebene: Anzahl der Hunde in Deutschland

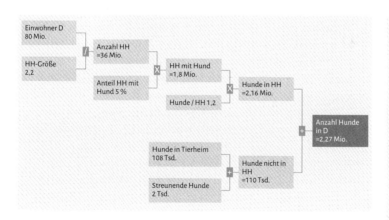

Schätzungen für die Ausgangsannahmen des Logikbaumes:

- Anzahl der Haushalte: Haushalte bestehen aus zwei bis drei Personen, mit abnehmender Tendenz. Wir nehmen 2,2 an.
- Anteil der Haushalte mit Hunden: Lassen Sie Ihren Verstand walten, wir nehmen fünf Prozent an.
- Anzahl der Hunde pro »Hundehaushalt«: Wird zwischen ein und zwei liegen, eher aber bei eins, wir nehmen 1,2 an.

Annahmen

Manchmal begnügt sich Ihr Interviewer mit Ihren groben Annahmen. Seien Sie jedoch darauf gefasst, dass zu einzelnen Größen eine Rückfrage kommt und Sie die Plausibilität Ihrer Annahmen beweisen müssen. Wie kommen Sie z. B. darauf, dass fünf Prozent der Haushalte einen Hund haben? Wenn Sie mit Ihrer Annahme vollkommen daneben liegen, wie können Sie eine realistische Zahl herleiten? Wo könnten Sie entsprechende Daten herbekommen?

- Zusätzlich leben Hunde in Tierheimen, bei Züchtern oder in Tiergeschäften. Wir addieren noch mal fünf Prozent der Hunde in Haushalten hinzu.
- Anzahl von Hunden, die anderswo leben: Es gibt nur wenige streunende Hunde in Deutschland. Wir nehmen 0,1 Prozent an.

Wie viele Hochzeiten werden in Deutschland jährlich gefeiert?

Dies ist eine ähnliche Fragestellung wie die vorangegangene, da von Ihnen eine demographische Analyse verlangt wird. Um die Zahl der Hochzeiten zu berechnen, könnten Sie z. B. zuerst die Zahl der sich im heiratsfähigen Alter befindlichen Menschen errechnen. Dann muss man den Anteil der Verheirateten schätzen und erhält so über die Lebensdauer die durchschnittliche Anzahl an Hochzeiten, die jedes Jahr gefeiert werden. Zusätzlich sollten Sie berücksichtigen, dass fast jede zweite Ehe in Deutschland geschieden wird.

Wie viele Bäume müssten für das Papier gefällt werden, damit man mit längs nebeneinander liegenden Telefonbüchern der Stadt München eine Kette rund um den Äquator bilden kann?

In dieser Aufgabe sind drei Größenschätzungen ineinander verschachtelt. Stellen Sie am besten zunächst eine Struktur zur Lösung von Teilaufgaben auf, damit Sie den Überblick behalten.

1. Welche Maße (Höhe, Dicke, Breite) hat das Telefonbuch von München?
   - Wie dick ist das Telefonbuch Ihrer Stadt? Hat Ihre Stadt 500.000 Einwohner und das Telefonbuch ist drei Zentimeter dick, müsste das Telefonbuch für die rund 1,5 Mio. Münchner theoretisch neun Zentimeter dick sein.
2. Wie viele Münchner Telefonbücher kann man aus dem Papier, das man aus einem Baum gewinnen kann, herstellen?
   - Schätzen Sie das Holzvolumen eines Baumstammes (Annäherung durch ein Rechteck oder noch genauer durch einen Zylinder) und berechnen Sie, wie viele Ihrer Telefonbücher »reinpassen«.
3. Wie viele Telefonbücher braucht man, um längsliegend eine Kette um den Äquator zu spannen?
   - Teilen Sie die rund 40.000 Kilometer Erdumfang durch die Höhe Ihres Telefonbuches.

Mit diesen drei Zahlen können Sie die Hauptfrage beantworten. Beachten Sie, dass Sie Ihre Annahmen und Abschätzungen explizit machen und erklären. Es gibt für solche Aufgaben nicht nur eine richtige Lösung. Der Weg ist das Ziel.

Weitere Aufgaben

Überlegen Sie, welche Marktgrößenabschätzungen Ihnen noch begegnen könnten. Des Beraters liebstes Hobby ist Golfen. Probieren Sie es mal hiermit:

- Wie viele Golfbälle passen in ein Flugzeug des Typs Airbus A380?
- Wie viele Golfbälle sind zu einem bestimmten Zeitpunkt weltweit gleichzeitig in der Luft?

Suchen Sie sich aktiv Übungssituationen, z. B. auf der Anreise zum Interview:

- Was ist der durchschnittliche Umsatz der Lufthansa mit Flugpassagieren in Deutschland am heutigen Tag?
- Wie viel Tonnen Gepäck befördert ihr Zielflughafen pro Jahr?

Üben Sie weitere Abschätzungsfälle!

- Wie viele Fahrräder gibt es in Deutschland?
- Wie viel Zeit hat der Weihnachtsmann pro Kind und wie viele Kilometer muss er an einem Heiligabend ungefähr zurücklegen? Wie viele Rentiere braucht er für den Schlitten?
- Welcher Umsatz wird mit Geschenken für Deutsche gemacht, die heute Geburtstag haben?
- Wie groß ist der jährliche Kaffeeabsatz weltweit (in Tassen, in Euro, in Stück Kaffeebohnen)?
- Wie schwer ist der Eiffelturm?
- Wie viele Begräbnisse finden jedes Jahr in der Schweiz statt?
- Was ist das Marktpotenzial für Autoradios in Deutschland?
- Wie viele Tankstellen gibt es in Budapest?
- Wie viele Liter Mineralwasser werden pro Jahr in Deutschland getrunken?
- Wie viele Smarties passen in einen Smart?

5. Basisdaten für Abschätzungsfälle

Wir haben Ihnen einige wesentliche Eckdaten zusammengestellt, die Ihnen bei der Bearbeitung von Größenabschätzungen helfen können:

Kerndaten zu Ländern

Deutschland

- Bevölkerung: 83,1 Mio. (zum Rechnen: 80 Mio.); Wahlberechtigte: 64 Mio.; Erwerbstätige: 41 Mio.; 41,4 Mio. Haushalte
- Größte Städte: Berlin (3,5 Mio.), Hamburg (1,8 Mio.), München (1,5 Mio.), Köln (1 Mio.), Frankfurt a. M. (0,7 Mio.)
- 3,23 Billionen Euro Bruttoinlandsprodukt (BIP); je Einwohner 40.000 Euro (2018)

- Registrierte Kfz: 64,8 Mio.; Neuzulassungen: rund 4 Mio. (in 2018)
- Größte deutsche Unternehmen (Umsatz (in Mrd. Dollar)/ Beschäftige (Tsd.), Quelle: Forbes, 2019):
    - Rang 18: Volkswagen Group: 278 / 664
    - Rang 23: Allianz: 119 / 142
    - Rang 37: Daimler: 197 / 298
    - Rang 57: BMW Group: 115 / 134
    - Rang 64: Siemens: 98 / 379
    - Rang 263: E.ON: 35 / 43

USA
- Bevölkerung: 332 Mio. (2018)
- Größte Städte: New York (City: 8,5 Mio., Großraum: 22 Mio.), Los Angeles (City: 4 Mio., Großraum: 18 Mio.)
- BIP: ca. 20,5 Billionen US-Dollar (2018)

Zeiten
- Tage im Jahr: 365
- Wochen im Jahr: 52 (nicht $12 \cdot 4 = 48$!)
- Urlaubstage von Mitarbeitern: ca. 25-30
- Arbeitstage im Jahr: ca. 250
- 60 Sekunden = 1 Minute; 60 Minuten = 1 Stunde; 24 Stunden = 1 Tag usw. Also hat ein Jahr 31.536.000 Sekunden (60 Sekunden · 60 Minuten · 24 Stunden · 365 Tage)

Räume und Flächen
Bei der Berechnung von Räumen und Flächen wird mathematisches Grundwissen vorausgesetzt, das nicht für jeden alltäglich ist. Daher sollten Sie die wichtigsten Zusammenhänge auffrischen:

Flächeninhalt (A):
- Quadrat: $A = a^2$
- Rechteck: $A = \text{Länge} \cdot \text{Breite}$
- Dreieck: $A = \tfrac{1}{2}\,\text{Grundseite} \cdot \text{Höhe}$
- Kreis: $A = \pi \cdot \text{Radius}^2$

π (Pi) beschreibt das Verhältnis des Umfanges eines Kreises zum Durchmesser. Wert = ca. 3,14

Volumen (V):
- Würfel: $V = a^3$
- Quader: $V = \text{Höhe} \cdot \text{Breite} \cdot \text{Länge}$
- Quadratische Pyramide: $V = 1/3 \cdot \text{Grundseite}^2 \cdot \text{Höhe}$
- Zylinder: $V = \pi \cdot \text{Radius}^2 \cdot \text{Höhe}$
- Kegel: $V = \pi/3 \cdot \text{Radius}^2 \cdot \text{Höhe}$
- Kugel: $V = 4/3 \cdot \pi \cdot \text{Radius}^3$

Einheiten:
- Fläche: $1\,m^2 = 0{,}000001\,km^2 = 10.000\,cm^2 = 1.000.000\,mm^2$
- Volumen: $1\,m^3 = 1.000.000\,cm^3$; $1\,l = 0{,}001\,m^3 = 1.000\,cm^3$

Trainingsaufgaben

- Ein rechteckiges Grundstück, das anderthalb mal so lang wie breit ist, hat eine Fläche von 216 Quadratmetern und soll an zwei benachbarten Seiten eingezäunt werden. Wie viel Meter Zaun werden benötigt?

  Antwort: ....

- Ein Produktionstank ist drei Meter breit, 1,5 Meter tief und 80 Zentimeter hoch. Er soll bis fünf Zentimeter unter den Rand mit Wasser gefüllt werden. Wie viel Liter Wasser werden für die Füllung benötigt?

  Antwort: ....

6. Wissensfragen

Einige Beratungen stellen Ihnen Wissensfragen. Diese werden in Tests oder als Teil des Interviews abgefragt und kommen üblicherweise aus folgenden Bereichen:
- Allgemeinwissen
- Wirtschaftswissen
- Branchenwissen
- Fachwissen

Bewerben Sie sich beispielsweise bei Roland Berger für eine bestimmte Schwerpunktbranche, sollten Sie auch einige Hintergrundfragen zu dieser Branche beantworten können. Bei anderen Beratungen, wie z. B. bei Arthur D. Little und Oliver Wyman sind Wissensfragen ein Bestandteil eines 30- bis 45-minütigen schriftlichen Tests. Außerdem können einige Bereiche aus dem aktuellen politischen und wirtschaftlichen Umfeld in Form einer Diskussion (z. B. bei Roland Berger oder McKinsey) vorkommen. Fachfragen erwarten natürlich nur Bewerber, die ein entsprechendes Schwerpunktgebiet auch studiert haben.

Testen Sie anhand der folgenden typischen Fragen aus aktuellen Bewerbungsgesprächen Ihr Wissen. Die Lösungen finden Sie unter IV.10 im Lösungsteil.

Allgemeinwissen

1. Nennen Sie alle deutschen Bundeskanzler seit 1949

   Antwort:
   ....

2. Aus wie vielen Ländern besteht die EU? Welche?

   Antwort:
   ....

3. Nennen Sie fünf deutsche Komponisten

   Antwort:
   ....

4. Nennen Sie fünf deutsche Schriftsteller

   Antwort:
   ....

5. Nennen Sie fünf Minister der amtierenden Bundesregierung

   Antwort:
   ....

6. Wann ist der Tag der Deutschen Einheit?

   Antwort:
   ....

7. Wann hat Amerika die Unabhängigkeit erklärt?

   Antwort:
   ....

Wirtschaftswissen/Branchenwissen

8. Wer ist der Vorstandsvorsitzende von Siemens?

   Antwort:
   ....

9. Was ist der Jahresumsatz von E.ON?

   Antwort:
   ....

10. Nennen Sie fünf der zehn größten DAX-Werte

    Antwort:
    ....

11. Was war das Weltwirtschaftswachstum in 2018?

    Antwort:
    ....

12. In welchen Teilen Europas beobachtet man eine Stagnation des Wirtschaftswachstums?

Antwort:
....

13. Welche sind die größten deutschen Pharma- und Chemiekonzerne? (analog: die größten Versicherer, Banken etc.)

Antwort:
....

14. Wofür steht S&P 500?

Antwort:
....

15. Stand des DAX, Dollars, Ölpreises

Antwort:
....

16. Was ist die Inflationsrate?

Antwort:
....

17. Wie viele EU-Staaten haben bereits den Euro eingeführt?

Antwort:
....

18. Was ist Basel II?

Antwort:
....

Fachwissen

19. Schreiben Sie die Elemente einer GuV (Gewinn- und Verlustrechnung) auf und erläutern Sie die einzelnen Positionen (auf Detailfragen gefasst sein)

20. Welche Kennzahlen können Sie ableiten und was bedeuten diese? (z. B. Personalintensität, ROI, Eigenkapitalquote, Umsatzrentabilität)

21. Welche Methoden zur Unternehmensbewertung kennen Sie? Was sind die Vor- und Nachteile der verschiedenen Methoden?

22. Diskutieren Sie die Vor-/Nachteile von EVA (Economic Value Added).

7. Logiktests

Tipp

Das squeaker.net-Buch »Das Insider-Dossier: Auswahlverfahren bei Top-Unternehmen« behandelt speziell Analytiktests, wie sie häufig bei Unternehmensberatungen zum Einsatz kommen.

Logiktests sind Teil der Analytiktests einiger Beratungen. Es gibt verschiedene Aufgabenstellungen von Logiktests. Die gängigsten stellen wir Ihnen hier kurz vor. Wir empfehlen, dass Sie die verschiedenen Aufgabentypen vor dem Bewerbungsgespräch üben.

Wichtig zu wissen ist, dass der Umfang von Logiktest-Aufgaben immer so gewählt ist, dass Sie ihn in der vorgegebenen Zeit nicht mit 100-prozentiger Sicherheit bewältigen können. Lassen Sie sich also nicht unter Druck setzen, denn hieran erkennt der Personaler, wie Sie unter Zeitdruck arbeiten und ob Ihre Leistungen bei Stress gleich gut bleiben.

Zahlenfolgen

Die Folge $2-4-8-16-32-64-\ldots$ ist schnell enttarnt: Hier folgt die 128 als nächste Zahl, da immer mit zwei multipliziert wird. Doch genauso wie bei diesem simplen Beispiel folgen alle Zahlenreihen einfachen Gesetzmäßigkeiten, die mit ein bisschen Übung schnell gefunden sind. Schauen Sie sich die Veränderung von zwei Zahlen an und schreiben Sie die Rechenoperation darunter. Das sieht dann so aus:

$$7-14-98-49-56-392-196-203$$
$$+7 \quad \cdot 7 \quad :2 \quad +7 \quad \cdot 7 \quad :2 \quad +7$$

$$4-8-11-7-35-41-34$$
$$\cdot 2 \quad +3 \quad -4 \quad \cdot 5 \quad +6 \quad -7$$

Sie sehen, die Rechenoperation hat eine relativ einfache Struktur. Die einzige Schwierigkeit liegt darin, diese herauszufinden. Man unterscheidet zwischen statischen und dynamischen Zahlenreichen. Bei statischen Reihen, wie im ersten Beispiel, wiederholen sich die Rechenoperationen immer wieder. Dynamische Reihen, wie im zweiten Beispiel, haben einfache Zahlenreihen als Operationsfolge zur Grundlage.

Ergänzen Sie zur Übung folgende Zahlenreihen:
1. $4-8-24-19-23-69-64-\ldots$
2. $10-30-5-9-72-12-24-\ldots$
3. $10-12-48-40-56-1792-1728-\ldots$

Zahlenmatrizen

Zahlenmatrizen wirken auf den ersten Blick komplizierter als Zahlenreihen. Doch keine Angst, auch Zahlenmatrizen folgen Gesetzmäßigkeiten, die – da sie sich in Zeilen und/oder Spalten wiederholen – im Grunde noch einfacher herauszufinden sind. Schauen Sie sich an, wie

die Zahlen sich von Spalte zu Spalte und von Zeile zu Zeile verändern.
Hier ein Beispiel:

$$\begin{bmatrix} 224 & 112 & 56 \\ 112 & 56 & 28 \end{bmatrix}$$
$$\quad 56 \quad 28 \quad 14$$

$224 : 2 = 112 \qquad 112 : 2 = 56$

$112 : 2 = 56 \qquad 56 : 2 = 28$

$56 : 2 = 28 \qquad 28 : 2 = 14$

In diesem Beispiel wird in Zeilen und Spalten jeweils durch 2 dividiert. Bei anspruchsvollen Aufgaben werden Sie in Zeilen und Spalten verschiedene Rechenoperationen finden. Testen Sie's:

1) $\begin{bmatrix} 200 & 100 & 50 \\ 40 & ? & 10 \end{bmatrix}$
$\quad\quad 8 \quad\ 4 \quad\ 2$

2) $\begin{bmatrix} ? & 196 & 392 \\ 14 & 28 & 56 \end{bmatrix}$
$\quad\quad 2 \quad\ 4 \quad\ 8$

Rechnen mit Zahlensymbolen

Bei diesem Aufgabentyp steht jeweils ein Symbol für eine Ziffer. Bei diesem klassischen Beispiel ist herauszufinden, für welche Ziffer □ wohl steht.

　　□□□　　　　a) 7　b) 4　c) 2　oder　d) 5?
+ 　□□□
+ 　□□□
= 　◆◆◆

Die richtige Antwort ist c), also 2. Denn nur bei Einsetzen der 2 erhält man ein dreistelliges Ergebnis. Alle anderen Zahlen würden zu einem vierstelligen Ergebnis führen. Natürlich wären auch 1 und 3 mögliche Ergebnisse, diese stehen hier jedoch nicht zur Auswahl.

1) □ : ○ = □　　　　○ = ?　　a) 2　b) 5　c) 3　d) 1　e) 4

2) □◆ · ◆ = ○□◆　　◆ = ?　　a) 4　b) 1　c) 5　d) 7　e) 3

3) 　◆◆　　　　　　[Welche Antwort ist falsch?]
　+ ◆◆　　　　　◆ = ?　　a) 1　b) 2　c) 3　d) 4　e) 5
　= □□

4) □◆ · ◆ = ○○◆　　○ = ?　　a) 1　b) 4　c) 3　d) 6　e) 8

Tipp

Schauen Sie sich die einzelnen Grafiken von links nach rechts an. Was verändert sich von Bild zu Bild? Mal ist es die Anzahl an einzelnen Elementen. Mal dreht sich ein Element mit oder gegen den Uhrzeigersinn. Mal springt ein Element von einer zur nächsten Ecke oder bewegt sich hin und her. Verfolgen Sie, wie sich jedes Element nach und nach verändert – so finden Sie die Systematik heraus und kommen zur richtigen Lösung.

Figurenfolgen

Welche der Figuren gehört an die Stelle des Fragezeichens? a), b), c) oder d)? Testen Sie sich und schlagen Sie dann erst die Antwort nach!

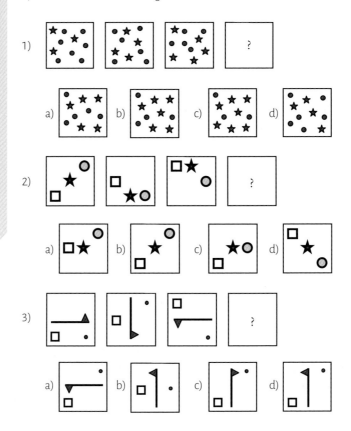

Sprachanalogien

Bei sprachlichen Analogien drücken zwei Worte ein vergleichbares Verhältnis zueinander aus. So verhält sich Paris zu Frankreich wie Berlin zu Deutschland. Finden Sie die richtige Analogie heraus:

1. Käfig : Löwe wie Aquarium : ?
   a) Tier   b) Katze   c) Fisch   d) Wasser

2. Herz : Mensch wie Motor : ?
   a) Maschine   b) Auto   c) Öl   d) Benzin

3. 3) Buchstabe : Wort wie Ziffer : ?
   a) Zahl   b) Rechnen   c) Mathe   d) Summe

4. Kilogramm : Masse wie Meter : ?
   a) Zentimeter   b) Einheit   c) Spannweite   d) Entfernung

Logik

Prüfen Sie, welcher der folgenden »Schlüsse« aus den Voraussetzungen folgt oder nicht folgt, d. h. ob mit der Behauptung der Voraussetzungen der jeweilige Schluss wahr oder nicht wahr ist. Sie werden sehen, dass man aus dem Stegreif und ohne Übung kaum zu vernünftigen Ergebnissen kommt. Versuchen Sie, die Zusammenhänge streng nach der Logik zu folgern, und kreuzen Sie »folgt« oder »folgt nicht« entsprechend an. Benutzen Sie im Zweifel Mengendiagramme zur Veranschaulichung.

1. Alle Hunde sind Lebewesen. Alles Kleine ist bösartig.

   a) Alle bösartigen Hunde sind kleine Lebewesen.
   (folgt / folgt nicht)

   b) Einige kleine Hunde sind keine bösartigen Lebewesen.
   (folgt / folgt nicht)

   c) Einige bösartige Hunde sind kleine Lebewesen
   (folgt / folgt nicht)

   d) Alle kleinen Hunde sind bösartige Lebewesen
   (folgt / folgt nicht)

   e) Alle nicht bösartigen Hunde sind Lebewesen, die nicht klein sind.
   (folgt / folgt nicht)

2. Alle Berater arbeiten viel. Alle Partner sind reich. Einige Partner arbeiten nicht viel.

   a) Alle Berater sind nicht reich.
   (folgt / folgt nicht)

   b) Einige, die reich sind, sind keine Berater.
   (folgt / folgt nicht)

   c) Alle Berater sind Partner.
   (folgt / folgt nicht)

Buchstabenreihen

Ähnlich wie Zahlenreihen liegen Buchstabenreihen logische Gesetze zu Grunde, die herauszufinden sind. Das Alphabet ist Ihnen ja bestens bekannt, überlegen Sie, wo Sie Gesetzmäßigkeiten finden. Wie werden diese Reihen fortgesetzt?

1. o n m l k j i

    a) p q   b) r s   c) f e   d) h g

2. a o b c o d e f o g h i j

    a) k o l   b) o k l   c) o l m   d) k l o

Buchstabengruppen

Bei diesem Aufgabentyp finden Sie – in unserem Beispiel – jeweils fünf Buchstabengruppen mit je vier Buchstaben vor. Jede Reihe ist nach einer bestimmten Regel gebildet. Jeweils eine Buchstabengruppe fällt heraus. Welche?

1. a) BAZY   b) MLKJ   c) GBAF   d) HGFE   e) UTSR

2. a) MBAN   b) ODCP   c) QFER   d) SHGT   e) UKIV

Wochentage

Die Wochentage und ihre Reihenfolge beherrschen Sie im Schlaf. Bei diesem Aufgabentyp kommt es lediglich auf Konzentration an. Ein einfaches Beispiel: »Der Tag vor gestern war Freitag. Welcher Tag ist drei Tage nach morgen?«. Die richtige Antwort ist Donnerstag, denn: Wenn der Tag vor gestern Freitag war, dann ist heute Sonntag. Morgen ist Montag. Drei Tage nach Montag ist folglich Donnerstag. Finden Sie zuerst heraus, welcher Tag heute ist, und dann ermitteln Sie den gefragten Tag.

Probieren Sie es selbst:
1. Übermorgen ist Sonntag. Welcher Tag war zwei Tage vor vorgestern?
2. Wenn zwei Tage vor gestern Freitag war, welchen Tag haben wir dann in drei Tagen?
3. Wenn der Tag nach übermorgen zwei Tage vor Montag liegt, welcher Tag war dann gestern?
4. Welcher Tag folgt auf übermorgen, wenn es vorgestern vier Tage vor Sonntag war?

Über diese Aufgabentypen hinaus gibt es noch weitere Logiktests. So wie es Sprachanalogien gibt, gibt es auch Grafikanalogien. Ähnlich wie Zahlenmatrizen sind Aufgaben mit Dominosteinen. Weiterhin gibt es Aufgaben, die sich mit Flussdiagrammen und Schaubildern, mit logischen Schlussfolgerungen oder auch mit Sprichwörtern beschäftigen. Es würde zu weit führen, alle einzelnen Aufgabentypen hier vorzustellen.

Mehr Aufgaben

Weitere Aufgaben zum Üben können squeaker.net-Mitglieder in mehreren interaktiven Tests online durchspielen. Darüber hinaus bietet das Buch »Das Insider- Dossier: Auswahlverfahren bei Top-Unternehmen« strukturierte Übungen und zahlreiche Einstellungstests. *squeaker.net/insider*

IV. Tests

8. Mathematische Analytikaufgaben

Bei einigen Beratungen (z. B. Oliver Wyman und Arthur D. Little) gehören mathematische Aufgaben zu wirtschaftlichen Zusammenhängen zu dem Analytiktest im Bewerbungsverfahren. Da Sie meistens keinen Taschenrechner zur Verfügung gestellt bekommen, lohnt es sich, diese Art von Aufgaben zu üben. Die größte Schwierigkeit bei der Lösung dieser Aufgaben ist die knappe Zeit, die Sie zur Verfügung haben. Hier sind einige typische Aufgaben zum Üben:

1) Marktanteil eines Vodkaherstellers
Sie beraten den führenden Anbieter von Vodka in Island. Durch den Eintritt verschiedener Konkurrenten hat sich der Marktanteil Ihres Kunden in den letzten Jahren verschlechtert.

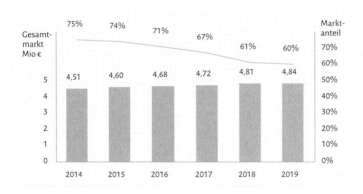

1a) Um wie viel Euro ist der Umsatz des Vodka-Herstellers zwischen 2014 und 2019 zurückgegangen?
   a) 300.000
   b) 1,4 Mio.
   c) 448.000
   d) 478.500
   e) 480.000

1b) In welchem Jahr war der Umsatzrückgang am geringsten?

1c) In welchem Jahr war der prozentuale Umsatzrückgang am höchsten?

2) Vertriebsregionen eines Staubsaugeranbieters
Ein Anbieter von Staubsaugern analysiert die Entwicklung seiner vier Vertriebsregionen. Folgende Daten liegen vor:

	2014	2015	2016	2017	2018	2019
Gesamtmarkt (Mio. Euro)	21	21,9	22,7	23,2	24,6	25,7
Marktanteil	5 %	5 %	7 %	8 %	8 %	10 %
Anteil Regionen						
Nord	10 %	10 %	10 %	10 %	10 %	15 %
Süd	30 %	30 %	25 %	20 %	20 %	20 %
Ost	20 %	20 %	20 %	25 %	25 %	25 %
West	40 %	40 %	45%	45 %	45 %	40 %

Beantworten Sie die folgenden Fragen:

a) Wie hoch war der Umsatz in Region Nord in 2018?

b) Wie hat sich der Umsatz in Region West von 2017 bis 2018 verändert?

c) In welchem Jahr sind die Gesamtumsätze real am stärksten gewachsen?

d) In welchen Regionen gab es einen realen Umsatzrückgang von einem Jahr ins nächste?

e) Wie oft ist der Umsatz in einer Region um mindestens 10 Prozent von einem Jahr ins nächste gewachsen?

f) Welche Region hat im Durchschnitt das höchste jährliche Wachstum (CAGR) zwischen 2014 und 2018?

g) Welche Region hat das geringste prozentuale Umsatzwachstum von Jahr 2015 bis 2018?

h) Welche Region hat das höchste prozentuale Umsatzwachstum von Jahr 2015 bis 2018?

3) Bierkonsum in Frankreich

Sie beraten eine deutsche Bierbrauerei. Der CEO überlegt, in den französischen Markt einzusteigen. Welche der folgenden Daten benötigen Sie, um das Absatzpotenzial von Bier in Frankreich am besten einzuschätzen?

1) Die Anzahl an Bierbrauereien in Frankreich

2) Eine Abschätzung des Bierkonsums je Einwohner in Frankreich

3) Eine Marktstudie, die die Brauerei vor zwei Jahren durchgeführt hat

4) Die Bevölkerungszahl von Frankreich

5) Der Anteil an Bierkonsumenten in der französischen Bevölkerung

6) Die durchschnittliche Produktionsmenge an Bier in den französischen Brauereien

7) Eine Abschätzung des Bierexportes von Deutschland nach Frankreich

   a) Kombination 1 und 6

   b) Kombination 4 und 5

IV. Tests

c) Kombination 7 und 4
d) Kombination 2 und 4
e) Kombination 3 und 1

4) Standorteffizienz

Sie beraten ein Unternehmen, das an verschiedenen europäischen Fertigungsstandorten Glühbirnen fertigt. Folgende Daten erhalten Sie, um die Kosteneffizienz der Standorte zu beurteilen:

Standort	Frankreich	Italien	Tschechien
Ausbringungsmenge in Stück pro Woche	2.500.000	1.500.000	1.300.000
Anzahl Vollzeitmitarbeiter (40 h/Woche)	112	98	88
Anzahl Teilzeitmitarbeiter (20 h/Woche)	18	12	24
Stundenlohn in Euro	32	27	13

Welcher der Standorte arbeitet am effizientesten? Bringen Sie die Standorte in die richtige Reihenfolge:
a) Italien, Frankreich, Tschechien
b) Frankreich, Tschechien, Italien
c) Italien, Tschechien, Frankreich
d) Frankreich, Italien, Tschechien
e) Tschechien, Italien, Frankreich
f) Tschechien, Frankreich, Italien

5) Mathe-Fragen im Interview

Seien Sie auch auf kleine Fragen zur Überprüfung Ihrer quantitativen und numerischen Fähigkeiten mitten im Personal-Fit oder Case Interview vorbereitet. Typische Fragen sind bspw.:

- Wie viel sind 7% von 79?
- Der Gesamtmarkt ist 380 Mio. Euro. Wir machen 44 Mio. Euro Umsatz, welcher Anteil ist das?
- In wie viel Minuten ist Silvester?
- Mein Anzug hat 800 Euro gekostet. Was ist der Netto-Preis ohne Mehrwertsteuer?
- Wir machen 300 Mio. Euro Umsatz. 25% davon sind Export und 10% davon in Produktgruppe A. Welchen Exportumsatz machen wir in Produktgruppe A?
- Wie viel sind 34.000 Euro mal 7,5 Millionen Kunden?

Quick Math

Sicheres Kopfrechnen kann im Bewerbungsgespräch darüber entscheiden, ob Sie am Ende des Tages das ersehnte Job-Angebot erhalten – oder stattdessen eine Absage. Auf squeaker.net finden Sie hilfreiche Rechentricks: *squeaker.net/de/ Ratgeber/Einstellungstest/Quick-Math*

9. Mathe-Basics

Viele abgelehnte Bewerber haben uns berichtet, dass sie Cases im Ansatz richtig gelöst haben, dann aber beim Ausrechnen des Ergebnisses (z. B. bei Marktgrößen-Fällen bzw. Abschätzungsfällen) Fehler machten. Consulter lieben es, Ihre Fähigkeiten des »Quick-Math« zu testen. Da man sich im Laufe des Studiums an den Taschenrechner gewöhnt, kann es unter Zeitdruck und in der Hektik des Interviews vorkommen, dass man Schwierigkeiten hat, einfache Rechenoperationen zügig und sicher durchzuführen. Es sei deshalb jedem ans Herz gelegt, die schriftlichen Grundrechenarten noch einmal zu üben und im »Einmaleins« und Kopfrechnen fit zu sein. Darüber hinaus sollte man einige Dreisatz-Aufgaben noch mal üben. Nichts ist ärgerlicher als im Ansatz alles richtig zu machen, und dann auf der Zielgeraden zu stolpern.

Beispiele:

Schriftliche Multiplikation

$$93 \cdot 24$$
$$186$$
$$+ \quad 372$$
$$= 2232$$

Schriftliche Division

$$537 : 3 = 179$$
$$-3$$
$$\overline{23}$$
$$-21$$
$$\overline{27}$$
$$-27$$
$$\overline{0}$$

Große Zahlen

Achten Sie auch auf typische Fehlerquellen im Umgang mit »großen Zahlen«. Beim Multiplizieren von Zahlen gilt die einfache Regel, dass Sie im Ergebnis die Summe der Stellen der beiden Multiplikatoren haben müssen.

$20.000 \cdot 3.000.000$ ergibt $2 \cdot 3$ mit »$4 + 6 = 10$«-Nullen, also $60.000.000.000$ (= 60 Milliarden). Trennen Sie die Stellen in Tausenderschritten mit einem Punkt, so behalten Sie den Überblick.

Prozentzahlen und Promille

1 ‰ sind 0,001 – 1 ‰ von 32.384 = 32,384. Sie müssen in diesem Fall das Komma um die Anzahl der Stellen nach links verschieben.

1 % sind 0,01 – also ist 1 % von 19,50 Euro = 19,5 Cent.

6 % · 7 % sind nicht 6 · 7 = 42 %, sondern 0,06 · 0,07 = 0,0042 = 0,42 %.

100 % entspricht 100/100 = 1. Also sind 200 % gleich 200/100 = 2.
200 % von 30 Euro sind also 2 · 30 Euro = 60 Euro.

Eine prozentuale Wertsteigerung (z. B. einer Aktie) errechnet sich wie folgt:
Wert 12/2002: 25 Euro. Wert 12/2003: 50 Euro. Wertsteigerung: 50/25 = 2;
Eine Verdopplung entspricht einer Steigerung um 100 Prozent.
Eine Steigerung um 300 Prozent ist nicht etwa eine Verdreifachung (also
$25 \cdot 3 = 75$) sondern $3 \cdot 25$ plus die ursprünglichen $25 = 100$.

Dreisatz

Dreisatzaufgaben gibt es mit direkter und indirekter Proportionalität.
Die Aufgabentypen werden unterschiedlich berechnet:

Direkt-proportionale Aufgaben verlangen von Ihnen, dass Sie aus
der Aufgabe erkennen, welche Größen einander entsprechen. Sie wissen,
dass sich von drei gegebenen Größen genau zwei entsprechen und die
vierte Größe gefunden werden muss. Notieren Sie sich den gesuchten
Zusammenhang immer in Gleichungsform und lösen Sie nach der
gesuchten Größe auf:

$$\frac{X_1}{Z_1} = \frac{X_2}{Z_2}$$

Beispielaufgabe: Wie viel bezahlt man für 400 Gramm Kaffee, wenn
500 Gramm sechs Euro kosten?

$$\frac{6}{500g} = \frac{x}{400g} \qquad x = \frac{6}{500g} \, 400g = \frac{24}{5} = 4,8$$

Indirekt proportionale Aufgaben weisen ein umgekehrtes Verhältnis
zueinander auf:

$$X_1 \cdot Y_1 = X_2 \cdot Y_2$$

Beispielaufgabe: Eine Fabrik mit zehn Produktionsanlagen kann bei
Betrieb von sieben Anlagen mit den vorhandenen Vorräten und Roh-
stoffen im Lager sechs Tage unter Volllast produzieren. Wie viele Tage
reicht der Lagerbestand bei Betrieb von neun Anlagen?

$$7 \cdot 6 = 9 \cdot x \qquad x = \frac{7 \cdot 6}{9} = 4,\overline{6}$$

Potenzen und Wurzeln

$3^2 = 9$
$(3^2)^2 = 3^{2 \cdot 2} = 3^4 = 81$
$3^2 \cdot 3^3 = 3^{2+3} = 3^5 = 243$

Und was ist z. B. die Wurzel aus 29?

Keine Panik, wenn Sie der Interviewer mit einer solchen Frage konfrontieren sollte (z. B. im Rahmen eines Cases). Zwischen welchen Zahlen dürfte die Wurzel aus 29 liegen? Wohl zwischen 5 und 6, da $5^2 = 25 < 29 < 6^2 = 36$. Wie bestimmt man nun die Dezimalstellen? Die Differenz zwischen 36 und 25 beträgt 11. Von dieser Differenz wollen wir 29 - 25 = 4 abgreifen, also 4/11 der Differenz. Als Approximation dürfte dies reichen, so dass wir 5 4/11 erhalten, was in Dezimalschreibweise ca. 5,4 entspricht. Zur Probe: $5,4^2 = 29,16$.

Zu guter Letzt zwei Beispielaufgaben aus Interviews

a) Die Zahl 9

Sie haben dreimal die Zahl neun zur Verfügung und sollen diese für die Konstruktion einer Basis sowie eines Exponenten nutzen, um das höchste Ergebnis zu erzielen. Beispiel: 9^{99}

Gehen Sie alle Möglichkeiten durch und begründen Sie – denken Sie hierbei laut! – warum einige Möglichkeiten überboten werden.

$(9^9)^9 = 9^{81}$

$9^{99} > 9^{81}$

99^9 entspricht in etwa $81^9 = (9^2)^9 = 9^{18}$ (Annäherung; natürlich ist $9^2 = 81$ noch etwas von 99 entfernt!) und ist somit definitiv kleiner als 9^{99} (an solchen Größenunterschieden rüttelt auch die Annäherung nicht).

Ist 9^{99} unser Sieger? Wer hat gesagt, dass Klammern keinen Unterschied machen? Wie steht es denn um $9^{\wedge}(9^9)$? Da 9^9 als Exponent definitiv höher ist als der Exponent 99, haben wir hiermit die Lösung gefunden: $9^{\wedge}(9^9)$.

b) Die Zahl 24

Sie sollen die Zahl 24 aus den Zahlen 3, 3, 8, 8 errechnen. Alle diese Zahlen müssen bei der Rechnung genau einmal vorkommen. Sie dürfen nur die vier Grundrechensymbole (+, -, ·, /) sowie Klammern verwenden. Aus 3 und 8 dürfen Sie nicht 3,8 machen. Benutzen Sie lediglich Punkt- und Strichrechnung. Also zum Beispiel: 3 + 3 + 8 + 8 = 22 oder 3 · (3 + 8 + 8) = 57.

Es gibt viele Wege, aber nur einer führt hier ans Ziel: strukturiertes Denken und eine gewaltige Portion Glück, um in einer Minute auf die Lösung zu kommen.

Wie erhält man 24? Eine Primfaktorzerlegung zeigt:

$24 = 2 \cdot 2 \cdot 2 \cdot 3 = 8 \cdot 3$

8 · 3 entspricht aber auch 8/(1/3).

Die 8 haben wir schon. Was bleibt, ist 1/3. Das erhalten wir durch
3 - 8/3 (Punkt vor Strich, von nichts anderem war anfangs die Rede).
So erhalten wir als Lösung: 8/(3 - 8/3) = 8/(1/3) = 8 · 3 = 24!

10. Lösungen

Lösungen Case-Berechnungen

Case 4: Umsätze in luftiger Höhe
Vergleichstabelle Berechnungen:

	2015	2016	2017	2018	2019
Sonstige Umsätze	1.741	2.207	6.456	9.891	11.636
Anteil stg. Umsätze	3 %	4 %	12 %	14 %	15 %
Anstieg Umsatz		-9 %	7 %	31 %	7 %
Anstieg stg. Umsatz		27 %	193 %	53 %	18 %
Anstieg Passagiere		6 %	17 %	28 %	6 %
Passagierkapazität	5 Mio.	5 Mio.	7 Mio.	7 Mio.	7 Mio.
Sonstiger Umsatz p. P.	0,5	0,6	1,5	1,8	2

- Anstieg Anteil sonstige Umsätze: 40 0%
- Durchschnittliche jährliche Wachstumsrate
- (= CAGR = Compound annual growth rate) für Passagiere: 14 %
- Für Umsatz: 8 %
- Für sonstigen Umsatz: 61 %

Case 17: Bewertung einer Fernsehkabelgesellschaft
Werte bei 25 % Verzinsung: 350, 146 und (-48).

Lösungen Wissensfragen (Stand Dezember 2019)
1. Konrad Adenauer, Ludwig Erhard, Kurt Georg Kiesinger, Willy Brandt, Helmut Schmidt, Helmut Kohl, Gerhard Schröder, Angela Merkel
2. 28; Belgien, Bulgarien, Dänemark, Deutschland, Estland, Finnland, Frankreich, Griechenland, Irland, Italien, Kroatien, Lettland, Litauen, Luxemburg, Malta, Niederlande, Österreich, Polen, Portugal, Rumänien, Schweden, Slowakei, Slowenien, Spanien, Tschechien, Ungarn, Vereinigtes Königreich, Zypern
3. z. B. Johann Sebastian Bach, Ludwig van Beethoven, Felix Mendelssohn Bartholdy, Richard Strauss, Richard Wagner
4. z. B. Thomas Mann, Friedrich Schiller, Johann Wolfgang von Goethe, Günter Grass, Patrick Süskind, Rebecca Gablé
5. z. B. Olaf Scholz, Horst Seehofer, Peter Altmaier, Annegret Kramp-Karrenbauer, Franziska Giffey
6. 3. Oktober
7. 4. Juli 1776

Brexit

Das Vereinigte Königreich bleibt rechtlich gesehen bis zum Abschluss der Austrittsverhandlungen Mitglied der Europäischen Union.

8. Josef (Joe) Kaeser
9. 30.253 Mio. Euro (2018)
10. z. B. Volkswagen, Allianz, Deutsche Post, Siemens, Deutsche Telekom
11. ca. 2,5 Prozent
12. Stagnation oder geringes Wachstum beobachtet man v. a. in West-Europa
13. Pharma: Bayer, Chemie: BASF, Bank: Deutsche Bank, Versicherung: Allianz
14. Standard & Poor's 500 (Bei dem Standard & Poor's 500 handelt es sich um einen US-amerikanischen Börsenindex, dem ein Portefeuille aus Aktien in einer bestimmten Zusammensetzung zugrunde liegt)
15. DAX: 12.411; US-Dollar: 0,9; Ölpreis: 56,76 US-Dollar (Stand Oktober 2019, aktuelle Werte der Tagespresse entnehmen)
16. Als Grundlage für die Berechnung der Inflationsrate wird der Preisindex der Lebenshaltungskosten herangezogen. Dieser Index weist die Preisentwicklung für die privaten Verbrauchsausgaben aus. Eine Steigerung dieses Preisindizes zeigt die aktuelle Höhe der Inflation.
17. Derzeit haben 19 EU-Staaten den Euro eingeführt. Zuletzt übernahm Litauen in 2015 als 19.
18. Basel II ist ein EU-Richtlinien-Kompendium von Eigenkapitalvorschriften, die seit Anfang 2007 von allen EU-Staaten gesetzlich umgesetzt werden müssen. Ziel ist es, eine angemessene Eigenkapitalausstattung von Banken zu sichern sowie einheitliche Wettbewerbsbedingungen für die Vergabe und den Handel von Krediten zu schaffen.

(Fragen 19 ff. sind Fachfragen, deren erschöpfende Antwort den Rahmen dieses Buches sprengen würde)

Lösungen Logiktests

Zahlenfolgen:
1) 68 (+ 4 · 3 - 5 + 4 · 3 - 5)
2) 240 (hier wird es kniffelig, da es eine doppelte Transformation gibt:
   3 (· 2) : 6 (- 2) + 4 (· 2) · 8 (- 2) : 6 (· 2) + 12 (- 2) · 10)
3) 1856 (+ 2 · 4 - 8 + 16 ·32 - 64 + 128)

Zahlenmatrizen: 1) 20, 2) 98
Rechnen mit Zahlensymbolen: 1d), 2c), 3e), 4c)
Figurenfolgen: 1b), 2b), 3d)
Sprachanalogien: 1c), 2b), 3a), 4d)
Logik: 1) Es folgen d) und e)
                          2) Es folgt nur b)
Buchstabenreihen: 1d), 2b)
Buchstabengruppen: 1c), 2e)
Wochentage: 1) Montag, 2) Donnerstag, 3) Dienstag, 4) Montag

Lösungen mathematische Analytiktests

1a)   Lösung: d)

1b)   Lösung: 2013 (Es gab keinen Umsatzrückgang)

1c)   Lösung: 2016 (7,2 %)

2)

a)   196.800 Euro

b)   50.400 Euro

c)   In 2017 (602.000 Euro)

d)   Region Süd in 2015

e)   Elf Mal

f)   Region Ost (CGAR = 19 %)

g)   Region Süd (20 %)

h)   Region Ost (125 %)

3)   Lösung: d)

4)   Lösung: f)

Kapitel V:
Erfahrungsberichte und weitere Cases

Beim Zusammentragen der Informationen für dieses Buch haben wir Studenten und Absolventen der führenden deutschen Hochschulen nach Ihren Erfahrungen in Bewerbungsgesprächen bei den Top-Unternehmensberatungen gefragt. Diese Erfahrungen bieten einen Einblick in die Interviewpraxis bei Unternehmensberatungen in Deutschland. Viele der oben ausführlich gelösten Cases stammen aus diesen Bewerbungsgesprächen. Die Berichte sind aus verschiedenen Quellen sorgfältig zusammengetragen und stammen aus Bewerbungsgesprächen der letzten 24 Monate. Aufgrund der Ähnlichkeit zu den ausführlich gelösten Cases im vorangegangenen Teil skizzieren wir nur an einigen Stellen einen möglichen Lösungsansatz. Nutzen Sie diese Cases zum Üben!

Ein Wort der Vorsicht: Die folgenden Erfahrungsberichte müssen trotz der mehrmaligen Überprüfung der Angaben nicht mit dem tatsächlichen Ablauf Ihres Bewerbungsgespräches übereinstimmen. Die Erfahrungen sind subjektiv geprägt und hängen von der individuellen Situation des Interviewers und Bewerbers ab. Darüber hinaus kann sich das Bewerbungsverfahren in der Zwischenzeit geändert haben.

1. Boston Consulting Group

Nach deiner Bewerbung über das Bewerbungsformular auf der Website erhältst du eine Einladung zur first round bei BCG. Dein erster Tag beginnt mit zwei Case-Interviews. Sie sind in drei Teile gegliedert: Zuerst sprechen wir über deinen Lebenslauf. Wir wollen erfahren, wer du bist und was dich antreibt: beruflich und persönlich.

Im zweiten Teil erhältst du Einblicke in die Arbeit der weltweit führenden Strategieberatung. In einer Case-Study zeigst du, wie du strategische Problemstellungen angehst – und entwickelst eigene Lösungsansätze. Du musst dabei nicht mit Fachwissen glänzen oder beweisen, dass du Standardlösungen beherrschst. Uns kommt es darauf an, dass du das Problem sorgfältig analysierst und dein strategisches Denken unter Beweis stellst. Eine klare Struktur und die richtigen Fragen sind für uns aufschlussreicher als schnelle Antworten.

Im Anschluss hast du die Möglichkeit, dir ein Bild von der Group zu machen – und von deinen Möglichkeiten bei BCG. Stell uns alle Fragen und lerne uns richtig kennen. Darüber hinaus bitten wir dich, deine analytischen Fähigkeiten in einer 45-minütigen Online-Fallstudie unter Beweis zu stellen.

Insider-Tipp

In der Erfahrungsberichte-Datenbank von squeaker.net gibt es weitere aktuelle Berichte über Praktika und Berufserfahrungen bei Top-Unternehmen, darunter auch bei vielen Unternehmensberatungen. Nutzen Sie die Erfahrungsberichte, um sich ein besseres Bild von der tatsächlichen Bewerbungssituation zu machen. Ergänzen und aktualisieren Sie unsere Angaben in der Erfahrungsberichte-Datenbank unter *squeaker.net/ erfahrungsberichte*

Die Einladung zur second round ist der nächste Schritt im Bewerbungsverfahren. Dich erwarten zwei Case-Interviews und unser Kurzinterview-Format »BCG Real Life«. BCG Real Life hält, was der Name verspricht: Das Format besteht aus drei kurzen Gesprächen à zwölf Minuten, die sich inhaltlich von den Case-Interviews unterscheiden: Wechselnde Gesprächspartner konfrontieren dich mit typischen Situationen aus dem Berateralltag. Eine besondere Vorbereitung gibt es dafür nicht. Was zählt, ist deine Persönlichkeit. Zeig uns, wer du bist und was in dir steckt.

Direkt danach erhältst du Feedback und – im Idealfall – auch gleich ein Angebot. Bewerber um ein Praktikum durchlaufen insgesamt nur eine Runde mit zwei Gesprächen und einem Onlinetest.

Aktuelle Case-Fragen:

1) Pharma-Mittelständler

Ein mittelständisches Pharmaunternehmen in Privatbesitz hat seit sechs Jahren rückläufige Gewinne. Mittlerweile sind die Gewinne sogar auf Null geschrumpft. Was raten Sie dem Unternehmen?

Lösungsansatz: Machen Sie den Zusammenhang »Gewinn = Umsatz - Kosten« transparent und überprüfen Sie beide Seiten. **Erlösseite:** Es kann sein, dass der Preis oder die Menge sinkt. **Menge:** Der Markt insgesamt oder der Marktanteil kann rückläufig sein. Der Bewerber sollte Gründe für und wider die These diskutieren, dass der Markt rückläufig ist (z. B.: Menschen werden älter und brauchen mehr Medizin vs. Generikahersteller, politische Restriktionen). **Marktanteil:** Das Unternehmen stellt keine Generika her, aber die Produkte sind durch Generika bedroht. Außerdem ist kein wirklicher »Blockbuster« als neues Produkt in der Pipeline. **Preis:** Tatsächliches Problem war schließlich der Preisrückgang.

2) Gewinnrückgang

Eine Firma macht weniger Gewinn, obwohl Umsatz und Stückzahlen gleich geblieben sind. Wo kann das Problem liegen?

Lösungsansatz: Gehen Sie die Gewinngleichung durch. Entweder die Kosten sind gestiegen, oder Sie realisieren schlechtere Preise. Allerdings gab es keine Veränderungen bei den Kosten oder den Stückpreisen. Trotzdem hat sich die Durchschnittsmarge verschlechtert, da sich die Nachfrage hin zu weniger profitablen Produkten verlagert hat.

3) Investitionsentscheidung

Eine Firma stellt Teile für Gasturbinen zur Stromgewinnung her. In den letzten beiden Jahren hat sich der Absatz verdoppelt, jetzt ist die Firma voll ausgelastet. Soll eine zweite Anlage gebaut werden?

Lösungsansatz: Erwartetes Wachstum des globalen Strommarktes in den nächsten zehn Jahren und erwartete Entwicklung des Gasanteils diskutieren/abschätzen (Wachstum vor allen in Asien). Wie ist die Situation der

Firma im Markt, welche neuen Technologien kommen auf? Neben neuen Kraftwerken den Ersatzbedarf berücksichtigen.

4) Garagenverkauf

Sie und Ihr Nachbar, mit dem Sie kein sehr freundschaftliches Verhältnis verbindet, planen, bei einem Garagenverkauf Ihre alten Rasenmäher zu verkaufen (gleiches Modell, gleicher Zustand). Sie verlangen 100 Euro, Ihr Nachbar jedoch nur 40 Euro. Was sollen Sie machen?
Lösungsansatz: Kaufen Sie den Rasenmäher des Nachbarn für 40 Euro und verkaufen Sie beide Rasenmäher für je 100 Euro weiter!

5) Versandhandel

Wie können die Kosten bei der Lagerhaltung eines Versandhandels reduziert werden? Welche Kostenträger müssen analysiert werden? In welchen Fällen sind Rabattkäufe eine schlechte Wahl?

6) Finance-Case

Sie wollen ein Unternehmen kaufen, haben aber Ihren Leverage (Fremdkapital) schon voll ausgereizt, um den Kaufpreis zu finanzieren. Gleichzeitig können Sie Ihr Eigenkapital nicht mehr erhöhen. Wie sollte das akquirierende Unternehmen vorgehen?

7) Kreativität

Wie lässt sich der Preis für ein Grundstück festlegen?

8) Abschätzungsfälle

- Was ist das Marktvolumen für Tetrapacks in Deutschland?
- Wie viele Autobahnraststätten gibt es in Deutschland?
- Welches Umsatzpotenzial hat ein Direktvertrieb für MP3-Player in Deutschland?

2. DHL Consulting

Für ein Praktikum im Bonner Büro der DHL Consulting kann man sich jederzeit bewerben. Allerdings ist eine frühzeitige Bewerbung aufgrund der begrenzten Anzahl an Praktikantenplätzen zu empfehlen. Die Dauer eines Praktikums beträgt acht bis zwölf Wochen. Für die Bewerbung sollte man das Onlinebewerbungstool nutzen (ein Link hierzu findet sich auf der Webseite *www.dhl-consulting.com*). Die geforderten Bewerbungsunterlagen entsprechen den üblichen Standards und können nur auf Englisch eingesandt werden. Wenn die Bewerbungsunterlagen gefallen, erhält man eine Einladung zum Auswahltag mit anderen Praktikanten und einen Link zur Vorbereitung auf einen kognitiven Test am Auswahltag. Meine Anreise konnte ich selbst organisieren und buchen, alle Kosten werden zurückerstattet. Das Hotel für die Anreise am Vorabend wurde für mich reserviert.

Die zwei Interviews an meinem Auswahltag dauerten jeweils etwa eine Stunde, anschließend absolvierte ich einen Online Test. In den Interviews wurden kurze Fragen zum Lebenslauf gestellt, z.B. »Was war eine Situation, in der Sie sich persönliche Ziele gesetzt haben?«, »Inwiefern haben Sie für Ihr Team schon mal Konfliktmanagement in einer kritischen Situation betrieben?«

Im zweiten Teil der Gespräche galt es je einen Case zu bearbeiten.

Aktuelle Case Fragen:

1. In dem ersten Case war das Thema die Einführung eines neuen Produktes in einem anderen Land.

2. Im zweiten Case sollte eine Lösung für ein Unternehmen gefunden werden, das seine Marktanteile an einem fremden Markt ausbauen will.

In der Mitte der Cases bekommt man neue Informationen, muss diese analysieren und ein paar kleine Rechnungen aufstellen. Die Interviewer legen Wert auf ein gutes Gespür für Zahlen. Zur Vorbereitung der Case Studies wiederholt man am besten die einschlägige Literatur. Soweit ich weiß, handelt es sich in der Regel um tatsächliche Projektbeispiele, sowohl operative als auch strategische Business Probleme. Am Ende jedes Cases fasst man seinen Lösungsweg am besten nochmal zusammen und tritt gedanklich kurz einen Schritt zurück, damit man nicht Gefahr läuft, sich zu stark auf eine Lösung einzuschießen. Nach der Bearbeitung des Cases nahmen sich die Interviewer Zeit für meine Fragen.

Während des gesamten Auswahltages herrschte eine freundliche Atmosphäre und lockere Stimmung bei DHL Consulting. In den Pausen hatte ich Gelegenheit, mich mit den Mitbewerbern in der Lobby auszutauschen. Nachdem man alle Runden durchlaufen hat, erhält man ziemlich schnell durchaus wertvolles Feedback, das vor allem hilfreich für zukünftige Case Interviews ist.

3. E.ON Inhouse Consulting

Mein Weg zur E.ON Inhouse Consulting

Nach Abschluss meines Masterstudiums an der Technischen Universität München (Management & Technology) habe ich mich insbesondere für den Einstieg in eine Unternehmensberatung interessiert. Im Rahmen meiner Bewerbungsphase habe ich die E.ON Inhouse Consulting (ECON) bei einem Squeaker-Consulting Event kennengelernt. Obwohl ich in meinem Studium keinen Energiefokus hatte, war ich fasziniert von den spannenden

Themen und Projekten und vor allem von den Menschen bei ECON. Nach dem Event wurde ich zum Recruiting-Tag eingeladen, den ich – ebenso wie den regelmäßigen Kontakt vorab – als sehr professionell empfunden habe. Letztendlich habe ich mich bei der Entscheidung auf mein Bauchgefühl verlassen, weil ich vor allem menschlich einen richtig guten Eindruck hatte, was ich auch heute – zwei Monate nach meinem Einstieg – so bestätigen kann.

Spannende Projekte und eine individuelle Karriereentwicklung

Wir als ECON unterstützen E.ON in allen strategischen Herausforderungen, denen sich der Konzern stellt. Da ich mich in vorherigen Praktika viel mit Innovationen beschäftigt habe, waren für mich vor allem die innovativen Ansätze, die ECON für E.ON vorantreibt, interessant – seien es neue Produkte und Technologien oder auch innovative Kundenlösungen, um unsere Kunden besser zu erreichen. Zudem erlebe ich bei ECON eine auf meine Bedürfnisse zugeschnittene Karriereentwicklung. In meinem Projekt macht sich dies durch intensives Coaching meines Projektleiters und eine ausgeprägte Feedback-Kultur bemerkbar. Das hilft mir, mich in kurzer Zeit bestmöglich weiterzuentwickeln und ich lerne darüber hinaus enorm viel durch den regen Austausch mit meinen Kollegen. Zusätzlich wird mir durch ein umfassendes Trainingsangebot ermöglicht, meine Karriere zu fördern und individuell zu gestalten – unabhängig davon, ob ich nach meiner Zeit bei ECON zu E.ON wechsle oder nicht.

Außergewöhnlicher Teamspirit

Bei ECON arbeiten um die 90 Berater und ich hatte schon nach wenigen Tagen das Gefühl, richtig dazuzugehören. Ich hatte das Glück, bereits vor meinem Einstieg an den Summer Strategy Days teilzunehmen, die jedes Jahr veranstaltet werden und in denen ausgewählte Themen bezüglich der ECON-Strategie besprochen werden. Die Kollegen vorab in informeller Atmosphäre kennenzulernen, hat mir meinen Einstieg enorm erleichtert und mir gezeigt, dass man viel Spaß zusammen haben kann. Letztendlich haben die Menschen meine Entscheidung für ECON maßgeblich beeinflusst und ich genieße es sehr, in diesem kollegialen und freundschaftlichen Umfeld zu arbeiten.

4. INVERTO, A BCG Company

Bewerbung

Nach meiner erfolgreichen Online-Bewerbung bei INVERTO in Köln erhielt ich eine Einladung zum Vorstellungsgespräch, in der mir auch mitgeteilt wurde, dass ich eine kurze Präsentation zu einem Thema meiner Wahl vorbereiten sollte.

Interview

Das Vorstellungsgespräch bestand aus drei Interviews mit Case Studies, einem Analytik-Test und einer Präsentation. Bei den ersten beiden Interviews saß ich jeweils einer Person aus der HR-Abteilung sowie einem Projektleiter gegenüber. Das dritte Interview hat einer der Gründer von INVERTO mit mir geführt. Zunächst stellte man mir Fragen zu meinem Lebenslauf und meinen bisherigen beruflichen Erfahrungen. Außerdem wurden mir folgende Fragen gestellt: »Warum wollen Sie in die Unternehmensberatung?«, »Warum haben Sie sich für die Spezialisierung auf Einkauf und Supply Chain Management entschieden?«, »Warum INVERTO?« In den Gesprächen wurden auch meine Präferenzen für eine bestimmte Branche, ein mögliches Eintrittsdatum und meine Gehaltsvorstellungen abgefragt.

Case Studies, Test und Präsentation

Den Hauptteil der ersten beiden Interviews machte jeweils eine Case Study aus. Hier wurde ich mit einem praxisnahen Fall und Fragen dazu konfrontiert. Bei mir ging es erst um Fragen zum strategischen Einkauf und später zum Supply Chain Management. Bei den Fallstudien kam es weniger auf mathematisches Geschick, sondern eher auf meine analytischen Fähigkeiten an. Es ging darum, eine komplexe Fragestellung in ihre Einzelheiten zu zerlegen und die sich daraus ergebenden Lösungsschritte zu definieren. Die Interviews dauerten jeweils rund eine Stunde. Meine Fähigkeiten im Umgang mit Zahlen wurden dann in einem 30-minütigen Analytik-Test geprüft. Da die Aufgaben ohne Taschenrechner zu lösen waren, konnte man mit soliden Mathekenntnissen, schnellem Kopfrechnen und Logik punkten. Im letzten Gespräch folgte die 10-minütige Präsentation, die im Vorfeld vorzubereiten war. Hier ging es darum, möglichst überzeugend zu präsentieren und den Gesprächspartner mit der eigenen Begeisterung anzustecken. Ich musste also nicht nur mit rhetorischen Fähigkeiten punkten, sondern auch mit meiner Themenauswahl.

Insider-Tipps

Es ist klug, schon während der ersten Runde und dem Gespräch über den eigenen Lebenslauf Fragen zu stellen und Interesse zu zeigen. Bei den Fallstudien ist es hilfreich, die logische Erklärung und die Herleitung von Strukturen und Prozessen transparent darzustellen. Der Analytik-Test besteht nicht aus Brainteasern oder komplexen Rechenaufgaben – vielmehr ist sorgfältiges Durchlesen der Aufgaben sowie die Beherrschung von Grundrechenarten und Prozentrechnung gefordert.

Bei INVERTO sind analytisches Denkvermögen und Zahlensicherheit gefragt. Darüber hinaus ist der »Personal Fit« von großer Bedeutung und darauf wird in allen Gesprächen geachtet. Daher ist es wichtig, authentisch zu bleiben und ehrlich zu antworten.

5. Iskander Business Partner

Nach meinem Master Studium (BWL) an der VU Amsterdam habe ich mich bei Iskander Business Partner als Unternehmensberater beworben – besonders gereizt haben mich die Projekte in der TIMES Branche (Telekommunikation, Information, Media, Entertainment) in Verbindung mit dem inhaltlichem Fokus von IBP: Entwicklung von Wachstumsstrategien, Produkteinführung & -innovation, Sales & Marketing sowie CRM. In meinen bisher 2,5 Jahren bei IBP konnte ich in diesen Bereichen spannende Projekte – alleine und im Team – umsetzen und hatte darüber hinaus auch die Möglichkeit außerhalb der Kernbranche von IBP neue Einblicke zu gewinnen (bspw. in der Logistik und im eCommerce Segment).

Unter anderem habe ich unseren Kunden bei der Ausarbeitung einer neuen Go-to-Market Strategie für Business-to-Business Cloud Produkte unterstützt; Investitionspläne für ein eCommerce Startup zur Gewinnung neuer Investoren erstellt; oder unseren Kunden bei der Integration eines Mobilfunkanbieters im Rahmen eines Mergers unterstützt – wer also Spaß am Gestalten und Aufbau neuer Produkte und Firmen hat, der kann bei IBP genau die richtigen Projekte bekommen.

Der einzelne Berater übernimmt schnell die Verantwortung für spezifische Themen und Aufgaben innerhalb von IBP – ich selber hatte hierdurch die Möglichkeit einen Vortrag im Rahmen des Mobile World Congress in Amsterdam zu halten – solche Maßnahmen werden aktiv unterstützt und werden durch eine Reihe von in- und externen Schulungen gefördert: Neben zahlreichen internen Schulungen u.a. zu den Themen Präsentation, Konfliktmoderation, Business Case Erstellung, u.v.m. durfte ich auch zu einer Schulung der University of Cambridge um an einem Kurs zum Thema »Business Model Generation« teil zu nehmen. Neben den Projekten und den Weiterentwicklungsmöglichkeiten zeichnet sich IBP durch ein familiäres Umfeld aus und der einzelne Berater ist nicht »einer von vielen«, wie dies schnell in größeren Unternehmen der Fall sein kann.

In Summe ist Iskander Business Partner eine Beratung, die ihren Mitarbeitern spannende Projekte in der TIMES Branche liefert und die individuelle Entwicklung eines jeden Mitarbeiters fördert. Gerade für Absolventen und Young Professionals, die »Beraterkompetenzen« erlernen möchten, »nicht einer von vielen« sein möchten und Spaß daran haben, die Entwicklung der Kunden und von IBP zu gestalten, sind hier an der richtigen Adresse.

Insider-Tipp

Bei Iskander Business Partner habe ich die Möglichkeit, die methodischen Werkzeuge eines Beraters zu lernen – unternehmerisches Denken und Handeln steht hier nicht nur als wünschenswerte Fähigkeit auf dem Papier, sondern wird auch im Alltag gelebt.

6. McKinsey & Company

McKinsey ist ein begehrter Arbeitgeber und gilt als Primus unter den Unternehmensberatungen. Bewerber und ehemalige Praktikanten/Mitarbeiter beschreiben das Unternehmen als gleichzeitig fordernd wie unterstützend, was die persönliche Weiterentwicklung betrifft.

Hat man mit der schriftlichen Bewerbung, die man über die McKinsey-Webseite einreicht, Erfolg, so erhält man eine Einladung zu einem Interviewtag. Am Vormittag finden drei Auswahlgespräche statt. Anschließend entscheiden die Interviewer gemeinsam, ob der Bewerber weiterkommt. Ist dies der Fall, so findet am Nachmittag ein weiteres Interview statt.

Ehrlich bleiben

Die Interviews bei McKinsey werden von vielen Bewerbern übereinstimmend als angenehm beschrieben. Mehrere geben den Tipp, authentisch und ehrlich zu bleiben und sich nicht von dem »Namen« der Firma verunsichern zu lassen.

Jedes Interviewgespräch beginnt mit einem persönlichen Erfahrungsbericht mit Fragen zum Lebenslauf. Der Gesprächspartner hat sich zuvor ausführlich mit Ihren Unterlagen beschäftigt. Die Fragen zielen schwerpunktmäßig auf Team- und Führungserfahrungen sowie das Meistern von schwierigen Situationen. Es ist hilfreich, sich konkrete Erfahrungen möglichst detailliert in Erinnerung zu rufen. Bewerber beschreiben die Gesprächsatmosphäre als angenehm. Die Interviewer verzichten darauf, zusätzlichen Stress beim Kandidaten aufzubauen. Nach dem persönlichen Erfahrungsbericht folgt das Problem Solving Interview. Meist muss zur Lösung der Aufgabenstellung gerechnet werden, in jedem Fall werden die logischen und analytischen Fähigkeiten des Bewerbers getestet. Spezifisches Fachwissen ist nicht nötig. Auf der Webseite von McKinsey gibt es einige Übungs-Fallstudien. Die Cases entspringen dem Alltag des Interviewers und stellen somit eine authentische Aufgabe aus dem Berufsalltag dar. Jedes Interview dauert ungefähr eine Stunde. Direkt im Anschluss an die Gespräche können Sie ein Feedback erfragen. Sie erhalten darin Hinweise für das nächste Interview.

Wer in den Nachmittag kommt, führt ein weiteres Interview; dieses konzentriert sich, je nachdem, in welchem Bereich man im Vormittag überzeugt hat, auf einen weiteren Case oder ein weiteres Gespräch zum Lebenslauf. Hier gilt: Konsistent bleiben, sich aber nicht wiederholen, was die Wahl der selbst erlebten Beispiele angeht. Das Partnerinterview ist die letzte Hürde und wird von einem Partner oder Senior Partner geführt. Auch hier kann es nochmals zu einem Problem Solving Interview kommen.

Aktuelle Case-Fragen:

1) Chemieunternehmen
Wie kann ein Chemieunternehmen auf zunehmende Anforderungen und Kundenwünsche zum Umweltschutz reagieren?

2) Energieversorger
Ein Energieversorger plant Investitionen in erneuerbare Energien. Wie sollte er vorgehen?

3) Das Start-up bei einem Venture Capitalist

Sie sind Venture Capitalist (VC) und müssen über eine Investition in ein Start-up entscheiden. Investieren Sie? Welchen Anteil am Unternehmen verlangen Sie? Warum? Welche Verzinsung Ihres Kapitals fordern Sie?

Lösungsansatz: Über Marktgrößenschätzungen kommen Sie auf die Umsätze und Kosten des betrachteten Start-ups. Sie treffen eine Annahme zur erwünschten Verzinsung des VC (z. B. eine Verzehnfachung des Kapitals in fünf Jahren) und erstellen mit den Daten eine Investitionsrechnung.

4) Wartezeit bei der Agentur für Arbeit

Wie lässt sich die durchschnittliche Wartezeit bei der Agentur für Arbeit in Köln reduzieren?

Lösungsansatz: Schätzen Sie zunächst die tägliche Anzahl an Arbeitslosen, die ins Arbeitsamt kommen. Analysieren Sie die möglichen Treiber der Wartezeit. Eine Lösung ist, dass die Anliegen der Arbeitslosen in ihre Bearbeitungsdauer gruppiert werden. Schnell abzuarbeitende Anfragen werden an einer anderen Stelle bearbeitet, als komplexe Themen, die durchschnittliche Wartezeit reduziert sich.

5) Fußballclub

Ein Fußballclub hat ein Profitabilitätsproblem. Entwickeln Sie vier Ansatzpunkte, um das Defizit von drei Mio. Euro auszugleichen.

Lösungsansatz: Gewinngleichung aufstellen. Lösungsansätze auf der Umsatzseite liegen in den vier Umsatzbringern (Ticketverkauf, Transferzahlungen für Spieler, Merchandising und Catering im Stadion).

6) Lebensmittelabteilungen einer Warenhauskette

Eine Warenhauskette mit Filialen in Zentren zehn deutscher Städte hat seit Jahren unprofitable Lebensmittelabteilungen. Warum und was könnte man tun?

Gründe: Falscher Standort wegen zunehmender Suburbanisierung und mangelnde Größe im Vergleich zu Wettbewerbern, was sich nachteilig auf Einkauf und Logistik auswirkt. Lösungsansatz: Lebensmittelabteilung outsourcen oder Abteilung durch Bio- bzw. Delikatessen-Angebote aufwerten.

7) Internationalisierung eines Automobilzulieferers

Der Klient produziert Kunststoffe für die Automobilbranche. 50 % des Absatzes gehen in Stoßfänger mit integrierten Sicherheitskomponenten, die lackiert und *just in time* (JIT) an die OEMs geliefert werden. Die Internationalisierungsstrategie geht nicht auf, immer noch wird 90 % des Umsatzes mit dem Inland, statt den Wachstumsmärkten in Asien und Südamerika gemacht. In einigen Tagen ist ein Treffen mit dem CEO geplant. Welche Fragen sind relevant, welche Markteintrittsstrategie würden Sie vorschlagen? Diskutieren Sie Faktoren zur Standortwahl.

8) Krankenversicherung

Wie lässt sich die Abwanderung von Kunden einer gesetzlichen Kranken-
versicherung stoppen? Das Unternehmen liegt von den Beitragssätzen
im oberen Mittelfeld und kann aufgrund der internen Kostenstruktur
nicht über die Preisgestaltung im Wettbewerb mithalten. Was sollte das
Unternehmen tun?

9) Brücke über den Rhein

Die Stadt Köln möchte neue Einnahmequellen für eine Autobahnbrücke
über den Rhein erschließen. Bewerten Sie die Handlungsalternativen.
Zu welchem Preis würden Sie die Brücke verkaufen?

7. Oliver Wyman

Weitere Cases

Weitere Cases können
Sie interaktiv unter
**www.oliverwyman.
com/careers/entry-level/
interview-preparation.
html** lösen.

Mit der Einladung zum Bewerbungsgespräch erhält man weitere Informationen zum Unternehmen. Am Bewerbertag bekommt man ein Profile-
Book mit Kurz-Lebensläufen zu den Beratern, auf die man im Laufe des
Tages trifft. Den Bewerber erwartet dann ein zweistufiger Interview-Pro-
zess. Beide Stufen finden am selben Tag, dem so genannten »Super-Friday«
statt. Die erste Runde besteht aus einer kurzen Unternehmenspräsentation
und drei Gesprächen mit jeweils einem Berater.

Die Gespräche dauern jeweils eine Stunde. Bewerber für ein
Praktikum durchlaufen drei Berater-Interviews. Gegen Mittag gehen
alle Bewerber mit einigen Beratern gemeinsam Essen. Währenddessen
diskutieren und entscheiden die Interviewer, welche Bewerber in die
zweite Runde am Nachmittag kommen (Festeinstiegsprozess) bzw. ein
Praktikumsangebot erhalten.

Wer sich für die zweite Runde qualifizieren konnte, trifft auf drei
Interviews mit Partnern. Bewerber für ein Praktikum erhalten direktes
Feedback. Die Festeinstiegskandidaten erhalten am Ende des Tages
ausführliches Feedback und im Erfolgsfall ein Vertragsangebot.

In den Interviews mit jeweils einem Berater oder Partner wird
bewusst eine angenehme Gesprächsatmosphäre aufgebaut. Der Interviewpartner erzählt gewöhnlich kurz über sich selbst und seine Karriere bei
Oliver Wyman und gibt Gelegenheit, Fragen zu stellen.

Die Interviews bestehen zu etwa 50 Prozent aus Fragen zum
»Personal-Fit« und zu 50 Prozent aus dem Case Interview. Der Interviewer
stellt konkrete Fragen zu herausragenden Punkten aus dem Lebenslauf oder gibt die Möglichkeit, frei über sich selbst zu erzählen. Nach
demAufwärmen und Personal-Fit-Teil wird pro Interview mindestens ein
Case bearbeitet. Die Cases stammen vorwiegend aus der Beraterfahrung
des Unternehmens und werden kurz mündlich vorgestellt. Durch gezielte
Rückfragen kann der Bewerber weitere Informationen zum Case erhalten.

In den Oliver Wyman-Cases wurden immer wieder Rückfragen zu der Plausibilität der Annahmen und Methoden gestellt. Man sollte gut überlegt sein Case-Framework entwickeln. Dazu sollte man sich nicht durch die knappe Zeit unter Druck setzen lassen und ruhig ein paar Minuten überlegen und Stichpunkte notieren. Wichtig ist in erster Linie ein strukturierter Lösungsansatz.

Oliver Wyman ist die am stärksten wachsende Topmanagementberatung und positioniert sich vor allem durch zahlreiche Bücher und Studien im Bereich von Wachstumsstrategien. Auf der Oliver Wyman Homepage kann man sich hierzu sehr gut vorbereiten und erhält einen guten Eindruck zu den Merkmalen, durch die sich das Unternehmen von anderen abgrenzt.

Aktuelle Case-Fragen:

1) Preispolitik im Handel
Sie beraten eine deutsche Supermarktkette, die wissen möchte, ob sie langfristig auf zahlreiche Rabatt-Aktionen oder auf ein »Every-day-lowprice«-Konzept setzen sollte (wie Aldi).
Lösungsansätze: Diskutieren Sie die Auswirkungen eines Rabattes auf Kosten, Absatz, Umsatz und Gewinn (mit Bezug auf den rabattierten Artikel und auf andere Artikel sowie Verbundeffekte).

2) Flughafen-Geschäftsmodell
Entwickeln Sie neue Geschäftsmodelle für Flughäfen. Begründen Sie Ihre Vorschläge und zeigen Sie mögliche Probleme bei der Umsetzung auf.
Lösungsansatz: Siehe unser ausführlicher Flughafen-Case.

3) Linsen
Was ist der Marktanteil des neuen Unternehmens, nachdem ein großer Hersteller von medizinischen Mikroskopen einen kleinen Hersteller von künstlichen, optischen Linsen übernommen hat?

4) Restrukturierung eines Herstellers von Getränkeabfüllmaschinen
Ihr Kunde stellt Spezialmaschinen zur Getränkeabfüllung her. Die Gewinne sind rückläufig. Wie können Sie helfen? Wie groß ist der Markt für diese Maschinen?

5) Mobilfunk
Ein Mobilfunkunternehmen hat mit Gewinnrückgängen zu kämpfen, obwohl der Gesamtmarkt gewachsen ist. Was ist zu tun?

6) Was sind die Funktionen einer Bank?
Aus dem Feld der Antworten (Fristentransformation, Investition/Finanzierung, Transaktions-/Zahlungsmittelfunktion) wurde anhand der Fristentransformation ein kleiner Case konstruiert:

Eine kleine Bank hat Spareinlagen von 100 Euro zu 3 Prozent und gibt Kredite von 100 Euro zu 8 Prozent heraus. Die Bank ist profitabel, welche Probleme können entstehen? Ein anderer Bewerber wurde gefragt: »Was sind zurzeit die strategischen Probleme der europäischen Banken?«.

7) Financial Systems

Welche verschiedenen Finanzsysteme gibt es?

Lösungsansatz: Z. B.: Laisser-faire-Kapitalismus, regulierter Markt mit freien Preisen, reglementierter Markt mit festen Preisen, Kommunismus. Ein Bewerber wurde aufgefordert, Allokationsvor- und -nachteile, sowie soziale Vor- und Nachteile der Systeme zu diskutieren. Eine weitere Frage war: »Wie erklären Sie ein größeres Wirtschaftswachstum in Deutschland in Zeiten fester Preise?« Eine mögliche Antwort hierzu ist das starke Aufbauwachstum nach dem Zweiten Weltkrieg. Um neues Vertrauen in das System zu schaffen, wurden die Preise für eine Zeit lang fixiert.

8) Jetons in der U-Bahn

Sie sind in New York, wo man Jetons für die U-Bahn kaufen muss. Sie fahren 50 Wochen im Jahr, zweimal am Tag, fünfmal die Woche mit der U-Bahn. Sie wissen, dass morgen der Preis von 1,25 Dollar auf 1,50 Dollar erhöht werden wird. Ein Freund von Ihnen ist Banker und bietet Ihnen 10 Prozent auf jede Summe, die Sie bei ihm anlegen. Wie viele Jetons kaufen Sie?

Lösungsansatz: Die Antwort ist eine einfache Zinsrechnung (keine kontinuierliche Verzinsung, da man Kopfrechnen soll). Wie lange muss man 1,25 Dollar anlegen, um bei 10 Prozent 0,25 Dollar zu bekommen? Das sind genau zwei Jahre (0,25 / 1,25 / 10 = 2). Man kauft 1.000 Jetons ($2 \cdot 50 \cdot 2 \cdot 5 = 1.000$).

8. Roland Berger

Der Auswahlprozess bei Roland Berger richtet sich nach der jeweiligen Qualifikation und der bereits gesammelten Berufserfahrung des Bewerbers. Dadurch unterscheiden sich die Prozesse für den Einstieg als Praktikant, Junior Consultant bzw. Consultant oder Professional. Doch der erste Schritt ist für alle Bewerber gleich: Das Bewerbungsverfahren beginnt mit einer schriftlichen Bewerbung, die auf akademische Exzellenz, Auslandserfahrung, Praktika bzw. Berufserfahrung und Individualität der Kandidaten geprüft wird. Bewerber, die diese Kriterien erfüllen, werden zu einem Recruitingtag nach München eingeladen.

Für Bewerber, die sich für ein Praktikum interessieren, beginnt der Auswahltag mit einer kurzen Vorstellung des Unternehmens und aller Anwesenden, damit sie sich besser kennenlernen und einen persönlichen Eindruck vom zukünftigen Arbeitgeber erhalten. Anschließend führen sie ein Persönlichkeitsinterview sowie zwei Fachinterviews. Am Ende bekommen alle Kandidaten ein detailliertes Feedback zu ihrer Leistung an diesem Tag. Erfolgreiche Bewerber erhalten direkt eine Zusage und ein Vertragsangebot.

Wer sich als Absolvent oder Doktorand für einen Festeinstieg bei Roland Berger bewirbt, muss zunächst einen Online-Analytiktest bestehen. Dabei werden räumliches Vorstellungsvermögen sowie mathematische und sprachliche Fähigkeiten der Kandidaten geprüft. Nach bestandenem Test folgt die Einladung zum Auswahltag in ein Roland Berger Office. Dort bearbeiten die Kandidaten am Vormittag eine Gruppenfallstudie: Im Team lösen sie einen Case und präsentieren ihre Ergebnisse. Danach findet ein ca. 20-minütiger Verification-Test statt. Anschließend gehen alle Bewerber mit Beratern von Roland Berger zum Mittagessen und erfahren mehr über den Projektalltag. In der Zwischenzeit wertet das Recruiting-Team die Ergebnisse des Vormittags aus. Haben die Kandidaten die erste Runde überstanden, folgen am Nachmittag ein Persönlichkeits- und ein Fachinterview. Wer diese Hürde erfolgreich genommen hat, wird zu Partnergesprächen eingeladen und erhält bei positivem Verlauf ein Vertragsangebot. Je nach fachlichem Profil und persönlichem Interesse der Bewerber wird der Einsatz in einem Competence Center mit industrieller (z.B. Automotive) oder funktionaler (z.B. Corporate Finance) Spezialisierung festgelegt.

Professionals, das heißt Kandidaten, die bereits über mehrjährige Berufserfahrung verfügen, werden im Rahmen von drei Interviews auf ihre Persönlichkeit und fachlichen Kompetenzen getestet. Bei positiven Ergebnissen schließt sich ebenfalls ein Partnergespräch an. Dabei werden fachliches Wissen, Führungs- und Projekterfahrung sowie Teamfit ermittelt.

Die Anforderungen an Bewerber in der Unternehmensberatung unterscheiden sich stark von denen eines Industrieunternehmens. So wird mithilfe spezifischer Methoden, wie Business Cases, Abschätzungsaufgaben und Brainteaser die Eignung der Kandidaten für die Projektarbeit in der Beratung auf die Probe gestellt.

Spezifische Auswahlmethoden

1) Business Cases

In Business Cases müssen Bewerber ein Vorgehen und die zu erwartenden Ergebnisse eines Unternehmens in einem bestimmten wirtschaftlichen Szenario analysieren. Dabei geht es nicht vorrangig darum, eine »ad hoc«-Lösung für ein Unternehmen zu formulieren, sondern eher um die Herangehensweise an ein Problem. Der Bewerber sollte vor allem in der Lage sein, das Ergebnis strukturiert und logisch herzuleiten. Dabei ist das Verständnis für wirtschaftliche Zusammenhänge, Marktmechanismen und Unternehmensprozesse sehr wichtig. Eine typische Fragestellung ist zum Beispiel: Ein weltweit agierender Hersteller für Herrenmode mit

Produktionen in mehreren Ländern verkauft seine Produkte bisher nur über eigene Shops und andere Vertriebspartner (B2B). Im Zuge einer vertikalen Diversifikation überlegt der Vorstand in den online Direktvertrieb (B2C) einzusteigen. Welche Auswirkungen hat diese Strategie auf die Firma?

2) Abschätzungsfälle

Bei Abschätzungsfällen sollen die Bewerber ihr Gespür für Zahlen unter Beweis stellen. Wichtig ist hierbei, immer mit gewissen Größen wie z.B. der Bevölkerungszahl eines Landes zu arbeiten und die Denkschritte oder Rechnungen offen zu kommunizieren. Beliebte Fragestellungen sind zum Beispiel: Leiten Sie das Marktpotential für Seniorenreisen eines Reiseveranstalters her, der seine Angebote ausschließlich online vertreibt. Oder: Wie viele Hunde gibt es in Deutschland?

3) Brainteaser

Brainteaser hingegen erfordern Kreativität, logisches Denken und oft ein ausgeprägtes räumliches Vorstellungsvermögen. Der Kandidat sollte sich nicht von der ursprünglichen Fragestellung verunsichern lassen, sondern vielmehr das Problem in logische Teilaufgaben zerlegen und systematisch strukturieren. Ein Beispiel für einen Brainteaser:

Zwei Schäfer rasten auf einer Wiese. Der eine hat fünf Stück Käse, der andere drei Stück. Da kommt ein Wanderer vorbei und fragt, ob er mit ihnen zusammen den Käse essen kann. Die beiden sind einverstanden. Bei dieser gemeinsamen Mahlzeit essen alle drei Personen gleich viel Käse. Nach dem Essen steht der Wanderer auf und bezahlt 8 € als Entschädigung für den Käse. Wie muss der Betrag unter den Schäfern aufgeteilt werden, damit ihr Beitrag gerecht berücksichtigt wird?

Insider-Tipp

»Gängige betriebswirtschaftliche Begriffe wie Eigen- und Fremdkapital oder den Zusammenhang von Bilanz und GuV sollten Bewerber einer Unternehmensberatung kennen und sicher damit umgehen können. Das Gleiche gilt für den Umgang mit Zahlen – da nicht immer ein Taschenrechner zur Hand oder erlaubt ist, sollten Kandidaten das Kopfrechnen trainieren. So können sie ein Marktvolumen leicht abschätzen, ohne dabei nervös zu werden. Zusätzlich können sich Bewerber manche Aufgaben selbst erleichtern, indem sie Zahlen auf- oder abrunden. Besonders wichtig ist das bei Annahmen für Zahlen, deren genauen Wert sie nicht kennen. Abschließend sollte das Ergebnis nochmals überprüft werden – genau wie im echten Berateralltag. Und last but not least: Berater sollten über das wirtschaftliche und politische Geschehen auf dem Laufenden sein. Denn nur so kann man den Kunden optimal beraten. Dabei hilft z.B. die regelmäßige Zeitungslektüre.«

*Dr. Holger Lipowsky, Partner, **Roland Berger***

9. Siemens Management Consulting

Der Bewerbungsprozess für ein Praktikum bei Siemens Management Consulting beginnt mit einer schriftlichen Bewerbung inklusive Anschreiben, Lebenslauf und Zeugnissen. Zu den Bewerbungsvoraussetzungen gehören sehr gute Noten und idealerweise erste Auslandserfahrung. Nach der Einladung zum Recruitingtag für das Praktikum reiste ich für einen Tag nach München, die Reisekosten werden natürlich erstattet. Außer mir hatte Siemens vier weitere Bewerber eingeladen.

Der Auswahlprozess bestand aus einem Analytiktest sowie persönlichen Interviews. Für den Analytiktest kriegt man schon bei der Einladung Beispielaufgaben. Diese sollte man unbedingt beherrschen und auch mit der Benutzeroberfläche gut umgehen können. Ansonsten würde ich empfehlen, Beispielaufgaben vom GMAT oder von anderen Unternehmensberatungen zu lösen.

Meine darauf folgenden drei Interviews (ein CV Gespräch und zwei Case Interviews) dauerten jeweils etwa 60 Minuten. Ein Teil eines Interviews wird in manchen Fällen auf Englisch geführt, in meinem Fall sprachen wir jedoch die ganze Zeit über Deutsch. Zur Vorbereitung studierte ich die Homepage von Siemens und von Siemens Management Consulting eingehend, was eigentlich selbstverständlich sein sollte. Als Bewerber sollte man wissen, was Siemens alles produziert, wo Siemens tätig ist, wie Siemens strukturiert ist und was aktuelle Herausforderungen für das Unternehmen sind.

Im ersten Gespräch ging es hauptsächlich um den Lebenslauf und die Persönlichkeit. Die Fragen zielten vor allem auf meine bisherigen Erfahrungen und zukünftigen Ziele ab: »Erzählen Sie mir von einer schwierigen Situation in ihrem Leben.«, »Nennen Sie mir zwei bis drei wesentliche Meilensteine in ihrem Leben, die ich über Sie wissen sollte und die Sie als Person prägen.«, »Wollen Sie später in die Linie von Siemens oder bis zum Partner Berater bleiben?« Meines Erachtens ist der Personal Fit für Siemens Management Consulting sehr wichtig. In manchen Fällen gehörte auch ein Rollenspiel zum Interview.

Es folgten zwei Case Interviews, welche wiederum mit Fragen zu meinem Lebenslauf begannen. Cases sollte man natürlich vorher üben, es aber auch nicht übertreiben. Das Wichtigste ist ohnehin die Struktur der Bearbeitung! Lieber nimmt man sich mal ein bisschen mehr Zeit und strukturiert seinen Lösungsweg in Ruhe. Bei Rechnungen kann man ruhig auch mal Fachbegriffe benutzen: »1 Euro Umsatz« statt »1 Euro« hilft bei einer Fülle von Zahlen und zeigt dem Interviewer, dass man den Überblick behält.

Insider-Tipp

Visualisieren! Man hat auf dem Tisch einen Block und einen Stift, die man auch benutzen sollte. Alle Gedanken graphisch darstellen (in Form von: Diagramm, Logikbaum, Pie-Chart, Tabellen), sodass der Interviewer folgen kann. Hier hilft auf jeden Fall auch Kopfrechnen.

Die Atmosphäre war sehr locker und die Interviews haben insgesamt viel Spaß gemacht. Eine telefonische Zu- oder Absage kriegt man am Ende des Tages, ein ausführliches Feedback erhält man ein paar Tage später. In meinem Fall bekam ich als einziger von fünf eingeladenen Bewerbern die Zusage für einen Praktikantenplatz.

10. Strategy&, die Strategieberatung von PwC

Nach der schriftlichen Bewerbung, welche über das Onlinetool erfolgt, erhält man recht zügig telefonisch und per E-Mail eine Einladung zu einem »Recruiting-Tag« (Direkteinstieg/Praktikum). Diese beginnen jeweils gleich mit einer Unternehmenspräsentation und der Möglichkeit, erste Fragen zu stellen.

Danach geht es dann auch schon in die ersten persönlichen Interviews: Bei einer Bewerbung für ein Praktikum ist dies nur eine Runde (entweder am Vor- oder Nachmittag) mit drei Interviews, eins davon auf Englisch. Für einen Direkteinstieg beginnt man den Recruiting-Tag mit zwei Gesprächen am Vormittag sowie einem Präsentationsmodul. Nach erfolgreichem Bestehen der ersten Runde, folgen zwei weitere Gespräche am Nachmittag. Auch hier ist es so, dass eines der Gespräche in der ersten Runde auf Englisch geführt wird.

Die etwa einstündigen Gespräche sind alle ziemlich ähnlich aufgebaut: Zunächst ein Teil, in dem sich der Interviewer vorstellt, ein wenig zu seinem Werdegang erzählt und dann auch gleich seine Fragen zum Lebenslauf des Bewerbers stellt. Hierbei kann es neben den »Standardfragen« (Warum Consulting? Warum Strategy&? etc.), auf die man natürlich schlüssige Antworten haben sollte, auch zu Fragen kommen, die testen, wie der Bewerber mit ungewöhnlichen Fragen umgeht. Ein Tipp ist hier, Ruhe zu bewahren und auch bei vermeintlich heikleren Fragen sachlich, schlüssig und vor allem möglichst ehrlich zu antworten.

Im zweiten und gleichsam längeren Teil des Interviews geht es dann um eine Fallstudie. Dabei kommt es darauf an, strukturiert eine Lösung zu entwickeln. Dies geschieht im Dialog mit dem Interviewer, der weitere Fragen zu nötigen Daten beantwortet bzw. durch eigenes Nachfragen den Fokus der Analysen zu einem gewissen Grad steuert.
Während eines Mittagessens bekommen die Kandidaten am Recruiting-Tag darüber hinaus die Möglichkeit, sich mit anderen Beratern und Beraterinnen zu vernetzen und ihre Fragen zu stellen.

Kurz nach dem letzten Interview bekommt man in einem persönlichen Gespräch ein detailliertes Feedback und bei erfolgreichem Verlauf auch ein Angebot. Aber auch zwischen den Runden erhält man eine recht ausführliche Analyse seiner Stärken und Schwächen, so dass man die Möglichkeit hat, sich in der zweiten Runde weiter zu verbessern.

Aktuelle Case-Fragen:

1) Öffentliche Hand

Eine Stadt überlegt, das Stadion des heimischen, in Not geratenen Bundesligaclubs zu kaufen. Wie bewerten Sie dies? Nach längerer Rechnung war hier das Ergebnis, dass es keine finanziellen Gründe für den Kauf gab. Welche Beweggründe könnte die Stadt aber dennoch haben?

2) Airlines

Was sind die Hauptkostentreiber bei Airlines und welcher Anteil davon sind fixe Kosten?

Hier war der Clou, dass die Fixkosten konzernweit gesehen eher einen kleinen Teil ausmachen, pro Flug gesehen jedoch eine große Rolle spielen. Solange eine Billig-Airline mit einer Maschine also ihre Flüge immer voll auslastet, hatte eine etablierte Airline mit 100 Maschinen keine bedeutenden Größenvorteile bzw. kaum geringere Kosten pro Passagier, wenn man Flugzeugflotte, Kerosin, Personal und Flughafengebühren als Hauptkostentreiber betrachtet (siehe auch unser Case zu Low Cost Airlines).

3) Mobilfunkanbieter

Ein weltweit tätiges Mobilfunkunternehmen möchte gerne Spiele für Handys anbieten. Was müssen Sie tun, um zu einer Empfehlung zu kommen?

4) Taxis

Wie viele Taxis benötigt man als Taxibetreiber in einer Großstadt, um jährlich 200.000 Euro Gewinn vor Steuern zu realisieren?

11. Volkswagen Consulting

Mein Praktikum bei Volkswagen Consulting in Wolfsburg war ein erstklassiges Praktikum mit steiler Lernkurve. Volkswagen Consulting ist eine Top-Adresse für alle Absolventen, die nicht auf Dauer mehr als achtzig Stunden bei den Managementberatungen (wie z.B. McKinsey, BCG und Bain) arbeiten möchten.

Auch das Gehalt ist im Vergleich zu den großen Managementberatungen sehr gut. Außerdem trifft man auf sehr viele ambitionierte Mitarbeiter, die von den deutschen Top-Unis und externen Unternehmensberatungen kommen. Die Feedback-Kultur ist herausragend und hat mir vor allem bei meiner persönlichen Entwicklung sehr geholfen. Das super Standing der Volkswagen Consulting ist ebenfalls ein großer Vorteil, dementsprechend hat man auch sehr gute Exit-Chancen in den Konzern (z.B. zu Volkswagen, Audi, Porsche). Als Nachteil wäre höchstens der Standort Wolfsburg zu nennen, aber das ist Geschmackssache.

Während meines Praktikums habe ich an einem Strategieprojekt innerhalb der Marke VW mitarbeiten können. Zusätzlich habe ich Kunden-Workshops vorbereitet und teilweise auch geleitet. Von Zeit zu Zeit konnte ich auch Präsentationen erstellen und dem Top-Management präsentieren.

Die Atmosphäre im Team war immer sehr freundschaftlich und kollegial. Die Truppe in Wolfsburg war mit etwa 90 Mitarbeitern klein aber bot mir sehr gute Vernetzungsmöglichkeiten durch den ständigen Austausch. In dieses Unternehmen passen starke Persönlichkeiten, die Top-Management-Exposure gewachsen sind. Die meisten meiner Kollegen waren sehr dynamisch, analytisch, auto-affin und leistungsbereit.

Aktuelle Case-Fragen:

1) Quantitativer Case

Wie sieht die TCO-Rechnung für einen schweren LKW aus? Welche Ansatzpunkte ergeben sich daraus für einen Hersteller, seine Produkte attraktiver zu gestalten?

Lösungsansatz: Betriebskosten eines LKW identifizieren, besondere Bedeutung der Kraftstoff- und Personalkosten gegenüber den Anschaffungskosten/Abschreibungen verdeutlichen; Kunden als Unternehmer gegenüber Entscheidungsansätzen eines Privatfahrzeugkäufers abgrenzen; »attraktiv ist, was den LKW wirtschaftlicher macht«.

2) Qualitativer Case

Sie sind Teil der Geschäftsleitung einer mittelgroßen Filiale einer Autohauskette in der Region Braunschweig. Ihr Autohaus wurde ausgewählt, »eMobility-Days« zu veranstalten. Ziel der Aktion ist es, dem Kunden das Thema Elektromobilität näher zu bringen, die eigene Vorreiterrolle zu unterstreichen und auf aktuelle und zukünftige Produkte des Unternehmens hinzuweisen. Die »eMobility-Days« starten in sechs Wochen in Ihrem Autohaus.

Erarbeiten Sie ein Konzept, was unter folgenden Rahmenbedingungen getan werden muss:

- In einer Woche beginnt der Werksurlaub am Konzernsitz von Volkswagen
- Gestern hat ein Vertreter eines großen Energiekonzerns angerufen, er möchte sich gerne an der Aktion beteiligen und als Sponsor des Events auftreten
- Über die Laufzeit der zweiwöchigen Aktion werden 30-50 % zusätzliche Kunden pro Tag erwartet

3) Abschätzungsfälle

- Wie viele Currywürste produziert die Fleischerei von Volkswagen jährlich?

- Wie hoch ist das Umsatzpotenzial aus dem Verkauf von Tennis-schlägern in Wolfsburg?
- Wie viele Räderwechsel führt die interne Kundendienstwerkstatt im Werk Wolfsburg pro Quartal durch?

Kapitel VI: Unternehmen

Die folgenden Unternehmensprofile und Informationen haben wir bei
führenden Unternehmensberatungen angefragt, um Ihnen einen Überblick über die interessantesten Firmen der Branche zu geben. Vertreten
sind die »großen Namen« und einige ausgewählte Boutiquen.

Wir bedanken uns bei den teilnehmenden Unternehmen und ihren
Mitarbeitern für ihre wertvollen Angaben und Insider-Tipps. Alle Unter-
nehmensangaben wurden für diese Auflage komplett überarbeitet. Darüber hinaus bedanken wir uns für die finanzielle Unterstützung in Form
der Anzeigenschaltungen. Damit das »Insider-Dossier« auch weiterhin der
aktuellste und umfassendste Ratgeber zur Bewerbung bei Unternehmensberatungen bleibt, wird auch weiterhin regelmäßig eine neue Auflage
erscheinen. Dieser »redaktionelle Luxus« einer jährlichen Aktualisierung
des Buches wäre ohne die Unterstützung der Unternehmen nicht möglich.

**Erwähnen Sie in der Bewerbung, dass Sie sich über squeaker.net bzw.
mit dem Insider-Dossier informiert haben** – so zeigen Sie, dass Sie Ihre
Bewerbung ernst nehmen und sich vorbereitet haben. Viele Berater
empfehlen dieses Buch ihren Bewerbern zur Vorbereitung.

Darüber hinaus verweisen wir auf die weiteren und stets aktuellen
Unternehmensprofile auf *squeaker.net*. Hier finden Sie zu vielen
Unternehmen ergänzende Angaben, News, neue Erfahrungsberichte
und Insider-Interviews.

Hinweis: Der einfacheren Lesbarkeit halber haben wir die Profile zu einer
reinen Verwendung der männlichen Substantivform vereinheitlicht. Alle
Beratungen haben uns versichert, dass Sie sich natürlich gleichermaßen
über weibliche wie männliche Bewerber und Kollegen freuen.

3con Management Consultants

3con Management Consultants GmbH

Friedrich-Ebert-Straße 17
53177 Bonn
Tel. +49 (0)228 74886-0

www.3con-consultants.de

Wir machen schwierige Dinge einfach

3con wurde 2002 gegründet und ist eine inhabergeführte Managementberatungs-Boutique mit Sitz in Bonn. Wir konzentrieren uns auf das produzierende Gewerbe und haben besondere Erfahrung in der Chemie- und Prozessindustrie. Unsere Kompetenz, komplexe Organisationen zu bewegen, ist jedoch auch in anderen Bereichen gefragt, beispielsweise bei internationalen Sportverbänden oder in der Gesundheitsbranche.

Gemeinsam mit unseren Kunden bearbeiten wir die wichtigen Managementfragestellungen unserer Zeit und helfen, Wachstums- und Effizienzziele zu erreichen und die damit verbundene Transformation nachhaltig zu gestalten. Wir rüsten Unternehmen für eine Zukunft geprägt von ständigem Wandel, identifizieren Chancen der Digitalisierung und machen sie greifbar, entwickeln neue innovative Geschäftsmodelle oder heben verborgene Effizienzpotenziale in Wertschöpfungsketten und Produktionsabläufen.

Unsere Expertise gliedert sich in drei eng miteinander verwobene Bereiche:

- Growth & Innovation
- Operational Excellence
- Transformation & Change

Die Grundlage unseres Handelns

Wirksamkeit, Sinnhaftigkeit, Kreativität und Freude: Werte, die uns auszeichnen, die zeigen, wer wir sind, was wir machen und wie wir es machen.

- Wir setzen um. Wirksam.
- Wir arbeiten mit Sinn. Zielgerichtet.
- Wir finden kreative Lösungen. Maßgeschneidert.
- Wir handeln mit Freude. Gemeinsam.

Auf dieser Grundlage sichern wir Projekterfolg mit erfahrenen Beraterpersönlichkeiten ohne Berührungsängste mit dem operativen Geschäft. Wir arbeiten flexibel, pragmatisch, co-kreativ und immer auf Augenhöhe mit unseren Kunden.

3con als Arbeitgeber

Projektarbeit: Engagement und Flexibilität

Projekterfahrung sammeln Sie in Strategie- und Umsetzungsprojekten mit einer typischen Dauer von drei bis zwölf Monaten. Ihr Engagement vorausgesetzt, durchlaufen Sie eine steile Lernkurve.

In der Regel findet die Projektarbeit vor Ort beim Klienten in Teams mit einer typischen Größe von zwei bis sechs Berater/innen statt. Aufgrund unserer flexiblen und dezentralen Arbeitsweise können Sie Ihren Wohnort und privaten Lebensmittelpunkt frei wählen. Eine hohe Reisebereitschaft ist jedoch unverzichtbar.

Zusammenarbeit im Team: Unikat bleiben

Bei uns erwarten Sie Kolleg/innen aus den unterschiedlichsten Disziplinen, von Natur- über Wirtschafts- bis zu Geisteswissenschaftler/innen mit unterschiedlichem kulturellen Hintergrund. Aus diesem Zusammenspiel echter Charaktere erwachsen eine kreative und effektive Arbeitsatmosphäre mit ausgeprägter Kollegialität sowie ein starker Teamgeist.

Die Zusammenarbeit im Team wird gefördert durch eine überschaubare und bewusst flach gehaltene Firmenstruktur. Ein striktes »up or out« und kleine Beförderungsschritte in einer vielschichtigen Hierarchie gibt es bei 3con nicht. Wir streben die Entwicklung gereifter Persönlichkeiten an. Durch direkten Erfahrungstransfer und kurze Wege – von Berater/in bis zum Partner – wird die individuelle Entwicklung optimal gefördert.

Work-Life-Balance: Beratung für Erwachsene

Wenn neben den Partnern auch Berater/innen und Projektleiter/innen mitten im Familienleben stehen, wird aus einem vielfach formulierten Anspruch konkret gelebte Realität. Bei 3con wird Leistung auf höchstem Niveau erbracht – ohne Abstriche, aber unaufgeregt und ohne mitternächtliche Teambesprechungen und Wochenendarbeit.

Managementberatung bleibt ein anspruchsvoller Beruf – in diesem Bewusstsein unterstützen wir ehrenamtliches Engagement und die Vereinbarkeit mit der Familie, wo wir können. Um sicherzustellen, dass diesem Anspruch auch konkrete Maßnahmen gegenüberstehen, ließen wir uns von der Initiative »Beruf und Familie« zertifizieren. Unsere Mitarbeiter/innen und Alumni haben uns auf dem größten Arbeitgeberbewertungsportal kununu als »Top-Company« ausgezeichnet.

Insider-Tipp

»Mit einem umfassenden Onboarding-Programm startete ich bei 3con in die Beratung. Für alle Fragen stand mir ein Mentor als erster Ansprechpartner hilfreich zur Seite. So gerüstet, betreute ich von Beginn an eigene Projektstränge auf meinem ersten Kundenprojekt.«
Sarah Müller,
Projektleiterin,
3con Management Consultants

Karrieremöglichkeiten

Perspektive durch individuelle Entfaltung

Wir verstehen uns als Nährboden für die Entfaltung Ihrer Talente und bieten Ihnen eine langfristig orientierte Perspektive mit zahlreichen Entwicklungsmöglichkeiten.

Wir bieten Top-Managementberatung auf höchstem Niveau in einem inspirierenden und gleichzeitig hoch professionellen Arbeitsumfeld mit der Chance, aber auch der Pflicht, zur persönlichen Entfaltung. Auf Ihrem Entwicklungspfad zum/zur Berater/in, Projektleiter/in und Partner begleiten und fördern wir Sie – Ihren Platz im Team und Ihre individuelle Geschwindigkeit bestimmen Sie dabei durch Ihr Engagement selbst.

Schlau, kreativ, pragmatisch, Mensch

Verstärken Sie als Berater/in unser Team mit Ihrer herausragenden analytischen und kreativen Intelligenz sowie Ihrer authentischen Persönlichkeit! Sie haben Spaß an komplexer Problemlösung im Team und zeichnen sich durch Leistungsbereitschaft und Umsetzungswillen aus. Sie haben ein exzellent abgeschlossenes Hochschulstudium und verfügen idealerweise über ergänzende Qualifikationen wie Promotion, MBA oder Berufserfahrung in Industrie oder Managementberatung.

Sprachkenntnisse, die über verhandlungssicheres Deutsch und Englisch hinausgehen, sind ebenso willkommen wie interkulturelle Erfahrungen.

Naturwissenschaftler/innen bilden zwar derzeit unsere stärkste Fraktion, wir sind aber ausdrücklich offen für Bewerber/innen aller Fakultäten – entscheidend ist Ihre Eignung als Berater/in und der Fit im 3con-Team.

Bewerbungsverfahren

Ihre vollständigen Bewerbungsunterlagen können Sie uns ganzjährig zukommen lassen – am einfachsten als PDF-Bewerbung per E-Mail. Sofern Ihr Profil überzeugt, laden wir Sie zu einem Interviewtag ein. Sie durchlaufen mehrere Gespräche mit jeweils einem/r Projektleiter/in oder Partner. Abhängig von dem Verlauf der ersten drei Gespräche gestalten wir Ihren weiteren Bewerbungsprozess individuell mit einer zweiten Interview-Runde und einer größeren Fallstudie inklusive Präsentation. In jedem Fall erhalten Sie ein abschließendes Feedback – und im besten Fall ein Angebot zum Einstieg bei 3con.

Bewerber-Kontakt
Britta Jonas-Wichmann
recruiting@
3con-consultants.de
Tel. +49 (0)228 74886-0
*www.3con-consultants.
de/karriere.html*

Mehr Insider-
Informationen unter
squeaker.net/3con

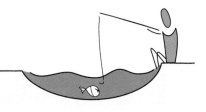

Kann ein Fisch größer sein als der Teich?

Bei einem großen, arbeitsteilig aufgestellten Unternehmen der Prozessindustrie ist die produktionsunterstützende Instandhaltung in funktionalen Dienstleistungseinheiten gebündelt und vielfach optimiert. Nach und nach steigt der Realisierungsaufwand mit jeder Optimierung an – bei gleichzeitig immer kleineren Optimierungspotenzialen.

Ein neuer Ansatz nutzt über die Schnittstelle hinweg das gemeinsame Knowhow von Instandhaltung (Dienstleister) und Produktion (Kunde), Supply Chain Management und Marketing (Kunden des Kunden). So werden neue Potenziale erschlossen, die die Einheiten alleine weder erkennen noch heben können – und die teilweise ein Vielfaches der jeweiligen Instandhaltungsmaßnahmen betragen.

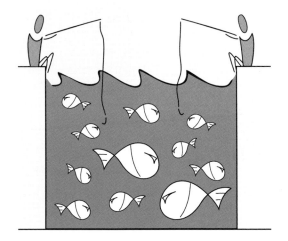

FÜR ALLE, DIE SICH
TRAUEN

IM AUFTRAG DES VORSTANDS PROJEKTE UM-
ZUSETZEN. ETABLIERTE STRUKTUREN INFRAGE
ZU STELLEN. FRÜH VERANTWORTUNG ZU
ÜBERNEHMEN.

Inhouse Consultants, **hier ist Ihr Zuhause!**

Trauen Sie sich! Finden Sie
Ihre Herausforderung auf
karriere.allianz.de.

Allianz ⑪

Inhouse Consulting

Allianz Inhouse Consulting

- Jahresumsatz Allianz SE weltweit 2018: 130,6 Mrd. Euro
- Anzahl Mitarbeiter Allianz SE weltweit 2018: 142.460
- Jahresumsatz in Deutschland 2018: 36,4 Mrd. Euro
- Anzahl Mitarbeiter in Deutschland 2018:
  Allianz Deutschland AG: 27.000
  Allianz Inhouse Consulting: 30
- Anzahl offener Stellen für Absolventen 2020: 10
- Anzahl offener Praktikumsplätze 2020: 15

**Allianz Inhouse
Consulting
Allianz Deutschland AG**

Königinstraße 28
80802 München

*karriere.allianz.de/
absolventen/inhouse-
consulting*

Sie interessieren sich für interne Unternehmensberatung innerhalb eines DAX-Konzerns?

Das Allianz Inhouse Consulting agiert als Strategie- und Managementberatung in zahlreichen Projekten, um die Marktführerschaft der Allianz
Deutschland weiter auszubauen. Als Dienstleister für anspruchsvolle Problemstellungen orientiert sich das Allianz Inhouse Consulting in Leistung
und Qualität am externen Wettbewerb.

Wir setzen unsere analytischen und methodischen Kompetenzen in
optimaler Weise ein und übernehmen inhaltliche Vordenkerschaft zum
Wohl des Kunden und des Unternehmens.

Nachwuchsführungskräfte werden von uns gefördert und ideal für
ihre zukünftige Verantwortung vorbereitet.

Wenn Sie sich für einen Einstieg als Berater bei der Allianz entscheiden, gestalten Sie daher nicht nur die Zukunft des Unternehmens
mit, sondern haben neben engem Kontakt zu Top-Entscheidern auch
exzellente Karrierechancen bei Deutschlands Versicherer Nummer eins.

Was zeichnet unser Unternehmen aus?

Die Allianz Gruppe ist in mehr als 70 Ländern vertreten und einer der
größten Finanzdienstleister der Welt. Der wichtigste Markt des Unternehmens ist Deutschland. Die Allianz Deutschland trägt über ein Viertel
zum Umsatz der Allianz Gruppe bei und ist mit einem Marktanteil von
17,6 Prozent der größte Versicherer im deutschen Markt. Die Allianz
steht für Kundenorientierung, Digitalisierung, technische Exzellenz und
Produktqualität, Wachstum sowie gelebte Leistungskultur.

Worin unterscheidet sich das Allianz Inhouse Consulting von externen Strategieberatungen?

Wer sich für das Allianz Inhouse Consulting entscheidet, möchte die herausfordernden Tätigkeiten einer Beratung mit einer gegenüber externen

Insider-Tipp

»Gegenüber meiner
vorherigen beruflichen
Station in einer externen
Beratung bin ich jetzt
nicht nur Berater,
sondern auch Kollege —
das macht die Projekt-
arbeit oft effizienter.«
*Jakob Cremmelmaier,
Manager,
**Allianz Inhouse
Consulting***

Beratungen ausgewogeneren Work-Life-Balance verbinden – so sind unsere Consultants zum Beispiel deutlich weniger auf Reisen. Als interne Unternehmensberatung ist es für uns selbstverständlich, Projekte von der Konzeption bis zur Umsetzung aktiv mitzugestalten. Der nachhaltige Erfolg unserer Projekte steht für uns im Fokus. Stetiger Kontakt zu Kollegen und Entscheidern ermöglicht es uns, schnell ein unternehmensweites Netzwerk aufzubauen und den Konzern in seiner ganzen Vielfalt kennenzulernen.

Karrieremöglichkeiten

Insider-Tipp

»Vom ersten Arbeitstag an wurde ich als vollwertiges Mitglied in mein neues Projektteam aufgenommen, konnte an strategischen Fragestellungen mitwirken und eigene Ideen einbringen. Besonders gefällt mir, dass ich Tag für Tag mit unterschiedlichen Personen aus verschiedensten Bereichen und Ebenen zusammenarbeite. Das ermöglicht mir einen breiten Einblick in die Ressorts und Themen der Allianz.«
Klaus Hildebrand,
Manager,
Allianz Inhouse Consulting

Wie entwickeln wir Sie auf Ihrem Karriereweg?

Wir bieten Ihnen eine steile Lernkurve und gezielte persönliche Förderung – durch die Arbeit an komplexen strategischen Projekten kombiniert mit verschiedenen internen und externen Schulungen sowie einem Entwicklungsprogramm für Nachwuchsführungskräfte. Zudem ermöglichen wir Ihnen die frühe Übernahme von Verantwortung und von Beginn an engen Kontakt zu Top-Entscheidern. Durch den umfassenden Einblick in die verschiedenen Unternehmensbereiche qualifizieren Sie sich als attraktiver Kandidat für einen späteren Wechsel ins Management der Allianz.

Wie sieht der Arbeitsalltag im Allianz Inhouse Consulting aus?

Das Allianz Inhouse Consulting bietet Berufseinsteigern und Young Professionals eine attraktive Kombination aus den Berufsfeldern Consulting und Finanzdienstleistungen. Als Mitglied eines jungen und dynamischen Beraterteams haben Sie die Chance, sowohl die Weiterentwicklung vom Allianz Inhouse Consulting als auch die strategische Positionierung der Allianz Deutschland aktiv mitzugestalten.

Unsere Projekte werden direkt vom Vorstand beauftragt und dauern typischerweise zwischen drei und zwölf Monate. So variabel wie die Dauer der Projekte, so vielfältig sind auch die Themen und Herangehensweisen. Wir beraten alle Ressorts der Allianz Deutschland und arbeiten dabei mit Mitarbeitern aller Hierarchieebenen sowie mit externen Beratern zusammen. Dabei wirken wir nicht nur an den großen, bereichsübergreifenden Projekten zur strategischen Ausrichtung des Unternehmens mit, sondern erarbeiten auch innovative Lösungen für spezifische Herausforderungen, wie zum Beispiel die Digitalisierung unserer Geschäftsprozesse oder die Weiterentwicklung unseres Produktportfolios. Fixe Lösungsschablonen gibt es bei uns nicht. Ein Berater sollte daher in seinem Repertoire über ein breit gefächertes Portfolio an Projektmethoden verfügen. Mit analytischem Sachverstand und Verständnis für die Sichtweisen der beteiligten Allianz-Einheiten entwickeln unsere Inhouse Consultants so stets passgenaue Lösungen.

In welcher Position steigen Sie mit Ihrem Hintergrund ein?

Studium

Im Rahmen eines Praktikums bieten wir interessierten Studierenden aus Master-Studiengängen spannende Einblicke in den Arbeitsalltag eines Inhouse Consultants. Sie werden vom ersten Tag an in die Projektarbeit eingebunden und können als vollwertiges Teammitglied einen Beitrag zum Projekterfolg leisten.

Bachelor-, Diplom- bzw. Master-Abschluss

Mit einem sehr gut abgeschlossenen Bachelor-Studium steigen Sie als Junior Consultant, mit Diplom- oder Master-Studium als Consultant ein. Sie übernehmen vom ersten Tag an Verantwortung und legen den Grundstein für Ihre Karriere innerhalb des Allianz Konzerns.

Promotion, MBA und/ oder erste Berufserfahrung

Bewerber mit Promotion, MBA und/ oder Berufserfahrung im Beratungs- oder Finanzdienstleistungsbereich haben ebenso gute Chancen für einen Einstieg bei uns – die Position hängt von Ihrem individuellen Erfahrungshintergrund ab.

Anforderungen an Bewerber

Wir suchen Studierende mit sehr guten Studienleistungen, insbesondere aus den Gebieten der Wirtschafts- und Naturwissenschaften. Analytisches Denken, Problemlösungskompetenz und kommunikative Fähigkeiten sind für Ihre tägliche Arbeit als Berater unabdingbar. Eigeninitiative, Kundenorientierung, ausgeprägte Teamfähigkeit sowie relevante Praktika runden Ihr Profil ab.

Bewerbungsverfahren

Interessenten, die uns mit ihrer Bewerbung überzeugt haben, laden wir zu einem unserer ganzjährig stattfindenden Bewerbertage ein. Dort erwarten Sie Einzelinterviews mit unseren Beratern, in denen Sie Ihren bisherigen Werdegang erläutern und Fallstudien lösen. Sofern Sie uns in den ersten Gesprächen überzeugen konnten, folgt am Nachmittag ein weiteres Gespräch mit der Leitung des Allianz Inhouse Consulting. Im Idealfall bekommen Sie noch am selben Tag ein Angebot ausgesprochen.

Für Praktikanten haben wir einen verkürzten Bewerbungsprozess – wenn uns Ihre Unterlagen überzeugen, laden wir Sie zu einem persönlichen Gespräch ein und teilen Ihnen innerhalb der nächsten zwei Arbeitstage unsere Entscheidung mit. Auch hier ist eine Bewerbung ganzjährig möglich.

Bitte bewerben Sie sich mit Ihren vollständigen Unterlagen (Anschreiben, tabellarischer Lebenslauf, Kopien aller relevanten Zeugnisse) unter: *karriere.allianz.de/absolventen/inhouse-consulting/*

Insider-Tipp

»Bewerbern kann ich raten, dass sie genau zuhören und auf die Reaktion des Interviewers achten und eingehen. Außerdem schätze ich präzise und klare Antworten.«
Corinna Kurrent,
Senior Managerin,
Allianz Inhouse Consulting

Bewerber-Kontakt
Tel. +49 (0)89 3800-66447
inhouse-consulting
@allianz.de
Bitte bewerben Sie sich online unter:
karriere.allianz.de/ absolventen/inhouse- consulting/

Mehr Insider- Informationen unter *squeaker.net/allianz*

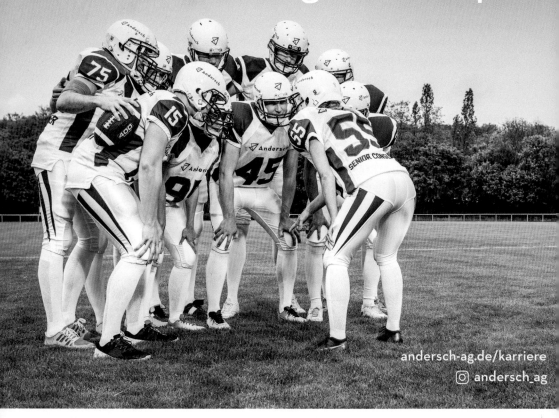

Restrukturierung ist Teamsport

andersch-ag.de/karriere
andersch_ag

ÜBER ANDERSCH:

Andersch ist die führende Restrukturierungsberatung in Deutschland und Teil der internationalen FTI Consulting Gruppe. Wir sind spezialisiert auf die nachhaltige Bewältigung schwierigster Unternehmenssituationen und Veränderungsprozesse.

Beratend stehen wir Unternehmen bei weitreichenden Entscheidungen im strategischen, operativen und finanziellen Bereich zur Seite und sorgen für deren konsequente Umsetzung. Standardisierte Lösungsmuster sind uns zu wenig!

BE EXCELLENT – BE PART OF OUR TEAM

an **FTI** Consulting Group Company

Andersch

- Standorte: Frankfurt am Main, Düsseldorf und Hamburg
- Mitarbeiterzahl: ca. 100
- Einstellungsziele: Consultants: ca. 15 in 2020
  Praktikanten und Werkstudenten: ca. 30 in 2020

Andersch ist spezialisiert auf die Restrukturierungsberatung – in diesem Bereich sind wir Qualitäts- und Marktführer. Wir beraten sowohl große mittelständische Unternehmen als auch börsennotierte Konzerne bei weitreichenden Entscheidungen im strategischen, operativen und finanziellen Bereich und sorgen für deren konsequente Umsetzung. Die Basis dafür bildet die fachliche Exzellenz und Motivation unserer Mitarbeiter/innen. Dafür investieren wir weit mehr als das Doppelte des branchenüblichen in Aus- und Fortbildung.

Unser Leistungsangebot
Die Bandbreite der Themen, Branchen und fachlichen Schwerpunkte sorgen für ein hohes Maß an Abwechslung und täglich neuen Herausforderungen. Als Berater von Andersch unterstützen Sie unsere Mandanten vor Ort bei der nachhaltigen Bewältigung herausfordernder Unternehmenssituationen. Sie erstellen z.B. Restrukturierungskonzepte und plausibilisieren Unternehmensplanungen. Zur Optimierung der Finanz- und Leistungswirtschaft der Mandanten entwickeln Sie im Team kreative Ideen und Strategien und begleiten die Maßnahmen bis zur erfolgreichen Umsetzung.

Ihre Lernkurve
Unsere Projekte und unser Qualitätsanspruch fördern und fordern eine fortlaufende Lernbereitschaft – vom Praktikanten bis zum Partner. Wir gestalten Beratung als Lebensmodell und bringen berufliche Höchstleistungen mit persönlichen Belangen bestmöglich in Balance. Wir nehmen uns viel Zeit für jeden Einzelnen, um diese Entwicklung sicher zu stellen.

Weiterbildung
Durch intensives Training-on-the-job, Kurztrainings sowie maßgeschneiderte teaminterne Weiterbildungen an attraktiven Standorten im In- und Ausland sowie individuelle Förderung von postgradualen Zusatzqualifikationen (z.B. LL.M., CFA, Promotion oder MBA) stellen wir die persönliche sowie fachliche Weiterentwicklung unserer Mitarbeiter sicher.

Andersch AG

Frankfurt am Main
Neue Mainzer Straße 80
60311 Frankfurt am Main

Hamburg
Stephansplatz 2-6
20354 Hamburg

Düsseldorf
Speditionstraße 21-23
40221 Düsseldorf

www.andersch-ag.de

Insider-Tipp

»Hochqualitative Lösungen unter dem Zeit- und Leistungsdruck einer Restrukturierung zu erarbeiten erfordert hervorragendes Teamwork. Bei Andersch unterstützen wir uns deshalb gegenseitig innerhalb der gesamten Organisation, um zusammen auch bei hohen Anforderungen nie den Spaß an der Arbeit zu verlieren.«
Lukas, Manager,
Andersch

Insider-Tipp

»Andersch hat verstanden, dass Mitarbeiter das wichtigste Kapital einer Beratungsgesellschaft sind. Das merkt man am freundschaftlichen Umgang der Partner auf allen Ebenen, dem Engagement zur Aus- und Weiterbildung und der enorm guten Stimmung.«
Georg, Manager,
Andersch

Insider-Tipp

»Eine enorm steile Lernkurve durchlaufen zu können und gleichzeitig in einem Team zu arbeiten, in dem Teamspirit und Dynamik großgeschrieben werden, macht Andersch für mich zu einem außergewöhnlichen Arbeitgeber.«
Julia, Praktikantin,
Andersch

Unsere Benefits u.a.

- Vergütung auf Top-Niveau
- Sehr umfassendes Aus- und Fortbildungsprogramm (Andersch Academy)
- Individuelle Weiterbildungsmöglichkeiten
- Förderung postgradualer Abschlüsse (z.B. LL.M., Promotion, MBA), die wir zeitlich und finanziell honorieren
- Regelmäßiges Mentoring
- Homeoffice-Möglichkeiten sowie freie Standortwahl für erfahrene Berater
- Auslandserfahrung durch temporäre Projekteinsätze oder durch ein langfristiges Secondment
- Sabbaticals
- Abwechslungsreiche Teamevents an attraktiven Standorten im In- und Ausland
- Fitnessstudio-Kooperationen
- Firmenwagenregelung

Einstieg als Student (m/w/d)

Wir bieten laufend Praktika und Werkstudententätigkeiten an. Praktikanten werden bei uns voll in die Projektarbeit einbezogen und sind mit den Projektteams bei den Mandanten vor Ort. Wer durch Leistung und Persönlichkeit überzeugt, wird in das Talentprogramm Inside@Andersch aufgenommen. Im Rahmen des Programms sind Netzwerktreffen, fachliche und persönliche Weiterentwicklung durch Vorträge und Workshops sowie Mentoring auch nach dem Praktikum durch einen erfahrenen Kollegen feste Bestandteile.

Einstieg als Absolvent (m/w/d)

Wir suchen exzellente Mitarbeiter mit Leidenschaft für die Restrukturierung. Nach Ihrem Bachelor- oder Masterabschluss können Sie Ihr Wissen bei uns in die Praxis umsetzen und eine spannende und abwechslungsreiche Karriere in der Restrukturierung starten. Bewerben Sie sich bei uns, wenn Sie Ihr Studium in Wirtschafts- oder Rechtswissenschaften, Mathematik, Wirtschaftsinformatik oder Ingenieurswesen sehr gut abgeschlossen haben. Neben verhandlungssicheren Englischkenntnissen setzen wir erfolgreich absolvierte Praktika in branchenrelevanten Bereichen voraus, die Ihre hervorragenden Leistungen untermauern. Ein längerer Auslandsaufenthalt unterstützt Ihren Einstieg bei uns ebenfalls. Ideale Voraussetzungen für die anspruchsvolle Tätigkeit als Restrukturierungsberater sind Ihre analytischen Fähigkeiten, Ihre Kreativität und Ihr Teamgeist sowie eine uneingeschränkte Mobilität. Überzeugen Sie uns von Ihrem Wunsch, etwas bewegen zu wollen!

Einblicke von Maximilian Jensen (Senior Consultant)

Während meines Studiums habe ich ein Praktikum bei der Andersch AG absolviert. Von Anfang an hatte ich einen sehr positiven Eindruck von den Mitarbeitern und der Unternehmenskultur, welche sich insbesondere durch die sehr kollegiale Teamatmosphäre auszeichnet. Im Oktober 2015 bin ich bei der Andersch AG als Consultant eingestiegen. Momentan bin ich auf einem umfassenden Restrukturierungsprojekt eingesetzt, um zusammen mit meinen Kollegen ein Sanierungsgutachten zu erstellen. Neben der kurzfristigen Liquiditätsplanung befasse ich mich vor allem mit dem Themenkomplex »Einkauf« und erarbeite strategische Maßnahmen.

Andersch legt hohen Wert auf die die Fortbildung seiner Mitarbeiter. Jährlich finden drei Academy-Wochen im In- und Ausland statt. Hier werden fachliche Grundlagen wie auch persönliche Fähigkeiten vermittelt. Zusätzlich bietet Andersch ganz individuelle Fortbildungs- und Entwicklungsmöglichkeiten (persönlicher sowie fachlicher Natur) für seine Mitarbeiter an.

Bewerbungsverfahren

Unsere Anforderungen:

- Sehr gute akademische Qualifikation mit Fachrichtung Wirtschaftswissenschaften, Wirtschaftsingenieurwesen, Wirtschaftsinformatik oder Wirtschaftsrecht
- Relevante Praxiserfahrungen mit sehr guten Leistungen
- Durch Auslandserfahrung erprobte Englischkenntnisse
- Hohe analytische Fähigkeiten, sicheres Auftreten und Teamfähigkeit

Die Bewerbung war erfolgreich. Was passiert als Nächstes?

Wir möchten Sie nun persönlich kennenlernen. Dazu laden wir Praktikanten und Werkstudenten zu einem Bewerbungsgespräch bzw. Bewerber als Berufseinsteiger zu einem Bewerbertag ein.

Wie verläuft das Bewerbungsgespräch?

Die Bewerbungsgespräche geben uns Gelegenheit, Ihnen unser Unternehmen vorzustellen. Im weiteren Verlauf der Gespräche stellen Sie Ihre Motivation und Ihre fachlichen Qualifikationen unter Beweis. Ein Bewerbungsgespräch dauert in der Regel ein bis eineinhalb Stunden.

Wie läuft ein Bewerbertag bei Andersch ab?

Bewerbertage bieten Ihnen und drei bis vier anderen Bewerbern die Möglichkeit, unser Unternehmen und unsere Mitarbeiter in verschiedenen Situationen kennenzulernen. Dabei testen wir Ihre Fachkenntnisse und Lösungskompetenz in Interviews und Fallstudien. Der Bewerbertag dauert je nach Ihrem Erfolg zwischen drei und fünf Stunden. Sie erhalten am Ende des Tages unmittelbar Feedback — im besten Fall einen unterschriebenen Arbeitsvertrag.

Bewerber-Kontakt
Jacqueline Krüger
Recruiting
+49 (0)69 2722995-450
karriere@andersch-ag.de
*www.andersch-ag.de/
karriere*

Mehr Insider-
Informationen unter
squeaker.net/andersch

WIR SUCHEN FÜR UNSEREN STANDORT HAMBURG:

Junior Consultant (m/w/d)

Gegründet 1987, ist Arkwright heute mit Büros in Hamburg, Oslo und Stockholm eine exklusive Strategie- und Managementberatung mit rund 100 Mitarbeitern. Die Unternehmensanteile werden ausschließlich von senioren Beratern gehalten.

Pragmatisch bei der Methodenwahl, jedoch leidenschaftlich bis zum Erfolg, arbeiten wir täglich daran beste Ergebnisse für unsere Kunden zu erzielen. Dabei sind wir überzeugt, dass jedes Unternehmen mit ganz spezifischen Herausforderungen konfrontiert wird und somit eines individuellen Lösungsansatzes bedarf.

Unterstützen Sie unsere Kunden in anspruchsvollen Strategieprojekten im In- und Ausland. Arbeiten Sie mit uns in kleinen dynamischen Teams mit schnellem direktem Kontakt zu der Führungsebene unserer Klienten. Entwickeln Sie Ihre Fähigkeiten in regelmäßigen internationalen Trainingsmaßnahmen weiter und partizipieren Sie schon frühzeitig am Unternehmenserfolg.

Das bringen Sie mit:

- Exzellente akademische Leistungen aus dem Bereich Wirtschaftswissenschaften oder Wirtschaftsingenieurwesen
- Erste praktische Erfahrung im In- und Ausland
- Stark analytische und strukturierte Arbeitsweise sowie Kommunikationsstärke
- Herausragende zwischenmenschliche Fähigkeiten und Teamgeist
- Verhandlungssicheres Englisch sowie möglichst Kenntnisse einer weiteren Fremdsprache

Für weitere Informationen kontaktieren Sie uns gerne per E-Mail: fragen@arkwright.de
Ihre Bewerbung reichen Sie bitte über unsere Webseite ein.

Arkwright Consulting AG - Alstertwiete 3 - 20099 Hamburg

ARKWRIGHT

Arkwright

- Anzahl Mitarbeiter in Deutschland: 35
- Anzahl Mitarbeiter weltweit: 100
- Anzahl offener Praktikumsplätze 2020: 8
- Anzahl offener Stellen für Absolventen 2020: 8
- Standorte Deutschland: Hamburg
- Standorte weltweit: Hamburg, Oslo, Stockholm

**Arkwright
Consulting AG**

Alstertwiete 3
20099 Hamburg
Tel.: +49 (0)40 271 662 0
info@arkwright.de

www.arkwright.de

Arkwright wurde 1987 gegründet und berät als exklusive Strategie- und Managementberatung sowohl mittelständische als auch global agierende Unternehmen. Wir zeichnen uns durch flache Hierarchien und ein bodenständiges Unternehmensumfeld aus – an jedem unserer Standorte in Hamburg, Oslo oder Stockholm.

Wir legen besonderen Wert auf individuelle Herangehensweisen, tiefes Markt- und Branchenverständnis und faktenbasierte Analysen.

Dabei beraten wir unsere Kunden in Fragestellungen wie Wachstumsstrategien, Digitalisierung oder Geschäftsprozessoptimierung. Um den langfristigen Erfolg des Projektes sicherzustellen, begleiten wir unsere Kunden auch in der Implementierung unserer Projektergebnisse.

Kleine, flexible Teams arbeiten eng mit dem Top-Management unserer Kunden zusammen. Unsere Arbeitsweise auf Augenhöhe wird durch langjährige Kundenbeziehungen belohnt.

In unserem Büro im Herzen Hamburgs verbinden wir auf einzigartige Weise skandinavischen Team-Spirit mit hanseatischem Lifestyle. Wir bauen auf jeden Einzelnen und leben eine offene Unternehmenskultur mit spürbar flachen Hierarchien und familiärem Zusammenhalt.

Bei Arkwright zu arbeiten erfordert Hingabe. Eine steile Lernkurve auf anspruchsvollen Projekten ist für uns selbstverständlich, aber nicht genug. Wir bieten unseren Mitarbeitern zahlreiche Freiräume, um eigene Interessen im Unternehmen zu verwirklichen, und damit aktiv unsere Unternehmenskultur mitzugestalten. Dabei legen wir hohen Wert auf Eigeninitiative und Verantwortung.

Insider-Tipp

»Ich schätze unseren Teamgeist, die flachen Hierarchien und die Möglichkeit, Arkwright und seine Unternehmenskultur aktiv mitgestalten zu können.«
Kim, Associate 1,
Arkwright

Karrieremöglichkeiten

Insider-Tipp

»Neben faktischem
Wissen sind Soft Skills
wie eine schnelle Auf-
fassungsgabe, Kommuni-
kationskompetenzen und
Einfühlungsvermögen
elementar, denn bei
Arkwright arbeitet man
bereits von Anfang an
mit dem Top-Manage-
ment der Kunden
zusammen. «
Sarah, Associate 1,
Arkwright

Insider-Tipp

»Teamarbeit bedeutet
für uns, aufeinander Acht
zu geben, voneinander
und miteinander zu
lernen, um das Optimum
für die persönliche
Entwicklung und die
Zufriedenheit der Kun-
den herbeizuführen.«
Peter, Senior Associate 1,
Arkwright

Nach Ihrem Master Abschluß bieten wir Ihnen einen Festeinstieg als Associate an. Wir legen Wert auf einen aktiven Einstieg – das bedeutet Projektarbeit vom ersten Tag an. Dabei begleitet Sie während der Anfangsphase ein erfahrener Associate als Buddy, der Ihnen bei allen Fragen zur Seite steht.

Praktikanten sind unsere Berater von morgen: spannende Projekte zum selbständigen Arbeiten sowie ein Eintauchen in unser Team bieten die Möglichkeit, sich gegenseitig voneinander zu überzeugen. Sie sollten mindestens drei Semester Ihres Studiums erfolgreich absolviert haben. Wir sind flexibel hinsichtlich des Startzeitpunktes, die Dauer sollte jedoch mindestens zehn Wochen betragen.

Sie haben schon erste Berufserfahrung gesammelt und möchten Ihre Karriere beschleunigen? Oder von der Kunden- zur Beraterperspektive wechseln? Im gemeinsamen Gespräch erörtern wir mögliche Einstiegspositionen.

Wir bei Arkwright bilden ein starkes Team aus unterschiedlichen Persönlichkeiten. Gemeinsam verbindet uns die außerordentliche Leidenschaft für unsere Themen und unser Anspruch an exzellente Projektergebnisse. Kommunikationsstärke und Teamfähigkeit sind für uns unabdingbar. Unternehmerisches Denken, Eigeninitiative und Verantwortungsübernahme sind explizit gewünscht.

Sehr gute Noten in wirtschaftsnahen Studiengängen, interessante Praktika und Auslandserfahrung machen uns neugierig.

Unsere leistungsgerechte und attraktive Vergütung wird aus fixen und variablen Bestandteilen zusammengesetzt. So werden unsere Mitarbeiter früh am Unternehmenserfolg beteiligt und für ihren Einsatz belohnt. Einzigartig bei uns ist die Chance, vergleichsweise früh als Partner Arkwright mitzugestalten.

Wir investieren stetig in die Weiterbildung unserer Berater. Nicht nur durch internationale Trainings, sondern auch durch tägliches Feedback und ehrlichem Interesse am Lernprozess auf Projekten. Ergänzend bieten wir jedem Mitarbeiter ein breites Trainingsangebot sowie ein individuelles Trainingsbudget. Ein vorübergehender Austausch mit Oslo oder Stockholm ist potentiell möglich.

Bei Arkwright werden Sie in Ihrer Entwicklung nicht durch starre Strukturen eingeengt. Wir sind überzeugt, dass der beste Weg für eine steile Lernkurve die Arbeit in anspruchsvollen Projekten ist. Ihre tagtägliche Entwicklung steht immer in unserem Fokus.

Bewerbungsverfahren

Wir verstehen unseren Bewerbungsprozess beidseitig: Sie lernen möglichst viel über uns, wir möchten Sie genau kennenlernen. Unser Bewerbungstag bietet daher auch Gelegenheit, künftige Kollegen und Kolleginnen in ungezwungener Atmosphäre kennenzulernen. Nach Eingang Ihrer Bewerbung erhalten Sie kurzfristig ein erstes Feedback und ggf. eine Einladung zu einem unserer Bewerbungsevents.

Unsere eintägigen Bewerbungsevents finden regelmäßig in Hamburg statt. In Interviews, Case Studies und einer Präsentation haben Sie die Möglichkeit, uns von Ihren fachlichen und persönlichen Stärken zu überzeugen. Nach jeder Übung bzw. jedem Gespräch erhalten Sie fortlaufend Feedback. Unsere Berater nehmen sich ausgiebig Zeit, auch Ihre Fragen detailliert zu beantworten. Im besten Falle gehen Sie am Abend mit einem Arbeitsvertrag nach Hause.

Es gibt nicht nur das eine besondere Kriterium, nach dem wir unsere Mitarbeiter auswählen. Für uns ist immer das Gesamtpaket ausschlaggebend. So kann es passieren, dass wir absolut überzeugt sind vom Team-Fit oder von Ihren fachlichen Kompetenzen. Entscheidend für ein Vertragsangebot ist jedoch beides gemeinsam: Ihr Talent und Ihre Persönlichkeit. Daher gilt: Seien Sie einfach Sie selbst!

Bitte senden Sie Ihre vollständigen Bewerbungsunterlagen auf Deutsch oder Englisch ausschließlich über unsere Bewerbungsplattform *arkwright.onapply.de* zu.

Wir nehmen uns viel Zeit für Ihre Bewerbung. Gerne stehen wir auch für ein Telefonat zur Verfügung, wenn Sie noch Fragen zu uns, zu Ansprechpartnern oder den Bewerbungsfristen haben.

Nutzen Sie auch unsere ausgeschriebenen Recruiting Events, um uns in lockerer Atmosphäre kennenzulernen!

Arkwright Mitarbeiter lieben das, was sie tun. Das merken unsere Kunden und das merken wir an geringen Fluktuationsraten. Im Durchschnitt bleiben unsere Consultants mehr als sechs Jahre bei uns. Wir sind stolz darauf, dass unsere Kunden uns regelmäßig bescheinigen, dass wir nicht dem typischen Beraterbild entsprechen. Uns zeichnet aus, dass wir auf Augenhöhe zusammenarbeiten, Vertrauen und Spaß an der gemeinsamen Arbeit haben und nicht zuletzt ein besonderes Maß an Empathie und Bodenständigkeit mitbringen.

Bewerber-Kontakt
Stephan Brämer
Partner
Tel. +49 (0)40 271 662 0
arkwright.onapply.de

Insider-Tipp

»Der Bewerbungsprozeß lief schnell und unkompliziert ab. Beim Bewerbertag hatte ich das Gefühl, daß man neben fachlichen Dingen, auch mich als Person wirklich kennenlernen wollte. Die Gespräche mit den Partnern liefen auf Augenhöhe ab, und man hat sich viel Zeit für mich und meine Fragen genommen.«
Max, Associate 1,
Arkwright

Insider-Perspektive

Arkwright vereint auf besondere Weise die Vorzüge einer kleinen, mittelständischen Beratung mit den hohen Anforderungen an eine internationale Strategieberatung. Belegbare Ergebnisse, eine hohe Organisationskompatibilität mit unseren Kunden und unsere Unternehmenskultur mit skandinavischen Wurzeln kennzeichnen uns. Wir haben klare Werte: Trust, Spirit, Dedication und Results.

- ›**Trust**‹ verbindet unsere Offenheit, Ehrlichkeit und unseren Respekt gegenüber unseren Kunden als auch innerhalb des Teams.
- Unter ›**Spirit**‹ verstehen wir unsere besondere Arbeitsatmosphäre mit gegenseitiger Motivation und Inspiration. »Work hard – Stay low – Reach high« ist unser Motto.
- ›**Dedication**‹ beschreibt unseren stetigen besonderen Einsatz für Kunden, Kollegen, Team und Firma.
- ›**Results**‹ – Wir streben bestmögliche Ergebnisse für unsere Kunden an. Unsere Ergebnisse sind messbar, nachhaltig und umsetzbar. We get results!

Mehr Insider-
Informationen unter
squeaker.net/arkwright

Arkwright bietet zahlreiche unkomplizierte Wege, um die Beratertätigkeit und Freizeit sehr gut miteinander vereinbaren zu können. Beispiele dafür sind Home Office, mehrmonatige Sabbaticals und flexible Wege zur Nutzung von Elternteilzeit. Wichtig ist, dass die Projektarbeit erledigt wird – an welchem Ort und zu welcher Tageszeit dies erfolgt, können Sie mit einem hohen Maß an Flexibilität bestimmen.

BearingPoint.

BearingPoint

- Jahresumsatz in 2018: 738 Mio Euro
- Mitarbeiter in Deutschland: 1.765
- Mitarbeiter weltweit: 4.570
- Partner: 176
- Standorte: 40 Büros in 23 Ländern
- Neueinstellungen 2020: 300+

BearingPoint GmbH

Speicherstrasse 1
60327 Frankfurt am Main
Tel. +49 (0)69 13022-0

www.bearingpoint.com

Beratung mit Management- und Technologiekompetenz

BearingPoint ist eine unabhängige Management- und Technologie-
beratung mit europäischen Wurzeln und globaler Reichweite.
Das Unternehmen agiert in vier Bereichen: Consulting, Solutions,
Business Services und Ventures. Consulting umfasst das klassische
Beratungsgeschäft; Solutions fokussiert auf eigene Software-Lösungen
für die Bereiche Digitale Transformation, Advanced Analytics und
regulatorische Anforderungen; Business Services bietet Unternehmen
Dienstleistungen auf Basis der Software-Lösungen; Ventures treibt die
Finanzierung und Entwicklung von Start-ups voran. Zu BearingPoints
Kunden gehören viele der weltweit führenden Unternehmen und
Organisationen. Das globale Netzwerk von BearingPoint mit mehr als
10.000 Mitarbeitern unterstützt Kunden in über 75 Ländern und engagiert
sich gemeinsam mit ihnen für einen messbaren und langfristigen
Geschäftserfolg.

Karrieremöglichkeiten

Als Berater oder Beraterin sammeln Sie umfangreiche Erfahrung
mit verschiedenen Kunden in unterschiedlichen Branchen. Mit
BearingPoint entscheiden Sie sich dabei für abwechslungsreiche
Aufgaben bei namhaften Kunden, kontinuierliches Lernen und stetige
Entwicklungsmöglichkeiten. Neben einer individuellen Karriereplanung
bieten wir Ihnen internationale Karriereperspektiven, Work-Life-Balance-
Angebote für ein optimales Gleichgewicht zwischen Arbeitsleben und
Freizeit und dazu ein attraktives Vergütungsmodell und attraktive
Benefits. Für das Jahr 2020 planen wir mehr als 300 Neueinstellungen
auf allen Senioritätsstufen.

Voraussetzungen

Wir suchen Absolventen der Fachrichtungen Betriebs- oder Volkswirtschaft, der (Wirtschafts-)Informatik, des (Wirtschafts-)Ingenieurwesens oder der (Wirtschafts-)Mathematik mit sehr guten Abitur- und Studienleistungen. Zudem erwarten wir herausragende analytische und konzeptionelle Fähigkeiten, hohe Motivation, ausgeprägte Teamfähigkeit, Ausdauer, Flexibilität, Kommunikationsstärke und die Bereitschaft zu nationaler und internationaler Reisetätigkeit. Sehr gute deutsche und englische Sprachkenntnisse runden Ihr Profil ab.

Absolventen und Young Professionals sollten darüber hinaus durch Praktika bzw. erste Berufserfahrung sowie fundierte Fachkenntnisse in den für die gewünschte Position relevanten Bereichen überzeugen.

Im Studium

In einem Praktikum, einer Werkstudierendentätigkeit oder über eine Abschlussarbeit können Sie testen, ob Ihnen der Beruf Unternehmensberater Spaß macht und ob die jeweilige Unternehmenskultur zu Ihnen passt. Für ein Praktikum bei uns sollten Sie mindestens drei Monate Zeit mitbringen, der Einsatz erfolgt in der Regel auf Projekten. Für ein Auslandspraktikum wenden Sie sich bitte direkt an die Niederlassung Ihrer Wahl. Bewerben können sich Studierende ab dem vierten Semester eines Bachelor Studiums.

Mit Diplom- bzw. Bachelor-/Master-Abschluss

Der Direkteinstieg nach dem Studium ist bei uns jederzeit möglich. Einsteiger übernehmen bei uns schnell Verantwortung und sind vom ersten Tag an Teil eines Projektteams mit direktem Kundenkontakt. Sie haben die Möglichkeit, über Ländergrenzen hinweg zu arbeiten und Erfahrung in verschiedenen Branchen und Fachbereichen zu sammeln.

Mit Berufserfahrung

Bewerber mit Berufserfahrung aus Industrie und/oder Beratung finden bei uns ein internationales Umfeld für ihre professionelle und persönliche Weiterentwicklung.

Einstieg, Training und Entwicklung

Im Rahmen unserer monatlich zentral in Frankfurt stattfindenden New Member Days erhalten alle Neueinsteiger an ihren ersten beiden Arbeitstagen einen Überblick über unser Geschäftsmodell, unsere Arbeitsweisen, Methoden und Tools. Danach werden Sie in Ihrer jeweiligen Niederlassung vom dortigen »Onboarder« und von Ihrem persönlichen Tutor empfangen. Sie erhalten Ihre technische Ausstattung und lernen Ihre zukünftigen Kollegen kennen.

Insider-Tipp

»Wir suchen nach verantwortungsbewussten Talenten mit Persönlichkeit, Leidenschaft und Technologie Begeisterung – dabei ist uns der Personal Fit besonders wichtig.«
*Michaela Scherhag,
Leiterin Recruiting &
Personalmarketing,*
**BearingPoint
Deutschland**

Neben Ihrem Tutor, der Ihnen alle Fragen rund um den Einstieg beantwortet, steht jedem Berater ein Karriere-Mentor zur Seite. Er gibt wertvolle Ratschläge zur eigenen Laufbahnplanung und bespricht in regelmäßigen Abständen Ihre Entwicklung mit Ihnen. Einen tieferen Einblick in unsere interdisziplinäre Arbeitsweise bekommen Sie im Rahmen unserer einwöchigen Be.School. Hier erleben Sie die BearingPoint-Kultur, erfahren mehr über unser internationales Netzwerk und bearbeiten mit Neueinsteigern aus allen Standorten weltweit verschiedene Case Studies.

Für eine kontinuierliche Förderung unserer Mitarbeiter bietet unser Trainingsprogramm vielfältige Weiterbildungsmöglichkeiten. Seminare zu Managementthemen und – techniken sowie Social-, Personal- und Leadership-Skills qualifizieren Sie systematisch für den Berateralltag und die nächsten Karrierestufen. Durch unsere enge Partnerschaft zur Yale School of Management bieten wir zudem anspruchsvolle Strategietrainings in den USA an.

Bei BearingPoint haben Sie vielfach die Chance auch international Projekte mitzugestalten und bei unseren Kunden im Ausland vor Ort zu arbeiten.

Bewerbungsverfahren

Da es keine festen Einstellungszeitpunkte gibt, ist eine Bewerbung jederzeit möglich; empfehlenswert ist eine Bewerbung zwei bis sechs Monate vor dem gewünschten Eintrittstermin. Informieren Sie sich im Vorfeld über unsere offenen Positionen auf der BearingPoint Karriereseite und bewerben Sie sich mit Ihren vollständigen Unterlagen (Anschreiben, Lebenslauf, Zeugnisse) über unser Onlineportal
www.bearingpoint-careers.de.

Für Berufseinsteiger findet nach erfolgreich absolviertem Online Test alle 2 Wochen ein Auswahltag in unserer Niederlassung in Frankfurt statt. Hier stellen Sie Ihre analytischen und sozialen Kompetenzen in mehreren Gruppenübungen unter Beweis und informieren sich über Ihre Perspektiven bei BearingPoint. Am Ende des Tages erhalten alle Kandidaten ein ausführliches Feedback. Für erfolgreiche Bewerber schließt sich zeitnah ein persönliches Gespräch mit Ihren potenziellen Vorgesetzten an.

Für Bewerber mit Berufserfahrung finden in der Regel verschiedene persönliche Gespräche mit einem oder mehreren Partnern des entsprechenden Fachbereichs statt.

Bewerber-Kontakt
Recruiting Office
Schanzenstraße 23
51063 Köln
+49 (0) 221 956490-900
professionals@
bearingpoint-careers.de
www.bearingpoint-careers.de

*facebook.com/
BearingPoint Karriere*

*instagram.com/
bearingpoint_de*

*youtube.com/user/
BearingPointVideo*

*xing.com/companies/
bearingpoint*

*linkedin.com/company/
bearingpoint*

Tipps für Ihre Bewerbung

Nehmen Sie sich Zeit für den Bewerbungsprozess und bereiten Sie alle Phasen gründlich vor. Das A und O einer guten Bewerbung sind ein interessantes Anschreiben und ein klar strukturierter, chronologischer Lebenslauf. Das Anschreiben ist vor allem ein Motivationsschreiben, in dem Sie verdeutlichen, warum Sie sich für diese Position bewerben und welche fachlichen Voraussetzungen Sie erfüllen. Ein professionell gestalteter Lebenslauf zeigt auf einen Blick Ihre bisherige Ausbildung und Ihre berufliche Laufbahn. Von Interesse sind auch Ihre persönlichen Erfahrungen. Wenn Sie sich erfolgreich beworben haben, bleiben Sie im Auswahltag und in den Gesprächen authentisch, verstellen Sie sich nicht. Beantworten Sie sich selbst die alles entscheidende Frage ganz ehrlich: »Passen wir – sprich das in die engere Wahl gezogene Unternehmen und ich – zusammen?«

Insider-Tipp

Mehr Insider-Informationen unter *squeaker.net/bearingpoint*

»Die Tätigkeit als Berater ist geprägt von spannenden Herausforderungen, interessanten Aufgaben und ständigem Lernen. Bedingt durch die Tätigkeit für Kunden gehören Reisen selbstverständlich zum Alltag. Unterstützt durch die heute existierenden technischen Möglichkeiten und bei guter Organisation ist die Vereinbarung von beruflichen und privaten Interessen absolut machbar. Wir haben ein offenes Ohr für die Bedürfnisse unserer Mitarbeiter und schaffen durch diverse Programme einen sehr guten Rahmen für die Vereinbarkeit von Beruf und Privatem in der jeweiligen Lebenssituation. Beispiele hierfür sind flexible Arbeitszeitmodelle und Sabbaticals.«

Unternehmenskultur bei BearingPoint – Wodurch wird sie besonders geprägt?
Mir fallen da direkt folgende Punkte ein: Authentizität, kooperatives Miteinander und der Wille, etwas bewegen zu wollen. So ist die Unternehmenskultur bei BearingPoint und das strahlen unsere Mitarbeiter aus.

Mobiles Arbeiten im Beraterleben – bei BearingPoint möglich?
Die Tätigkeit in der Beratung und die fortschreitende Digitalisierung haben dafür gesorgt, dass die Art, wie wir arbeiten, in jüngster Vergangenheit durch neue Möglichkeiten ergänzt worden ist. Wir sind heute beim Kunden, in der Niederlassung, während der Reise oder gelegentlich auch zu Hause tätig – unser Büro haben wir also immer dabei. Mobiles Arbeiten ist bei BearingPoint gelebte Praxis.

Wann passt ein Bewerber besonders gut zu BearingPoint?
Wir suchen authentische Persönlichkeiten, die gemeinsam mit Kollegen etwas bewegen wollen. Außerdem zeichnet uns ein freundschaftliches/ partnerschaftliches Miteinander aus.

*Judith Kederer, HR Director, **BearingPoint Deutschland***

Design your own career.

Make your point @ BearingPoint.

Wir bieten Beratung, die Strategie und Technologie vereint. Unsere Kunden schätzen uns als Geschäftsmodell-Transformatoren und Digitalisierungsexperten. Wir verbinden Unternehmertum und Innovationsgeist, unsere Berater denken strategisch, analytisch und kreativ. Bei uns erwarten Sie außergewöhnliche Chancen, vielfältige Gestaltungsräume, ein Klima der Wertschätzung und Kollegen, die oft zu Freunden werden.

Consulting. Software. Ventures.
Jetzt auf: bearingpoint-careers.de

BearingPoint®

GROW YOUR OWN WAY IN THE GROUP.

Als Kind ist wachsen einfach. Weil es von alleine passiert. Später ist das anders. Denn man muss sich bewusst dafür entscheiden, in welche Richtung es jetzt weitergeht. Ganz egal wofür du dich entscheidest, BCG ist der perfekte Nährboden für dich. Denn wir wissen: Eine Gruppe ist immer dann am stärksten, wenn jeder genau in dem Bereich gefördert wird, der zu den eigenen Talenten und Interessen passt. Genau deswegen gibt es bei uns das Einstiegsprogramm INDIVIDUAL CAREER. Hier wählt man zu Beginn der Karriere einen der Schwerpunkte Vielfalt, Spezialisierung oder Internationalität. Das macht jeden Einzelnen von uns besser und natürlich auch uns alle gemeinsam. **Welcome to the Group.** Mehr dazu erfährst du hier: individualcareer.bcg.de

Boston Consulting Group

- Anzahl Mitarbeiter weltweit: 18.500
- Anzahl offener Praktikumsplätze: mehr als 180 Visiting Associates haben jährlich die Möglichkeit unsere Consultants für acht bis zwölf Wochen aktiv zu begleiten.
- Anzahl offener Stellen für Absolventinnen und Absolventen: BCG ist immer auf der Suche nach herausragenden Talenten. So wurden im Jahr 2019 mehr als 750 neue Mitarbeiterinnen und Mitarbeiter in Deutschland und Österreich eingestellt.
- Standorte Deutschland/Österreich: 8 Standorte
- Standorte weltweit: Büros in mehr als 90 Städten in 50 Ländern
- Jahresumsatz weltweit 2018: 7,5 Milliarden US-Dollar

Boston Consulting Group GmbH

Ludwigstraße 21
80539 München
Tel. +49 (0)89 2317-40

bcg.de

Boston Consulting Group (BCG) ist die weltweit führende strategische Unternehmensberatung. Gemeinsam mit unseren Kunden entwickeln und implementieren wir innovative Strategien, die klare Wettbewerbsvorteile schaffen und das Unternehmensergebnis nachhaltig verbessern. 1963 in den USA gegründet, unterhält BCG heute Büros in mehr als 90 Städten in 50 Ländern, davon acht in Deutschland und Österreich. Weltweit erzielte BCG im Jahr 2018 mit insgesamt 18.500 Mitarbeiterinnen und Mitarbeitern einen Umsatz von 7,5 Milliarden US-Dollar. Wir beraten Unternehmen aus allen Branchen und Märkten.

Dabei treten wir nicht an, um unseren Kunden kluge Ratschläge zu erteilen. Wir sehen uns vielmehr als Partner, dessen externe Sicht Bestehendes infrage stellt und so Veränderungsprozesse anstößt. Ein Projekt beginnt für uns damit, ein Unternehmen tiefgehend zu verstehen. In einem zweiten Schritt entwickeln wir gemeinsam mit den Kunden Lösungen und setzen diese in die Praxis um. So schaffen wir sichtbare, wirksame Veränderung.

Herkunft, Werdegang oder Geschlecht: Wir glauben an die Kraft der Vielfalt. Sie führt uns zu außergewöhnlichen Lösungen. Denn etablierte Denkweisen lassen sich nur aus unterschiedlichen Perspektiven infrage stellen. Deshalb ist Vielfalt für uns mehr als ein Ziel – es ist der Weg dorthin. Vielfalt wird bei uns auf verschiedenste Weise gelebt: Unsere Consultants kommen aus nahezu jedem Fachbereich; die Initiative Women@BCG und unser LGBT-Netzwerk setzen deutliche Signale in Richtung eines vielfältigen und gleichberechtigten Miteinander.

Karrieremöglichkeiten

Insider-Tipp

»Vom kleinen oberbayerischen Dorf Oberbergkirchen in die Weltstadt schlechthin: Manchmal staune ich über diesen Weg, wenn ich über die Straßen New Yorks laufe oder von einem Besuch in der alten Heimat zurück in meine neue fliege. New York ist für mich die Stadt der Vielfalt – an Nationalitäten, Kulturen und Gegensätzen. Diese Vielfalt spiegelt sich auch in meinen Kollegen wider. Sie bringen ganz unterschiedliche Kulturen und Kommunikationsstile mit und eröffnen mir jeden Tag neue Eindrücke und Blickwinkel. Die Menschen hier inspirieren mich genauso wie die Stadt.«
Antonia Rosenhuber,
Project Leader,
Boston Consulting Group

BCG sucht herausragende Universitätsabsolventinnen und -absolventen aller Fachrichtungen sowie Professionals aus allen Branchen, die bereit sind, durch herausfordernde Aufgaben ständig Neues zu lernen. BCG stellte in 2019 mehr als 750 neue Mitarbeiterinnen und Mitarbeiter in Deutschland und Österreich ein – mehr als zwei Drittel davon sind Consultants. Zusätzlich zu den Festeinstellungen geben wir mehr als 180 Visiting Associates die Möglichkeit im Rahmen unseres Praktikantenprogramms unsere Fallarbeit über acht bis zwölf Wochen zu begleiten – und zwar vor Ort beim Kunden. Dabei handelt es sich um die höchste Zahl von Neueinstellungen, die BCG in Deutschland und Österreich jemals verzeichnet hat. Ob du als Junior Associate, Associate, Junior Consultant, Consultant oder Senior Consultant bei BCG einsteigst, richtet sich nach deiner akademischen und beruflichen Erfahrung.

Als Consultant bei BCG bearbeitest du wechselnde strategische Fragestellungen auf Augenhöhe mit dem Topmanagement des Kunden. Du lernst verschiedene Branchen kennen und übernimmst vom ersten Tag an Verantwortung für einzelne Teilprojekte und mit zunehmender Erfahrung auch für den Ablauf eines ganzen Projekts. Regelmäßiges Feedback und Coaching durch erfahrene Kolleginnen und Kollegen beschleunigen deine berufliche und persönliche Weiterentwicklung. Das kontinuierliche Wachsen an immer neuen Herausforderungen, aber auch die gezielte Förderung durch bis zu 20 Trainingstage im Jahr ermöglichen dir eine steile Lernkurve.

Bei BCG hast du außerdem die Möglichkeit, mit Kolleginnen und Kollegen aus mehr als 90 Büros weltweit zusammenzuarbeiten. Neben internationalen Projekten und weitreichenden globalen Kontakten während der Projektarbeit bietet BCG Programme, die es herausragenden Consultants und Associates ermöglichen, in einem BCG-Büro in einem anderen Land tätig zu sein.

Du interessierst dich für Strategieberatung? Dann solltest du auch Spaß an komplexen Sachverhalten haben, dich immer wieder in neue Aufgaben einarbeiten können und genauso gern mit Zahlen wie mit Menschen umgehen.

Weitere Voraussetzungen sind:

- Sehr gutes Universitätsexamen – unabhängig von der Fachrichtung
- Praktika, idealerweise mit wirtschaftlichem Bezug
- Auslandserfahrung durch Studium oder Praktika
- Engagement neben dem Studium
- Sehr gute Deutsch- und Englischkenntnisse
- Analytischer Scharfsinn, Kommunikationsstärke, Teamfähigkeit, Neugier, Lernbereitschaft, Eigeninitiative sowie Kreativität

Unser Programm Flexibility@BCG bietet zahlreiche berufliche Entwicklungsoptionen und für jede Mitarbeiterin und jeden Mitarbeiter die bestmögliche Unterstützung. Zu den Optionen zählen unter anderem ein Teilzeitprogramm sowie der Leave of Absence – eine Auszeit von bis zu acht Wochen ab dem zweiten Jahr bei BCG. Außerdem besteht die Möglichkeit, sich für einen Master, MBA oder eine Promotion für bis zu zwei Jahre freistellen zu lassen und dabei finanziell unterstützt zu werden.

Wir leben das G in BCG: Bei uns zählt die Gruppe, die Gemeinschaft. Denn wir sind überzeugt, dass wir gemeinsam zu den besten Ergebnissen kommen.

Bewerbungsverfahren

Insider-Tipp

»Wir setzen nach wie vor auf 1:1 Interviews als Herzstück unseres Auswahlverfahrens. Unsere Bewerberinnen und Bewerber lösen darin meist gemeinsam mit dem Interviewer eine Fallstudie aus dem Projektalltag von BCG. Das ist aus unserer Sicht das beste Instrument, um die wichtigsten Fähigkeiten einer Beraterin und eines Beraters zu testen: intellektuelle Neugierde, logisches und analytisches Denken, Kreativität und Kommunikation. Dabei geht es nicht um richtig oder falsch, sondern um die Herangehensweise. Schon allein die richtigen Fragen zu stellen, ist viel Wert.«

Dr. Philipp Jostarndt, Managing Director and Partner,
Boston Consulting Group

Bewerber-Kontakt
Nora Melzner
Ludwigstraße 21
80539 München
Tel. +49 (0)89 2317 4948
Melzner.Nora@bcg.com
karriere.bcg.de

Natürlich gibt es die »klassischen Tipps«, die auch Allgemeingültigkeit haben, wie eine saubere, formal korrekte äußere Form, korrekte Satzzeichensetzung und eine grammatikalisch korrekte Schreibweise. Solange dies erfüllt ist, sind wir sehr offen für die Art einer Bewerbung. So ist es z.B. vollkommen dir überlassen, ob du ein Foto auf deinem CV einfügst oder nicht. Auch ob die Unterlagen auf Deutsch oder Englisch eingereicht werden, hat keinerlei Auswirkungen auf unsere Beurteilung des Profils. Am Ende muss die gesamte Bewerbung stimmig sein, also in sich geschlossen logisch aufgebaut und den oben genannten allgemeingültigen Kriterien entsprechen.

Oft werden wir gefragt, ob ein Lebenslauf wirklich nur eine Seite lang sein darf – auch hier haben wir keine Richtlinie. Was zählt, sind der Überblick und der logische Aufbau. Natürlich solltest du keine vier Seiten Lebenslauf einreichen, aber eine Verpflichtung für nur eine Seite gibt es definitiv nicht.

Insider-Tipp

»Analytische Fähigkeiten, strategisches Denken und klares Business-Judgment. Das ist die Basis, das prüfen wir ausführlich in den Fallstudien im Interviewprozess. Die vielfältigen Persönlichkeiten bei BCG sind es aber, die unsere besondere, wertschätzende Kultur prägen. ‚Typische Fragen' gibt es daher weniger – wir versuchen, den Charakter der Person zu verstehen, und hinter die Fassade zu schauen. Ein bisschen wie bei einem Date: Wir lernen uns gegenseitig kennen.«

Dr. Felix Baerstecher, G&A Consulting Human Resources Director,
Boston Consulting Group

Alle eingereichten Bewerbungen werden von uns persönlich gesichtet, d. h. jedes Profil wird durch einen Recruiting Coordinator geprüft und ausführlich betrachtet, danach wird auf Einladung oder Absage entschieden. Die individuelle Betrachtung liegt uns sehr am Herzen und spiegelt unseren BCG-Value der Vielfalt bereits an diesem Punkt wider.

Insider-Perspektive

Insider-Tipp

»Erkenntnis, Ergebnis, Erlebnis: Junge Talente wollen das große Ganze verstehen, Wirtschaft erleben und zu einer spürbaren Veränderung beitragen. Bei uns können sie das – und zwar nicht allein, sondern in der Gruppe. Kurz: Bei BCG geht es um mehr als nur Karriere.«
Dr. Philipp Jostarndt, Managing Director and Partner,
Boston Consulting Group

Insider-Tipp

»Ich frage mich in einem Bewerbungsgespräch immer: Ist das eine zukünftige Kollegin, die uns bunter macht? Das Schöne ist: Ich kann sagen, dass die meisten BCGler schlau und cool sind (gewiss mehr als ich), aber dabei trotzdem auf dem Boden geblieben. Überheblichkeit hat keinen Platz bei BCG.«

Dr. Felix Baerstecher, G&A Consulting Human Resources Director,
Boston Consulting Group

Grundvoraussetzung für Erfolg in einer datengetriebenen Welt ist, dass Unternehmen starke Kompetenzen in Fähigkeiten rund um Digital & Analytics aufbauen. BCG hat daher in den vergangenen Jahren das Kompetenzprofil durch den Aufbau oder Zukauf spezialisierter Tochterunternehmen erweitert.

Durch strategische Investitionen ist BCG heute sehr breit aufgestellt und für den Wandel im Beratungsmarkt so gut eingestellt, wie kaum ein Wettbewerber. Zu den Tochterfirmen gehören u. a. BCG Gamma, BCG Platinion, BCG Digital Ventures und INVERTO.

Insider-Tipp

»Wie in jeder Mannschaft auf Hochleistungsniveau gibt es auch in der Strategieberatung Zeiten mit Spitzenbelastung. Daher bieten wir unseren Consultants Balance, persönliche Flexibilität und Weiterentwicklungsmöglichkeiten. BCG-Consultants können einmal im Jahr eine zweimonatige Auszeit nehmen, um eigene Projekte zu verwirklichen oder zu reisen. Darüber hinaus können Mütter und Väter nach der Geburt ihres Kindes in Teilzeit arbeiten oder zeitweise Erfahrungen außerhalb von BCG sammeln – im Ausland, bei einem Kunden aus der Wirtschaft oder bei einer gemeinnützigen Organisation. Das Gesamtpaket macht den Reiz aus und wir arbeiten daran, dieses Paket für unsere Mitarbeiterinnen und Mitarbeiter immer reizvoller zu gestalten.«

Dr. Philipp Jostarndt, Managing Director and Partner,
Boston Consulting Group

Mehr Insider-
Informationen unter
squeaker.net/bcg

Einfluss nehmen.
Können wir.

Unsere Projekte begleiten den Wandel des
Commerzbank-Konzerns.

Der Commerzbank-Konzern ist groß. So groß, dass er eine eigene Unternehmensberatung hat: die Comme
Business Consulting. Als interne Unternehmensberatung sind wir entscheidend am Wandel des Konzern
beteiligt – und haben dabei ein gewichtiges Wörtchen mitzureden. Unsere Teams führen gemeinsam mit u
seren Kunden den gesamten Konzern in eine vielversprechende Zukunft. Dafür suchen wir Persönlichkeite
die mit Kreativität und intellektueller Neugier passgenaue Lösungen erarbeiten. Du findest bei uns eine spa
nende Projektwelt, Raum für Deine individuelle Lebensplanung und jede Menge Spaß bei der Arbeit.

Erfahre mehr über Deine Karriere im Inhouse Consulting der Commerzbank:
commerz-business-consulting.de

COMMERZ BUSINESS CONSULTING

Commerzbank Gruppe

Commerz Business Consulting

- Anzahl Mitarbeiter in Deutschland: 140
- Anzahl offener Praktikumsplätze 2020: ca. 30
- Anzahl offener Stellen für Absolventen 2020: ca. 30
- Standort Deutschland: Frankfurt am Main

Commerz Business Consulting GmbH

Neue Börsenstraße 1,
60487 Frankfurt am Main
Tel. +49 (0)69 136-49970
info@commerz-business-consulting.de

www.commerz-business-consulting.de
Instagram: *cbc_inside*

Zukunft einleiten. Können wir.

Die Commerz Business Consulting (CBC) ist die interne Unternehmensberatung des Commerzbank-Konzerns. Als Teil des Konzerns liegt unsere besondere Verantwortung darin, nachhaltige und messbare Ergebnisse zu erarbeiten. Unsere Kund*innen erhalten von uns eine ganzheitliche Beratung von der strategischen Ausrichtung bis zur Umsetzung. Wir arbeiten in kleinen, schlagkräftigen Teams mit direkter Präsenz beim Kunden. Und doch sind wir überwiegend an unserem Standort in der Finanzmetropole Frankfurt tätig. Wir ergänzen unsere generalistische Expertise um vertiefte fachliche und methodische Skills in den Kompetenzgebieten Consulting Skills, Banking und Innovation & Technology. Unsere rund 130 Berater*innen gestalten die Zukunft des Commerzbank-Konzerns.

Mit der Strategie Commerzbank 5.0 stellt sich die Bank wetterfest auf. Sie entwickelt die eigenen Geschäftsmodelle weiter, treibt die Digitalisierung weiter voran und baut die Effizienz der eignen Prozesse aus. Damit dieses strategische Programm schnell umgesetzt werden kann, braucht es Investitionen – in das Kerngeschäft der Bank und in schnellere Digitalisierung – aber vor allem kluge Köpfe.

Und hier kommen wir ins Spiel. Zum Beispiel, indem wir die digitale Transformation weiterhin begleiten oder die Marktposition im In- und Ausland weiter ausbauen. Auch spannend: die Entwicklung konkreter Produkte oder konzernweiter Programme, bei denen wir Kundenprozesse verbessern. Das alles hat Konsequenzen. Und keine geringen: Unsere Projekte tragen maßgeblich zur Umsetzung der strategischen Agenda des Commerzbank-Konzerns bei.

Zusammen Bäume ausreißen. Können wir.

Somit tragen wir in unseren Projekten Tag für Tag ein besonderes Maß an Verantwortung. Um das erfolgreich meistern zu können, braucht es natürlich ein Team von Menschen, auf die man sich verlassen kann. Da passiert es, dass es fachlich auch mal hart zur Sache geht. Aber natürlich arbeiten wir nicht nur zusammen. Neben unserer jährlichen CBC-Skifahrt, an der auch unsere Alumni teilnehmen, spielen wir die

Insider-Tipp

»Das Besondere an CBC ist für mich die einzigartige CBC-Kultur: Wir haben Spaß daran, miteinander zu wachsen mit dem gelebten Grundsatz ›fordern und fördern‹«
Katrin, Principal,
Commerz Business Consulting

VI. Unternehmen

241

CBC-Kickerweltmeister*innen aus, prüfen in sogenannten »Tastings« alles von Gin bis Dosenbier u. v. m. Doch natürlich können wir hier viel behaupten, erleben muss man das selbst.

Karrieremöglichkeiten

Insider-Tipp

»Was ich tatsächlich beachtlich finde, ist, dass ich es bei der CBC im Prinzip noch nicht erlebt habe, dass da jemand ist, mit dem ich mir nicht vorstellen könnte, ein Bier trinken zu gehen. Und ich bin schon einige Jahre hier.«
Philip, Principal,
Commerz Business Consulting

Wir suchen engagierte Absolvent*innen und Student*innen mit unterschiedlichsten Hintergründen. Natürlich achten wir auf sehr gute Studienergebnisse, Praktika und Auslandsaufenthalte. Wichtig sind uns aber ebenso intellektuelle Neugier, eine ausgeprägte analytische Denkfähigkeit und kreative Problemlösungskompetenz. Wir suchen kritische Köpfe mit dem notwendigen Maß an Pragmatismus.

Karrieren ermöglichen. Können wir.

Im Gegenzug bieten wir Aufstiegschancen vom Consultant bis ins Management Team. Je besser die individuelle Leistung ist, desto mehr Verantwortung übertragen wir. Als Commerzbank-Talentpool haben wir außerdem den Vorstandsauftrag, Nachwuchskräfte für den Konzern zu entdecken und zu entwickeln. Rund 150 Führungskräfte und Fachexpert*innen mit CBC-Vergangenheit bilden unser starkes Alumni-Netzwerk im gesamten Konzern.

Die Anforderungen, die wir an unsere Berater*innen stellen, nehmen wir sehr ernst. Denn das anhaltende Niedrigzinsumfeld, die deutlich gestiegenen Anforderungen der Regulierung und eine in Folge der Digitalisierung verändertes Kundenverhalten verändern das Umfeld für Banken grundlegend. Die Strategie Commerzbank 5.0 ist die Antwort darauf. Und wir setzen dieses Zielbild um. Die Aufgabengebiete sind dabei so vielfältig wie unsere Herausforderungen:

- Unterstützung bei der Projekt- und Analyseplanung
- Inhaltliche Konzeption von Lösungsvorschlägen
- Präsentation der Ergebnisse
- Begleitung der Umsetzung
- Fachliche Weiterentwicklung unserer Projektteams
- Ausbau und Pflege unseres Netzwerks zu den Entscheidungsträger*innen
- Gestaltung der digitalen Transformation

Aus diesem Grund suchen wir starke Persönlichkeiten aller Studiengänge, die mit Kreativität und intellektueller Neugier passgenaue Lösungen erarbeiten.

Insider-Tipp

»Ich finde super, dass mir mein Arbeitgeber sehr entgegenkommt und großes Interesse daran hat, eine individuelle Lösung zu finden.«
Eva, Project Managerin,
Commerz Business Consulting

Wertvolle Dienste leisten. Können wir.

Wer viel leistet kann auch einiges erwarten. Was wir unseren Teams bieten: erstklassige Entwicklungsmöglichkeiten, Qualifizierung und klare Karriereperspektiven. Und viel Raum für Individualität.

Wir sind stolz auf unsere Mitarbeiter*innen, daher investieren wir viel in ihre Weiterentwicklung. Neben unseren Projekteinsätzen im gesamten Konzern vermitteln ihnen unsere Trainings das Knowhow, das sie in der Praxis brauchen. Jede Maßnahme ist auf unsere Berater*innen und unsere individuellen Bedürfnisse als Inhouse Consulting der Commerzbank zugeschnitten. Intensives Coaching in regelmäßigen Feedback-Gesprächen fördert gezielt ihre persönliche Entwicklung.

Damit Du dir noch besser vorstellen kannst, mit wem Du es genau zu tun hast, hier noch ein paar Zahlen und Fakten: 59 Prozent unseres Teams sind Männer, 41 Prozent Frauen. Im Durchschnitt sind CBC-Berater*innen 32 Jahre alt, und mit insgesamt 51 Kindern nehmen wir die Vereinbarkeit von Beruf und Familie sehr ernst. Die persönlichen Erfahrungen und Hintergründe sind dabei höchst unterschiedlich: Überzeugte Banker*innen und Berater*innen mit langjähriger Erfahrung aus externen Unternehmensberatungen treffen auf Topabsolvent*innen unterschiedlichster Fachrichtungen – momentan reichen die Studienhintergründe von Betriebwirt*innen über Jurist*innen, Wirtschaftsinformatiker*innen und Psycholog*innen bis hin zu Soziolog*innen, Germanist*innen und Historiker*innen. Wir alle haben einen sehr hohen Anspruch an die Qualität unserer Arbeit.

Bewerbungsverfahren

Wenn uns Deine Unterlagen überzeugen, laden wir Dich zu einem unserer Recruiting Tage zu uns nach Frankfurt ein. Dort führst Du zwei Gespräche mit unseren Seniors, löst Fallstudien und lernst natürlich uns näher kennen. Du bekommst unmittelbar Feedback. Und bei einem erfolgreichen Gespräch erhältst Du direkt ein Vertragsangebot. Bei der Praktikantenauswahl führen wir vorab ein Telefoninterview, um Dich als Person besser kennenzulernen. Wenn Du uns hier überzeugst, folgt danach ein weiteres telefonisches Case-Interview.

Neben dem fachlichen Austausch legen wir sehr viel Wert auf den Personal Fit. Für uns ist es wichtig zu erfahren, was Dich motiviert und jeden Tag aufs Neue antreibt.

Deine Bewerbung sollte enthalten: ein Anschreiben, in dem Du dich vorstellst und Deine Motivation für eine Beraterposition bei der CBC darlegst, einen tabellarischen Lebenslauf und Kopien Deiner wichtigsten Zeugnisse (Abitur, aktueller Notenspiegel, Bachelor, Master, Promotion) sowie relevante Arbeitszeugnisse.

Wenn Du zum Interview eingeladen wirst: Bereite Dich auf die Gespräche vor. Zeig uns, dass Du dich mit CBC und der Commerzbank auseinander gesetzt hast.

Bewerber-Kontakt
Kimberly Deninger
CBC Recruiting
bewerbung@commerz-business-consulting.de
Tel. +49 (0)160 5889647

Mehr Insider-Informationen unter
squeaker.net/cbc

Insider-Perspektive

Als interne Unternehmensberatung sind wir einem einzigen Unternehmen verpflichtet. Das ist in unserem Fall kein geringeres als eine der führenden, internationalen Geschäftsbanken. Unsere Teams beraten somit nicht einfach irgendwelche Kund*innen, zu denen sie entsandt werden. Und sie liefern auch nicht irgendein Ergebnis ab, während sie sich in Gedanken vielleicht schon auf den nächsten Einsatz an einem anderen Ort vorbereiten. Unsere Teams erarbeiten gemeinsam mit unseren Kund*innen nachhaltige Lösungen, auf die sie hinterher zu Recht stolz sein können und sind bei der tatsächlichen Implementierung mit dabei.

Geschichten erzählen. Können wir.

Was CBC zudem noch so besonders macht? Unser erstklassiges Team. Individualität ist uns ebenso wichtig wie gegenseitiges Vertrauen und die Begeisterung für unsere gemeinsame Sache: Der Erfolg unserer Kund*innen. Bei uns arbeiten herausragende Persönlichkeiten mit Top-Ausbildungen und fundierten Praxiserfahrungen. Jeder von uns bringt eigenes Wissen und eigene Sichtweisen ein, von denen unsere Kund*innen und wir alle profitieren. Am Ende zählt nicht der Titel sondern die beste Idee. Die offene Atmosphäre des »Förderns und Forderns« ist der Grundstein, konsequent beste Lösungen zu erarbeiten.

Wir wissen: der Beraterjob ist kein gewöhnlicher Beruf. Deswegen bieten wir den notwendigen Raum für individuelle Lebenspläne – beruflich wie privat. Wir unterstützen Master-, MBA- oder Promotionsvorhaben mit passenden Arbeitszeitmodellen. Uns ist auch bewusst, dass das Leben nicht nur aus der Arbeit bei CBC besteht. Nach zwei bis drei Jahren besteht die Möglichkeit, ein Sabbatical einzulegen. Unsere Eltern- und Teilzeitmodelle bieten darüber hinaus flexible Lösungen, um Karriere, Kind und Privates optimal aufeinander abzustimmen.

CTcon Management Consultants

Starten Sie ganz oben

CTcon Management Consultants ist ein international tätiges Beratungs-
unternehmen mit dem Schwerpunkt Unternehmenssteuerung und
Controlling. Das Unternehmen wurde 1992 als Spin-off der WHU – Otto
Beisheim School of Management in Vallendar bei Koblenz gegründet.
Heute sind wir aus den Offices in Bonn, Düsseldorf, Frankfurt und
München für unsere Klienten weltweit aktiv. In der Managementberatung
ist das integrative, nachhaltige Umsetzen von Unternehmenssteuerung
und Controlling unsere Kernkompetenz. Wir verstehen eine zielkonforme
Steuerung und ein wirksames Controlling als Schlüssel für eine erfolg-
reiche Strategieumsetzung. Dazu begleiten wir unsere Klienten von der
Analyse und Konzeption bis zur Umsetzung und Verankerung. Für eine
ausgewogene Gesamtsicht stützen wir uns auf unseren bewährten CTcon
Steuerungsrahmen.

   Bei CTcon arbeiten Sie international und branchenübergreifend.
Mehr als die Hälfte unserer Klienten sind im DAX-30 geführt –
Marktführer aus Automotive, Chemie, Energie, Handel, IT, Logistik,
Maschinenbau, öffentliche Verwaltung, Pharma, Telekommunikation,
Transport/Verkehr und Versicherungen. Mit Projekten zu den Themen
Unternehmenssteuerung und Controlling beraten Sie in erster Linie
das Top-Management. Ihre Gesprächspartner sind CEO's, CFO's sowie
Entscheider aus HR, Marketing, Produktion und Vertrieb.

Erkennen Sie Ihr Potenzial

Ob Sie als Absolvent oder Professional starten, wir suchen zuerst Persönlichkeit! Sie sollten wirtschaftsnah studiert haben, gerne erweitert um
andere, analytisch geprägte Studien. Ihr Interesse an unseren Kernthemen
ist ein Muss. Gute Laune darf nicht fehlen. Mit Tag 1 nehmen Sie Herausforderungen und persönliche Verantwortung an. Über die Unternehmenssteuerung gewinnen Sie tiefe Einblicke in viele Konzerne.

   Bei CTcon gibt es nicht die eine Karriere. Ihr Weg bei uns ist
individuell. Wir zeigen Ihnen interessante, realistische Optionen, Sie
bestimmen Tempo und Ziele. Unser regelmäßiges Feedback hilft Ihnen
sich zu orientieren und Ihre Stärken zu entwickeln. Als Berater bekommen
Sie schon nach drei Monaten eine erste Einschätzung von uns und
Empfehlungen wie es weitergehen kann. Ein definiertes Leistungsstufen-
system bietet Ihnen Entwicklungsmöglichkeiten und klare Perspektiven.
Mit Erfolg: Unsere Partner sind zumeist bei uns als Berater gestartet.

CTcon GmbH

Burggrafenstraße 5
40545 Düsseldorf
Tel. +49 (0)211 577903-0

www.ctcon.de

Lernen Sie von dem Profi an Ihrer Seite

Vertrauen ist eine der wichtigsten Arbeitsgrundlagen bei CTcon. Wir fördern Ihre Karriere vom ersten Tag an durch einen Coach, der exklusiv für Sie den Überblick und die Erfahrung eines Senior Projektleiters einbringt – ohne Ihnen die Verantwortung abzunehmen.

Als permanenter Begleiter und Berater ist Ihr Coach projektübergreifend für Sie da. Er unterstützt Sie in Ihrer täglichen Arbeit mit wertvollen Impulsen, stimmt sich mit Ihrem Projektleiter ab und bringt Sie auf diese Weise in Ihrer gesamten Entwicklung schnell und direkt auf den richtigen Kurs.

Werden Sie jeden Tag besser

»Training on the job« hat den größten Lerneffekt. Durch die kompetente Führung unserer Projektleiter erweitern Sie im Tagesgeschäft permanent Ihren Erfahrungshorizont.

Darüber hinaus gibt es vielfältige Trainingsangebote interner und externer Referenten zu aktuellen Themen der Unternehmenssteuerung. Zur Förderung Ihrer Methoden- und Sozialkompetenz bieten wir Trainingsmodule an, die sich an Ihrer persönlichen Entwicklung orientieren. Sie verfügen zudem über ein persönliches Bildungsbudget, dass Sie in Abstimmung mit Ihrem Coach in freie Marktangebote renommierter Trainingsspezialisten investieren können.

Sollten Sie eine Promotion oder ein MBA-Studium anstreben, unterstützen wir Sie durch die engen Verbindungen zu unseren wissenschaftlichen Beiräten und im Rahmen unseres Fellow-Programmes.

Machen Sie den ersten Schritt

Schicken Sie uns Ihre Bewerbung, wir melden uns innerhalb einer Woche bei Ihnen. Überzeugt uns Ihr Profil, starten wir mit einem kurzen Telefoninterview zu Ihren fachlichen Schwerpunkten und Karrierezielen. Wenn auch das passt, dann laden wir Sie zu einem spannenden Tag in eines unserer Offices ein. In Gesprächen mit Projektleitern und Partnern können Sie bei praxisnahen Fallstudien Ihre fachlichen, analytischen und sozialen Kompetenzen unter Beweis stellen. Gleichzeitig erfahren Sie viel über CTcon und unseren Unternehmensstil. Bei einem gemeinsamen Mittagessen haben Sie dann Gelegenheit zu freien Gesprächen bei denen Sie mit einem Berater über persönliche Erfahrungen und seine ersten Monate in der Beratung bei CTcon diskutieren.

Sollten wir zu dem Schluss kommen, dass wir zusammenpassen, erhalten Sie innerhalb kürzester Zeit unser Angebot. Jetzt liegt alles Weitere bei Ihnen. Wir geben Ihnen dann auch die Möglichkeit, uns an Ihrem Wunschstandort zu besuchen, um sich ein konkretes Bild von Ihrem möglichen Arbeitsplatz und Ihren Kollegen zu machen.

Bewerber-Kontakt
Anschreiben und Lebenslauf inklusive aller Zeugnisse bitte online an Julia Cedrati recruiting@ctcon.de.

Weitere Informationen finden Sie unter *karriere.ctcon.de*

Mehr Insider-Informationen unter *squeaker.net/ctcon*

AHA!

**Effekt, der entsteht,
wenn man als Top-Absolvent
in einer kleinen, aber feinen
Unternehmensberatung anfängt
und gleich DAX-30-Projekte
betreut.**

Weitere Aha-Effekte unter:
+ 49 211 577 903-75

PEOPLE. PASSION. PERFORMANCE.

DB Management Consulting (DB MC)

Deutsche Bahn AG
DB Management
Consulting

Gallusanlage 8
60329 Frankfurt am Main

www.deutschebahn.com/
managementconsulting

- Anzahl Berater: 107
- Anzahl offener Praktikumsplätze 2020: 60-80
- Anzahl Vakanzen für Absolventen 2020: 5-8
- Standorte: Frankfurt am Main/ Berlin
- Anzahl Practices: 8

Das erwartet dich bei uns

Die Welt der Mobilität befindet sich in einem epochalen Wandel, der große Wachstumschancen für die Deutsche Bahn bietet. Als Inhouse-Beratung sind wir als Team maßgeblich in den Top-Projekten der neuen Konzern-Strategie »Starke Schiene« beteiligt und treiben damit die Verkehrswende in Deutschland voran. Unseren Auftraggebern begegnen wir auf Augenhöhe, beraten auf kollegialer Ebene und nehmen sie bei der Entwicklung von Lösungen und der Umsetzung von Konzepten stets mit.

Unsere Mission: Wegweisende Mobilitäts- und Logistiklösungen entwickeln und umsetzen

Seit 2003 sind wir die erste Wahl für Top-Managementberatung im Konzern. Mit 80 Consultants in 8 Practices beraten wir Vorstände und Geschäftsfeldleitungen aller DB Ressorts – vom Personen- und Güterverkehr bis zur Infrastruktur und Logistik. Unsere Projektvielfalt reicht vom Startup-Aufbau, wie dem DB-Venture Mobimeo, über die Entwicklung digitaler Kundenservices, bspw. dem Komfort Check-in, bis zur Umsetzung der Operativen Exzellenz in unseren ICE-Instandhaltungswerken. Als Inhouse-Beratung sind wir dichter dran am Kerngeschäft, an Entwicklungen und Trends der Mobilitäts- und Logistikbranche, allen Entscheidungsträgern und unseren Auftraggebern. Unsere Arbeit muss nicht nur auf dem Papier bestehen: Wir entwickeln tragfähige Konzepte und unterstützen unsere Auftraggeber auch bei der erfolgreichen Umsetzung. Dabei blicken wir auf eine nachweislich hohe Kundenzufriedenheit und vertrauensvolle Kundenbeziehungen.

Insider-Tipp

»Ich wollte nach meinem Studium für ein Unternehmen arbeiten, bei dem ich etwas Sinnvolles beitragen kann und hinter dessen Produkt ich stehe. Dies ist bei DB Management Consulting der Fall, denn die Themen Mobilität und Nachhaltigkeit begeistern und beeinflussen nicht nur mein Leben, sondern das von Millionen Menschen.«
Steffen, Consultant,
Practice Mobilität,
DB Management
Consulting

Karrieremöglichkeiten

Das Praktikum – deine Chance für einen Festeinstieg

Als Praktikant bist du unser Kollege von morgen und erlebst, was Beratung in der Praxis bedeutet. Hierfür bist du von Tag eins an vollwertiges Teammitglied, übernimmst eigenverantwortlich relevante Arbeitspakete und bist mit deinem Projektteam beim Kunden vor Ort. Wir geben dir so viel Verantwortung, wie du tragen kannst – lassen dich damit aber nicht allein. Für deine Entwicklung erhältst du regelmäßig Feedback von den Mitgliedern deines Projektteams. Auf unseren abteilungsübergreifenden Jour-Fixen und Stammtischen kannst du dich mit anderen DB MC'lern und Praktikanten vernetzen.

Nach überdurchschnittlich guten Leistungen in deinem Praktikum laden wir dich in unseren Talentpool Talents@DB MC ein. Als DB MC Talent erhältst du regelmäßig Newsletter und Einladungen zu Webinaren und persönlichen Get-together mit unserem Berater-Team und erfährst als Erster von unseren offenen Stellen für Analysten. Als ehemaliger Praktikant gehst du zudem mit einem »Heimvorteil« in den verkürzten Auswahlprozess.

Du möchtest mehr über uns erfahren? Triff uns auf Recruiting-Events in Einzelgesprächen oder Workshops an Hochschulen und erfahre mehr über deinen Einstieg bei uns.

Der Festeinstieg als Absolvent – die beste Wahl für eine steile Lernkurve

Als Analyst wirst du bei uns von Beginn für deinen nächsten Karriereschritt auf den Weg zum Consultant gefordert und gefördert. Nach einem intensiven Onboarding-Tag und ersten Basistrainings startest du direkt auf deinem ersten großen Projekt.

Du übernimmst Verantwortung für anspruchsvolle eigene Arbeitspakete, präsentierst dein Können im Team und vor dem Top-Management und trägst so wesentlich zu unserem Projekterfolg bei. Nebenbei lernst du uns und die DB schnell kennen und kannst frühe Erfolge feiern.

Unterstützt wirst du in deiner Entwicklung auch durch regelmäßige strukturierte Feedbacks von deinen erfahrenen Kollegen. Mit deinem Projektleiter vereinbarst Du Arbeitsschwerpunkte und Ziele und erhältst alle 3 Monate eine ausführliche Beurteilung deiner im Projektverlauf gezeigten Leistung. Halbjährlich besprichst du zudem mit deinem Practice-Leiter deine Stärken und Entwicklungsfelder, so dass du lernst, deine Fähigkeiten optimal einzusetzen und weiterzuentwickeln. Dein Wachstum fördern wir außerdem durch passgenaue Basis-Schulungen mit erstklassigen Anbietern. Wir stellen sicher, dass du das erforderliche Bahn Know-How vermittelt bekommst, Sicherheit in der Führung von Kunden und Teams erlangst und so dein Potenzial erkennen und entfalten

Insider-Tipp

»Zu erleben, dass meine Meinung und meine Ideen eine Rolle spielen, war mir im Praktikum wichtig. Von Beginn an wurde mir bei DB MC großes Vertrauen entgegengebracht, was ich sehr geschätzt habe.«
Jan, Analyst Practice Logistik,
DB Management Consulting

»Als Berufseinsteigerin bei DB MC wurde ich im Projekt in jeder Situation gefordert, meine Stärken einzusetzen und an meinen individuellen Entwicklungsfeldern zu arbeiten. In der Moderation von Terminen im Team und mit Kunden konnte ich an Souveränität und Spontanität gewinnen.«
Leonore, Consultant Practice Corporate Functions,
DB Management Consulting

kannst. Für deine gezielte Vernetzung außerhalb deiner Projekte, bieten wir dir zudem die Möglichkeit von konzernweiten Hospitationen.

Übrigens: Nach einem erfolgreichen Karriereverlauf bei DB MC stehen dir viele Türen offen: 70% unserer Alumni verbleiben nach ihrem Werdegang bei DB MC in verantwortungsvollen Führungspositionen im Konzern.

Benefits und Work-Life-Balance

Es hat viele Vorteile bei uns zu arbeiten! Neben spannenden Aufgaben werden bei uns flexible Arbeitszeiten, eine ausgewogene Work-Life-Balance und eine systematische Weiterbildung gelebt.

Mit unseren Flextime-Modellen erhältst du größtmögliche Flexibilität bei der eigenen Arbeitszeitgestaltung. Ob Home-Office-Freitage, Sabbaticals, Elternzeiten oder Arbeiten in Teilzeit – gemeinsam finden wir für dich das passende Modell.

Wir sind der festen Überzeugung: 100 Prozent geben geht nur, wenn es auch einen Ausgleich gibt. Uns ist wichtig, dass du ausreichend Zeit für Freizeit & Familie hast. So bieten wir dir auf Wunsch bspw. bis zu 36 Urlaubstage oder Freizeitausgleichstage nach Projektspitzen an.

Wir möchten, dass du deine Ziele erreichst. Mit einem regelmäßigen Feedback, 10 Weiterbildungstagen und erstklassigen Trainings mit externen und internen Anbietern bieten wir auf jeder Karrierestufe den passenden Rahmen dafür. Coachings, Hospitationen und Interimsmanagement sind bei uns selbstverständlich. Übrigens: Du willst mehr Zeit, um einen gesellschaftlichen Beitrag zu leisten? Sehr gerne! Bei uns kannst du bis zu 2 deiner 10 Schulungstage in Social Days umwandeln und für soziale Initiativen nutzen, die dir am Herzen liegen.

Mobilität liegt uns im Blut. Deswegen möchten wir dir so viel Flexibilität wie möglich bieten. Dazu gehört auch, dass wir dir eine Netzcard First (vergleichbar Bahncard 100, 1. Klasse) bieten, mit der du privat und beruflich in ganz Deutschland unterwegs sein kann. Das ermöglicht dir auch, deinen Wohnort – ganz unabhängig von unseren Büros – auswählen. Übrigens: Auch für deine Familienmitglieder gibt's Freifahrten.

In Arbeitgeberrankings ist die Bahn ganz vorne dabei, nicht zuletzt, weil sie zahlreiche betriebliche Zusatzleistungen für ihre Mitarbeiter bietet. Dazu gehören bspw. eine Unfallversicherung, betriebliche Altersvorsorge und ein Langzeitkonto. Und nicht nur für dich ist gesorgt: In den Schulferien bieten wir dir auch eine Kinderferienbetreuung.

Was uns sonst noch auszeichnet:

Unsere »offene und wertschätzende Kultur« ist unser großer Pluspunkt. Uns sind der kollegiale Umgang und Spaß im Job wichtig – das zeigt sich nicht nur auf unseren regelmäßigen Events, wie bspw. Jour Fixen, sondern auch in einer kontinuierlich hohen Mitarbeiterzufriedenheit. Die Zufriedenheit mit der DB MC Kultur, den Projekten und Arbeitsbedingungen wurde von unserem Team 2018 mit einer Note von 1,8 (Skala 1-5, 1 = sehr gut) bewertet.

Wer zu uns passt

Wir suchen Studierende und Absolventen aller Fachrichtungen mit überdurchschnittlichem Diplom- oder Masterabschluss, die sich für Mobilitäts- und Logistiktrends begeistern. Neben deinem persönlichen »Fit« zu unserem Team ist uns vor allem wichtig, dass du analytisch und konzeptionell denkst, ergebnisorientiert arbeitest und vor Auftraggebern überzeugend auftreten kannst.

Wir suchen Persönlichkeiten, die ein wertschätzendes und humorvolles Miteinander schätzen, Spaß an immer wieder neuen Themen haben, gerne kreativ denken und neue Wege gehen.

Je nach Karrierelevel bringst du folgende Berufserfahrung mit:

- Praktikum: Idealerweise erste Praktikumserfahrung aus der Industrie oder Beratung
- Analyst: Praktikumserfahrung aus der Managementberatung durch Praktika und/oder Werksstudententätigkeit
- Consultant: Mind. 2 Jahre Berufserfahrung aus der Managementberatung

Bewerbungsverfahren

Unser Bewerbungsprozess – schnell, effizient und wertschätzend

Uns liegt eine gute Candidate Experience sehr am Herzen, deshalb ist unser Bewerbungsprozess schnell, effizient und persönlich. Nachdem wir deine Bewerbung über das Karriereportal erhalten haben, melden wir uns bei dir innerhalb von 7 Werktagen mit einem validen Feedback zurück. Solltest du zu uns mit deinen Unterlagen überzeugt haben, laden wir dich so schnell wie möglich zu einem Erstgespräch mit 2 erfahrenen Beratern. Im Anschluss erhältst du innerhalb von 24 Stunden ein aussagekräftiges Feedback und bei einem gegenseitigen »Fit« ein Angebot für das Praktikum.

Für den Festeinstieg geht es nach dem (Erst-)Gespräch in ein Zweitgespräch mit dem Practice-Leiter und einem HR-Experten. Nach einem zeitnahen, telefonischen Feedback erhältst du, wenn du uns überzeugt hast, innerhalb weniger Tage ein schriftliches Angebot.

Insider-Tipp

»Für mich ist Beratung ein Mannschaftsport, der von individuell inspirierenden und analytisch starken Persönlichkeiten in komplexen und herausfordernden Umgebungen lebt. Hier schafft DB Management Consulting genau diesen Spagat zwischen freundschaftlicher und leidenschaftlicher Zusammenarbeit in einem disruptiven globalen Mobilitätsmarkt.«
Dustin, Principal Practice Mobilität,
DB Management Consulting

Bewerber-Kontakt

Praktikanten:
Julia Schmidt

Absolventen und Professionals:
Annette Wüllenweber

managementconsulting@deutschebahn.com

www.deutschebahn.com/inhouse-consulting

Insider-Tipp

»Nutze die Chance uns im persönlichen Gespräch von dir zu überzeugen. Deine Fähigkeiten als Berater kannst du beim Lösen einer Case Study beweisen. Hier zählt nicht die perfekte Lösung, sondern die Herangehensweise an die Problemstellung. Gleichzeitig erhältst du einen Einblick in unsere Kultur und unsere Projekte. Schließlich musst auch du entscheiden, ob wir zu dir passen.«
Sae-Yun, Teamleaderin Recruitung und Personalmarketing,
DB Management Consulting

Mehr Insider-Informationen unter
squeaker.net/dbmc

Insider-Perspektive

Wie viel werde ich als Berater verreisen?

Du bist als Berater von Montag bis Donnerstag bei unseren Auftraggebern vor Ort (in der Regel in Frankfurt am Main oder Berlin), deshalb gehören Dienstreisen zu deinem Berufsalltag. An Freitagen arbeitest du, wie alle Teammitglieder, im Home-Office von zu Hause aus.

Wie viele Stunden pro Woche arbeite ich bei DB MC?

»9 to 5« kannst du bei uns nicht erwarten. Unsere Arbeitszeiten hängen von der jeweiligen Projektphase ab. Dennoch sind uns »ausgeschlafene« Konzepte und ein gutes Gleichgewicht von Arbeits- und Privatleben sehr wichtig. Freizeitausgleichstage nach Projektspitzen sind bei uns selbstverständlich. Auch Sabbaticals (von bis zu einem Jahr), Elternzeiten, Arbeiten in Teilzeit und bis zu 36 Tage Urlaub werden bei uns gelebt.

Wann und wie kann ich befördert werden?

Beförderungen richten sich bei uns nach deiner Leistung. Bei herausragender Performance hast du die Möglichkeit, dich in einem Abstand von sechs Monaten weiter zu entwickeln und deine Karriere voran zu treiben. Dabei sind unsere Anforderungen an die nächste Karrierestufe transparent und werden in deinen halbjährlichen Entwicklungsgesprächen mit deinem Practice-Leiter strukturiert besprochen.

Du willst Deine Zukunft gestalten. Und die der Mobilität gleich mit.

Willkommen, Du passt zu uns.
Als Inhouse Consultant (w/m/d).

Du willst die Deutsche Bahn fit für die Zukunft machen? Als Inhouse Consultant gestaltest Du wesentliche Teile der digitalen Agenda der DB mit - von Produktinnovationen bis hin zu selbst fahrenden Zügen. Bewirb Dich jetzt!

DBKarriere ▶ f 🔗 ✗ in

Jetzt bewerben:
deutschebahn.com/inhouse-consulting

Deloitte.

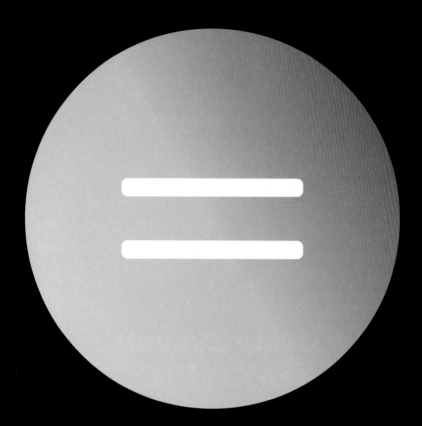

ALL IN

Was verbindet Innovationen und wirkliche Spitzen-
leistungen? Sie sind stets Ergebnis von erfolgreicher
Teamarbeit. Und erstklassige Teams zeichnen sich vor
allem durch unterschiedliche Sichtweisen, Charaktere
und Kompetenzen aus. Bei Deloitte arbeiten allein in
Deutschland Kolleginnen und Kollegen aus 99 Nationen
und über 100 Fachrichtungen. Diese Vielfalt macht uns
erfolgreich. Deshalb setzen wir auf gleiche Karrierechancen für alle – unabhängig von Geschlecht, Herkunft
oder Alter. Denn Unterschiede machen den Unterschied.

WORLD'S MOST ATTRACTIVE EMPLOYER
TOP 5
universum
2019

What impact will you make?
careers.deloitte.com

Deloitte.

Deloitte

Als eines der führenden Prüfungs- und Beratungsunternehmen vereint Deloitte die Bereiche Audit & Assurance, Risk Advisory, Tax & Legal, Financial Advisory und Consulting unter einem Dach. An 15 Standorten in Deutschland arbeiten rund 9.000 Mitarbeiter – und im Verbund Deloitte Touche Tohmatsu Limited sind es über 312.000 Kollegen, die das Unternehmen in mehr als 150 Ländern auf allen Kontinenten voranbringen. Der Leitgedanke »Making an Impact that matters« verdeutlicht den Anspruch von Deloitte, jeden Tag das zu tun, was zählt – für Kunden, Mitarbeiter und die Gesellschaft. Konkret bedeutet das, wir lösen für unsere Kunden komplexe Herausforderungen, liefern innovative Denkansätze und ermöglichen nachhaltiges Wachstum.

Innovation, Transformation und Vorsprung entstehen auf vielfältige Weise. Genauso facettenreich sind die Einstiegsmöglichkeiten in unserem Consulting Bereich: Ob Sie Design-Thinking-Experte werden, sich den Trends rund um 4.0 Supply Chain Optimization widmen, technologiebegeistert im Bereich SAP S/4HANA oder Cloud Solutions sind, ein Faible für Analytics oder Finance haben, im Bereich Cognitive & Articificial Intelligence forschen, sich klassischen Strategieberatungsthemen oder Fragen rund um Talent und Organisationsformen annehmen – wir setzen auf cross-funktionale und agile Projektteams, gerade wenn es um komplexe Themenstellungen wie Digital Transformation geht, die verschiedenste Disziplinen erfordern. Deshalb stehen im Bereich Consulting auch Gesamtlösungen im Mittelpunkt unserer Beratungstätigkeit. Gemeinsam mit unseren Kunden erarbeiten wir ganzheitliche und maßgeschneiderte Ergebnisse, die sich an den spezifischen Gegebenheiten unserer Kunden orientieren und ihnen keine standardisierten Vorgehensmodelle aufzwingen.

Unsere Themenschwerpunkte im Unternehmensbereich Consulting im Überblick:
- Financial Services Solutions
- Human Capital Advisory Services
- Strategy & Operations
- Technology
- The Garage

Deloitte

Schwannstraße 6
40476 Düsseldorf

careers.deloitte.com

Insider-Tipp

»Deloitte ist für junge Consultants eine gute Wahl, weil wir ein globales Netzwerk von Experten mit Flexibilität vereinen und große Teile unseres Geschäfts in einer Start-up-Atmosphäre fahren. Die Projektvielfalt in verschiedensten Branchen bietet enorme Entwicklungsmöglichkeiten in einem Umfeld, das von Kollegialität, Innovationen und Abwechslungsreichtum geprägt ist. Der breite Ausbau von Deloitte Digital, die Gründung der Digital Factory, des Deloitte Analytics Institute, der Design Studios sowie des Neuroscience Institute zeigen dies eindrücklich.«
Edgar Klein, Managing Partner Consulting,
Deloitte

»Unser Wachstum
ermöglicht es uns,
umfassend in Personal-
entwicklung zu
investieren – dies geht
bis zu global einheit-
lich durchgeführten
Trainings an der Deloitte
University. Wir arbeiten
länderübergreifend für
große Kunden, die nicht
zuletzt unser Verständnis
für kulturelle Unter-
schiede schätzen. Dies
macht nicht nur viel
Spaß, sondern bietet
auch viele Möglichkeiten,
voneinander zu lernen.
Die hohe Lernkurve im
Consulting unterstützen
wir durch unsere offene
und leistungsorientierte
Feedbackkultur.«
*Edgar Klein, Managing
Partner Consulting,*
Deloitte

Karrieremöglichkeiten

Zu besetzende Positionen

Wir haben kontinuierlichen Bedarf an hochqualifizierten Praktikanten, Absolventen und Professionals. Weitere Informationen finden Sie auf unserer Karriereseite: careers.deloitte.com

Voraussetzungen für eine Bewerbung

Sie haben Ihr BA-/Msc-Studium in einer der Fachrichtungen Geistes-, Natur-, Wirtschafts-, Sozialwissenschaft oder eines MINT-Studiengangs mit sehr gutem Erfolg abgeschlossen? Dann ist die erste Hürde schon genommen. Darüber hinaus schätzen wir Kandidaten, die über eine starke Kommunikations- und Teamfähigkeit, aber auch ein hohes analytisches und konzeptionelles Denkvermögen verfügen. Ihre Arbeitsweise ist eigenständig und ergebnisorientiert. Sie bringen eine hohe emotionale Intelligenz mit und bauen durch Ihre Empathie vertrauensvolle Beziehungen mit Kollegen und Kunden auf. Doch das Wichtigste ist: Sie sind neugierig und engagieren sich mit Leidenschaft für das, was Sie tun.

Wir bieten

- Mentorenprogramm: Jedem unserer Mitarbeiter steht ein Career Counselor zur Seite, der ihn auf seinem Karriereweg begleitet und wichtige Impulse für die persönliche Entwicklung gibt.
- Trainings: Unsere individuellen Trainingscurricula unterstützen unsere Mitarbeiter dabei, neues Wissen und neue Fähigkeiten aufzubauen und auch im technologischen Bereich up to date zu sein. Nur so sind wir dem stetigen Wandel der Beratungsbranche gewachsen.
- Transfer ins Ausland: Generell bestehen vom projektbezogenen Auslandseinsatz bis hin zu einer mehrjährigen Entsendung ins Ausland zahlreiche Möglichkeiten.
- Förderprogramme: Wir unterstützen Sie bei Ihrem MBA- oder Masterstudium sowie bei Ihrer Promotion und fördern Sie finanziell und zeitlich großzügig dabei.

Tipp: Im Bereich Consulting erwarten Sie vielseitige und umfassende Aufgaben. Die passenden Lösungen zu finden, ist eine Frage von Fachkompetenz und perfektem Teamwork. Daher werden Sie vom ersten Tag an in eines unserer multidisziplinären oder auch internationalen Teams integriert. So können Sie vom Wissenstransfer mit den Kollegen profitieren und zugleich Ihre persönlichen Fähigkeiten einbringen. Sie übernehmen schon früh Verantwortung, wobei Ihnen erfahrene Kollegen stets zur Seite stehen.

Unternehmenskultur

Unsere Unternehmenskultur mit klarem Mitarbeiterfokus fördert vielfältige Kulturen und Nationalitäten, gegenseitigen Respekt, offene

Kommunikation und lebenslanges Lernen. Unsere Mitarbeiter profitieren nicht nur von anspruchsvollen Aufgaben, interdisziplinären Projekten und einer breiten Kundenstruktur, sondern auch von zahlreichen Benefits und Zusatzleistungen aus den Bereichen Learning & Development, Vereinbarkeit von Familie und Beruf sowie Gesundheitsmanagement.

Bewerbungsverfahren

Wir bevorzugen grundsätzlich Online-Bewerbungen. In jeder unserer Jobausschreibungen finden Sie einen Button »Online Bewerben«. Darüber gelangen Sie direkt auf unser Bewerbungsformular. Um zu prüfen, ob Sie zu uns passen, benötigen wir ein Anschreiben, Ihren Lebenslauf sowie relevante Zeugnisse (Abitur, Abschlusszeugnis, letzte Arbeits- bzw. Praktikumszeugnisse). Diese Unterlagen können Sie uns bei Ihrer Online Bewerbung als Dateianhänge zur Verfügung stellen. Weitere Informationen über das Bewerbungsverfahren bei Deloitte erhalten Sie über careers.deloitte.com.

Bewerber-Kontakt
Deloitte Recruitingteam
Tel. +49 (0)211 8772 4111

Vorbereitung auf Ihr Interview

Der beste Rat, den wir Ihnen geben können: Seien Sie ganz Sie selbst. Sie sind kontaktfreudig und sympathisch. Zeigen Sie dies auch im Vorstellungsgespräch. Uns sind Mitarbeiter wichtig, die sich in unserer teamorientierten Arbeitsatmosphäre entfalten können. Überzeugen Sie uns davon, dass Sie gut in unser Team passen.

Engagierte Nachwuchskräfte sind bei uns jederzeit willkommen. Daher gibt es bei uns keinen bestimmten Einstellungszeitpunkt. Ihre Bewerbung sollten Sie jedoch spätestens zwei bis drei Monate vor Ihrem gewünschten Eintrittsdatum über unser Online-Bewerbungsportal versendet haben.

Insider-Perspektive

Auf welche persönlichen Qualifikationen bzw. Soft Skills wird bei Deloitte besonderer Wert gelegt?
Bei uns sind Teamplayer gefragt, die sich schnell und flexibel auf neue Sachverhalte einstellen können. Auch Kommunikationsstärke, zu der unter anderem ein sicheres und kundenorientiertes Auftreten gehört, sollte für Sie eine Selbstverständlichkeit sein.

Mehr Insider-
Informationen unter
*squeaker.net/
deloitte-consulting*

Wie sieht die Einarbeitung nach dem Einstieg bei Deloitte aus?
Nach den mehrtägigen Welcome Days, auf denen Sie alle notwendigen Informationen erhalten, die Sie für einen reibungslosen Start Ihrer Karriere brauchen, werden Sie in eines unserer Beraterteams integriert. Dort übernehmen Sie eigenständig kleinere Aufgabenbereiche innerhalb eines Projekts. Darüber hinaus stehen Ihnen Ihre erfahrenen Kollegen und Ihr persönlicher Counselor jederzeit zur Seite.

"IF YOU THINK OUR INHOUSE CONSULTANTS ONLY DEVELOP CONCEPTS NOBODY REALLY ASKED FOR
DON'T APPLY."
Carla Mertes, Center for Strategic Projects
WE AT DEUTSCHE TELEKOM INHOUSE CONSULTING
work hand-in-hand with our top management to develop customized solutions shaping Deutsche Telekom's digital future.
Find out more at:
telekom.com/inhouse-consulting
LIFE IS FOR SHARING.

Telekom Center for Strategic Projects

Menschen und Unternehmen zu verbinden – über alle Grenzen hinweg: Das ist die Mission der Deutschen Telekom, Europas führendem Telekommunikationsunternehmen. Wir versorgen weltweit ca. 178 Millionen Mobilfunk-Kunden sowie rund 50 Millionen Festnetz- und Breitbandkunden – Tendenz steigend. Wir bieten beste Netzqualität, ein herausragendes Kundenerlebnis und sind Partner der Unternehmen auf dem Weg in die digitale immer komplexer werdende Zukunft. Nur wenige Branchen wandeln sich mit einer so hohen Geschwindigkeit wie die Telekommunikation: Neben dem enormen technischen Fortschritt (LTE, 5G, Glasfaser, Internet der Dinge) befinden sich Markt und Wettbewerb konstant im Wandel. Dabei treffen wir aufspannende strategische Fragen: Sind Google und Amazon nun Kunden, Partner oder Wettbewerber? Wie sehen Geschäftsmodell und Arbeitsweisen für ein Traditionsunternehmen wie die Deutsche Telekom AG aus? Und wer verdient künftig mit welchen Services eigentlich das Geld?

Telekom Center for Strategic Projects

Friedrich-Ebert-Allee 140
53113 Bonn, Germany
Tel. +49 (0)228 18128715
E.Vianden@telekom.de

www.telekom.com

Inhouse Consulting mit Weitblick

Mit dem Namen »Center for Strategic Projects«, kurz CSP, heißen wir nicht nur anders als klassische Inhouse Beratungen, wir unterscheiden uns auch in mehreren Aspekten bewusst von dem verbreiteten Standard-Model. Wie das geht? Auf Basis zwei zentraler Säulen:

1. Strategische Beratung und Konzern-Transformation

Wenn große Veränderungen anstehen sind wir immer mit dabei. Als gefragter Partner des Telekom-Top-Managements begleiten wir die wichtigsten Transformationsprojekte im Konzern: Von Breitband-Kooperationen bis Smart Cities, von Digitalisierung bis zu agilen Organisationsstrukturen – hier setzen unsere Teams nicht nur ihr klassisches Beraterwissen ein, sondern können auf langjährige Branchen- und Telekom-Erfahrung zurückgreifen und nutzen ihre bestehenden Netzwerke zu zentralen Multiplikatoren im Konzern. »Anders als externe Beratungen können wir sehr gut auch lange nach einem Projektabschluss beobachten, was damalige Entscheidungen im Konzern bewirken. Das macht unsere Arbeit real greifbar und motiviert«, vergleicht Carla Mertes, Project Managerin und seit knapp 2 Jahren im CSP, den jetzigen Ansatz mit ihrer vorherigen Zeit in einer externen Beratung. Was am Ende zählt, ist der nachhaltige Projekterfolg, für den Kunden und somit auch für den

Insights

»CSP ist jung. Da sitzen die Talente, die zukünftig das Unternehmen führen können. Das sind diejenigen, die uns mit ihren Methoden, mit dem, was sie lernen über den Konzern, weitertreiben können. Das sind diejenigen, die irgendwann hoffentlich die Führung dieses Unternehmens übernehmen werden.«
Tim Höttges, CEO der **Deutschen Telekom**

VI. Unternehmen

eigenen Arbeitgeber. »Wir verstehen den Konzern in Tiefe und handeln im Konzern-Interesse. Das ermöglicht uns Veränderungen nachhaltig zu gestalten. Wir sind eben nicht klassische Berater, sondern agieren als vertrauensvolle Kollegen und werden auch so wahrgenommen. Das macht uns aus«, so Christian Severin, Senior Project Manager im CSP.

2. Führungskräfte-Entwicklung

Neben der Strategieberatung haben wir den expliziten Auftrag, künftige Führungskräfte für den Telekom-Konzern zu entwickeln. Persönliche Weiterentwicklung nehmen dabei im Projektrahmen sowie übergreifend bewusst viel Raum ein: Trainings, Coachings und individuelle Budgets sind dabei ein Baustein, die frühe Übernahme von Verantwortung auf Projekten aber auch in internen Aktivitäten ein weiterer. Und das mit Erfolg: Nach dem CSP besetzen unsere Alumni Top-Positionen. Unser Alumni-Netzwerk umfasst eine Vielzahl von Kollegen auf Executive-Ebene bis hin zum Vorstand.

Karrieremöglichkeiten

Praktikant

Du bist StudentIn und – unabhängig von Deiner Fachrichtung – hochgradig daran interessiert, frühzeitig hinter die Kulissen einer Beratungsgesellschaft zu blicken? Bestenfalls hast Du dieses Interesse gar schon durch erste Erfahrungen im Beratungs- und/oder Projektmanagement-Umfeld untermauert? Dann bist Du bei uns genau richtig: Wir bieten Dir die Möglichkeit, Dich als PraktikantIn für eine Dauer von 3 bis 6 Monaten in unsere Projekte einzubringen. Du übernimmst Verantwortung vom ersten Tag an und hast die Möglichkeit, die tägliche Arbeit eines Beraters im direkten Kundenkontakt zu erleben und auszuprobieren.

Berufseinsteiger

Du bist kurz davor, Dein Studium zu beenden oder hast den Abschluss gar schon in der Tasche? Du hast erste praktische Erfahrung in Unternehmen oder einer Beratung gesammelt und schon bewiesen, dass Du in der Lage bist, lösungsorientiert zu arbeiten und die Herausforderungen des Projektalltags erfolgreich zu bewältigen? Dann bewirb Dich bei uns als Consultant. Du bringst Deine fachliche Expertise aus dem Studium ein, arbeitest von Anfang an in strategischen Projekten mit und unterstützt das Team mit Deinen analytischen Fähigkeiten, beim Projektmanagement sowie ersten inhaltlichen Themen. Gleichzeitig bringst du das CSP durch frische Ideen, Impulse und Energie voran.

Professional

Du hast bereits Berufserfahrungen gesammelt? Idealer Weise im Beratungs- oder vergleichbaren Aufgabenumfeld? Dann setze Deinen Erfolgskurs bei uns fort: Begleite hoch interessante Strategieprojekte und entwickle damit Dein bereits ausgeprägtes Methodenwissen sowie Dich als Persönlichkeit weiter. Je nach Berufserfahrung übernimmst du Projektleitungsaufgaben, bereicherst mit Deinen Impulsen die direkten Diskussionen mit dem Top-Management und baust Dir Deine Netzwerke auf, die Du in späteren Führungspositionen nutzen kannst. Über unsere 5 Stufen – vom Consultant bis hin zum Principal entwickeln wir Dich dabei laufend weiter – für die Beratung aber auch später für Deine Führungsaufgabe in der Telekom.

Bewerbungsverfahren

Bewerbungsverlauf

Bewerber-Kontakt
Elke Vianden
Tel. +49 (0)228 18128715
Friedrich-Ebert-Allee 140
53113 Bonn, Germany
E.Vianden@telekom.de

Du willst bei uns als Berater einsteigen? Prima. Sobald wir Deine Bewerbungsunterlagen geprüft haben, folgt ein mehrstufiger Auswahlprozess, in dem du viele unserer Berater kennen lernst. Warum wir uns dafür so viel Zeit nehmen? Damit wir gegenseitig bewerten können, ob wir zueinander passen – Du zu uns und wir zu Dir. Nach jedem der folgenden Bewerbungsschritte geben wir Dir innerhalb von 36 Stunden ein umfassendes Feedback.

Erster Schritt: das Telefoninterview

Dabei unterhalten wir uns etwa eine Stunde lang über Deinen Lebenslauf, Deine Motivation, prüfen Deine Sprachkenntnisse und testen mit einem Brain Teaser aus dem Umfeld der Telekommunikationsbranche Deine Analytik.

Zweiter Schritt: das Vorstellungsgespräch

Dort wollen wir Dich in zwei Stunden persönlich kennenlernen, mehr über Deine Erfahrungen und Motivation erfahren und führen mit Dir in eine inhaltliche Diskussion, um zu schauen, ob wir zueinander passen. Einen Schwerpunkt bildet der Berater-Case mit einem Beispiel aus unserem Projektalltag.

Dritter Schritt: das Appraisal

Hier nehmen wir uns mehrere Stunden Zeit für Dich. Unser Ziel: Wir testen Deine analytischen Fähigkeiten in einem typischen Kundenprojekt und simulieren klassische Beratersituationen in einem Rollenspiel. Auch spannend für Dich: Hier lernst Du auch Deine zukünftige Führungskraft kennen.

Für Praktikanten: Bewerbung auf der Überholspur

Du willst Dich als Praktikant bewerben? Dann unterhalten wir uns mit Dir eine Stunde über Deinen Lebenslauf und Deine Motivation und gehen außerdem eine Case Study mit Dir durch. Und nach einer Stunde wissen wir beide, ob wir es miteinander versuchen sollten.

Was uns besonders am Herzen liegt

Fachliche Lücken lassen sich schnell schließen. Entscheidend für ein dauerhaft produktives Miteinander ist das Teilen gemeinsamer Werte.

Dann steht einem gemeinsamen Weg aus unserer Sicht nichts entgegen:

- Unternehmerisches Denken bereitet Dir Freude
- Du übernimmst gerne Verantwortung für Dein Handeln
- Du zeigst Initiative und fühlst Dich in einer hoch dynamischen Arbeitsumgebung wohl
- Es macht Dir Spaß, neue Konzepte zu entwickeln und diese umzusetzen, um die Transformation der Deutschen Telekom AG voran zu treiben

Was Du darüber hinaus noch mitbringen solltest

- Du kannst überdurchschnittliche akademische Leistungen und internationale Erfahrung vorweisen
- Du kannst mit Zahlen, vor allem aber auch mit Menschen umgehen und diese mit Scharfsinn und Fingerspitzengefühl von Deinen Ideen überzeugen
- Du kannst Dich schnell in komplexe Fragestellungen einarbeiten und dabei rasch das Wichtige vom Unwichtigen trennen
- Sichere englische- sowie interkulturelle Skills helfen dabei Deinen Stempel in unserem globalen Konzernumfeld zu setzen
- Im Rahmen eines Praktikums oder vorherigen Positionen hast Du bestenfalls bereits erste Erfahrungen in einer Unternehmensberatung oder vergleichbaren Tätigkeit gesammelt

Insider-Perspektive

Insights

»Das CSP genießt ein hohes Ansehen im Gesamtkonzern: Wir dürfen bei den Hot Topics mitspielen, so können wir etwas im Konzern bewegen!«
Verena Ohst, Senior Consultant im **CSP**

Vom Beruf zur Berufung

Warum Du Dich bei uns bewerben solltest? Weil wir all das miteinander kombinieren, was Deinen Beruf als Berater zur Berufung macht:

Herausfordernde Inhalte

Auf Dich warten hochinteressante, komplexe und strategisch relevante Transformationsprojekte, die Du für das Top-Management eines international erfolgreichen Telekommunikationskonzerns entwickelst und umsetzt. Wir setzen auf flache Hierarchien und achten darauf, dass Du früh die Gelegenheit bekommst, Verantwortung zu übernehmen, eigene (Teil-) Projekte zu steuern und Ergebnisse vor dem Kunden präsentierst und mit ihm diskutierst. Jedes Projekt ist anders, neben den verschiedenen Themen lernst du alle Segmente und viele Länder des Telekom Konzerns kennen.

Tolle Teamkultur

Basis unseres Erfolgs: unsere einzigartige Kultur. Was steckt dahinter? Regelmäßige Teamevents – mal Richtung Sport, mal Richtung Kultur – die den Zusammenhalt stärken. Aber auch die Tradition unseres »Center Fridays«: Ein Tag, der für unser Selbstverständnis eine große, unverzichtbare Rolle spielt. Ein Tag, den wir uns so gut wie möglich frei halten von klassischer Projektarbeit. Um uns weiterzubilden – zum Beispiel bei einem Kollegenvortrag über Agiles Arbeiten. Um unseren Horizont zu erweitern – zum Beispiel in Begegnungen mit inspirierenden Persönlichkeiten wie unserem CEO Tim Höttges, der mit uns etwa in ungezwungenem Rahmen eines Business Lunchs über globale Technologietrends oder interne Herausforderungen diskutiert. Und natürlich, um gemeinsam zu feiern. Dafür sind wir vor allem im närrischen, karnevalsverrückten Rheinland bekannt.

Individueller Entwicklungspfad

Ob Absolvent oder Professional, wir zeigen Dir einen klaren, nachvollziehbaren und überprüfbaren Entwicklungspfad auf. Ein Bestandteil dabei ist das Center Excellence Program (CEP), mithilfe dessen wir Dich gezielt auf Deine, dem Karrierelevel entsprechenden Aufgaben vorbereiten. Neben wichtigen fachlichen- und methodischen Kenntnissen, die im Projektalltag und speziellen Trainings geschärt werden, liegt der Fokus hier vor allem auf der persönlichen Weiterentwicklung. »Die CEP-Trainings sind eine tolle Gelegenheit innerhalb der eigenen Peergroup an seinen Soft Skills zu arbeiten. Da Haltung und Attitüde eines jeden CSP-Beraters gegenüber dem Kunden ein entscheidender Erfolgsfaktor im Projektalltag sind, hat dieser Entwicklungsbaustein eine hohe Priorität im Center«, weiß Thomas Klösgen, Project Manager und vor zwei Jahren als Professional aus dem Inhouse Consulting im Banking zum CSP gewechselt. Zusammengefasst entwickeln wir Dich im Hinblick auf Dein individuelles Profil konsequent weiter, um Dich fit zu machen für eine spätere Führungsrolle im Konzern. Großer Freiraum um eigene Themen und Ideen zu entwickeln und voranzutreiben darf dabei auch nicht fehlen. Das heißt: Du hast etwa die Möglichkeit, Dich in einer unserer Operations an der Weiterentwicklung unseres Centers zu engagieren. Oder aber Du treibst über UQBATE, unserer konzerneigenen Plattform für Unternehmer, Dein Startup voran.

Funktionierende Work Life Balance

Jenseits des klassischen 9to5-Schemas setzen wir auf ein hohes Maß an Flexibilität und Familienfreundlichkeit. Für einen Berater heißt das bei uns: Natürlich gibt es auch mal Einsätze im Ausland, grundsätzlich aber ist der Einsatzort Bonn. Hier läuft mindestens 80 Prozent der Projektarbeit – ganz einfach, weil Konzernvorstand und zentrale Entscheider hier sitzen. Unser Gesamtpaket ermöglicht eine gute Vereinbarkeit von Familie und Beruf, die wir durch die Möglichkeit ergänzen, sich bei Bedarf auch mal ins Home Office zurück zu ziehen.

Mehr Insider-Informationen bei LinkedIn!
#FollowUs

Insights

»Gerade im CSP erlebe ich an allen Orten Kolleginnen und Kollegen, die experimentierfreudig, wissbegierig und immer an der Weiterentwicklung von uns allen interessiert sind.«
Matthias Schiffer, Senior Project Manager im **CSP**

Mehr Insider-Informationen unter *squeaker.net/telekom-csp*

EY
Building a better
working world

Was ist für eine gute Entscheidung entscheidend?

Managen bedeutet, die Details zu kennen und gleichzeitig den Überblick zu behalten. Wie das gelingt, lernen Sie bei uns. Im Detail.

www.ey.com/de_de/careers/advisory
#BuildersWanted

The better the question. The better the answer.
The better the world works.

EY

Building a better working world

- Anzahl Mitarbeiter in Deutschland: mehr als 10.000
- Anzahl Mitarbeiter weltweit:
  rund 260.000 (Internationale EY-Organisation)
- Anzahl offener Praktikumsplätze 2019:
  zirka 1.000 Praktikanten im Fiskaljahr 2019/2020
- Anzahl offener Stellen für Absolventen 2019:
  zirka 1.600 Berufseinsteiger im Fiskaljahr 2019/2020
- Standorte Deutschland: 20
- Standorte Weltweit: 700+ Büros in mehr als 150 Ländern
  (Internationale EY-Organisation)
- Jahresumsatz in Deutschland 2017: (2017/2018) Mrd € 2,0
- Jahresumsatz weltweit 2017: (2017/2018) Mrd USD 34,8
  (Internationale EY-Organisation)

Ernst & Young GmbH Wirtschaftsprüfungs-gesellschaft

Flughafenstraße 61
70629 Stuttgart
+49 (0)6196 996 10005
karriere@de.ey.com

www.de.ey.com

Die globale EY-Organisation ist eine der Marktführerinnen in der Wirtschaftsprüfung, Steuerberatung, Transaktionsberatung und Unternehmensberatung. Mit unserer Erfahrung, unserem Wissen und unseren Leistungen stärken wir weltweit das Vertrauen in die Wirtschaft und die Finanzmärkte. Dafür sind wir bestens gerüstet: mit hervorragend ausgebildeten Mitarbeitern, starken Teams, exzellenten Leistungen und einem sprichwörtlichen Kundenservice. Unser Ziel ist es, Dinge voranzubringen und entscheidend besser zu machen – für unsere Mitarbeiter, unsere Mandanten und die Gesellschaft, in der wir leben. Dafür steht unser weltweiter Anspruch »Building a better working world«. Die globale EY-Organisation besteht aus den Mitgliedsunternehmen von Ernst & Young Global Limited (EYG). Jedes EYG-Mitgliedsunternehmen ist rechtlich selbstständig und unabhängig und haftet nicht für das Handeln und Unterlassen der jeweils anderen Mitgliedsunternehmen. Ernst & Young Global Limited ist eine Gesellschaft mit beschränkter Haftung nach englischem Recht und erbringt keine Leistungen für Mandanten. Weitere Informationen finden Sie unter www.ey.com.

Produkte & Leistungen

Die Chancen und Herausforderungen für Unternehmen, in einem globalen Umfeld wettbewerbsfähig zu bleiben und neue Märkte zu erschließen, sind gewaltig. Wir unterstützen unsere Mandanten darin, effektive Lösungen zu finden und ihr volles unternehmerisches Potenzial zu entfalten. Als ein weltweit integriertes Prüfungs- und

Beratungsunternehmen sind wir da, wo unsere Mandanten uns brauchen: in 150 Ländern weltweit. Für Absolventen bieten sich deshalb vielfältige Möglichkeiten in den Bereichen Wirtschaftsprüfung, Steuerberatung, Transaktionsberatung sowie Unternehmensberatung, um im Laufe ihrer Karriere bei uns ihre fachlichen Kompetenzen und Expertisen aufzubauen.

Als ein global tätiges Unternehmen bieten wir unseren Mitarbeitern internationale Einsätze und die Arbeit in grenzüberschreitenden Projekten. Eine Entsendung ins Ausland kann ein wesentlicher Schritt für Ihre Karriere sein, bedeutet aber auch eine Bereicherung für Ihre persönliche Entwicklung. Darüber hinaus fördern wir auf diese Weise den weltweiten Wissensaustausch innerhalb von EY. Nachdem Sie bei EY wertvolle Praxiserfahrung gesammelt haben, können Sie sich für einen Auslandseinsatz bewerben. Voraussetzung hierfür sind erstklassige Leistungen an Ihrem bisherigen Arbeitsplatz.

Das International-Mobility-Team von EY unterstützt Mitarbeiter durch verschiedene Austauschprogramme, die von Kurzzeitentsendungen bis zu mehrjährigen Auslandsaufenthalten reichen.

Bei EY profitieren Sie von umfangreichen Aus- und Weiterbildungsprogrammen, sodass Sie sich fachlich und methodisch weiterentwickeln. So lernen Sie zum Beispiel, überzeugend zu präsentieren, erfolgreich zu verhandeln und hervorragende Ergebnisse zu erarbeiten. Ihr persönlicher Counselor begleitet Sie vom ersten Tag an, damit sich Ihre Karriere genau in die Richtung entwickelt, die Sie sich vorstellen. Erst wenn Sie Ihre Karriere selbst steuern, können Sie auch Ihre optimale Leistung abrufen und unseren Mandanten maximalen Nutzen bringen.

Karrieremöglichkeiten

Einstiegsmöglichkeiten für Studenten und Absolventen
Praktika & Direkteinstieg als Assistant oder Consultant in allen Fachbereichen; duales Studium (Bachelor/Master); Traineeprogramm AuditPLUS (Wirtschaftsprüfung), TransactionPLUS (Transaktionsberatung Financial Services), careerpath@TAS (Rotationsprogramm in der Transaktionsberatung), Advisory Expert Class (fünfmonatiges Kickstart-Consulting-Programm)

Entwicklungsmöglichkeiten für Berufserfahrene
EY bietet seinen Mitarbeitern vielfältige Entwicklungsmöglichkeiten. Gemeinsam mit Ihnen finden wir heraus, welches Wissen, welche Erfahrungen und welche Herausforderungen Sie benötigen, um beruflich voranzukommen. Vom ersten Tag an profitieren Sie von unserem erstklassigen Aus- und Weiterbildungsprogramm. Dazu gehören nationale oder internationale Trainings, web-based learnings und Präsenzveranstaltungen, in denen zum Beispiel Soft-Skill-, Sprach- oder IT-Fähigkeiten vermittelt werden. EY unterstützt seine Mitarbeiter zudem bei Berufsexamen

Insider-Tipp

»Wer wissbegierig ist und eine große Lernbereitschaft mitbringt, ist bei uns an der richtigen Adresse. Wenn Ihr Vorerfahrungen etwa durch Praktika vorweisen könnt, ist das von Vorteil, ist aber nicht für jede Stelle zwingend notwendig.«
Verena Stahl, Leiterin des Graduate Recruiting Teams, **EY**

Insider-Tipp

»Mein wichtigster Karrieretipp für eine erfolgreiche Bewerbung: Authentisch bleiben und Euch nicht zu verstellen! Geht entspannt in das Gespräch und macht Euch nicht selbst verrückt!«
Alessia, Recruiterin im Bereich Transaction and Advisory (TAS), **EY**

wie dem Chartered Financial Analyst (CFA) oder Certified Public Accountant (CPA), zum Beispiel finanziell durch Zeitguthaben für die Prüfungsvorbereitung und durch bezahlten Sonderurlaub.

Leistungen für unsere Mitarbeiter

Die Zufriedenheit unserer Mitarbeiter ist uns besonders wichtig: Um diese zu erhalten und zu steigern, setzen wir auf den dauerhaften systematischen Ausbau ihrer Fähigkeiten und schaffen für unsere Teams eine angenehme Arbeitsatmosphäre. Dazu kommt ein breites Angebot an attraktiven Sozialleistungen, welches wir regelmäßig an die Bedürfnisse unserer Mitarbeiter anpassen.

Anforderungen an Bewerber

Wir suchen Talente mit guten bis sehr guten akademischen Leistungen, analytischen Fähigkeiten und idealerweise erster Praxiserfahrung. Darüber hinaus sind für uns soziale Kompetenz, Teamfähigkeit und Flexibilität wichtig. Aufgrund unseres internationalen Netzwerks sind außerdem gute Englischkenntnisse Voraussetzung. Während wir weiterhin dynamische Talente mit wirtschaftlichem Hintergrund gewinnen möchten, setzen wir zunehmend auch auf technische Expertise aus einem erweiterten Talentpool. Nur mit vielfältigen Denkweisen und Kompetenzen lassen sich Antworten auf die komplexen Herausforderungen unserer Mandanten finden. Bezüglich der Fachrichtungen decken wir ein breites Spektrum ab. Absolventen der Fachrichtungen BWL, VWL, Jura, Wirtschaftsinformatik sowie Informatik sind bei uns willkommen, aber auch Wirtschaftsingenieure, Wirtschaftsmathematiker, Mathematiker und Naturwissenschaftler.

Insider-Tipp

»Lasst Euch auch nicht davon abschrecken, welchen Background Ihr zu EY mitbringt, denn der spielt nicht immer die Hauptrolle, wenn andere Dinge dafür passen.«
Sophie Engler,
Praktikantin, **EY**

Perspektiven

Jeder EY-Mitarbeiter hat seine ganz eigenen Fähigkeiten und Ziele. Vom ersten Tag an klären wir gemeinsam mit unseren Mitarbeitern deren Erwartungen und Perspektiven. Wir ermöglichen ihnen herausfordernde Erfahrungen und umfassende Weiterbildungsmöglichkeiten, um den optimalen Karriereweg für sie zu finden. Unabhängig davon, wann Sie zu uns kommen und wie lange Sie bei uns bleiben, profitieren Sie ein Leben lang von den Erfahrungen, die Sie bei uns machen. Die Zeit, die unsere Mitarbeiterinnen und Mitarbeiter bei EY verbringen, klingt ein ganzes Arbeitsleben lang nach, zum einen durch die einzigartigen Erfahrungen, die sie durch die Arbeit in starken, multikulturellen Teams sammeln, und zum anderen durch unsere partnerschaftliche Teamkultur, aus der starke Bindungen zu Kolleginnen, Kollegen und Kunden erwachsen. So entsteht ein professionelles und persönliches Netzwerk, das ein Leben lang Bestand hat.

Bewerber-Kontakt
Ernst & Young GmbH
Wirtschaftsprüfungs-
gesellschaft
Flughafenstraße 61
70629 Stuttgart
+49 (0)6196 996 10005
karriere@de.ey.com

Bewerbungsverlauf

Den ersten Schritt zu eine vielversprechende Karriere machen Sie, indem Sie auf unsere Karriereseite klicken. Dort finden Sie die verschiedenen Einsatzbereiche und Möglichkeiten, die wir Ihnen für eine Karriere mit viel Freiraum anbieten. Über unser Jobportal können Sie sich online auf eine ausgeschriebene Position bewerben, die Ihnen zusagt. Wenn Ihre Bewerbung eingegangen ist, erhalten Sie eine Bestätigung und können sich jederzeit telefonisch über den aktuellen Stand bei unserem Recruitment-Center erkundigen. Nach Prüfung Ihrer Bewerbung werden Sie bei grundsätzlicher Eignung zu einem persönlichen Gespräch eingeladen. In der Regel nehmen Recruiting-Experten und Kollegen aus dem Fachbereich an den Gesprächen teil. Dabei ist uns besonders wichtig, neben Ihrer fachlichen Qualifikation auch Ihre Persönlichkeit kennenzulernen. Natürlich haben Sie die Chance, Ihre individuellen Fragen zu stellen.

Wen wir suchen

Wir suchen Persönlichkeiten, die etwas bewegen wollen und mehr als eine Karriere suchen. Als Teamplayer stellen Sie Ihre soziale Kompetenz unter Beweis. Ob als Praktikant, Berufseinsteiger (w/m/d) oder mit einigen Jahren Erfahrung – wir bieten Ihnen zahlreiche Möglichkeiten, gemeinsam mit uns Ihren individuellen Karriereweg zu gehen. Lösen Sie Ihren hohen Anspruch an Ihre Karriere bei uns ein. Wenn Sie Teamarbeit lieben, kommunikativ und leistungsbereit sind sowie mit analytischer Denkschärfe und kreativen Ideen neue Impulse geben, dann setzen wir gerne auf Sie – heute und in Zukunft. Das macht Sie aus? Willkommen im Team!

Darauf sollten Sie achten

Achten Sie bei Ihrer Bewerbung darauf, dass Sie Ihre Unterlagen vollständig einreichen. Dazu gehören Ihr Lebenslauf, ein Anschreiben und alle berufsrelevanten Zeugnisse. Eventuell lassen Sie Ihre Unterlagen noch von guten Freunden prüfen. Sie haben oft einen anderen Blickwinkel und können Ihnen vielleicht noch den entscheidenden Verbesserungsvorschlag liefern. Unser Rat ist, sich vorher so gut wie möglich über EY zu informieren und die Chance zu nutzen, uns Fragen zu stellen. Schließlich wollen Sie ebenso wie wir herausfinden, ob wir wirklich zueinander passen. Abgesehen davon: Seien Sie ganz einfach Sie selbst – so können Sie uns am besten von sich überzeugen.

Insider-Perspektive

EY bietet ein sich rasant entwickelndes, spannendes Arbeitsumfeld sowie die Möglichkeit, zusammen mit vielen unterschiedlichen, hoch qualifizierten, motivierten Kollegen in einem weltweit angesehenen und erfolgreichen Unternehmen zu arbeiten. Wir wissen, dass unsere Mitarbeiterinnen und Mitarbeiter der Schlüssel für unseren Erfolg sind. Wir wissen ebenso, dass sich gute Mitarbeiter nicht irgendein Unternehmen als Arbeitgeber aussuchen. Sie wollen dort arbeiten, wo sie ein offenes, internationales und inspirierendes Arbeitsklima finden, wo sie erfolgreiche und spannende Karrieren starten und weiterverfolgen können, wo sie sich frei und flexibel in der Welt bewegen können – real und virtuell. Wir wollen unseren Mitarbeitern diesen Arbeitsplatz bieten. Er soll so gut sein, dass er nicht nur besser, sondern der beste Platz schlechthin ist.

Life-Balance

EY möchte das Bewusstsein für Life-Balance-Aspekte im Unternehmen weiter stärken und familienfreundliche Maßnahmen ausbauen. Auf diese Weise wollen wir erreichen, dass das Thema nachhaltig in der gesamten Organisation verankert ist und auf allen Ebenen fester Bestandteil der Unternehmenskultur wird. Um die unterschiedlichen Anforderungen von Arbeitswelt und Familienalltag vereinbaren zu können, kooperiert EY mit zwei Dienstleistern. Sie beraten und vermitteln, wenn es um die Betreuung und Versorgung von Kindern oder pflegebedürftigen Angehörigen geht. Unser Engagement ist durch das »audit berufundfamilie« der Hertie-Stiftung zertifiziert – ein Zeichen dafür, dass wir auf dem richtigen Weg sind.

Wir bieten Ihnen die Möglichkeit, Ihre ausgezeichneten Leistungen mit persönlichen Bedürfnissen zu verknüpfen. So bieten wir flexible Arbeits- und Zeitmodelle, damit unsere Mitarbeiter, von denen wir viel Engagement und exzellente Leistungen erwarten, Freiräume haben für das, was ihnen neben der Arbeit besonders wichtig ist. Dazu gehört auch die Möglichkeit, von zu Hause im Home Office zu arbeiten, denn wir wissen, dass ein Mehr an Lebensqualität zufriedener und damit auch leistungsbereiter macht – ein Gewinn für beide Seiten.

Mehr Insider-Informationen unter
squeaker.net/ey

EY PARTHENON
As we take strategy personally, creative is the new rational.
We develop innovative strategies for a changing world. To help our clients advance, we keep asking the right questions. What are your new ideas? At EY-Parthenon, we offer you a wealth of career opportunities and challenge you to bring something new into the world.
EY-Parthenon – we take strategy personally.
Smart. Nice. Driven.™
ey-parthenon.de

EY-Parthenon

EY-Parthenon steht für internationale Top-Strategieberatung: unkonventionell, vielleicht provokativ, aber immer leidenschaftlich und persönlich, immer ergebnisorientiert und umsetzbar. Wir sind stolz auf unsere einzigartige Kultur und unsere eigene Art, Dinge anzupacken. Unser Anspruch ist es, komplexe Probleme zu lösen und echte Veränderungen zu bewirken. Unsere Mitarbeiterinnen und Mitarbeiter entwickeln maßgeschneiderte Lösungen für unsere Kunden – damit diese die besten Geschäftsentscheidungen treffen und das volle Potenzial ihres Unternehmens ausschöpfen können.

Es erwarten Sie spannende Aufgaben vom ersten Tag an: Bei EY-Parthenon sind Sie sofort vollwertiges Mitglied im Team. Sie arbeiten vor Ort beim Klienten und an den spannendsten Fragen der Führungsebene. Ihren Beitrag zur Lösung verantworten Sie eigenständig und selbstbewusst. Viele Klienten von EY-Parthenon operieren international. EY-Parthenon selbst ist ebenfalls global aufgestellt. Sie erhalten deshalb die Chance, an Projekten im Ausland mitzuwirken – auch jenseits von Europa.

Karrieremöglichkeiten

Studenten

Sind Sie einer der Besten Ihres Jahrgangs? Wollen Sie Ihre exzellenten akademischen Leistungen, Ihren Geschäftssinn und Ihre Neugierde in Mehrwert für unsere Klienten verwandeln? Dann tauchen Sie für acht bis zwölf Wochen in die Welt von EY-Parthenon ein. Als »Berater auf Zeit« sind Sie vollwertiges Mitglied eines unserer Projektteams. Sie übernehmen wie alle anderen Teammitglieder Verantwortung für Ihre Aufgaben. Ziel ist es, dass Sie uns kennenlernen und wir Sie. Haben Sie uns begeistert, freuen wir uns, Ihnen ein Angebot zu machen. Ihr Einstieg erfolgt, wenn Sie so weit sind.

Absolventen

Für den Einstieg als (Associate) Consultant bringen Sie exzellente Studienleistungen mit. Sie sind hochmotiviert und haben Spaß daran, immer wieder neue Fragestellungen zu beantworten. Mit Ihrem sicheren Auftreten und Selbstbewusstsein – ohne Arroganz – erarbeiten Sie im Team und mit dem Klienten die Lösung. Ihre sehr guten Kontakt- und Kommunikationsfähigkeiten helfen Ihnen dabei.

EY-Parthenon GmbH

Neuer Zollhof 1
40221 Düsseldorf
Germany
+49 (0)211 9352 20337
gsarecruiting@
parthenon.ey.com

www.ey-parthenon.de

Ihre Fachrichtung spielt für uns eine untergeordnete Rolle. Bei uns arbeiten nicht nur Mitarbeiter, die Betriebs- oder Volkswirtschaftslehre studiert haben, sondern zum Beispiel auch Physiker, Chemiker, Biologen, Medizintechniker, Ingenieure, Politikwissenschaftler, Juristen oder Mathematiker.

Entwicklungsmöglichkeiten für Berufserfahrene

Sie haben bereits in einer anderen Beratung oder in einer relevanten, strategischen Unternehmensfunktion Berufserfahrung gesammelt? Dann bereichern Sie uns mit Ihrem Know-how, Ihren Fähigkeiten und Ihrem Branchenwissen. Der Einstieg ist auf allen Ebenen möglich und hängt ganz von Ihren Fähigkeiten ab. Vom Consultant über den Manager zum Partner: Ihre Karriere liegt in unserem Interesse. Deshalb begleiten wir Sie mit einem engmaschigen Netz aus Coaching- und Trainingsangeboten – und trauen Ihnen kontinuierlich mehr Verantwortung zu. Jederzeit steht Ihnen außerdem ein Mentor für Ihre kleinen und großen Fragen zur Seite.

Anforderungen an Bewerber

Verfügen Sie über Berufserfahrung, werden Sie gemäß Ihren praktischen Qualifikationen eingestuft. Bewerber mit Master-Abschluss, MBA oder Promotion starten bei uns als Consultants. Bachelor-Absolventen steigen als Associate Consultants ein.

Leistungen für Ihre Mitarbeiter

- Internationale Projekte und Karrieremöglichkeiten
- Vielfältige Coaching- und Weiterbildungsangebote wie z.B. ein Off-Site als Trainingswoche mit allen Beratern EMEIA weit
- Individuelle Unterstützung durch Ihren Mentor
- Work-Life-Balance: flexible Jahresarbeitszeitmodelle
- Kooperative Firmenkultur und ein starkes Miteinander wie regelmäßige Firmenevents und z.B. ein Summer Retreat mit der Familie

Besonderheiten

Als internationale Strategieberatung bietet EY-Parthenon Ihnen vielfältige, individuelle Karrieremöglichkeiten. Bei uns kommen die klügsten Köpfe zusammen, formulieren die richtigen Fragen und erarbeiten clevere Lösungen und Empfehlungen. Strategieberatung ist für uns Teamwork ein lebendiger, kreativer und kollaborativer Prozess, der die Basis für differenzierte Erkenntnisse und überzeugende Ergebnisse bildet.

Bei EY-Parthenon arbeiten wir nicht nur für Unternehmen und Konzerne. Wir arbeiten mit Menschen für Menschen, die sich mit den wichtigsten strategischen Fragen befassen. Eine vertraute Atmosphäre im Umgang miteinander sowie in der Zusammenarbeit mit unseren Kunden und Partnern ist prägend für unsere Kultur, denn unser Versprechen lautet: We take strategy personally.

Viele Kunden von EY-Parthenon sind international tätig. Auch wir sind aus diesem Grund global aufgestellt. Sie erhalten deshalb von Anfang an die Chance, an Projekten im Ausland mitzuwirken – auch über die Grenzen Europas hinaus.

Wir suchen exzellente Absolventen aller Fachrichtungen, die neue analytische Herausforderungen meistern wollen und sich nicht scheuen, den Status quo infrage zu stellen. Bei EY-Parthenon übernehmen Sie vom ersten Tag an Verantwortung und lernen »on the job«, um die besten Lösungen für unsere Kunden zu entwickeln.

Bewerbungsverfahren

Sie können sich ohne Bewerbungsfristen bei uns bewerben. Ihre Bewerbung wird sofort nach Eingang von uns bearbeitet. Theoretisch kann der Bewerbungs- und Vorstellungsprozess bis hin zum Vertragsangebot und Einstieg in wenigen Tagen durchlaufen werden; die Erfahrung zeigt allerdings, dass Sie ca. acht Wochen von Ihrer Bewerbung bis zum Einstieg einplanen sollten.

Haben uns Ihre Bewerbungsunterlagen überzeugt, laden wir Sie zu einem unserer Recruitingtage z.B. nach München, Hamburg oder Düsseldorf ein. In der Regel finden diese mehrmals im Monat an einem Freitag statt. Zu welchem genauen Termin Sie von uns eigeladen werden, legen wir in Abstimmung mit Ihnen fest. Der Recruitingtag bietet die Möglichkeit des persönlichen Kennenlernens und erlaubt es uns, uns in persönlichen Gesprächen und anhand von Fallstudien einen Eindruck über Ihre logischen und analytischen Fähigkeiten zu verschaffen. Gemeinsames Ziel ist es herauszufinden, ob wir zueinander passen, ob wir Sie als Mitarbeiter gewinnen und ob Sie bei uns arbeiten möchten.

Nach einem Willkommens- und Einführungsgespräch in der Gruppe führen Sie morgens zwei Einzelgespräche. Zwischen den beiden Interviews findet ein EY-Parthenon-Recruitment-Test statt. Nach dem gemeinsamen Mittagessen mit unseren Kollegen gibt es ein erstes Feedback: Bewerben Sie sich um ein Praktikum, erfahren Sie bereits jetzt, ob wir Ihnen einen Praktikumsvertrag anbieten. Bewerben Sie sich für eine Festanstellung und konnten uns am Vormittag mit Ihren guten Leistungen überzeugen, geht es für Sie mit zwei Partnergesprächen am Nachmittag weiter. Im Anschluss an die beiden Gespräche erfahren Sie, ob wir Ihnen den Einstieg bei uns anbieten.

Besondere Anforderungen an Bewerber

Sie verfügen über sehr gute analytische Fähigkeiten und einen ausgeprägten Sinn fürs Geschäft. Sie haben Freude an der Kommunikation mit Klienten und Kollegen. Arbeit im Team ist für Sie eine Selbstverständlichkeit. Sie sind ein gradliniger, kritischer Kopf mit überdurchschnittlich viel intellektueller Neugier, denn in kurzer Zeit immer wieder neue

Bewerber-Kontakt
Mirjam Janke
Recruitment Manager
GSA
EY-Parthenon Strategy
Mirjam.Janke@
Parthenon.ey.com
+49 (0)211 9352 20337
*www.ey-parthenon.de/
karriere*

Geschäftsfelder zu begreifen – das gehört zum Kern unseres Jobs. Unser Tipp: Hören Sie aufmerksam zu, nehmen Sie sich Zeit, erklären Sie Ihre Gedanken und folgen Sie Ihrer Struktur. Uns interessiert, wie Sie vorhandene Informationen mit Ihrem gesunden Menschenverstand kombinieren.

Das sollten Sie noch wissen

Was mache ich, wenn ich den Recruiting-Tag nicht wahrnehmen kann?
Rufen Sie uns an. Bestimmt werden wir mit Ihnen gemeinsam einen Ersatztermin finden.

Übernimmt EY-Parthenon meine Reisekosten?
Ja. Sie schicken uns die Belege der Kosten, die Ihnen durch Ihre Teilnahme am Recruiting-Tag entstanden sind; wir überweisen Ihnen den Betrag.

Übernimmt EY-Parthenon die Hotelkosten, wenn ich am Vorabend anreisen muss?
Ebenfalls ja. Wenn Sie nicht morgens anreisen können, buchen wir für Sie ein Hotelzimmer, welches nur ein paar Schritte von unserem Büro entfernt liegt. Entweder im Düsseldorfer Medienhafen, im Hamburger Schanzen-viertel oder in München an der Theresienstraße, je nachdem in welchem unserer Büros der jeweilige Recruiting-Tag stattfindet. Die Übernachtung bezahlen wir direkt.

In welcher Sprache reiche ich meine Bewerbungsunterlagen ein und an wen adressiere ich meine Bewerbung?
Sie können Ihre Bewerbungsunterlagen auf Englisch oder Deutsch ein-reichen und Ihre Bewerbung direkt an Mirjam Janke richten.

Wie lange vor dem geplanten Berufsstart / Praktikumsbeginn sollte ich mich bewerben?
Bei EY-Parthenon gibt es keine klare Richtlinie, bis wann Sie sich bewerben müssen. Die Erfahrung zeigt allerdings, dass Sie ca. acht Wochen ein-planen sollten.

Kann ich vor dem Einstieg eine »Auszeit« nehmen?
Wie schon erwähnt: Sie bestimmen Ihren ersten Arbeitstag selbst. Wir stehen einer Pause zwischen Studienabschluss und Arbeitsbeginn durchaus positiv gegenüber – viele junge Kollegen haben z.B. nach dem Studium erst einmal eine längere Reise gemacht. Deshalb: Wenn wir Sie haben möchten, warten wir auch noch ein paar Monate auf Sie.

Insider-Perspektive

Wir sind smart. Als Top-Strategieberatung sind wir Challenger. Für uns heißt das: analytische Brillanz, Kreativität, keine Standardlösungen. Und dabei immer pragmatisch und umsetzbar.

Wir sind nice. Wir sind ein starker Partner für unsere Kunden – empathisch, ehrlich und direkt. Unsere Erfolge sind immer gemeinsame.

Wir sind driven. Wir bringen echte Veränderung, hinterfragen Konventionen und entfesseln Potenziale. Wir kämpfen immer für die beste Lösung, nicht für die erstbeste.

Auf unsere kooperative Firmenkultur legen wir großen Wert. Kollegialität und Respekt im Umgang miteinander schreiben wir ganz groß. Wir gehen davon aus, dass auch Sie wissen, dass wir nur im Team exzellente Ergebnisse für unsere Klienten erzielen können.

Work Life Balance
Wir helfen Ihnen auch dabei, Ihre persönliche Work-Life-Balance zu entwickeln. Jedes Jahr entscheiden unsere Berater, in welchem Jahresarbeitszeitmodell sie im kommenden Jahr arbeiten möchten – »ganz normal« zwölf Monate oder zum Beispiel nur neun Monate mit drei freien Monaten. Es ist Ihre Wahl, denn wir wollen, dass es Ihnen gut geht – rundum.

Insider-Tipp
Wir haben einen Test entwickelt, mit dem die in der Beratung benötigten Kompetenzen eingeschätzt werden können. Hierzu werden Fragen zu den Themenbereichen gestellt, die Business Sense, Logik und ein quantitatives Datenverständnis voraussetzen. Die Antworten erfolgen im Multiple-Choice-Verfahren. Eine spezifische Vorbereitung gibt es nicht; neben allgemeinem mathematischen Verständnis (z.B. bei der Interpretation von Diagrammen) sollten Sie Interesse an wirtschaftspolitischen Zusammenhängen haben.

Mehr Insider-Informationen unter
squeaker.net/ey-parthenon

HORVÁTH & PARTNERS
MANAGEMENT CONSULTANTS

Horváth & Partners Management Consultants

Horváth & Partner GmbH

Phoenixbau
Königstraße 5
70173 Stuttgart
Tel. +49 (0)711 66919-0

www.horvath-partners. com/karriere

Horváth & Partners ist eine international tätige, unabhängige Managementberatung. Unternehmenssteuerung und Performanceoptimierung sind die Schwerpunkte, in denen wir ausgewiesene Experten sind und Mehrwert für unsere Kunden schaffen. Unseren Erfolg verdanken wir unserer konsequenten Ausrichtung auf den Kunden und allem voran unseren Kollegen. Sie machen den Unterschied – Tag für Tag in der gemeinsamen Arbeit mit den Kunden vor Ort im Projekt.

Unsere Kernkompetenzen:
Unternehmenssteuerung und Performanceoptimierung – »Steering Business Successfully«

1981 waren wir ein Startup und zu dritt. Heute sind wir mehr als 1.000 Kollegen an 13 eigenen Standorten. Darüber hinaus agieren wir in einem erweiterten Netzwerk, das global mehr als 50 Präsenzen mit über 3.000 Beratern umfasst. Diesen unternehmerischen Erfolg verdanken wir unseren Kollegen, die ihre gezielte Zusammenarbeit konsequent auf unsere Kunden ausrichten. Gegenseitiges Verständnis, Arbeit auf Augenhöhe sowie hohe fachliche und methodische Expertise jedes Einzelnen ermöglichen unseren gemeinsamen Erfolg.

»Steering Business Successfully.« Unser Versprechen lösen wir ein. Wir erarbeiten Konzepte, um betriebliche Systeme und Strukturen in ihrer Leistungsfähigkeit zu optimieren. Diese Lösungen entstehen im Dialog mit unseren Kunden. Kundenprojekte gestalten wir für die Gesamtorganisation sowie für einzelne Geschäftsbereiche – branchenübergreifend und weltweit. Wir arbeiten in den Funktionen Strategie & Innovation, Organisation & Prozesse, Vertrieb, Operations, Einkauf, Controlling, Finanzen und IT. Dazu wachsen neue Kompetenzbereiche wie Digitalisierung, Agile Transformation, New Mobility oder Purpose & Leadership.

Werden Sie ein Teil von uns.

Mit uns als Partner gewinnen Sie ein Unternehmen, in dem das Credo »Grow as We Go« gelebt wird. Wir wachsen mit unseren Aufgaben. Wir entwickeln uns gemeinsam weiter und teilen die Überzeugung, dass Lernen das Leben lebenswerter macht. Unser Anspruch bedeutet allerdings nicht, dass wir dem Motto »Grow or Go« oder »Up or Out« nacheifern.

HORVÁTH & PARTNERS
MANAGEMENT CONSULTANTS

#Immersing

Wir sind Horváth & Partners — eine unabhängige, international tätige
Managementberatung. Tauchen Sie bei uns ein. Wir bieten Ihnen
beides: Karrieresprungbrett für eine erfolgreiche Zukunft und Heimat-
hafen zur langfristigen Zusammenarbeit.

Wo lernen Sie die Praxis besser kennen als direkt im Projekt?
Wir sind kein Haifischbecken. Wir ermöglichen ein Umfeld mit freundschaftlicher Unternehmenskultur, vielfältigen Möglichkeiten zur persönlichen Entwicklung, spannenden Aufgaben mit fachlichem Tiefgang,
steiler Lernkurve und flachen Hierarchien.

Werden Sie ein Teil von uns.

Successfully
Together

www.horvath-partners.com/successfully-together

»Lernen Sie uns schon
während Ihres Studiums
kennen: Unsere Praktika
und studentischen
Tätigkeiten gewähren
sehr gute Einblicke in
den Berateralltag und in
die Projektarbeit vor Ort
beim Kunden. Außerdem
erfahren Sie, wie wichtig
uns Teamarbeit und eine
kollegiale Arbeitsatmo-
sphäre sind.«
*Sabine Reimer, Head of
Campus Marketing &
Student Recruiting,*
**Horváth & Partners
Management Consultants**

»Hohes Engagement und
Spaß an der täglichen
Herausforderung sind
Grundvoraussetzung
für den Erfolg unserer
Berater. Wichtig ist uns
daher die Förderung
einer gesunden Balance
zwischen Projektarbeit
und Privatleben.«
*Peter Gerhardy,
Head of Human Resource
Management,*
**Horváth & Partners
Management Consultants**

Ihre Karriere folgt der Geschwindigkeit Ihrer persönlichen Entwicklung
und Erfahrung. Darin unterstützen wir Sie. Wir fördern Sie in Ihrer fachlichen, methodischen und persönlichen Leistung – vom ersten Tag an.
Denn die konsequente Unterstützung und Förderung unserer Mitarbeiter
ist die Basis unseres Unternehmenserfolgs.

Karrieremöglichkeiten

Einstiegsmöglichkeiten für Studierende

Unsere Praktikanten erhalten einen sehr guten Einblick in den
Beratungsalltag und das Projektgeschäft beim Kunden. Wir bieten
sowohl Praktikumsplätze während des Semesters als auch in der
Orientierungszeit zwischen Bachelor- und Master-Studium an.
Studierende, die im Rahmen ihres Praktikums herausragende Leistungen
erbracht haben, fördern wir mit der Aufnahme in den Horváth Student
Club. Ab diesem Zeitpunkt begleiten wir unsere Student Club-Mitglieder
bis zum Ende des Studiums und bieten in diesem Rahmen exklusive
Veranstaltungen, Erfahrungsaustausch sowie die Möglichkeit, als
studentische Mitarbeiter weiterhin bei uns tätig zu sein oder die
Studienabschlussarbeit bei uns zu schreiben. Dieser Schritt kann der
Startpunkt für eine besondere Karriere sein: Viele unserer langjährigen
Kollegen und Partner haben genau so ihren Weg zu uns gefunden.

Einstiegsmöglichkeiten für Absolventen

Ganz gleich, ob Sie mit beruflicher Erfahrung, Promotion, Bachelor-
oder Masterabschluss oder während des Studiums bei uns tätig werden
möchten: Wir bieten Ihnen vielfältige Gestaltungs- und Entwicklungsmöglichkeiten. Mit uns können Sie die ersten große Schritte Ihrer Karriere
machen, Ihre fachliche Kompetenz auf neue Höhen bringen und eine
Heimat für die langfristige Zusammenarbeit finden.

Unsere Unternehmenskultur – Successfully together!

Wir bieten Ihnen ein Umfeld mit freundschaftlicher Unternehmenskultur,
vielfältigen Möglichkeiten zur persönlichen Entwicklung, spannenden
Aufgaben mit fachlichem Tiefgang, steiler Lernkurve und flachen
Hierarchien.

Unsere Kollegen setzen sich hohe Ziele, stellen sich Herausforderungen, wachsen mit ihren Aufgaben und genießen unternehmerische Freiräume. Unser Miteinander ist von Respekt geprägt – gegenseitig
und gegenüber unseren Kunden. Wir teilen unser Wissen, sind aber
keine Besserwisser, sondern Bessermacher: pragmatisch, praxisorientiert,
hands-on und ohne Ellenbogen. Uns vereint nicht nur das Streben nach
Top Performance, sondern auch der Spaß an der Herausforderung.

Weiterentwicklung und Training

Hohe fachliche Kompetenz, Offenheit, Vertrauen und die Förderung der persönlichen Weiterentwicklung sind wesentliche Bestandteile unserer Kultur und unser Anspruch. Daher ist die stetige Weiterentwicklung unserer Mitarbeiter klar im Fokus. Wir bieten ein breites Spektrum an professionellen und zielgerichteten Weiterbildungsmaßnahmen. Der Einstieg bei uns beginnt mit einem professionellen Onboarding. Eine mehrtägige zentrale Veranstaltung garantiert einen Rundumblick über die Organisation und setzt methodische sowie inhaltliche Impulse. Darüber hinaus legen Sie im Onboarding mit Ihrem Mentor erste Projektaufgaben fest und klären Ihren individuellen Entwicklungsbedarf. Unsere ausgeprägte Feedback-Kultur sowie unser Training on the Job-Prinzip sind dabei der Garant für Ihre persönliche Weiterentwicklung sowohl auf Projekten als auch bei internen Aufgaben.

Der Wissenstransfer und das Netzwerk werden bei uns durch exklusive Veranstaltungen sichergestellt: Mit dem Horváth Camp bieten wir unseren Kollegen im Rahmen eines mehrtägigen Auslandsaufenthalts die Gelegenheit, ihr Wissen sowie ihre Projekterfahrungen auszutauschen, sich untereinander zu vernetzen sowie zusätzlich von externen Experten zu lernen. Unsere anspruchsvollen Inhouse-Trainings, die Horváth Business School und individuelle Schulungen sorgen zudem für kontinuierliche Weiterentwicklung und systematische Qualifizierung neben dem Projektgeschäft.

Mit unserem Scholarship Program fördern wir Master- und (Executive) MBA-Programme sowie Promotionsvorhaben an renommierten Universitäten: sowohl finanziell als auch durch entsprechende Freistellungen.

Mentorenprinzip: Fördern und Fordern

Jedem unserer Berater steht ein erfahrener Mentor als projektunabhängiger Ansprechpartner zur Seite, der Sie vom ersten Tag an begleitet und berät – sowohl fachlich als auch persönlich. Mit Ihrem Mentor vereinbaren Sie Ziele sowie Aufgaben- und Entwicklungsschwerpunkte. Sie bekommen regelmäßiges Feedback und wertvolle Tipps zum Aufbau Ihres persönlichen Netzwerks. So wird Ihre Karriere projektübergreifend begleitet und gefördert.

Bewerbungsverfahren

Für die meisten Positionen sehen wir keinen festen Einstellungszeitpunkt vor – Sie können sich daher gerne ganzjährig bewerben. Ihre Unterlagen prüfen wir dabei auch immer bereichsübergreifend für unterschiedliche Positionen. Für den Einstieg als Praktikant sowie für eine studentische Mitarbeit führen wir ein Gespräch mit Ihnen, in welchem wir Sie persönlich kennenlernen und einen Eindruck von Ihren bisherigen

Einblicke

»Ständig neue Herausforderungen, eine steile Lernkurve, abwechslungsreiche Themen, motivierte Kollegen und gleichzeitig einen Mehrwert für den Kunden generieren – danach habe ich gesucht. Gleichzeitig lerne ich täglich durch neue Situationen und Fragestellungen dazu und kann somit meine Kompetenzen ständig erweitern.«
Jana Bienert, Consultant, Industrial Goods & High Tech,
Horváth & Partners Management Consultants

Bewerber-Kontakt
HR Recruiting
Horváth & Partner GmbH
Tel. +49 (0)711 66919-0

Alle Ansprechpartner finden Sie auf unserer Karriereseite
horvath-partners.com/ Karriere

Insider-Tipp

»Wir suchen Kollegen, die andere Menschen begeistern können und Spaß an den vielfältigen Herausforderungen des Consulting haben. Auch fachliche Kompetenz und Unternehmergeist setzen wir voraus.«
Natascha Nowotny,
Head of Recruiting,
Horváth & Partners
Management Consultants

Mehr Insider-
Informationen unter
squeaker.net/horvath

fachlichen Kenntnissen gewinnen möchten. Für den Direkteinstieg erwarten Sie zwei Interviewrunden mit Fallstudien und Präsentationen.

Unsere Anforderungen an Sie

Für eine studentische Tätigkeit oder ein Praktikum setzen wir ein Hochschulstudium mit sehr guten Studienleistungen voraus. Dabei haben Sie mindestens das zweite Studiensemester absolviert und bringen eine Verfügbarkeit von mindestens zwei Monaten mit. Wir empfehlen, die Bewerbung ca. drei Monate vor dem gewünschten Einstiegstermin einzureichen.

Als Berufseinsteiger bringen Sie einen exzellenten Abschluss in einem wirtschaftswissenschaftlichen oder technisch orientierten Hochschulstudium mit. Während Ihres Studiums haben Sie sich bereits erfolgreich auf den von Ihnen angestrebten Beratungsschwerpunkt durch entsprechende Vertiefungsrichtungen und projektbezogene Praktika vorbereitet.

Generell überzeugen Sie uns mit Ihrer Leidenschaft für Exzellenz, Ihrem analytischen und kreativen Denken, Ihrer Umsetzungsstärke, mit Ihrem Spaß an freundschaftlicher Zusammenarbeit sowie einem Schuss Humor. Denn wir suchen Kollegen, die begeistern können und Horváth & Partners mit uns gestalten wollen. Successfully together!

* Lediglich aus Gründen der leichteren Lesbarkeit haben wir an manchen Stellen darauf verzichtet, die weiblichen Sprachformen zu verwenden. Wir bitten unsere Leser*innen, dies zu entschuldigen.

innogy Consulting

Energizing the Future! Mit großen Veränderungen entstehen große Chancen – auch für dich. Ergreife die Initiative und gestalte den Energiemarkt der Zukunft: als Consultant bei der innogy Consulting. Es erwartet dich ein internationales Team und abwechslungsreiche, herausfordernde Projekte in der Energiewirtschaft. Der Transformation des Energiesektors begegnest du proaktiv und trägst dazu bei, dass unsere Kunden bestmöglich auf die neuen Rahmenbedingungen der Energiewirtschaft vorbereitet sind. Du konzipierst Strategien und analysierst aktuelle energiewirtschaftliche Fragestellungen vor Ort beim Kunden.

innogy Consulting GmbH

Lysegang 11
45139 Essen

innogyconsulting.com

Über uns

Die innogy Consulting GmbH ist eine internationale Management-beratung mit Schwerpunkt Energie-Industrie und Sitz in Deutschland. Wir beraten innogy und RWE sowie eine Vielzahl weiterer Unternehmen in allen strategischen und wirtschaftlichen Fragestellungen des Energie-marktes. Rund 220 Mitarbeiterinnen und Mitarbeiter setzen weltweit an 10 Standorten Innovationen für unsere Auftraggeber um und gestalten die Zukunft der Energiewirtschaft und verwandter Branchen. Mit diesem Anspruch sind wir bereits 1981 gestartet – damals noch unter dem Namen RWE Consulting.

Karrieremöglichkeiten

Stillstand ist bei uns keine Option. Von Anfang an übertragen wir Verantwortung an unsere Berater. Bei uns kannst du dich über fünf Karrierestufen entwickeln: Schon als Consultant übernimmst du Verantwortung im Projekt. Über den Senior Consultant, den Projektleiter bis zum Managing Consultant wächst die Verantwortung kontinuierlich – hier gilt es, sowohl die Verantwortung für unsere Kundenprojekte im Konzern zu übernehmen als auch durch internes Engagement die Entwicklung innerhalb von innogy Consulting weiter voranzutreiben. Unsere Partner nehmen darüber hinaus Führungsaufgaben in unserem Unternehmen wahr und sind in unseren Konzerngesellschaften als Account Manager für die Projektakquise verantwortlich.
Neben einer Beraterkarriere innerhalb von innogy Consulting steht dir auch die Möglichkeit offen, Führungsverantwortung im RWE Konzern oder einem anderen großen Energiekonzern zu übernehmen.

Du möchtest heute die Energiewelt von morgen gestalten?

Entwickle Strategien für die Zukunft der Energiewirtschaft – bei innogy Consulting. Als internationale Managementberatung bieten wir dir spannende Karriere- und Aufstiegsperspektiven in einem der wichtigsten Zukunftsmärkte.

Erfahre mehr unter:

innogyconsulting.com

INNOGY CONSULTING
Energizing the future.

Wer viel leistet, kann auch viel erwarten. Darum bieten wir unseren Mitarbeitern Qualifizierungsprogramme, die auf ihre persönlichen Bedürfnisse zugeschnitten sind. Dazu gehört auch eine individuelle Beratung durch unser Competence Booster-Team. Während des dreitägigen Onboardings bekommst du einen ersten Einblick in deine neue Tätigkeit. In verschiedenen Modulen erfährst du alles Wissenswerte über das Unternehmen. Im ersten Monat kannst du als Neueinsteiger während deiner Hospitation drei bis vier Projekte während unterschiedlicher Stationen kennenlernen. Während des kompletten ersten Jahres stehen Mentoren – erfahrene Berater – den Neuen als Ansprechpartner zur Seite. Sie fördern die Weiterentwicklung und helfen, das persönliche Netzwerk auszubauen.

Einstieg als Absolvent

Absolventen können nach ihrem erfolgreichen Hochschulstudium bei uns direkt durchstarten. Du übernimmst vom ersten Tag an anspruchsvolle Teilaufgaben in verschiedenen Beratungsprojekten und agierst eigenständig als Mitglieder von internationalen innogy-Teams konzernweit. Wir erwarten von dir, dass du ein international ausgerichtetes Hochschulstudium der Wirtschafts- oder Ingenieurwissenschaften mit sehr guten Leistungen abgeschlossen hast und bereits einschlägige Praktika, idealerweise in der Managementberatung und/oder der Energiebranche absolviert hast.

Einstieg als Praktikant

Interessierten Studenten bietet innogy Consulting Praktikumsmöglichkeiten an. Du arbeitest in einem Projekt mit und kannst als Junior Consultant weitreichende Erfahrungen sammeln. Setze als Praktikant bei innogy Consulting dein Know-how in Projekten vor Ort ein und sammle Erfahrungen im Zukunftsmarkt Energie. Wir erwarten von dir, dass du Student/-in eines höheren Semesters (idealerweise BWL, VWL und Ingenieurwissenschaften) bist und uns durch sehr gute akademische Leistungen, analytische Fähigkeiten sowie Auslands- und Praktikumserfahrung überzeugst. Für ein Praktikum planst du idealerweise einen Zeitraum von zwei bis drei Monaten ein. Während des Praktikums unterstützt dich vom ersten Tag an einen erfahrenen Berater als Mentor. Gleichzeitig arbeitest du in einem Projekt mit und wirst dort von deinem jeweiligen Projektleiter fachlich betreut. Zum Ende des Praktikums erhälst du von deinem Mentor in einem Abschlussgespräch ein ausführliches Feedback.

Insider-Tipp

»Mich begeistert an innogy Consulting, dass jeder Tag die eigene fachliche und persönliche Entwicklung fördert – und das nicht ausschließlich durch die herausfordernde und spannende Projektarbeit, sondern auch durch die gelebte Feedbackkultur, das vielfältige Trainingsportfolio, das individuelle Mentoring und die Mitarbeit in den Kompetenzfeldern.«
Anja Schnoor,
Consultant,
innogy Consulting

Insider-Tipp

»Beeindruckt hat mich das Vertrauen, dass mir von Beginn an entgegen gebracht wurde. Feedback-Kultur und Teamgedanke werden tatsächlich gelebt, so dass jeder in seiner Entwicklung vorangebracht wird.«
Christopher Bowe,
Consultant,
innogy Consulting

Bewerbungsverfahren

Bewerber-Kontakt
Lisa Lange
Tel. +49 (0)201 8133 362
join@
innogyconsulting.com
*innogyconsulting.com/de/
karriere*

Bewerbungsverfahren für Absolventen

Der Bewerbungsprozess bei innogy Consulting für Hochschulabsolventen sieht wie folgt aus: Im ersten Schritt bewirbst du dich online über unser Karriere-Portal. Wenn dein Profil für uns interessant ist, startet der Prozess mit einem Online-Test, in dem du uns von deinen analytischen Fähigkeiten überzeugen kannst. Bei einem positiven Ergebnis aus dem Online-Test führen wir im Anschluss ein ausführliches Telefoninterview mit dir, in dem beide Seiten einen persönlichen Eindruck voneinander gewinnen. Fällt dieser positiv aus, laden wir dich im dritten Schritt zu einem eintägigen Assessment Center nach Essen ein. In praxisnahen Fallstudien und Rollenspielen gleichen wir Ihr individuelles Kompetenz-profil mit unseren Anforderungen ab. Ein erfolgreiches Einstellungs-gespräch mit unseres Management-Teams besiegelt die Zusammenarbeit.

Bewerbungsverfahren für Praktikanten

Als Praktikant bewirbst du dich zunächst online über das Karriere-Portal unserer Website. Wenn dein Profil für uns interessant ist, startet der Prozess mit einem Online-Test. Falls dieser positiv ausfällt, führen wir mit dir ein Telefoninterview und laden dich anschließend zu einem Auswahltag nach Essen ein. Hier können wir durch ein persönliches Interview und eine Fallstudie dein Profil mit unseren Anforderungen an einen Praktikanten abgleichen. Im Anschluss erhalten Sie kurzfristig Feedback und können bei einem positiven Ergebnis schon bald bei uns starten.

Anforderungen an Bewerber

Mehr Insider-
Informationen unter
squeaker.net/innogy

Du überzeugst durch deine kommunikative Kompetenz sowie Ziel-strebigkeit und suchst stetig nach neuen Herausforderungen. Als teamfähige und interkulturell agierende Persönlichkeit übernimmst du Verantwortung und setzt im Zukunftsmarkt Energie deine persönlichen Stärken und Erfahrungen in direkte Erfolge um. Wir suchen Absolventen und Berufserfahrene, die schon Erfahrungen in der Energiebranche und/oder einer Management- und Strategieberatung haben.

INVERTO, A BCG Company

- Branche: Unternehmensberatung mit Spezialisierung auf Einkauf und Supply Chain Management
- Kunden: Internationale Konzerne, führende Mittelständler aus Industrie und Handel sowie die weltweit größten Private Equity Gesellschaften
- Standorte: Köln (Hauptsitz), Kopenhagen, London, München, Shanghai, Stockholm und Wien
- Mitarbeiter: 180 weltweit
- Anzahl offener Praktikumsplätze 2020: 25
- Anzahl offener Stellen für Absolventen 2020: 30

**INVERTO,
A BCG Company**

Lichtstraße 43i
50825 Köln
Tel. +49 (0)221 485 687 0
karriere@inverto.com

www.inverto.com

Ein Unternehmen der Boston Consulting Group (BCG)

INVERTO ist als internationale Unternehmensberatung einer der führenden Spezialisten für strategischen Einkauf und Supply Chain Management in Europa.

Als Tochter der Boston Consulting Group entwickeln wir passgenaue Strategien und setzen diese in messbare Ergebnisse für unsere Kunden um. Zu unseren Kunden zählen internationale Konzerne, führende Mittelständler aus Industrie und Handel und die weltweit größten Private Equity Unternehmen.

Engagierte Berater, die nicht nur Strategien erarbeiten, sondern diese auch umsetzen wollen

Auf Sie wartet bei INVERTO Vielfalt im Bereich Einkauf und Supply Chain Management. Wir arbeiten für unterschiedlichste Kunden: Vom Start-Up, dem Handel und Konsumgüterbereich über die Energie- und Automobilindustrie bis hin zum Pharma- sowie Healthcare-Sektor. Durch die Vielzahl an Themenstellungen, die wir gemeinsam mit unseren Kunden bearbeiten, erweitern Sie stetig Ihren Horizont.

Die starke Umsetzungsorientierung ermöglicht Ihnen einen zügigen Aufbau von Expertenwissen, da Sie sich detailliert mit der Materie und der Branche des Kunden auseinandersetzen. Bei INVERTO liefern Sie nicht nur bloße Handlungsempfehlungen. Sie entwickeln Konzepte und wissen, was aus Ihrer Idee wird — weil Sie sie selbst mit Ihrem Team umsetzen.

100% Team Spirit

Die Unternehmenskultur bei INVERTO ist durch eine starke Team-Mentalität und ein familiäres Miteinander geprägt. Mit Ellenbogen kommt man

Insider-Tipp

»Uns ist wichtig, dass sich unsere Mitarbeiter fachlich und vor allem persönlich im Unternehmen weiterentwickeln. Die Kollegen, die uns verlassen, besetzen dann Top- Positionen in Industrie und Handel. Die Spanne reicht hier vom Einkaufsleiter/CPO bis zum Geschäftsführer.«
Dr. Frank Wierlemann, Gründer & Managing Director, INVERTO

bei uns nicht weiter! Wir stehen auf Augenhöhe und duzen vom Praktikanten bis zum Geschäftsführer. Unsere »Office Fridays« unterstützen
einen fachlichen und persönlichen Autausch untereinander. Teamabende
innerhalb der Projekte sowie regelmäßige Sport- und Mitarbeiterevents
lassen neben der Arbeit auch das Vergnügen nicht zu kurz kommen.

Persönliche Entwicklung durch eigenverantwortliches Arbeiten & professionelle Unterstützung

Bei INVERTO haben Sie die Chance durch eigenverantwortliches Arbeiten
Ihr Talent zu zeigen. Wir fordern und fördern. Dadurch haben Sie eine
besonders steile Lernkurve und wachsen fachlich und persönlich mit
jedem neuen Tag.

Natürlich unterstützen wir Ihre individuelle Entwicklung von Anfang
an: Neben einem Buddy, der Ihnen während des ersten Jahres bei Fragen
zur Seite steht, begleitet Sie während Ihrer gesamten Laufbahn bei
INVERTO einer unserer Manager als Career Advisor. Außerdem bieten wir
eine Vielzahl professioneller und maßgeschneiderter Weiterbildungsmaßnahmen an. So durchläuft jeder Mitarbeiter 12 Module in Form von
Trainings und Schulungen; dazu gehören beispielsweise Präsentations-
und Verhandlungstrainings. Wer sich darüber hinaus akademisch
weiterbilden und ein MBA- oder PhD-Studium aufnehmen möchte,
wird von uns sowohl fachlich als auch finanziell unterstützt.

Karrieremöglichkeiten

INVERTO ist auf starkem Wachstumskurs und bietet optimale Einstiegsmöglichkeiten sowie ausgezeichnete Karriereperspektiven – schließlich
wollen wir unsere Führungskräfte bevorzugt aus den eigenen Reihen
besetzen.

Ihr Studienabschluss definiert den Einstieg, ihre Leistung die weitere
Karriere. Bei INVERTO erwartet Sie bei guter Leistung ein schneller beruf-
licher Aufstieg: Vom Consultant zum Senior Consultant, über den (Senior)
Project Manager bis hin zum Principal oder sogar Managing Director. In
Ihrer Entwicklung stehen Ihnen alle Türen offen. Und das ohne »up or out«
System: Sie bestimmen das Ziel und wir unterstützen Sie auf Ihrem Weg.

Einstiegsmöglichkeiten für Studierende

Lernen Sie INVERTO bereits in Ihrem Studium kennen – ob als Praktikant
oder durch eine Abschlussarbeit. Sie erhalten bei INVERTO echte Einblicke
in eine der führenden Unternehmensberatungen für Einkauf und Supply
Chain Management.

Als Praktikant bei INVERTO arbeiten Sie eng mit unseren Beratern
zusammen und arbeiten als Teil des Teams mit beim Kunden vor Ort.
Hier haben Sie die Möglichkeit sich aktiv in die Entwicklung passender
Strategien und Maßnahmen zur Optimierung der Supply Chain sowie
des strategischen Einkaufsprozesses einzubringen. Dabei wird Ihnen

»Erfolgreicher Einkauf
ist keine Folien-Malerei.
Wir arbeiten konsequent
ergebnisorientiert und
begleiten den Prozess
von A-Z. Nur so realisie-
ren wir gemeinsam mit
unseren Kunden Einspa-
rungen im zweistelligen
Prozentbereich. Sofort
sichtbare Ergebnisse
sind das größte Lob und
motivieren jedes Mal
aufs Neue.«
Jaymin Patel,
Senior Project Manager,
INVERTO

von Anfang an ein hohes Maß an Eigenverantwortung übertragen:
So entwickeln Sie sich fachlich und persönlich weiter.

Einstiegsmöglichkeiten für Absolventen/innen

Hochschulabsolventen steigen bei uns mit einem Bachelor-Abschluss
als Associate Consultant und mit einem Master-Abschluss als Consultant
ein und übernehmen eigenverantwortlich die Durchführung eines
Teilprojekts beim Kunden vor Ort. Sie werden Mitglied eines Berater-
Teams, mit dem Sie nachhaltige Verbesserungen realisieren und den
Einkauf sowie Supply Chain Management Prozesse großer Konzerne und
Mittelständler langfristig optimieren.

Unsere Projekte in den unterschiedlichsten Branchen bieten
vielseitige Herausforderungen für junge, engagierte Absolventen, die
spannende Aufgaben, eigenverantwortliches Arbeiten und eine steile
Lernkurve im Visier haben. Durch die Branchenvielfalt sind bei uns
grundsätzlich alle Studiengänge willkommen.

Einstiegsmöglichkeiten für Professionals

Professionals mit Berufserfahrung im Beschaffungsmanagement oder
der Unternehmensberatung bieten wir Einstiegspositionen als Senior
Consultant oder Project Manager. In diesen Funktionen übernehmen
Sie Projekt- und Mitarbeiterverantwortung und leiten (Teil-) Projekte
bei unseren Kunden. Konnten Sie darüber hinaus bereits mehrere
Jahre Führungserfahrung sammeln, haben Sie die Möglichkeit, unsere
Führungsriege als Senior Project Manager oder Principal zu verstärken.
Als Teil unseres Management-Teams verantworten Sie Gesamtprojekte,
unterstützen Akquise-Aktivitäten, führen sowie entwickeln Mitarbeiter
und sorgen für eine umfassende Kundenbetreuung vor Ort.

Bewerbungsverfahren

Nachdem Sie Ihre vollständigen Bewerbungsunterlagen – bestehend
aus Motivationsschreiben, Lebenslauf und Zeugnissen – im INVERTO
Bewerberportal hochgeladen haben, erhalten Sie nach wenigen Minuten
eine Empfangsbestätigung per E-Mail. Innerhalb von ca. 10 Tagen geben
wir Ihnen eine Rückmeldung zur Ihrer Bewerbung.

Wenn Ihr Profil zu uns passt, laden wir Sie zu persönlichen Vorstellungsgesprächen ein. Unser Auswahlprozess besteht aus 2 bis 3 Gesprächen an unserem Hauptsitz in Köln und beinhaltet Cases zu den Themen
Einkauf und Supply Chain Management, ein Test zum Zahlenverständnis
sowie eine vorab von Ihnen vorzubereitende Präsentation.

In den Gesprächen lernen Sie sowohl Kollegen aus dem HR-Bereich,
als auch INVERTO-Berater, sowie einen unserer Geschäftsführer kennen.
Uns ist wichtig, dass Sie sich im Rahmen des Bewerbungsprozesses
ebenso ein klares Bild von INVERTO machen können, wie wir von Ihnen.

Bewerber-Kontakt
Charlotte Rissel
Talent Acquisition &
Employer Branding
Tel. +49 (0)221 485687-166
karriere@inverto.com
www.inverto.com/
karriere

Mehr Insider-
Informationen unter
squeaker.net/inverto

Iskander Business Partner

- Anzahl der Mitarbeiter in Deutschland: 130 (davon 45 feste und 85 freie Mitarbeiter)
- Anzahl offener Stellen für Absolventen 2020: nicht begrenzt
- Standorte in Deutschland: München und Düsseldorf

Iskander Business Partner GmbH

Lyonel-Feininger-Str. 28
80807 München

www.i-b-partner.com

Iskander Business Partner ist eine internationale Unternehmensberatung mit Fokus auf Strategie und Implementierung von Wachstumsprojekten in der High-Tech-Industrie. Wir bieten hohe Kompetenz und Profis mit unternehmerischem Denken.

Gemeinsam mit unseren Kunden entwickeln wir ergebnisorientierte Konzepte. Mit Partnerschaft, gegenseitigem Vertrauen und anwendungsbezogener Unternehmensberatung liegt unser Fokus auf der erfolgreichen Umsetzung. Unsere Ideen für Produkt-, Marketing-, Vertriebs- und CRM-Strategien stellen nachhaltige Erfolge für unsere Kunden sicher. Unser Unternehmen wächst seit der Gründung im Jahr 2005 durch Armin Iskander auf einer soliden Basis. Unsere Expansion beruht auf unternehmerisch denkenden Mitarbeitern, die unsere Strategie aktiv mitgestalten und unsere Klienten zielorientiert begleiten. Leidenschaft für unsere Arbeit, Eigenverantwortlichkeit und enger Kundenkontakt tragen uns zum Erfolg. Flache Strukturen und Bodenständigkeit sorgen dafür, dass wir das Ziel nicht aus den Augen verlieren. Wir liefern keine theoretischen Papiervorlagen, sondern setzen ganz konkrete Lösungen um. Als Spezialisten für Marketing, Vertrieb und CRM sind wir Partner unserer Kunden. Mit unseren erfahrenen Experten erkennen wir Hindernisse, räumen sie aus dem Weg und bringen unsere Kunden sicher an ihr Ziel.

Unsere starke Mannschaft ist erfolgreich – denn jeder einzelne zählt und agiert im Zusammenspiel mit dem Team, das den Weg zum Erfolgskurs bereitet. Das Ergebnis: zufriedene langjährige Kunden und hoch motivierte Mitarbeiter.

Karrieremöglichkeiten

Einstiegsmöglichkeiten für Studenten und Absolventen

Wir schätzen nicht nur die Fähigkeiten jedes Einzelnen, sondern fördern diese auch: In beruflicher Hinsicht durch Seminare & Trainings, Training on the job und einen persönlichen Entwicklungsplan. In privater Hinsicht durch Firmen-Events und gesellschaftliches Engagement. Das heißt konkret:

Insider-Tipp

»Beratung ist nicht gleich Beratung – und die Spezialisierung auf Branchen, Aufgaben und Themengebiete ist Teil des Geschäftsmodells. Bewerber sollten ihren persönlichen Fit deshalb genau prüfen.«
Philipp Aring, Consultant,
Iskander Business Partner

VI. Unternehmen

CREATE YOUR OWN CAREER

Iskander Business Partner

Iskander Business Partner ist eine internationale Unternehmensberatung mit dem Fokus auf Produktinnovation, Konzeption und Implementierung von Wachstumsprojekten.

Als solide, expandierende Consulting Company sind uns unternehmerisch denkende Mitarbeiter, die unsere strategischen Konzepte aktiv mitgestalten, wichtig!

Bei uns arbeiten Sie vom ersten Tag an vor Ort beim Kunden, generieren Ideen, steuern die strategische Neuausrichtung von Geschäftsbereichen in dynamischen Märkten und entwickeln innovative Produkt-, Marketing- und Vertriebskonzepte.

Der Kontakt für Ihre Zukunftsvision:

www.i-b-partner.com
human.resources@i-b-partner.com
Telefon +49 89 3239 1640

- **Seminare & Trainings:** Sie profitieren von Sprachtrainings, z. B. von Rhetorik-Seminaren und strukturierter Kommunikation, sowie von Skill-Seminaren wie zum Beispiel von Präsentationstechniken, dem Konfliktmoderationsmanagement und Certified SCRUM Master Training. Wir sind hier immer offen für neue Ideen
- **Training on the job:** Da Sie bei Iskander Business Partner vom ersten Tag an Verantwortung übernehmen, unterstützen wir Sie auch im Rahmen unseres Mentoring-Programms. In monatlichen Feedback-Gesprächen haben Sie immer wieder die Möglichkeit, sich mit Ihrem Mentor auszutauschen
- **Entwicklungsplan:** Die individuelle Leistung wird mit der Zielvereinbarung abgeglichen und in einem vertraulichen Gespräch zwischen Ihnen und Ihrem Vorgesetzten besprochen. Das führt zu Transparenz und einem gemeinsamen Verständnis über die eigene Leistung und das Entwicklungspotential
- **Firmenevents:** Schon seit unserer Gründung 2005 haben wir die Tradition, Firmenevents zu veranstalten. Hier ist mit Sicherheit für jeden etwas dabei
- **Gesellschaftliches Engagement:** Wir gehen die Extrameile für die, die es am meisten brauchen; z. B. die Stadtrallye mit Kindern einer Tagesstätte. Bald könnten Sie uns auch aktiv dabei unterstützen!

Iskander Business Partner ist ein Partner für die Kunden, vor allen Dingen aber auch Partner für ihre Mitarbeiter bei ihrer Karriereplanung. Wir ermuntern unsere Mitarbeiter, ihre Karriere aktiv zu planen und respektieren ihren Bedarf nach einer ausgeglichenen Work-Life-Balance. Unseren Beratern trauen wir es zu, sofort mit führenden Unternehmen zu arbeiten – praktische Erfahrung bringt die steilste Lernkurve. Da wir nicht nur das Konzept liefern, sondern dieses auch umsetzen, haben wir stets das Ergebnis im Blick. Flache Hierarchien und eine gemeinschaftliche Firmenkultur fördern wachsende Verantwortungsbereiche und individuelles Lernen. Jeder unserer Mitarbeiter trägt zum Wachstum und zur Entwicklung unseres Unternehmens bei.

Bewerbungsverfahren

Wir suchen engagierte Mitarbeiter, um unser Team zu verstärken. Werden Sie Teil eines erfolgreichen Beratungsunternehmens mit außergewöhnlichem Team-Spirit und Raum für persönliche Entwicklungsmöglichkeiten. Sie sollten folgende Qualifikationen mitbringen:
- Abgeschlossenes, wirtschaftlich orientiertes Studium (bspw. BWL/VWL/Wirtschaftsinformatik)
- Praxis- oder Berufserfahrung bei internationalen Beratungsfirmen oder Unternehmen aus der TIMES-Branche

Insider-Tipp

» Auch mit einem Bachelor-Abschluss wird man sofort in die Beratungsprojekte integriert und kann ab Tag 1 Verantwortung übernehmen «
Viola Iskander, Partnerin HR und Finanzen,
Iskander Business Partner

Bewerber-Kontakt
Viola Iskander
Tel. +49 (0)89 3239 1640
human.resources@
i-b-partner.com

Um sich bei uns zu bewerben, senden Sie uns bitte Ihre vollständigen Bewerbungsunterlagen inkl. Motivationsschreiben, Lebenslauf und allen relevanten Dokumenten zu (gerne auch per E-Mail).

Nach dem Einstieg
Sie beginnen mit einem zweitägigen Bootcamp, bei dem Sie sowohl internes Wissen als auch fachliche Skills vermittelt bekommen. Anschließend werden Sie im Rahmen eines unserer Projekte direkt vor Ort beim Kunden tätig. Dort übernehmen Sie eigenverantwortlich Aufgabenpakete. Dabei werden Sie vor Ort vom Projektleiter oder durch Ihren Mentor begleitet.

- Begeisterung für neue spannende Themenfelder, Mobilfunk, neue Medien und Kommunikation
- Ehrgeiz, Kreativität und Kommunikationsstärke
- Durchsetzungsfähigkeit und analytisches Denkvermögen
- Organisationsgeschick, Umsetzungsorientierung und Pragmatismus
- Verhandlungssicheres Englisch
- Schnelle Auffassungsgabe gepaart mit Umsetzungsstärke und einer ausgeprägten Hands-on-Mentalität

Telefoninterview

Ihre Bewerbung hat uns überzeugt. In einem Telefoninterview nutzen wir die Gelegenheit, vorab Fragen zu Ihrer Zielsetzung und Ihrer Motivation zu besprechen. Umgekehrt haben auch Sie die Möglichkeit, Fragen rund um die Position und unser Unternehmen zu stellen.

Interviews

In den Interviews erwarten Sie drei einstündige Case-Studies, in welchen Sie unter Beweis stellen können, wie Sie einen typischen Berateralltag meistern. Hier erwarten wir nicht die perfekte Lösung von Ihnen, sondern wollen eher die Herangehensweise an das Problem und die Argumentation dazu betrachten. Die Interviews dienen jedoch nicht nur dazu, Ihre fachlichen Fähigkeiten unter Beweis zu stellen. Sie sollen gleichermaßen die Gelegenheit bekommen, uns als Iskander Business Partner Team kennenzulernen. Typischerweise lernen Sie drei bis vier zukünftige Kollegen/-innen – davon eine/n Partner/in kennen, die Ihnen alle offenen Fragen beantworten. Im Anschluss müssen Sie nicht lange warten: Noch am selben Tag diskutieren Ihre Interviewer gemeinsam die Eindrücke und entscheiden.

Jobangebot

Sie haben uns begeistert und erhalten unser Angebot – Ihre Chance auf eine individuelle Karriere mit außergewöhnlichen, unternehmerischen Entwicklungsmöglichkeiten und einer attraktiven Vergütung. Machen Sie Ihre Arbeit aus Spaß an der Freude etwas zu erreichen und gehören Sie auch zu den Wegbereitern in unserer Branche? Legen Sie Wert auf herausfordernde Projekte, ein gutes Arbeitsklima und flache Hierarchien? Gehen Sie auch gerne mal unkonventionelle Wege und denken langfristig? Dann sollten wir uns kennenlernen.

Mehr Insider-Informationen unter
squeaker.net/iskander

L.E.K. Consulting

- Branche: Strategieberatung
- Standorte: 19 Standorte weltweit, in Deutschland: München
- Mitarbeiter: ca. 1.400 Mitarbeiter weltweit
  ca. 50 Berater in Deutschland

L.E.K. Consulting GmbH

Brienner Straße 14
80333 München
Tel. +49 (0)89 922005-0
munich.recruit@lek.com

www.lek.com

L.E.K. Consulting ist eine international führende Strategieberatung mit 19 Büros, ca. 1.400 Mitarbeitern und über 130 Partnern weltweit. Seit der Gründung 1983 in London arbeiten wir für bedeutende Unternehmen in der ganzen Welt.

Unsere Teams entwickeln Strategien für national und international tätige Unternehmen, beraten Klienten bei Mergers & Acquisitions sowie Management-Buyouts und unterstützen bei der Wertoptimierung des jeweiligen Geschäfts.

L.E.K. Consulting unterstützt Unternehmen bei der Erreichung ihrer strategischen Unternehmensziele. Wir haben den Anspruch, komplexe Fragestellungen unserer Klienten durch umfassende und differenzierte Analysen zu lösen. Unsere Arbeit dient Führungskräften als Grundlage, um geschäftskritische Entscheidungen mit größerer Sicherheit treffen zu können.

Unsere Fähigkeit, effektiv mit unseren Kunden bei den wichtigsten Geschäftsthemen zusammen zu arbeiten, hat sich gelohnt – mehr als 90% unserer Engagements kommen von Stammkunden oder über Empfehlungen.

Ein klarer Unterschied gegenüber anderen Strategieberatungen besteht darin, wie L.E.K. Consulting Projekte durchführt. Klienten nehmen unsere Dienstleistung meist in für sie neuen Marktumfeldern und Situationen in Anspruch und verlangen eine unabhängige, externe und auf Fakten beruhende Empfehlung. Diese Analysen erstellen wir zum Großteil in unserem Office in der Münchner Innenstadt. Eine typische Beraterwoche bei L.E.K. Consulting hat somit 4-5 »Office-days«.

Karrieremöglichkeiten

Bei L.E.K. Consulting werden wir weiter wachsen und suchen daher kontinuierlich sowohl Praktikanten und Absolventen als auch erfahrene Berater. Bewerbungsgespräche finden zeitnah nach Eingang der Bewerbungsunterlagen statt.

A gift for looking beyond the obvious?

L.E.K. has built an international reputation for helping organisations to make their toughest commercial decisions. We're looking for exceptional individuals with the creative and analytical flair to solve the most complex business problems.

Follow us on:

 The L.E.K. Advisor
career insights (http://ask.lek.com

L.E.K

INSIGHTS@WO

lek.com

Nach erfolgreicher Bewerbung findet ein Einstiegstraining für alle neuen Kollegen der europäischen Büros in London statt. Zudem werden in den ersten Jahren Trainings zur Förderung von Analyse- und Kommunikationsfähigkeiten durchgeführt. Nach Beförderungen werden weitere Trainings angeboten, in denen die Kandidaten optimal auf ihre neue Rolle vorbereitet werden.

Die Förderung der internationalen Fähigkeiten geschieht durch länderübergreifende Projekte, bei denen wir unsere Klienten weltweit beraten. Zudem haben unsere Berater nach ca. 2 Jahren die Möglichkeit, an unserem »Swap-Programm« teilzunehmen und für 6 Monate in einem anderen internationalen Büro zu arbeiten.

Insider-Tipp

»L.E.K. bietet nicht nur die Möglichkeit, innerhalb Europas auf Projekten an anderen L.E.K. Standorten zu arbeiten, zum Beispiel in London oder Paris, sondern hat ein Transferprogramm, das einen 6-monatigen Aufenthalt in einem unserer globalen Büros ermöglicht. Im Rahmen dieses Programms habe ich 6 Monate in unserem Bostoner Büro verbracht, in dem ich mit circa 350 Kollegen an U.S.-weiten Projekten gearbeitet habe. Diese Erfahrung war nicht nur beruflich, sondern auch privat enorm bereichernd! Kollegen von mir hat es parallel nach Singapur, Mumbai, und San Francisco gezogen.«

Steffen Timm, Consultant, **L.E.K. Consulting**

Bewerber sollten ihr Studium an einer wirtschafts- oder technologie-orientierten Universität mit weit überdurchschnittlichem Erfolg abgeschlossen haben und über perfekte Englischkenntnisse verfügen. Weitere Sprachkenntnisse sind hilfreich, insbesondere für internationale Projekte oder Swaps in andere Büros. Zusätzlich sollten sie erste Praxiserfahrungen in der Beratung, der Industrie, im Investmentbanking oder in der Wirtschaftsprüfung, z.B. über Praktika, gesammelt haben.

Für einen Einstieg als Senior Berater sollten Kandidaten idealer-weise mehrjährige Erfahrung im beratungsnahen Umfeld (z.B. Strate-gieberatung, Investmentbanking oder Strategieabteilung in einem internationalen Unternehmen) und/ oder einen MBA bzw. eine Promotion mitbringen.

Das Grundgehalt bei L.E.K. Consulting wird ergänzt durch verschiedene Zusatzleistungen wie Profit Share, Firmenwagen sowie diverse Versicherungen. Das Gehaltsniveau ist wettbewerbsfähig mit anderen großen Strategieberatungen.

Des Weiteren unterstützen wir unsere Mitarbeiter aktiv bei ihrem MBA-Studiengang, ihrer CFA-Weiterbildung oder ihrer Promotion.

Insider-Tipp

»Die Arbeit bei L.E.K. ist durch eine hohe Internationalität und vergleichsweise kurze Projektlaufzeiten gekennzeichnet. Dies bietet die Möglichkeit, an einer Vielzahl abwechslungsreicher Themen in den Bereichen Transaction Support und Strategic Planning Support zu arbeiten und Einblicke in unterschiedlichste Sektoren in internatio-nalen Märkten zu gewinnen.«
Michael Ringleb, Manager,
L.E.K. Consulting

Trotz intensiver Projektarbeit legen wir bei L.E.K. Consulting Wert auf eine ausgewogene Work-Life-Balance. Uns ist es sehr wichtig, dass unsere Berater das Wochenende zur freien Verfügung haben sowie auch unter der Woche Zeit für private Aktivitäten finden. Dabei kommt unseren Mitarbeitern zugute, dass sie meistens von unserem Büro aus arbeiten und nicht, wie bei anderen Beratungen üblich, den Großteil der Woche beim Kunden vor Ort verbringen.

Bewerbungsverfahren

Bewerber-Kontakt
Nina Deliano
Human Resources
munich.recruit@lek.com
Tel. +49 (0)89 922005-0
www.lek.com/join-lek

Jeder Interessent, dessen Bewerbung uns überzeugt hat, durchläuft bei L.E.K. Consulting zwei Interviewrunden mit insgesamt vier Gesprächen sowie einem Numerical Reasoning Test. In der Regel lernen die Bewerber dabei Berater über verschiedene Hierachiestufen kennen – vom Junior Berater über den Projektleiter bis hin zum Geschäftsführer.

Mindestens eines der Gespräche findet auf Englisch statt und neben den üblichen Fragen zum Lebenslauf kommen auf die Kandidaten verschiedene Fallstudien zu.

Aufgrund der strategischen Natur der Projekte bei L.E.K. Consulting sind die analytischen Fähigkeiten der Bewerber zentraler Teil unserer Anforderungen und werden in Fallstudien auf die Probe gestellt. Darüber hinaus legen wir Wert auf sehr gute kommunikative Fähigkeiten, Kreativität, Teamgeist und Flexibilität. Zudem achten wir auch stark auf die Persönlichkeit – uns ist es sehr wichtig, dass ein Bewerber zur Firmenkultur und zum Team passt.

Zahlreiche Tipps zur Bewerbung und Hintergrundinformationen zu L.E.K. sowie zur Consultingkarriere bietet unser Blog »The L.E.K. Advisor« (ask.lek.com).

Mehr Insider-
Informationen unter
squeaker.net/lek

Bei Interesse senden Sie bitte Ihre vollständigen Bewerbungs-unterlagen direkt an uns per E-Mail (munich.recruit@lek.com). Ihre Ansprechpartnerin ist Frau Nina Deliano. Initiative Bewerbungen für eine Festanstellung oder ein Praktikum sind jederzeit möglich. Alternativ können Sie sich auch über unsere Karriereseite lek.com/join-lek für ausgeschriebene Stellen in München oder einer unserer anderen Nieder-lassungen bewerben.

Weitere Informationen zu unserem Unternehmen finden Sie auf unserer Homepage *lek.com*.

McKinsey & Company

McKinsey ist die international führende Topmanagement-Beratung, die darauf spezialisiert ist, in enger Zusammenarbeit mit ihren Klienten praxisnahe Lösungen für aktuelle Topmanagement-Herausforderungen zu entwickeln und umzusetzen. Unser Ziel ist es, die Leistungsfähigkeit der von uns beratenen Unternehmen und Organisationen nachhaltig zu verbessern – statt nur Empfehlungen auszusprechen. Die Beratungsfelder von McKinsey sind zahlreich und spiegeln die Vielfalt der obersten Führungsaufgaben unserer Klienten wider. Dazu gehören z.B. Digitalisierung und neue Geschäftsmodelle, Unternehmensstrategie, Organisationsstruktur und -entwicklung sowie funktionsbezogene Aufgaben in Marketing und Vertrieb, Produktion und Logistik, Forschung, Finanzen und Talentmanagement.

Wir suchen herausragende Hochschulabsolventen aller Fachrichtungen, Akademiker mit einem zweiten Abschluss (Promotion oder MBA) und Young Professionals. Naturwissenschaftler und Ingenieure arbeiten bei uns ebenso wie Wirtschaftswissenschaftler, Geisteswissenschaftler, Mediziner und Juristen. Rund die Hälfte unserer Beraterinnen und Berater hat einen nicht-wirtschaftswissenschaftlichen Studienhintergrund. Wir freuen uns über Persönlichkeiten, die im Leben gestalten und sukzessive Verantwortung übernehmen wollen – sei es in der Wirtschaft oder in anderen Bereichen der Gesellschaft. Unser Anspruch ist es, bei diesem Entwicklungsprozess einen Beitrag zu leisten. Bei der Bewerberauswahl achten wir neben sehr guten analytischen und kommunikativen Fähigkeiten vor allem auf Kreativität, Teamfähigkeit und Engagement im außeruniversitären Bereich – etwa im musischen, karitativen, politischen oder sportlichen Bereich.

Aufgrund der weltweiten Präsenz von McKinsey mit mehr als 130 Büros ergeben sich regelmäßig zahlreiche Möglichkeiten, im Ausland bzw. in einem internationalen Kontext zu arbeiten. Bei uns erhält jeder die Förderung, die zu seinem individuellen Bedarf und Wissensstand passt. Erfahrene Mentoren stehen allen Kolleginnen und Kollegen von Beginn an zur Seite. Allein in den ersten zwei Jahren stehen fünf bis neun Wochen Training auf dem Programm.

McKinsey & Company

Christophstraße 17
50670 Köln
Tel. +49 (0)221 2087555
karriere@mckinsey.com

www.karriere.mckinsey.de

Karrieremöglichkeiten

Absolventen eines Bachelor-Studiengangs beginnen ihre berufliche Karriere bei McKinsey als Junior Fellow. Nach einem Jahr Beratertätigkeit steht der Wechsel in unser attraktives Fellowship-Programm an. Hochschulabsolventen mit einem Diplom oder Masterabschluss steigen direkt als Fellow in die Consultant-Laufbahn ein. Im Fellowship-Programm von McKinsey haben Sie die Möglichkeit, Ihre berufliche Entwicklung mit dem Erwerb eines weiteren akademischen Abschlusses (MBA oder Promotion) zu kombinieren: Dafür stellen wir unsere Fellows – Ihren Wunsch und eine entsprechende Performance vorausgesetzt – nach zwei Jahren Projektarbeit für eine akademische Weiterqualifikation frei – bei voller Bezahlung für ein Jahr. Alternativ besteht die Möglichkeit zum Social Leave. Statt zu studieren oder zu promovieren, können Sie bis zu zwei Jahre Erfahrung in einer wohltätigen Organisation sammeln.

Mit MBA/Promotion und/oder relevanter Berufserfahrung starten junge Akademiker ihre Karriere bei uns als Associate. Insbesondere für einige unserer funktionalen Practices sowie Industriesektoren suchen wir verstärkt Young Professionals mit relevanter Berufserfahrung. Keine Angst vor fehlenden Fachkenntnissen: Im Programm Business Essentials können sich Neueinsteiger dank einer Kombination aus digitalen und virtuellen Lernerlebnissen sowie Präsenztrainings erste grundlegende Wirtschaftskenntnisse und -expertise aneignen.

Für einen Einstieg bei McKinsey & Company sprechen viele Gründe: Als Berater bei McKinsey arbeiten Sie direkt für das Topmanagement an spannenden Themen, beraten Klienten aus aller Welt und erhalten von Anfang an große Entscheidungsfreiräume und Weiterbildungsmöglichkeiten. Zudem erwartet Sie eine anregende Arbeitsatmosphäre mit hochinteressanten Kollegen und Kolleginnen sowie ein außergewöhnlich dynamisches Arbeitsumfeld, das ebenso interdisziplinär wie international ist. Wir suchen für das kommende Jahr voraussichtlich ca. 500 Berater und Beraterinnen.

Praktika

Wir möchten Topstudenten möglichst früh kennen lernen. Deshalb vergeben wir jedes Jahr rund 100 Praktikumsplätze an herausragende Studenten mit mindestens zwei Jahren Studienerfahrung sowie an Doktoranden und MBA-Studenten. BWL-Kenntnisse setzen wir dabei nicht voraus. Im Rahmen eines Praktikums können Interessenten sowohl die Projektarbeit bei McKinsey als auch unsere Berater auf unkomplizierte Weise kennen lernen. Praktikanten sind bei McKinsey bei voller Bezahlung fest in ein Beraterteam eingebunden, arbeiten beim Klienten vor Ort und in enger Abstimmung mit dessen Mitarbeitern und übernehmen – natürlich bei entsprechendem Coaching – vom ersten Tag an Verantwortung für einen fest umrissenen Projekt-Teilbereich.

McKinsey & Company

Christiane
Beraterin

„Sei am besten.
Du selbst."

Bei McKinsey arbeiten Menschen wie Du und ich.
Und Menschen, die komplett anders sind. Wir bilden Teams aus
ganz unterschiedlichen Persönlichkeiten, die sich menschlich
wie fachlich ergänzen. Und kommen so zu den besten Lösungen.

Du möchtest mehr darüber erfahren, wie Du als Frau bei McKinsey
gefördert wirst? Dann schau hier vorbei: **women.mckinsey.de**

erlebeMcKinsey

Jetzt
Einstieg
sichern!

Vereinbarkeit von Beruf und Familie

Beraterinnen sind bei McKinsey seit langem in allen Positionen tätig – vom Fellow bis zur Seniorpartnerin. Knapp 40-50 Prozent unserer neuen Berater sind mittlerweile Frauen. Dennoch möchten wir den Frauenanteil bei McKinsey in den nächsten Jahren deutlich erhöhen. Im Rahmen unserer »All in«-Initiative unterstützen wir Berater und Beraterinnen gleichermaßen dabei, Beruf und private Lebensplanung besser miteinander zu vereinbaren. Dazu vermitteln wir McKinsey-Mitarbeitern z.B. in allen deutschen Büros Betreuungsplätze für Kinder im Alter von bis zu 3 Jahren. Zudem stellen wir unseren Beraterinnen auf Wunsch erfahrene Mentorinnen zur Seite, die bei der Karriereplanung unterstützen. Außerdem bieten wir spezifische Trainingsprogramme und Networking-Möglichkeiten an.

Bewerber-Kontakt
Anne Hiedemann
Recruiting
Tel. +49 (0)221 2087555
karriere@mckinsey.com

Mehr Insider-
Informationen unter
squeaker.net/mckinsey

Bewerbungsverfahren

Interessenten, die uns mit ihrer Bewerbung überzeugt haben, laden wir zu einem unserer Auswahltage ein. Diese umfassen Einzelgespräche mit verschiedenen Beraterinnen und Beratern sowie die dialogische Bearbeitung von unterschiedlichen Fragestellungen in einem Problem Solving Interview. Die schriftlichen Bewerbungsunterlagen stellen den Türöffner für das Bewerbungsverfahren dar und sollten daher alles Wesentliche über den Bewerber aussagen. Vollständige Bewerbungsunterlagen enthalten ein Anschreiben, einen tabellarischen Lebenslauf sowie Kopien aller relevanten Zeugnisse. Auf unserer Online-Bewerbungsseite können Bewerber ihre vollständigen Unterlagen jederzeit zusammenstellen – sicher, bequem und ohne Zeitdruck.

Weitere Informationen finden sich auf unserer Karriere-Website: *karriere.mckinsey.de*

Mercedes-Benz Management Consulting

Du willst in einer Strategieberatung arbeiten und gleichzeitig die Zukunft der Mobilität gestalten? Wir bieten dir das Beste aus zwei Welten: Top-Management Beratung innerhalb eines der erfolgreichsten Automobilunternehmen der Welt. Neben erstklassigen Trainings, Mentorings und einem starken Netzwerk zu Entscheidern in der Daimler AG, arbeitest du in einem Team mit vielseitigem Branchenhintergrund und rotierst in zahlreiche Unternehmensbereiche. Du hast das Zeug dazu? Dann starte jetzt und nimm nachhaltigen Einfluss auf die Mobilität der Zukunft.

Mercedes-Benz Management Consulting

Schwertstraße 43
71059 Sindelfingen
Tel. +49 (0)7031 9087101
careers_
managementconsulting@
daimler.com

*management-consulting.
mercedes-benz.com*

Unsere duale Mission: die Mobilität von morgen mit Talenten von heute.

Die gesamte Mobilitätsbranche ist in einem fundamentalen Umbruch und zwingt alle Automobilhersteller, neue Wege zu denken. Wenige Unternehmen haben dies so verinnerlicht wie die Daimler AG. Der Ausdruck dieses Veränderungswillens sind wir.

Das Mercedes-Benz Management Consulting. Wir sind die Top-Management-Beratung von Mercedes-Benz und der Daimler AG. Unsere duale Mission: Die Zukunft der Mobilität im Unternehmen aktiv gestalten und Talente zu Führungskräften von morgen entwickeln. Wir betreuen exklusiv entscheidende Zukunftsprojekte und sichern so die nachhaltige Wettbewerbsfähigkeit des Unternehmens.

Unser Kredo: »Up and In« statt »Up or Out«. So investieren wir von Tag eins mit On- und Off-The-Job-Trainings in Deine persönliche und fachliche Entwicklung als Nachwuchsführungskraft in unserem Konzern. Außerdem bietet Dir die Projektvielfalt die Möglichkeit, ein breites Wissen über die Daimler AG und ihre Arbeitsweise aufzubauen, um so von Anfang an Deine Kontakte in den Konzern zu knüpfen und auszubauen.

Karrieremöglichkeiten

Als Bachelor- oder Masterstudent/in hast Du die Möglichkeit als Praktikant/in bei uns tätig und ab dem ersten Tag als vollwertiges Teammitglied bei Projekten auf Top-Management-Level dabei zu sein. Zusätzlich wirst Du von unseren Berater/innen gecoacht, um Deine Soft Skills aus- und erstes Berater-Knowhow aufzubauen.

Als Absolvent/in steigst Du bei uns als Consultant (m/w) ein und arbeitest ab dem ersten Tag als vollwertiges Teammitglied in Projekten auf Top-Management-Level. Zusätzlich durchläufst Du das

Trainingsprogramm, um Deine Soft Skills aus- und Dein Berater-Knowhow auszubauen.

Als Berater/in mit (mehrjähriger) Berufserfahrung steigst du bei uns als Senior Consultant ein und übernimmst Verantwortung für Teilprojekte auf Top-Management-Level. Zusätzlich durchläufst du unser Trainings- und Coaching-Programm, um Deine Führungskompetenzen auszubauen und Dich auf spätere Herausforderungen als Führungskraft im Konzern vorzubereiten. Die Projektvielfalt bietet Dir die Möglichkeit, ein breites Wissen über die Daimler AG aufzubauen, um so von Anfang an Kontakte im Konzern zu knüpfen und auszubauen.

Wir suchen Persönlichkeiten mit Unternehmergeist, die von Natur aus etwas bewegen möchten und stets neue, innovative Lösungen verfolgen. Wir suchen Menschen, die das Potential zum Führen von Teams haben und Ziele gemeinsam erreichen möchten. Wir suchen Charaktere, die vor keiner Herausforderung haltmachen und stets nach dem Besten streben.

Frei nach dem Motto: »Nur wer Energie hat, kann sie auch einbringen«, nehmen wir uns gemeinsame Blockpausen, in denen unsere Einheit geschlossen bleibt. So kann jeder von uns seine Batterien aufladen, persönliche Ziele, Interessen und Projekte verfolgen und sich neuen Input und Inspiration für anstehende Aufgaben holen.

Insider-Tipp

»Ein klar strukturierter, chronologischer Lebenslauf ist das A und O der Bewerbung. Ein persönliches Gespräch hilft Dir und uns dabei ein besseres Gefühl füreinander zu bekommen. Unser Tipp: Sei Du selbst und informiere Dich ausreichend über aktuelle Entwicklungen und Trends der Automobilindustrie.«
Beate Nieß
Recruiting-Team
Mercedes-Benz Management Consulting

Insider-Tipp

»Beim Mercedes-Benz Management Consulting bekomme ich das Beste aus zwei Welten.«
Ich finde es toll, in einer Unternehmensberatung zu arbeiten, in der ein klarer Branchenfokus auf der Automobilindustrie liegt. Das Niveau ist hier wirklich sehr anspruchsvoll. Auf allen Projekten und bei allen Ausarbeitungen wird höchste Arbeitsbereitschaft und Qualität gefordert. Und das ist auch gut so. Schließlich durchlaufen wir hier eine Beraterschule, in der wir alle Kniffe des Beraterhandwerks lernen und perfekt auf zukünftige Leitungsfunktionen vorbereitet werden. Dazu gehört auch, dass wir von Anfang an in Projekte involviert sind, die den gesamten Konzern voranbringen.

Das wirksamste Mittel bei Herausforderungen: Flexibilität.
Wir sind hier ein eingespieltes Team, das flexibel agiert und professionell mit Schwierigkeiten umgeht. Das habe ich schon bei einem meiner ersten Projekte gemerkt. Das Projekt sollte sehr kurzfristig und aufgrund höchster Geheimhaltungsstufe nur im engsten Kreis umgesetzt werden. Um dennoch möglichst effektiv zum besten Ergebnis zu kommen, haben wir intern mit Kollegen unsere Ausarbeitungen erprobt. Das hat mir die Arbeit auf dem Projekt unheimlich erleichtert – und gleichzeitig hatte ich auch noch einen großen Lerneffekt.

Join the Inner Circle.

Du willst die Zukunft der Mobilität aktiv mitgestalten?

Bewirb Dich jetzt! Infos findest Du unter:

management-consulting.mercedes-benz.com

Mercedes-Benz
Management Consulting

Mein Blick geht hier weit über den Schreibtischrand hinaus.
Die Kombination aus lehrreichen Projekten und vielfältigem
Trainingsprogramm ist perfekt. Die Projektarbeit erweitert ständig meinen
Horizont und gibt mir ein breites Konzernverständnis. Die Seminare und
Trainings bringen mich auf verschiedenen Ebenen weiter, von klassischen
Beraterkompetenzen bis hin zu Führungsqualitäten.

Dazu kommt, dass ich immer wieder mit neuen Projektleitern und
Principals zusammenarbeite und jeder einzelne von ihnen seine ganz
eigenen Arbeitspräferenzen und Führungsstile hat. Die Zusammenarbeit
mit ihnen ermöglicht mir, unterschiedliche Arbeitsweisen und Stile
kennenzulernen und meinen individuellen Stil zu entwickeln.

Daniel Pascal Schmidt, Senior Consultant,
Mercedes-Benz Management Consulting

Bewerbungsverfahren

Bewerber-Kontakt
Beate Nieß
Recruiting Team
careers_management-
consulting@daimler.com
Tel. +49 (0)7031 9087101
Schwertstraße 43
71059 Sindelfingen
**management-consulting.
mercedes-benz.com**

Mehr Insider-
Informationen unter
squeaker.net/MBMC

Deine Bewerbungsunterlagen kannst du gerne per E-Mail oder über die
Daimler Karriere Website einreichen. Sind unsere Auswahlkriterien erfüllt,
laden wir Dich zu einem unserer Kennenlerntage ein. Hier interessiert
uns insbesondere, wie Du an neue Fragestellungen herangehst: Welche
Fragen werden gestellt, um zu einer Lösung zu kommen? Wie sind die
konzeptionellen und kommunikativen Fähigkeiten? Um diese Fragen zu
beantworten führen unsere Principals und Projektleiter Gespräche mit Dir
– mit Fragen zu Deinem Werdegang sowie Case Studies.

Zur Prüfung Deiner analytischen Fähigkeiten wirst Du Case Studies
lösen. Auch hier ist eine gute Vorbereitung wichtig, weshalb wir Dir einen
Case zum Üben zur Verfügung stellen. Unsere Cases behandeln vornehmlich Problemstellungen aus der Automobilbranche. Unser Tipp: Achte
auf Vollständigkeit, eine klare Strukturierung Deiner Argumentation und
vergiss nicht den Fokus auf die relevanten Aspekte der Fragestellung zu
legen.

OLIVER WYMAN

Oliver Wyman

Oliver Wyman ist eine international führende Strategieberatung mit weltweit über 5.000 Mitarbeitern in mehr als 60 Büros in 30 Ländern. Das Unternehmen verbindet ausgeprägte Branchenspezialisierung mit hoher Methodenkompetenz bei Strategieentwicklung, Prozessdesign, Risikomanagement und Organisationsberatung. Gemeinsam mit Kunden entwirft und realisiert Oliver Wyman nachhaltige Wachstumsstrategien. Wir unterstützen Unternehmen dabei, ihre Geschäftsmodelle, Prozesse, IT, Risikostrukturen und Organisationen zu verbessern, Abläufe zu beschleunigen und Marktchancen optimal zu nutzen. Oliver Wyman ist eine hundertprozentige Tochter von Marsh & McLennan Companies (NYSE: MMC). Auch in den deutschsprachigen Ländern gehört Oliver Wyman mit Büros in München, Frankfurt, Düsseldorf, Hamburg, Berlin und Zürich zu den führenden Strategieberatungen mit überdurchschnittlichen Wachstumsraten. Zu den Kunden zählen die führenden Unternehmen aus den Branchen Automobil, Einzelhandel, Fertigungsindustrie, Finanzdienstleistungen, IT, Luft- und Raumfahrt, Maschinen- und Anlagenbau, Medien, Telekommunikation und Transport. Oliver Wyman verfügt über ein weltweites Expertennetz, um für jede Aufgabe das beste Team stellen zu können.

Oliver Wyman

Müllerstraße 3
80469 München
Tel. +49 (0)89 93949 409

www.oliverwyman.com/de

Karrieremöglichkeiten

Als Beraterin oder Berater sammeln Sie weitreichende Erfahrung mit verschiedenen Kunden in unterschiedlichen Branchen. Dadurch können Sie Ihre Beratungskompetenz kontinuierlich weiterentwickeln und sich zugleich spezielles Know-how aneignen.

Manche finden Ihr Schwerpunktthema bereits nach kurzer Zeit, andere schätzen die Vielseitigkeit und spezialisieren sich erst nach einigen Jahren. Oliver Wyman unterstützt beide Modelle und überlässt den Zeitpunkt der Spezialisierung jedem Berater individuell.

In diesen Branchen können Sie Erfahrung sammeln:
- Automobil
- Einzelhandel & Konsumgüter
- Energie
- Financial Services
- Health & Life Sciences
- Industrie
- Luft-, Raumfahrt & Verteidigung

OLIVER WYMAN

MAKE AN IMPACT.
YOUR OWN WAY.

STARTE DEINE KARRIERE BEI OLIVER WYMAN

Kontaktdaten: +49 89 939 49 409 I recruiting.germany@oliverwyman.com
Wertvolle Bewerbungstipps unter: www.oliverwyman.de/careers.html
www.facebook.com/OliverWymanKarriere/

- Telekommunikation, Medien & Technologie
- Transport & Logistik

Bachelor-Absolventen steigen unbefristet als Consultants bei uns ein. Als vollwertige Teammitglieder übernehmen Sie von Anfang an eigene und fordernde Aufgaben. Absolventen mit Hochschuldiplom oder Master steigen auf einer höheren Stufe ein. Diese höhere Einstufung ist mit größerer Verantwortung und einem höheren Gehalt verbunden. Alle Neueinsteiger durchlaufen zu Beginn ein umfangreiches Trainingsprogramm, in dem das notwendige Rüstzeug für die Beratung erlernt wird.

Unsere Praktikanten werden während des Praktikums in ein Projektteam, in der Regel vor Ort beim Kunden, integriert. Ihre Aufgaben reichen von Markt- und Unternehmensanalysen über Interviews mit Marktteilnehmern bis hin zur Vorbereitung und Teilnahme an Workshops und Präsentationen. Ein Praktikum dauert bei uns meist 8 bis 16 Wochen. Wir stellen Berater und Praktikanten das ganze Jahr hindurch ein. Sie sollten sich idealerweise vier bis sechs Monate vor Ihrem gewünschten Starttermin bewerben.

Wir suchen authentische Charaktere mit Profil

Sind Sie selbstbewusst genug, um vom ersten Tag an Verantwortung zu übernehmen? Begeistert genug, um auch große Herausforderungen mit einem Lächeln anzupacken? Souverän genug, um ohne Ellenbogen im Team auszukommen und Partnerschaft mit dem Kunden zu leben? Und vor allem: Sind Sie authentisch genug, um zu Ihren Überzeugungen zu stehen?

Als Berater/in bei Oliver Wyman suchen wir echte Persönlichkeiten. Genau das macht uns so erfolgreich. Wenn Sie darüber hinaus zu den Besten Ihres Jahrgangs in Schule und Universität gehören, anspruchsvolle Praktika in namhaften Unternehmen absolviert haben und sich durch umfassende Auslandserfahrung, exzellente Fremdsprachenkenntnisse aneignen konnten, sind Sie bei uns genau richtig.

Denn wir suchen Kolleginnen und Kollegen, die sich gerne neuen Herausforderungen stellen. Und die mit ihrer Kreativität ihr Team voranbringen und gemeinsam unkonventionelle, überlegene Lösungen für unsere Kunden entwickeln, die zu messbaren Ergebnissen führen.

Finden Sie sich darin wieder? Dann sind wir gespannt darauf, Sie kennen zu lernen!

Bei Oliver Wyman Karriere machen und sich dabei stetig weiterentwickeln

Die Investition in die Qualifikation unserer Mitarbeiterinnen und Mitarbeiter ist ein zentraler Erfolgsfaktor. Maßgeschneiderte Fach- und Persönlichkeitstrainings bereiten unsere Berater auf die Anforderungen jeder Karrierestufe vor. Office Transfers für zwei Jahre oder länger in andere Büros von Oliver Wyman sind möglich und werden gerne wahrgenommen. Ebenso ist internationales Arbeiten für uns selbstverständlich, sei es auf Projekten im Ausland oder in internationalen Teams innerhalb von Deutschland.

Oliver Wyman vergütet seine Mitarbeiter mit einem den hohen Anforderungen in jeder Hinsicht entsprechenden Leistungspaket. Zur Wahrung der Work-Life-Balance gibt es bei Oliver Wyman ein Leave-of-Absence-Programm: Neben 30 regulären Urlaubstagen können unsere Mitarbeiterinnen und Mitarbeiter zusätzlich unbezahlten Urlaub nehmen. Die meisten Benefits bleiben dabei bestehen. Das Programm wird breit und über alle Ebenen hinweg von unseren Mitarbeitern genutzt. Außerdem besteht die Möglichkeit, zu einem frei wählbaren Zeitpunkt einen von Oliver Wyman geförderten zusätzlichen akademischen Abschluss zu erlangen oder auch ein Non-Profit-Fellowship zu absolvieren, um sich sozial zu engagieren.

Bewerbungsverfahren

Bewerber-Kontakt
Carla Polo
Recruiting Manager
DACH
Tel. +49 (0)89 93949 409
recruiting.germany@
oliverwyman.com
www.oliverwyman.com/de

Haben uns die Bewerbungsunterlagen überzeugt, werden Bewerberinnen und Bewerber zu einem zweistufigen Bewerbertag eingeladen. Der erste Schritt ist ein Telefoninterview, welches eine kurze Case Study sowie auch einen persönlichen Teil beinhaltet. Im zweiten Schritt werden Bewerber zu einem Auswahltag eingeladen. Einer Einführungspräsentation folgen drei einstündige Einzelgespräche. Hier werden unsere Berater mit Ihnen eine Fallstudie bearbeiten und sich mit Ihnen über Ihren Werdegang und Ihre Ziele bei Oliver Wyman unterhalten. Ausführliches persönliches Feedback schließt die erste Runde ab. Haben Sie uns überzeugt, führen Sie am Nachmittag drei Gespräche mit Partnern. Wenn alles optimal verlaufen ist, erhalten Sie nach erneutem Feedback umgehend Ihre Vertragsunterlagen für eine Ihren Fähigkeiten und Kenntnissen entsprechende Einstiegsposition.

Im Rahmen einer Praktikumsbewerbung folgen einer Einführungspräsentation drei einstündige Interviews. Themen sind dabei Ihr bisheriger Werdegang, Case Studies sowie Ihre Motivation für Oliver Wyman. Nach einem erfolgreichen Praktikum erhalten Sie direkt ein Vertragsangebot für einen Festeinstieg.

Wir stellen Berater und Praktikanten das ganze Jahr hindurch ein. Sie sollten sich idealerweise vier bis sechs Monate vor Ihrem gewünschten Starttermin bewerben.

Bitte bewerben Sie sich bei Oliver Wyman mit Ihren vollständigen Unterlagen (Anschreiben, Lebenslauf sowie alle akademischen und praktischen Zeugnisse) über unser Online Bewerbungs-Tool unter: *oliverwyman.com/de*.

Insider-Perspektive

Stellt Oliver Wyman Bachelor-Absolventen ein?

Carla Polo, Recruiting Manager von Oliver Wyman:

»Wir beobachten, dass viele Bachelorabsolventinnen und -absolventen mit dem direkten Berufseinstieg zögern und den Master vorziehen, um einer vermeintlich unsicheren beruflichen Zukunft zu entgehen«, so Stöckigt. »Wir suchen jedoch gerade auch jetzt zahlreiche Bachelors, die sich einen frühen Berufseinstieg als Sprungbrett für die weitere Karriere wünschen und auf die Möglichkeit zur weiteren Ausbildung trotzdem nicht verzichten wollen.« So steigen Bachelorabsolventinnen und -absolventen bei Oliver Wyman unbefristet als Berater ein und nehmen an einem umfangreichen Trainingsprogramm teil, das auf die herausfordernden Aufgaben in der Beratung vorbereitet.

»In der weiteren Entwicklung können Bachelors einen Master, MBA oder eine Promotion mit Unterstützung von Oliver Wyman absolvieren — zu einem flexiblen Zeitpunkt, der zur Karriere- und Lebensplanung passt«, so Stöckigt. »Damit bieten wir ein erstklassiges Paket aus frühzeitiger Berufserfahrung in einem aufregenden und herausfordernden Projektumfeld bei voller Flexibilität in der persönlichen Weiterentwicklung und der Aussicht auf einen Top-MBA.«

Welche Einstellungen planen Sie für 2020?

»Wir haben in 2019 mehr als 100 neue Kollegen eingestellt und erwarten für 2020 ein weiteres Wachstum. Wir legen Wert auf einen gesunden Mix innerhalb unserer Teams und suchen bewusst Absolventen aller Fachrichtungen.«

Welche Tipps würden Sie Absolventinnen und Absolventen mit Interesse an der Consulting-Branche mit auf den Weg geben?

»Während des Studiums sollte man sich primär von eigenen Interessen und Neigungen leiten lassen. Denn nur wer mit Begeisterung und Spaß bei der Sache ist, wird sich in ein Thema voll einbringen können und wirklich erfolgreich sein. Im Hinblick auf eine Karriere in der Beratung gilt es, die eigenen Fähigkeiten bezüglich Analytik, Strukturierung, Kreativität und soziale Kompetenz zu schärfen. Diese sind unverzichtbares Rüstzeug für den Einsatz als Consultant.«

Mehr Insider-Informationen unter *squeaker.net/oliver-wyman*

Porsche Consulting

Strategisch denken. Pragmatisch handeln.

Porsche Consulting

Porsche Consulting GmbH

Porschestraße 1
74321 Bietigheim-Bissingen
Deutschland
Tel. +49 (0)711 911 12001
kontakt@porsche-consulting.com

www.porsche-consulting.com

- Anzahl Mitarbeiter in Deutschland: 480
- Anzahl Mitarbeiter weltweit: ca. 650
- Anzahl offener Praktikumsplätze 2019: 65
- Anzahl offener Stellen für Absolventen 2019: 20
- Standorte Deutschland: 6
- Standorte weltweit: 11
- Jahresumsatz weltweit 2018: 173,0 Mio Euro

Wir denken strategisch und handeln pragmatisch.

Als führende Beratungsgesellschaft für die Umsetzung von Strategien haben wir einen klaren Auftrag: Wir schaffen Überlegenheit im Wettbewerb durch erlebbare Resultate. Dabei denken wir strategisch und handeln pragmatisch. Aus Überzeugung stellen wir stets den Menschen in den Mittelpunkt. In der Zusammenarbeit mit unseren Klienten und ihren Mitarbeitern liegt der Erfolg unserer Projekte. Denn das Ziel ist erst erreicht, wenn es uns gelingt, alle Beteiligten für notwendige Veränderungen zu begeistern. Als Berater nehmen wir jede Aufgabe sportlich. Fairplay ist uns wichtig. Und wir geben uns mit dem Erreichten niemals zufrieden. Wir wollen stets noch etwas besser werden. Dabei hilft uns unsere Unabhängigkeit. Sie gibt uns genügend Spielraum auch für ungewöhnliche Lösungen.

Die Porsche Consulting GmbH, Stuttgart, ist eine Tochtergesellschaft des Sportwagenherstellers Dr. Ing. h.c. F. Porsche AG, Stuttgart. Sie wurde 1994 gegründet, begann damals als vierköpfiges Team und beschäftigt heute circa 650 Mitarbeiter. Das international agierende Unternehmen hat fünf Auslandbüros in Mailand, São Paulo, Atlanta, Belmont und Shanghai. Porsche Consulting zählt zu den führenden Beratungsgesellschaften in Deutschland. Unter dem Leitmotiv »Strategisch denken, pragmatisch handeln« betreuen die Berater weltweit Konzerne und mittelständische Unternehmen.

Als führende Managementberatung für die Umsetzung von Strategien, hinterlassen wir deutliche Spuren bei unseren Kunden. Klienten aus den Branchen Automobilindustrie, Luft- und Raumfahrt, Industriegüter, Bauindustrie, Konsumgüter/Handel und Dienstleistung verlassen sich auf unsere Beratung in allen funktionalen und cross-funktionalen Unternehmensbereichen.

Funktional sind wir in den Bereichen Unternehmensentwicklung, Digitalisierung und Innovation, Einkauf und Qualität, Mensch und Kultur, Forschung und Entwicklung, Produktion und Logistik sowie Vertrieb, Marketing und Services unterwegs.

Jährlich beraten wir rund 200 Klienten zu unterschiedlichsten Aufgabenstellungen. 2018 waren es circa 900 Projekte. Rund ein Drittel realisieren wir außerhalb Deutschlands — insbesondere in Italien, Brasilien, den USA und China, den Standorten unserer Tochtergesellschaften.

Aus unserer eigenen Entstehungsgeschichte heraus entwickeln wir nicht nur überzeugende Erfolgsstrategien, die unsere Klienten überraschen und einen echten Mehrwert bieten. Wir sorgen auch für eine pragmatische Umsetzung, die unsere Kunden dabei unterstützt, diese Strategien kraftvoll auf die Straße zu bringen. Das macht uns innerhalb der Branche einzigartig und setzt ein unterstützendes Miteinander sowie absolutes Vertrauen in das Können und die Leistung unserer Mitarbeiter voraus.

Karrieremöglichkeiten

Einstiegsmöglichkeiten für Studenten und Absolventen

Bei Porsche Consulting können Studierende in nahezu allen Bereichen ein Pflichtpraktikum oder ein freiwilliges Praktikum absolvieren.

Für ein Praktikum bei uns sollten Sie einen hohen Qualitätsanspruch, Teamfähigkeit, Begeisterung für die Beratung sowie erste praktische Erfahrungen mitbringen. Wir erwarten mindestens vier Semester Studienerfahrung in den Fachrichtungen (Wirtschafts-) Ingenieurwesen, Wirtschaftswissenschaften oder einem vergleichbaren Studiengang. Dabei sind sowohl Master- als auch Bachelor-Studenten willkommen. Ebenso Studenten, die zwischen dem Bachelorabschluss und dem Beginn des Masterstudiums Praxiserfahrungen sammeln wollen. Für das Praktikum sollten Sie sich vier bis sechs Monate Zeit nehmen. Im Beratungsbereich setzen wir Sie in einem Klientenprojekt ein und übertragen Ihnen anspruchsvolle Teilaufgaben. Sie arbeiten als festes Teammitglied vor Ort beim Klienten und erleben, wie man auch unter Zeitdruck messbare Ergebnisse erzielt.

Als Praktikant in einem unserer Business Services sind Sie im Non-Consulting-Bereich unseres Unternehmens tätig. Diese Abteilungen, die das Rückgrat von Porsche Consulting bilden, werden Sie eng in ihre Arbeitsabläufe integrieren. Sie unterstützen die Spezialisten im Tagesgeschäft und übernehmen in Eigenverantwortung Projektaufgaben.

Der Berufseinstieg in der Managementberatung hat viele Vorteile: Die abwechslungsreichen Projekte in verschiedenen Branchen zu unterschiedlichen Themen bieten Absolventen ein ungewöhnlich vielfältiges

Arbeitsspektrum. Umfangreiche Trainings und regelmäßiges Feedback stärken die Kompetenz. Unsere Nachwuchskräfte profitieren von der Zusammenarbeit mit erfahrenen Experten. Zugleich erhalten sie die Chance, neue Themen voranzutreiben.

Wir stellen kontinuierlich Absolventen mit Promotion, MBA- oder Masterabschluss ein. Bevorzugte Fachrichtungen: Betriebswirtschaftslehre, Ingenieurwesen/Wirtschaftsingenieurwesen. Praktika in der Industrie oder bei Unternehmensberatungen sollten das Profil abrunden. Wir wünschen uns Mitarbeiter mit Sportsgeist, die den Mannschaftserfolg schätzen und als Berater strategisch denken und pragmatisch handeln.

Entwicklungsmöglichkeiten für Berufserfahrene

Zu Beginn ihrer Karriere sind unsere Berater zu 100 Prozent beim Klienten eingesetzt und tragen gesamtheitliche Verantwortung für ein Teilprojekt. Auf dem Weg zum Senior Berater werden ihre Projektumfänge Schritt für Schritt größer.

Unsere Manager und Senior Manager leiten ein bis zwei Projekte, steuern die Problemlösungsprozesse in den verschiedenen Teilprojekten und führen das Projektteam bestehend aus Klienten und Beratern.

Die Associate Partner, Partner und Senior Partner sind die zentralen Ansprechpartner für die Auftraggeber unserer Klienten und betreuen die strategische Geschäftsentwicklung sowie die Weiterentwicklung der Mitarbeiter. Zusätzlich sind sie Architekten in der Angebotsphase.

Alternativ bieten wir eine Expertenlaufbahn an. Dabei spezialisieren sich Senior Experten auf ein Fachgebiet, fungieren darin branchenübergreifend als Wissensdrehscheibe und unterstützen die Projektteams in der kritischen Anfangsphase sowie bei anspruchsvollen Spezialthemen.

Anforderungen an Bewerber

Porsche Consulting Berater sind unternehmerisch und strategisch denkende Mitarbeiter mit einem guten Gespür für Menschen. Darüber hinaus begeistern Sie mit Umsetzungs- und Ergebnisorientierung, Problemlösungskompetenz und Überzeugungskraft. Durch Konzeptionsstärke und hohe Methodenkompetenz haben sie bereits bei einem Industrieunternehmen oder einer Topmanagement-Beratung gepunktet und sind versiert im Projektmanagement.

Als Berufseinsteiger haben sie einen Master-Abschluss – bevorzugt aus den Fachrichtungen Wirtschaftsingenieurwesen, Betriebswirtschaftslehre oder Ingenieurwesen. Praktika in der Industrie oder in Unternehmensberatungen zeichnen sie zusätzlich aus. Allerdings zählen für uns nicht allein Studienfach oder Abschluss, sondern auch ihre Persönlichkeit. Daher freuen wir uns auch über Bewerbungen von engagierten Quereinsteigern.

Porsche Consulting
Strategisch denken. Pragmatisch handeln.

FIT FOR DIGIT@L
CHECK IN!

Wir suchen Sie als Berater (w/m) für digitale Transformation,
um Erfolgsstrategien zu entwickeln und diese gemeinsam mit
unseren Kunden umzusetzen.

PORSCHE

Bewerber-Kontakt

Stefan Stock
Leiter Personal

Die Bewerbungshotline steht von Montag bis Freitag zwischen 15 und 19 Uhr unter der Telefonnummer 0711 911 12157 zur Verfügung.

Wir bevorzugen Bewerbungen über unser Onlinebewerbungsportal. Hier können Sie Ihre Daten bequem online hochladen – und wir können Ihre Bewerbung direkt bearbeiten.

porscheconsulting.com/ de/karriere

Mehr Insider-Informationen unter *squeaker.net/porsche-consulting*

Leistungen für unsere Mitarbeiter

Unsere Mitarbeiter erwarten viel von ihrem Arbeitgeber – zu Recht. Porsche Consulting bietet Ihnen nicht nur eine leistungsgerechte Vergütung und 30 Tage Urlaub. Neben flexiblen Arbeitszeitmodellen, Sabbaticals, Home-Office und der Auswahl des Bürostandortes erwartet Sie bei uns ein dreiwöchiges Warm-up, ein Mentor aus dem Mitarbeiterkreis, zahlreiche Weiterbildungsmöglichkeiten und sportliche Teamevents. Zwei Wochen im Jahr werden ausschließlich für die Förderung unserer Mitarbeiter durch interne und externe Trainings genutzt. Hier stehen aktuelle Themen wie digitale Transformation im Fokus. Wer berufsbedingt individuelle Trainings und Seminare benötigt oder einen Abschluss (MBA/Promotion) anstrebt, wird ebenfalls von uns unterstützt. Jede Förderung gestalten wir ganz individuell. Für unsere Führungskräfte arbeiten wir mit internationalen Hochschulen, wie der Harvard Business School, zusammen.

Bewerbungsverfahren

In unserem JobLocator finden Bewerber alle offenen Positionen. Auf Bewerbungen, die in der Regel online erfolgen, antworten wir umgehend mit einer Eingangsbestätigung.

Mit vielversprechenden Kandidaten führen wir ein halbstündiges Telefoninterview, um den ersten Eindruck zu vertiefen und Fragen zu beantworten. Vor einer möglichen Einstellung finden zwei Gespräche bei Porsche Consulting statt. Daran nehmen Führungskräfte aus dem Fachbereich und Personalspezialisten teil.

Die Bewerber lösen eine Fallstudie und überzeugen uns so von ihren Qualitäten. Für Studierende, die gerne ein Praktikum oder eine Werkstudententätigkeit bei uns absolvieren möchten, findet ein Kennenlerngespräch statt. Der Einstieg ist monatlich möglich.

Wer neu an Bord kommt, absolviert als Warm-up eine intensive, dreiwöchige Trainingsphase, in der Neueinsteiger das Unternehmen, die neuen Kollegen sowie unser strategisches und fachliches Denken kennenlernen.

Roland Berger

Roland Berger, 1967 gegründet, ist eine der weltweit führenden Strategieberatungen. Mit 52 Büros in 35 Ländern ist das Unternehmen erfolgreich
auf dem Weltmarkt aktiv.

Roland Berger berät international führende Industrie- und Dienstleistungsunternehmen sowie öffentliche Institutionen. Das Beratungs-
angebot umfasst alle Fragen strategischer Unternehmensführung – von
der Ausrichtung über die Einführung neuer Geschäftsmodelle und
-prozesse sowie Organisationsstrukturen bis hin zur Technologiestrategie.

Roland Berger ist eine unabhängige Partnerschaft im ausschließ-
lichen Eigentum von rund 220 Partnern. Unsere Strategieberatung ist in
globalen Kompetenzzentren organisiert. Industrie-Kompetenzzentren
decken die großen Branchen ab. Funktionale Kompetenzzentren bieten
Know-how zu übergreifenden methodischen Fragestellungen. Für jedes
Beratungsprojekt wird individuell das beste interdisziplinäre Team
aus Experten mit branchenspezifischem und funktionalem Know-how
zusammengestellt.

Gemeinsam mit unseren Klienten entwickeln wir maßgeschneiderte,
kreative Konzepte. Besonders wichtig ist uns die Begleitung der Umset-
zungsphase. So schaffen wir echten Mehrwert für unsere Klienten. Unser
Beratungsansatz gründet sich dabei insbesondere auf die unternehmerische Persönlichkeit, die Integrität und die Individualität unserer Berater.

Alle Mitarbeiter von Roland Berger sind unseren drei Grundwerten –
Entrepreneurship, Excellence und Empathy – verpflichtet.

- **Entrepreneurship** – Wir sind ein global erfolgreiches Netzwerk von
  Unternehmern, die pragmatische und umsetzbare Lösungen liefern.
- **Excellence** – Wir liefern exzellente Ergebnisse und entwickeln weltweit
  vorbildliche Ansätze. So schaffen wir messbar und nachhaltig Wert für
  unsere Klienten.
- **Empathy** – Wir sind dem Erfolg unserer Klienten verpflichtet – mit all
  unserer Kraft. Dazu müssen wir professionell, loyal und offen agieren.

Roland Berger

Sederanger 1
80538 München
Tel. +49 (0)89 92300

www.rolandberger.com

join.rolandberger.com

Roland
Berger

Be
the Original You.

By joining Roland Berger, you choose an employer who values diversity. Great ideas and new perspectives are inspired by diverse teams from a variety of backgrounds, enriching us with new insights, interests and ways of looking at things. Every colleague is unique. Just like you.

That's why we want you, for the real you in you.
Be authentic. Be yourself. **Be the Original You.**

www.rolandberger.com/BeTheOriginalYou

Karrieremöglichkeiten

Unser Arbeitsumfeld bietet viel Raum für eigene Ideen und deren Umsetzung. Einsteiger übernehmen bei uns schnell Verantwortung. Das unternehmerische Denken unserer Mitarbeiter wird bei uns konsequent gefördert. Entrepreneurship ist seit der Unternehmensgründung durch Roland Berger fest in unserer Kultur verankert.

Anforderungen

Wir suchen Universitätsabsolventen aller Fachrichtungen mit exzellenten Abitur- und Studienleistungen und ausgeprägtem Interesse für betriebswirtschaftliche Fragestellungen. Sie sollten vielfältige Praxiserfahrung durch mehrmonatige anspruchsvolle Praktika, Auslandserfahrung durch Studium oder Praktika und sehr gute Englischkenntnisse mitbringen. Zudem erwarten wir ausgeprägte analytische und konzeptionelle Fähigkeiten sowie Kreativität, Teamfähigkeit und Kommunikationsstärke. Die Einstiegsmöglichkeiten richten sich nach Ihrem Studienfortschritt bzw. Ihrer Berufserfahrung.

Studium

Um den »Berateralltag« kennenzulernen ist ein Praktikum sehr empfehlenswert – nicht nur weil jeder zweite Neueinsteiger bei Roland Berger zuvor ein Praktikum gemacht hat! Als »Berater auf Zeit« gewinnen Sie einen Einblick in unser Unternehmen und unsere Arbeitsweise. Bewerben können sich Studierende ab dem vierten Semester eines Bachelor-Studiums an einer Universität.

Bachelor-Abschluss

Bachelor-Absolventen von Universitäten bieten wir die Möglichkeit, als Consulting Analyst bei uns einzusteigen. Da wir sehr an der akademischen Weiterqualifizierung unserer Mitarbeiter interessiert sind, bieten wir erfolgreichen Consulting Analysts eine finanzielle Unterstützung für ein Master- oder MBA-Studium an.

Eine weitere Möglichkeit für Bachelor-Absolventen ist unser 9-monatiges Gap Year Programm: Nach Ihrem Bachelor bieten wir Ihnen ein spannendes Gap Year mit Modulen im In- und Ausland sowie einer Station bei einem Startup und attraktiven Trainingsmöglichkeiten.

Diplom- bzw. Master-Abschluss

Mit sehr gut abgeschlossenem Master, Diplom, Staatsexamen oder Magister steigen Sie bei uns als Junior Consultant ein und starten Ihre Karriere mit einer steilen und schnellen Lernkurve. Vom ersten Tag an übernehmen Sie Verantwortung und arbeiten im Team an strategischen Fragestellungen für unsere Kunden.

Insider-Tipp

»Unsere besten Praktikanten – rund zehn Prozent pro Jahr – erhalten die einmalige Chance, an unserem Praktikantenbindungsprogramm teilzunehmen. Dabei nehmen sie nicht nur an regelmäßigen Events teil und netzwerken mit den damaligen Kollegen, sondern erhalten ein direktes Angebot zum Festeinstieg, ohne einen weiteren Rekrutierungsprozess zu durchlaufen!«
Sabine Müller,
HR Manager,
Roland Berger

Promotion, MBA und/oder Berufserfahrung

Mit weiterführender akademischer und/oder beruflicher Qualifikation, ist ein Einstieg auf einer höheren Karrierestufe möglich. Nach einer Promotion starten Sie in der Regel als Consultant, nach einem MBA an einer renommierten Business School als Senior Consultant. Auch Bewerber mit Berufserfahrung aus Industrie und/oder Beratung sind bei Roland Berger an der richtigen Adresse. Die Position, auf der Sie einsteigen, richtet sich nach Ihrem jeweiligen Hintergrund.

Training und Entwicklung

Als Neueinsteiger lernen Sie durch ein internationales, 14-tägiges Einführungsseminar unsere Unternehmenskultur, unsere Arbeitsweise und Ihre neuen Kollegen kennen. Darüber hinaus qualifizieren Sie Seminare zu Managementthemen und -techniken sowie zu Social-, Personal- und Leadership-Skills systematisch für den »Berateralltag« und die nächsten Karrierestufen.

Bei Roland Berger haben Sie vielfach die Möglichkeit, auch internationale Projekte mitzugestalten und bei unseren Kunden im Ausland vor Ort zu arbeiten. Im Rahmen unseres International Staff Exchange Programs können Sie außerdem mittel- oder langfristig in eines unserer internationalen Büros wechseln.

Durch unsere verschiedenen Programme unterstützen wir Sie bei Ihrem Masterstudium, MBA-Programm oder Ihrer Promotion. Wir öffnen Ihnen dabei die Türen renommierter Business Schools und Universitäten.

Mit einem Sabbatical ermöglichen wir Ihnen eine Auszeit vom Berateralltag. Ein bis sechs Monate haben Sie Zeit, nur für sich, für Ihre Familie oder Dinge, die Sie schon immer einmal machen wollten.

Bewerbungsverfahren

Bewerber-Kontakt
Das Recruitingteam unterstützt gerne bei weiteren Fragen zum Bewerbungsprozess

Praktika
Marlis Hiegemann
Tel. +49 (0)89 9230 9424

Festeinstieg
Marika Schwertner
Tel. +49 (0)89 9230 9193

www.join.rolandberger.com

Interessenten können sich online bewerben. Die Bewerbung sollte vollständig, d.h. inklusive Anschreiben, Lebenslauf und aller Zeugnisse sein. Wir empfehlen Ihnen, Ihr Anschreiben der ausgeschriebenen Stelle und den geforderten Qualifikationen anzupassen. Überlegen und begründen Sie genau, warum Sie bei Roland Berger einsteigen möchten und unterstreichen Sie mit relevanten Stationen aus Ihrem Lebenslauf, warum Sie in unser Beraterteam passen.

Da es keine festen Einstellungszeitpunkte gibt, ist eine Bewerbung ganzjährig möglich. Wir empfehlen Ihnen, Ihre Bewerbung drei bis sechs Monate vor dem gewünschten Einstiegstermin bei uns einzureichen. Nach bestandenem Online-Analytiktest erhalten Sie eine Einladung zu einem unserer wöchentlichen Auswahltage in unserem Münchener Büro. Dort bearbeiten Sie eine Fallstudie, lösen einen Verification-Test und führen ein Fach- und Persönlichkeitsinterview. Am Ende des Tages erhalten alle Kandidaten ein detailliertes Feedback. Für erfolgreiche Bewerber schließt sich später ein weiteres Gespräch mit dem zukünftigen Mentor an.

Allgemeine Tipps für Ihre Bewerbung

Analysieren Sie vor dem Einstieg, welche Schwerpunkte die einzelnen Beratungsunternehmen setzen und finden Sie für sich selbst heraus, welche Unternehmensberatung am besten zu Ihnen passt. Wenn Sie beispielsweise Wert auf die internationale Ausrichtung der Beratungsprojekte legen, fragen Sie genau nach, wie realistisch ein Auslandseinsatz oder die Zusammenarbeit mit Kollegen aus internationalen Büros ist. Prüfen Sie individuell, ob Sie sich mit Ihrem fachlichen Know-how und Ihren persönlichen Präferenzen in den Beratungsprojekten wiederfinden.

Wenn Sie sich erfolgreich bewerben und eine Einladung zum Auswahltag erhalten haben seien Sie einfach Sie selbst! Denken Sie daran: Es gibt auf jede Frage mehr als eine richtige oder gute Antwort! Zeigen Sie, dass Sie sich über unser Unternehmen informiert haben. Aber nicht alles, was Sie zu Ihrem Einstieg wissen möchten, finden Sie im Internet oder in der Wirtschaftspresse. Nutzen Sie zudem Ihr Netzwerk, um mehr Details über Ihren Wunscharbeitgeber zu erfahren. Nutzen Sie den Bewerbungsprozess auch, um mit den richtigen Fragen zu punkten und Ihr Bild von unserem Unternehmen zu vervollständigen. Wir möchten uns nicht nur einen Eindruck von Ihrer Persönlichkeit und Ihren Qualifikationen verschaffen. Wir möchten Ihnen auch die Gelegenheit bieten, uns kennen zu lernen.

Mehr Insider-Informationen unter *squeaker.net/roland-berger*

SIMON ◆ KUCHER & PARTNERS
Strategy & Marketing Consultants

Simon-Kucher & Partners

Simon-Kucher & Partners Strategy & Marketing Consultants GmbH

Willy-Brandt-Allee 13
53113 Bonn
Tel. +49 (0)228 9843 0
recruitment.germany@
simon-kucher.com

www.simon-kucher.com

- Anzahl Mitarbeiter in Deutschland: 500
- Anzahl Mitarbeiter weltweit: 1400
- Anzahl offener Praktikumsplätze 2020: Deutschland 140-160
- Anzahl offener Stellen für Absolventen 2020: Deutschland 50-70
- Standorte Deutschland: 5
- Standorte weltweit: 39
- Jahresumsatz weltweit 2018: 309 Mio. Euro

Simon-Kucher wurde im Jahre 1985 von Prof. Dr. Dr. h.c. mult. Hermann Simon – dem Herrn der Hidden Champions – Dr. Eckhard Kucher, und Dr. Karl-Heinz Sebastian in Bonn gegründet. Daraus hat sich eine führende globale Unternehmensberatung mit Fokus auf Strategie, Marketing, Pricing und Vertrieb entwickelt. Unsere Beratungsarbeit ist ganz auf TopLine Power® ausgerichtet. Wir erzielen für unsere Kunden Wachstums- und Ertragssteigerungen auf der Umsatzseite mithilfe von faktenbasierten, praktischen Strategien. Unseren Mitarbeitern/-innen bieten wir eine kollegiale Arbeitsatmosphäre, ein hohes Maß an Eigenständigkeit und Verantwortung, sowie intensive gezielte Förderung in Form von individuellen Entwicklungsplänen.

Unsere Grundwerte umfassen »integrity, respect, meritocracy, impact, team, entrepreneurship«. Letzteres steht besonders im Fokus. All unsere über 100 Partner sind nicht nur Firmeneigner sondern auch Unternehmer im wahrsten Sinne des Wortes. Sie sind mitverantwortlich für den wirtschaftlichen Erfolg und das Business Development unserer Unternehmensberatung weltweit.

Wir sind echte Gewinnexperten und helfen unseren Kunden, ihren Gewinn nachhaltig zu steigern. Unsere Projekte erreichen in der Regel eine Steigerung der Profitabilität von 100 bis zu 500 Basispunkten. Unser Ansatz lautet TopLine Power®: Wir verhelfen unseren Kunden zu nachhaltigen Verbesserungen auf der Umsatzseite anstatt Kosten zu senken. Unsere Projekte decken sämtliche Bereiche der Umsatzsteigerung durch die TopLine ab. Typische Felder/Inhalte sind:

- **Strategie** (Digitalisierungsstrategien, Wachstums- und Wettbewerbsstrategien, neue Geschäftsmodelle, Produkt- und Markteintrittsstrategien etc.)

- **Marketing** (Digitalisierung, Marketingstrategien und Effizienz Programme, Segmentierung, Organisation und Betriebsabläufe, Loyalitätsmarketing etc.)
- **Pricing** (Pricing von (digitalen) Innovationen, Preisdurchsetzung, Rabattsysteme, globales Pricing etc.)
- **Vertrieb** (Vertriebseffizienz, Kanalstrategien, Absatzorganisation und Strategie, Key Account Management, Incentivesystemeetc.)
- **Ganzheitliche TopLine Power® Programme** (Change Management, Commercial Functions, KPIs etc.)

In jedem unserer Projekte erarbeiten wir für unsere Kunden maßge-schneiderte, fundierte und optimale Empfehlungen, die auf harten Fakten und Daten basieren. Dabei achten wir besonders auf Umsetzbarkeit. Über 70% unseres Umsatzes kommt von Wiederholungskunden, was für eine hohe Kundenzufriedenheit steht. Dies können wir nur mit hoch-qualifizierten, motivierten und zufriedenen Mitarbeitern/innen erreichen. Deshalb sind wir bestrebt, hierfür alle nötigen Voraussetzungen zu schaffen. Dazu gehören u.a. eine offene, kollegiale Arbeitsatmosphäre, regelmäßiges Feedback, gezielte Weiterbildung und attraktive Karriere-perspektiven (firmenanteilsbasierte Partnerschaft). Unsere sechs o.g. Kernwerte stehen nicht nur auf dem Papier sondern werden von allen Mitarbeitern/innen gelebt.

Karrieremöglichkeiten

Praktikanten
Ganzjährig suchen wir Bachelor- oder Masterstudierende aller Fachrich-tungen mit einem wirtschaftlichen, psychologischen, ingenieur- oder naturwissenschaftlichen Hintergrund sowie mit sehr guten kommuni-kativen und analytischen Fähigkeiten. Idealerweise befinden Sie sich im fortgeschrittenen Stadium Ihres Studiums, können vorherige Praktika vorweisen und haben einige Zeit im Ausland verbracht. Ihr Vorteil? Sie werden bei uns voll in die Projektarbeit eingebunden. Auslandspraktika sind ebenfalls möglich.

Absolventen
Sie haben gerade Ihr Studium abgeschlossen oder stehen kurz davor? Als Absolvent starten Sie Ihre Karriere bei uns als Consultant. Das Einstiegslevel (C1 bis C4) ist dabei abhängig von Ihrem individuellen Hintergrund und Studienabschluss.

Insider-Tipp

»Wir begrüßen einen breiten Mix an Skills und eine Ausgewogenheit von universitären Leis-tungen sowie praktischen Erfahrungen.«
Daniel Essig, HR Manager,
Simon-Kucher & Partners

Berufserfahrene

Ganz gleich, ob MBA-Student, Doktorand oder erfahrener Experte –
auch bereits Berufserfahrene, die sich verändern und ihre branchen-
spezifischen Kenntnisse im Consulting einsetzen möchten, finden bei uns
die richtige Position. Bei uns haben Sie die Chance, Ihre Karriere selbst in
die Hand zu nehmen und können sowohl inhaltlich als auch vom Tempo
her mitbestimmen.

So wurden z.B. unsere Büros in Shanghai, Mexico City und Toronto
von Directors und nicht etwa von Partnern (Karrierestufe nach Director)
aufgebaut. Sie wollten unternehmerische Verantwortung tragen und
bekamen das Vertrauen der Partner – und im Ergebnis sind alle Büros sehr
erfolgreich gestartet.

Ihre Qualifikationen

Das Gute vorweg: bei uns gibt es kein Standardprofil. Wir suchen
Talente. Persönlichkeiten der Wirtschafts- und Naturwissenschaften, der
Psychologie oder des Ingenieurwesens. Wenn Sie über einen exzellenten
Hochschulabschluss, verhandlungssichere Englischkenntnisse sowie
hervorragende analytische und kommunikative Fähigkeiten verfügen,
sind Sie bei uns genau richtig. Runden zudem relevante Praktika/beruf-
liche Vorerfahrungen und Auslandsaufenthalte Ihr Profil ab, sollten wir
uns unbedingt kennenlernen.

Entwicklung unserer Mitarbeiter

In unserem achttägigen Onboarding Programm STEPS (Strategic Training
for Employee Professional Success) treffen unsere weltweiten Neueinsteiger zusammen und lernen unsere Unternehmenskultur, Arbeitsweis
sowie ihre neuen Kollegen/innen kennen.

Das Lernen on-the-job wird durch unser vielfältiges Angebot, welches von virtuellen Trainings bis hin zu on-site Trainings reicht, ergänzt.
Unsere Lerninhalte beziehen sich auf sowohl für Simon-Kucher relevante
Methoden und Tools, als auch auf die Weiterentwicklung von Soft Skills,
wie z.B. Projektmanagement, Presentation oder Leaderhip Skills. Beför-
derungsentscheidungen werden einzig und allein aufgrund der persönlichen Leistung getroffen. Dabei bildet unser halbjährlich durchgeführter
360°-Feedbackprozess die Grundlage für das für jeden Mitarbeiter/innen
stattfindende Entwicklungsgespräch.

Insider-Tipp

»Man sollte sich trauen,
Fragen zu stellen. Die
Kollegen erklären sehr
gerne und nehmen sich
Zeit dafür.«
Melanie Zochowski,
Associate Consultant,
Simon-Kucher & Partners

Bewerbungsverfahren

Vollständige Bewerbungen mit allen relevanten akademischen Zeugnissen (inkl. Abitur) sowie Erfahrungs- und Praktikumszeugnissen erreichen uns idealerweise über unsere Karriereseite. Nach Prüfung der Unterlagen werden geeignete Bewerber zu einem Online-Test und zu persönlichen Interviews mit Simon-Kucher Consultants in eines unserer Büros eingeladen. Die zwei bis vier Interviews (teilweise auf Englisch) werden v.a. Case Studies, Brainteaser und/oder Schätzfragen beinhalten, bieten den Bewerbern aber selbstverständlich auch die Möglichkeit, ihrerseits Fragen an unsere Berater zu stellen.

Das Bewerbungsgespräch findet in einer lockeren Atmosphäre statt mit dem Ziel, sich gegenseitig besser kennen zu lernen. Ein besonderer Schwerpunkt wird aber auch auf die Lösung von Cases im Bereich Marketing gelegt.

Bewerber-Kontakt

Einstieg als Consultant:
Dorothea Hayer
(Senior HR Manager

Einstieg als Praktikant:
Daniel Essig
(HR Manager)

recruitment.germany@
simon-kucher.com
Tel. +49 (0)228 9843-0

Bitte bewerben Sie sich
über das Online Portal:
talents.simon-kucher.com

Unser Rat an Bewerber

- **Seien Sie authentisch:** Es hilft weder Ihnen noch uns, wenn Sie eine Rolle spielen, die nicht Ihrer wahren Persönlichkeit entspricht. Vielmehr ist es ratsam, wertvolle Energie und Konzentration nicht auf die »Schauspielerei«, sondern auf die Interviewfragen zu verwenden. Außerdem möchten wir Sie als potentielles zukünftiges Teammitglied so kennenlernen, wie wir auch mit Ihnen zusammenarbeiten würden.
- **Seien Sie vorbereitet:** Gute Vorbereitung wird Ihnen helfen, gelassener in die Interviews zu gehen, da Sie eine bessere Vorstellung davon haben, was Sie erwartet und was wir erwarten. Denken Sie darüber nach, was unsere funktionalen Beratungsschwerpunkte sind und welche wirtschaftlichen Zusammenhänge und Theorien diesen zugrunde liegen könnten. Die Bearbeitung von Fallstudien lässt sich ebenfalls üben. Das Internet bietet hierzu zahlreiche Tipps und Quellen.
- **Sehen Sie das Interview als Chance:** Natürlich ist ein Bewerbungsgespräch eine Testsituation, aber es ist auch eine sehr gute Gelegenheit für Sie, uns kennenzulernen. Nutzen Sie die Chance, die Atmosphäre in unserem Büro wahrzunehmen, Fragen zu stellen und offen zu sein für Eindrücke. Und überzeugen Sie uns proaktiv davon, dass Sie eine exzellente Ergänzung unseres Teams sein können.

Insider-Tipp

»Ein präzises, gut formuliertes und deutlich auf Simon-Kucher maßgeschneidertes Anschreiben (1 Seite A4) reicht. Der Lebenslauf sollte übersichtlich und strukturiert aufgebaut sein.«
Stephan Butscher,
Chief Talent Officer,
Simon-Kucher & Partners

Ein paar Beispiele unserer Interviewfragen:

- What do you think makes a (strategy) consultant successful?
- Could you give examples of situations that show that you would be a good member of our consulting team?
- Have you had to handle a lot of details in your previous positions or projects?
- How do you manage details so that they don't fall through the cracks?

Insider-Perspektive

Mehr Insider-Informationen unter *squeaker.net/ simon-kucher*

Sie werden nirgendwo so viel und schnell lernen, wie in der Beratung und speziell bei Simon-Kucher. Wir investieren viel in die Entwicklung unserer Berater in Form von regelmäßigem Feedback und Trainings. Ihre Arbeit hat einen deutlichen ‚impact' bei unseren Kunden und schützt bzw. schafft Arbeitsplätze.

Unsere freundschaftliche Kultur zeichnet uns besonders aus. Viele Kollegen verbringen auch außerhalb der Arbeitszeit viel Zeit miteinander und Freundschaften haben sich entwickelt. Die Hilfsbereitschaft unter den Kollegen ist sehr hoch.

Digitalization the Simon-Kucher way

Im digitalen Zeitalter gibt es enorme Möglichkeiten, den Umsatz zu maximieren. Wie kann man neue Kunden gewinnen, das Portfolio mit bestehenden Kunden erweitern und ihren Umsatz und Gewinn steigern? Als Spezialist für Topline-Power analysieren und implementieren wir Lösungen in allen wichtigen Phasen des Sales funnels: Von Marketing bis Vertrieb, von Personalisierung bis Loyalität, von Preisgestaltung bis Segmentierung. Unsere erfahrenen digitalen Consultants, Branchenexperten, Data Scientists und Technologieberater nutzen sowohl Daten als auch qualitative Erkenntnisse als Ausgangspunkt für ihre Arbeit an jeder geschäftlichen Herausforderung.

Alles Weitere findet ihr auf unserer Simon-Kucher Digital -Website (https://www.simon-kucher.com/de/capabilities/simon-kucher-digital/ home).

SIMON ✦ KUCHER & PARTNERS
Strategy & Marketing Consultants

Grow faster.
With us.

Photo: Photocase_emanoo

Join the
#1 consultancy for marketing and sales

Want to make a difference? Aiming for tangible results? Then reach your destination with Simon-Kucher & Partners. Through our TopLine Power® approach, we support our clients in ensuring sustainable profit growth on the revenue and market side, without the need for cost-cutting. We develop implementable strategies with real impact. Be part of our team and help us to exceed our clients' highest standards.

Visit us at **www.simon-kucher.co/career**

www.simon-kucher.com

SMP Strategy Consulting

SMP Strategy Consulting

Wasserstraße 8
D-40213 Düsseldorf
Tel. +49 (0)211 130669-0
info@smp-ag.de

www.smp-ag.de

- Anzahl Mitarbeiter in Deutschland: 60
- Anzahl offener Praktikumsplätze 2020: 20-30
- Anzahl offener Stellen für Absolventen 2020: 10-20
- Standort: Düsseldorf

SMP Strategy Consulting ist eine Strategieberatung mit Sitz in Düsseldorf. Seit 1998 sind wir fester Ansprechpartner für Führungskräfte aus Vertrieb, Marketing, Operations und Finanzen. Für unsere Klienten schaffen wir herausragende Kundenerlebnisse und sorgen für Effizienz in der Leistungserbringung. Dabei nutzen wir alle Möglichkeiten der Digitalisierung.

Drei Werte sind entscheidend für die Qualität unserer Beratung:

- **Strategisch:** Wir denken strategisch – vom Kunden zur Lösung
- **Menschlich:** Wir beraten Menschen – nicht Funktionen
- **Pragmatisch:** Wir agieren pragmatisch – von Strategie bis Umsetzung

Genau das schätzen unsere Klienten, die Branchenführer unter den Banken, Versicherern, Energieversorgern und Telekommunikationsdienstleistern, an uns.

Insider-Tipp

»Meine Motivation ist es, jeden Tag für unsere Kunden über meine Grenzen hinauszuwachsen und dabei stets neue Dinge zu sehen und zu lernen. SMP bietet mir dazu das optimale Umfeld mit einer herausragenden Unternehmenskultur – ein tolles Team, das sich wie eine echte Familie anfühlt.«
*Klara Hölscher,
Projektmanagerin,*
SMP Strategy Consulting

Der Kunde – persönlich und digital – steht stets im Mittelpunkt unserer Arbeit. Daher starten wir jedes Projekt aus der Kundenperspektive. Denn: Der realisierte Erfolg unserer Klienten ist für uns entscheidend. Dafür packen wir auch in der Umsetzung unserer Konzepte mit an.

- **Growth & Transformation Strategy:** Die Geschwindigkeit des digitalen Wandels nimmt stetig zu. Transformation, Innovation und profitables Wachstum erfordern mehr denn je strategischen Weitblick. Wir unterstützen bei der Analyse von Geschäftsmodellen, dem Aufbau neuer Geschäftsfelder und der Erreichung von Transformation. Nicht nur theoretisch, sondern konkret und pragmatisch – das zeichnet uns aus.
- **Outstanding Customer Experiences:** Ein vor zehn Jahren herausragendes Kundenerlebnis ist heute alltäglicher Anspruch – Effektivität, Komfort und Emotionen sind der Schlüssel zum Erfolg. Um neue Kunden zu gewinnen und langfristig zu halten. Mit einem tiefen Verständnis für die Herausforderungen der Digitalisierung unterstützen wir die Ausrichtung der Touchpoints – konsequent auf die jeweiligen Kunden ausgerichtet
- **Efficient Company Operations:** Eine agile Organisation und effiziente Entscheidungsstrukturen sind heute Grundvoraussetzungen, um am Markt erfolgreich zu sein. Wir helfen unseren Klienten dabei,

Prozesse und Projekte erfolgreich zu gestalten und unterstützen bei der Erarbeitung einer optimalen Aufbau- und Ablauforganisation. So können diese sich auf das Wesentliche konzentrieren – ihr Geschäft.

Karrieremöglichkeiten

Was wir bieten

SMP Strategy Consulting wird weiter wachsen: Dafür suchen wir engagierte Kolleginnen und Kollegen, die sich für Strategieberatung auf höchstem Niveau genauso begeistern können, wie wir.

Wir bieten die perfekte Kombination aus intellektuellen Herausforderungen und persönlichen Entwicklungsmöglichkeiten. Dabei gilt: miteinander statt gegeneinander. Als starkes Team kommen wir gemeinsam ans Ziel. Unser teamorientiertes Umfeld ermöglicht es Ihnen, sich während und nach der Arbeit beruflich und persönlich zu entfalten.

SMP-Mitarbeiter sammeln nicht nur während unserer Projekte stetig neue Erfahrungen – auch intern legen wir großen Wert auf Aus- und Weiterbildung. Wir fordern und fördern unsere Mitarbeiter mit regelmäßigen Trainingsprogrammen, Seminaren und Coachings. Zudem stellen wir intern einen kontinuierlichen Erfahrungsaustausch zwischen den Hierarchiestufen sicher. Jedem SMP-Berater steht ein Mentor zur Seite, der ihn bei seiner persönlichen und beruflichen Entwicklung begleitet.

Einstiegsmöglichkeiten

Associate: Engagierte Studenten haben die Chance, SMP Strategy Consulting im Rahmen eines mindestens achtwöchigen Praktikums kennenzulernen. Als Associate sind Sie Mitglied eines Projektteams und werden von Anfang an in die Projektarbeit einbezogen. Ihre Fähigkeiten stellen Sie so in konkreten Mandaten unter Beweis. Gleichzeitig erhalten Sie Einblicke in die Arbeit einer Strategieberatung. Überdurchschnittliche Leistungen werden mit einer Aufnahme in unseren Talent Circle honoriert. Bei diesem begleiten wir Sie bis zum Studienende mit Fortbildungen, Know-how-Transfer, Mentoren-Programm und SMP-Events.

Zudem besteht die Möglichkeit, bereits während Ihres Praktikums per Fast Track ein festes Angebot für die Zeit nach Ihrem Studium zu erhalten.

Consultant: Nach erfolgreichem Studienabschluss starten Sie als Consultant Ihre Karriere bei SMP Strategy Consulting. Ihre Aufgabenbereiche sind vom ersten Tag an so spannend wie abwechslungsreich: Anspruchsvolle Projekte mit den Schwerpunkten Wachstumsstrategien und operative Exzellenz bei Kunden aus verschiedenen Branchen erwarten Sie. Dazu zählen viele DAX-30-Unternehmen. Durch gezielte Weiterentwicklung Ihrer Stärken und Interessen bauen Sie dabei kontinuierlich Ihre Themen- und Branchenexpertise aus.

Insider-Tipp

»Schon in den ersten Wochen spürte ich, wie bei SMP die fachliche Professionalität und menschliche Zusammenarbeit gelebt werden. Aufgrund des direkten Projekteinsatzes beim Kunden, der sofortigen Übernahme von Verantwortung und des Team-Spirits der Kollegen ist man bei SMP wirklich nur für kurze Zeit ein ›neuer‹ Consultant.«
Jan Müller, Consultant,
SMP Strategy Consulting

Insider-Tipp

»Seien Sie vor allem
authentisch und
versuchen Sie, der
Bewerbungssituation
selbstbewusst mit sport-
lichem Ehrgeiz entgegen-
zutreten. Wir wünschen
uns Teammitglieder auf
Augenhöhe. Wenn Sie
dabei Ihre Punkte nach-
vollziehbar strukturieren
und argumentieren, sind
Sie auf einem super Weg,
Teil unseres Beraterteams
zu werden.«
Moritz Osthues, Partner,
SMP Strategy Consulting

Insider-Tipp

»Berlin, Shanghai, Paris,
London, Silicon Valley
– klingt interessant?
Dachte ich mir auch!
SMP bietet individuelle
Modelle zur persön-
lichen Weiterbildung.
Ich habe mich mit SMP
für einen Executive
Master mit dem Schwer-
punkt ›Digital Innovation
and Entrepreneurial
Leadership‹ – im inter-
nationalen Kontext, an
einer renommierten
Business School – ent-
schieden.«
Lasse Brüggemann,
Senior Consultant,
SMP Strategy Consulting

Professional: Kandidaten mit Berufserfahrung steigen bei SMP Stratgey Consulting als Senior Consultant oder Projektmanager ein – je nach beruflicher Vorqualifikation. Gestalten Sie aktiv die zukünftige Ausrichtung von SMP Strategy Consulting mit, indem Sie den bestehenden Kundenstamm mit uns weiter entwickeln und neue Themen und Branchen erschließen.

Was wir suchen

Wir suchen engagierte Mitarbeiter mit hervorragendem Hochschulabschluss eines wirtschaftswissenschaftlichen oder wirtschaftsnahen Studienganges. Ihr wirtschaftliches Interesse und Ihre Begeisterung für die Strategieberatung zeigen Sie durch relevante Praxiserfahrung in einer Unternehmensberatung oder einem Industrie- bzw. Dienstleistungsunternehmen. SMP-Berater sind Persönlichkeiten mit Eigeninitiative, Führungsfähigkeit, Teamgeist und Engagement. Ausgeprägte analytische und konzeptionelle Fähigkeiten dürfen hier genauso wenig fehlen wie praxisorientiertes Umsetzungsvermögen. SMP honoriert Unternehmergeist in besonderem Maße: Eine studienbegleitende Start-up-Gründung oder ein vergleichbares Engagement verstehen wir als wertvolle Erfahrungen.

- **Voraussetzungen Associate:** Ein fortgeschrittenes wirtschaftswissenschaftliches Studium (min. im vierten Semester) mit sehr guten Leistungen sowie erste praktische Erfahrungen (idealerweise in einer Unternehmensberatung oder einer SMP-Kernbranche).
- **Voraussetzungen Consultant:** Abgeschlossenes wirtschaftswissenschaftliches/wirtschaftsnahes Studium mit hervorragenden Leistungen sowie mindestens zwei Praktika in einer Managementberatung oder SMP-Kernbranche.
- **Voraussetzungen Professional:** Mindestens zwei (bei Einstieg als Senior Consultant) beziehungsweise vier (bei Einstieg als Projektmanager) Jahre relevante Berufserfahrung in einer Managementberatung oder einer SMP-Kernbranche sowie erste Führungserfahrung.

Bewerbungsverfahren

Wenn Sie bei uns fest einsteigen möchten, durchlaufen Sie an unserem ganztägigen Bewerbertag verschiedene Stationen. Nachdem Sie während der Hausführung einen ersten Eindruck von unseren Büroräumen gewinnen, geht es los: In mehreren Gesprächen mit Fokus auf Personal Fit, Cases und weiteren Fragestellungen zum Berateralltag stellen Sie Ihre analytischen, konzeptionellen sowie sprachlichen Fähigkeiten unter Beweis. Ist das Ergebnis positiv, rundet ein Partnerinterview den Tag ab. Zwischen den Stationen laden wir Sie zu einem ungezwungenen Mittagessen mit SMP-Beraterinnen und -Beratern ein.

SMP
STRATEGY CONSULTING

Strategisch. Menschlich. Pragmatisch.
Vom Associate, über Consultant bis zum Partner.
Nutzen Sie Ihr Potenzial!

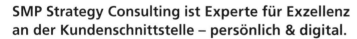

SMP Strategy Consulting ist Experte für Exzellenz an der Kundenschnittstelle – persönlich & digital.

Für unsere Klienten schaffen wir überragende Kundenerlebnisse und sorgen für Effizienz in der Leistungserbringung. Wir beraten Branchen-führer in Banken, Versicherungen, Energie und Telekommunikation.

Haben wir Ihr Interesse geweckt?

Dann wecken Sie unseres mit Ihren vollständigen und aussagekräftigen Bewerbungsunterlagen.

SMP Strategy Consulting	Alina Tautges	Tel +49 (0)211 13 06 69-43
Wasserstraße 8	Recruiting	www.smp-ag.de
40213 Düsseldorf	karriere@smp-ag.de	

Bewerber-Kontakt

Alina Tautges
Recruiting
karriere@smp-ag.de
Tel. +49 (0)211 130669-43
Wasserstraße 8
D-40213 Düsseldorf

www.smp-ag.de/karriere

Mehr Insider-
Informationen unter
squeaker.net/smp

Bei einer Bewerbung als Associate (für ein Praktikum) dauert das Interview etwa zwei Stunden. In dieser Zeit möchten wir mehr über Sie und Ihre Motivation erfahren. Natürlich haben auch Sie die Möglichkeit, alle offenen Fragen zu klären. Zusätzlich machen wir uns mit einer praxisnahen Fallstudie und einem kurzen Excel-/Powerpoint-Test ein Bild von Ihrem Potenzial als Strategieberater.

Achten Sie darauf, dass Sie vollständige und fehlerfreie Bewerbungsunterlagen einreichen. Vollständige Bewerbungsunterlagen sollten ein Motivationsschreiben, einen vollständigen Lebenslauf und relevante Zeugnisse zu Anstellungen, Praktika, Universitäts- sowie Schullaufbahn enthalten.

strategy&

Part of the PwC network

Strategy&, die Strategieberatung von PwC

Strategy& ist ein globales Team aus weltweit über 3.000 Strategie-Experten, das 2014 aus dem Zusammenschluss von Booz&Company und dem PwC-Netzwerk hervorging. Mit über 100 Jahren Beratungserfahrung verfügt Strategy& als eine der weltweit ältesten Strategieberatungen über fundierte Branchenkenntnisse und verknüpft umfangreiche Umsetzungs-expertise mit der Größe des PwC-Netzwerks. Weitblick, Pragmatismus und ein einzigartiger Team-Spirit zeichnen uns aus.

»Strategy, made real« heißt für uns, den digitalen Wandel voranzu-treiben, die Zukunft mitzugestalten und Visionen Wirklichkeit werden zu lassen. Gemäß unseres ganzheitlichen Beratungsgrundsatzes Strategy through Execution, begleiten wir Klienten von der Strategieentwick-lung bis zur konkreten Umsetzung. Sei es bei der Transformation eines Geschäftsbereichs oder beim Ausbau neuer Kompetenzen – wir schaffen jederzeit den Mehrwert, den unsere Klienten von uns erwarten. Die international aufgestellten Teams bieten selbst bei den komplexesten Fragestellungen professionelle Unterstützung.

Zur Lösung der Aufgaben setzt Strategy& ein umfangreiches Portfolio innovativer und praxiserprobter Instrumente und Methoden ein. Viele wurden von unseren Beratern entwickelt und gehören zum unverwechselbaren Markenzeichen des Unternehmens. So erkannten sie beispielsweise den Produktlebenszyklus als entscheidenden Erfolgsfaktor und optimierten die Wertschöpfungskette als Erste über das Supply Chain Management. Mit unseren erstklassigen Talenten, die wir global wie auch in Deutschland gewinnen und fördern, liefern wir unseren Klienten einen messbaren Mehrwert, unterstützen sie nachhaltig und helfen ihnen dabei, ihre individuellen Ziele auf höchstem Niveau zu erreichen.

Wir entwickeln gemeinsam neuartige Dienstleistungen und intelligente Geschäftsmodelle für verschiedene Branchen – beispielsweise Financial Services, Pharma, Chemie oder auch Automotive. Mit unseren Branchenteams arbeiten wir eingebettet in ein einzigartiges globales Netzwerk maßgeschneidert und flexibel. Unsere Erfahrung aus 100 Jahren Beratung namhafter Unternehmen und öffentlich-rechtlicher Institutionen bringen wir zusätzlich in zahlreiche Studien, Veröffent-lichungen sowie unser mehrfach ausgezeichnetes Management Magazin strategy+business ein.

**PwC Strategy&
(Germany) GmbH**

Hofgartenpalais
Goltsteinstrasse 14
40211 Düsseldorf
Tel. +49 (0)211 38900

*www.strategyandyou.
pwc.com/gsa*

strategy&
Part of the PwC network

Strategy, made real
Imagine your impact

Follow us!

@strategyandkarriere

www.strategyandyou.pwc.com/gsa

© 2019 PwC. All rights reserved. PwC refers to the PwC network and/or one or more of its member firms, each of which is a separate legal entity. Please see www.pwc.com/structure for further details.

Karrieremöglichkeiten

Einstieg als Praktikant

Praktikanten arbeiten bei Strategy& zwei bis drei Monate als vollwertige Mitglieder in unseren Projektteams, sammeln direkt beim Klienten Projekterfahrung und können sich vom Strategy& Teamspirit anstecken lassen. Wir versuchen, in der Regel zwei verschiedene Projekteinsätze zu ermöglichen, um die Lernkurve möglichst steil zu gestalten. Ein Praktikum bei uns bedeutet, Verantwortung zu übernehmen und einen realistischen Einblick in das tägliche Geschäft eines der globalen Top-Strategieberatungsunternehmen zu gewinnen. Dabei werden Praktikanten auch in das gesamte Spektrum der Personalentwicklungsprogramme eingebunden: vom persönlichen Mentoring über Trainings bis hin zu formalen Leistungsbeurteilungen.

Überzeugt man uns im Rahmen des Praktikums durch exzellente Leistungen und besteht Interesse an einem zeitnahen Festeinstieg als Associate, führen wir direkt im Anschluss an das Praktikum ein abschließendes Partner-Interview und unterbreiten nach einem erfolgreichen Gespräch auch direkt ein Vertragsangebot. Sollte der universitäre Abschluss noch nicht unmittelbar bevorstehen, bietet unser »Strategy& Talent« Praktikanten-Bindungsprogramm interessante Möglichkeiten, mit uns in Kontakt zu bleiben. Unsere Strategy& Talents haben die Möglichkeit, mehrfach jährlich an unterschiedlichen Netzwerk- und Social Events teilzunehmen. Wir bieten in unserem Programm darüber hinaus themenspezifische Trainings an, zudem stehen Strategy&-Berater/innen auch nach Beendigung des Praktikums als Mentoren und Coaches weiter zur Verfügung. Als Teil des Strategy& Talent Programms beschleunigt sich überdies der Bewerbungsprozess für einen späteren Einstieg bei Strategy&.

Einstieg als Absolvent

Strategy& bietet Bachelorabsolventen die Möglichkeit, für 18 bis 24 Monate erste Berufserfahrungen in der Unternehmensberatung zu sammeln. Anschließend erwarten wir, dass ein Masterstudium an einer Top-Universität absolviert wird, bevor die Karriere bei uns fortgesetzt wird. Masterabsolventen steigen als Associate (Master) ein. Ein intensives Training-on-the-job wird durch Seminare zu betriebswirtschaftlichen und methodischen Themen ergänzt. Nach Ablauf von etwa zwei Jahren besteht die Möglichkeit zur Teilnahme an einem MBA-Programm oder zur befristeten Freistellung für eine Dissertation. Hervorzuheben ist auch, dass sich eine Karriere bei uns auf zwei Wegen starten lässt: Entweder steigt man als Generalist ein und richtet sich im weiteren Verlauf der persönlichen Entwicklung sukzessiv auf bestimmte Industrien und Themenschwerpunkte aus oder man steigt direkt in einer funktionalen Strategy Practice mit dem Fokus auf Technology, Organization oder Operations ein.

Training und Entwicklung

Die kontinuierliche Entwicklung unserer Mitarbeiter/innen zu Top-Consultants ist für Strategy& die Grundlage der erfolgreichen Beratungstätigkeit. Weiterbildung und Karriereplanung haben daher einen besonders hohen Stellenwert. Grundsätzlich gilt: Die eigene Leistung entscheidet über die Geschwindigkeit der persönlichen Weiterentwicklung in der Firma. Alle neuen Berater/innen nehmen zunächst an einem einwöchigen, weltweiten Einstiegstraining teil. Die Teilnehmer erhalten hier einen Überblick über beratungstypische Arbeitsweisen und Konzepte, die für ihre Tätigkeit von wesentlicher Bedeutung sind – vom Projektablauf bis hin zu Informationen über den firmeninternen Researchservice.

Regelmäßiges, konstruktives Feedback sorgt für Klarheit und schafft Orientierung sowie Motivation. Beständige Weiterbildung ist ein weiterer Baustein der Karriereplanung: Neben formalen Trainings on-the-job werden die Fähigkeiten der Mitarbeiter kontinuierlich geschult, insbesondere ihre Beratungs- und Problemlösungskompetenz.

Ein breites Angebot an Trainings-, Coaching- und Mentoringprogrammen unterstützt die individuelle Gestaltung der persönlichen und fachlichen Weiterentwicklung der Berater/innen. Strategy& legt dabei viel Wert auf innovative Lernkonzepte mit starkem Praxisbezug, die den direkten Transfer des Gelernten in den Alltag garantieren. Einzigartige Erfahrungen an ausgewählten Trainingsorten, die Möglichkeit, sein globales Netzwerk zu erweitern und hohe Lernerfolge über die Karriere bei Strategy& hinaus – das zeichnet unsere Personalentwicklung aus.

Sponsorship-Programme

Nach ca. 24 Monaten bei Strategy& besteht die Möglichkeit, sich um ein MBA-Sponsorship oder eine Promotionsförderung zu bewerben. Im Rahmen des MBA-Sponsorships fördern wir Ein- und Zweijahres-Programme. Strategy& übernimmt die vollen Studiengebühren, stellt weiterhin Notebook und E-Mail-Adresse zur Verfügung und bietet den Zugriff auf firmeninterne Ressourcen. Der Zeitraum für eine Dissertation ist flexibel und wird individuell geregelt. Wir bieten angehenden Doktoranden zudem eine attraktive finanzielle Unterstützung sowie eine enge Anbindung an das bestehende Netzwerk. Nach erfolgreicher Promotion oder absolviertem MBA wird ein reibungsloser Wiedereinstieg in die Projektarbeit gewährt.

Bewerbungsoptionen

Vollständige Bewerbungsunterlagen werden direkt über unser Bewerberportal eingereicht. Die Bewerbungsunterlagen sollten neben Anschreiben und Lebenslauf auch entsprechende Zeugnisnachweise und Notenübersichten enthalten. Wir stellen ganzjährig in unseren Büros in Deutschland, Österreich oder der Schweiz ein! Die Bewerbung sollte uns jedoch spätestens drei bis vier Monate vor gewünschtem Einstellungstermin erreichen. Nach Einreichung der Unterlagen erhalten die Bewerber von uns nach spätestens drei Wochen eine Rückmeldung.

Bewerbungsverfahren

Nach erfolgreicher Prüfung der Bewerbung durch unser Recruiting-Team laden wir Bewerber zu einem Auswahltag in eines unserer Offices in Deutschland, Österreich oder der Schweiz ein. Bei einem angestrebten Festeinstieg werden bis zu vier einstündige Interviews geführt von denen mindestens ein Interview auf Englisch stattfinden wird. Zusätzlich löst man Fallstudien, abgeleitet aus ausgewählten Strategieberatungs-projekten. Praktikanten durchlaufen beim Auswahltag insgesamt drei Gespräche. Eines davon ist auf Englisch. Das Ergebnis der Gespräche erfolgt direkt im Anschluss an die Gespräche.

Tipps für Bewerber

Neben der üblichen Vorbereitung für ein Vorstellungsgespräch sollte sich vor allem auf das Lösen von Case Studies vorbereitet werden. Hierzu eignen sich zum Beispiel Bücher oder spezialisierte Online-Communities. Bewerber sollten sich bereits jetzt über ihr Business-Netzwerk mit Personen aus der Consulting-Branche austauschen, die sie inspirieren. Auch sie können wertvolle Tipps vor dem Bewerbungsprozess und Einstieg in die Strategieberatung geben.

Insider-Perspektive

Wie viel werde ich reisen?

Die Anzahl der Reisen hängt im Wesentlichen vom Projekt und dessen Anforderungen ab. In der Regel sind unsere Berater/innen vier Tage pro Woche beim Klienten vor Ort, Freitag ist der sogenannte Office-Day.

Gibt es ein Mentorenprogramm bei Strategy&?

Jeder Berater wird auf seinem Karriereweg von einem Junior- und einem Senior-Mentor betreut. Während die Senior-Mentoren die grundsätz-liche Karriereentwicklung im Auge behalten, sind die Junior-Mentoren Ansprechpartner im Tagesgeschäft. Beide begleiten ihre Mentees über die weitere Entwicklung der Karriere hinweg. In regelmäßigen Gesprächen hat man die Möglichkeit, Themen jenseits des Berateralltags anzusprechen, sich über Karriereaussichten, persönliche Stärken oder Schwächen, Sorgen oder Erwartungen auszutauschen und von den Erfahrungen der Mentoren zu profitieren. Darüber hinaus achtet der Career-Development-Manager, über den die zentrale Einsatzplanung läuft, darauf, dass ein Berater bei seinen Projekteinsätzen in den ersten Jahren möglichst vielseitige Kom-petenzen aufbaut und nicht länger als sechs Monate auf einem Projekt bleibt. Auch unsere Praktikanten werden während und nach ihrer Zeit bei Strategy& von einem Mentor betreut.

Bewerber-Kontakt

Für Praktikanten:
Isabel Schilling

Für Absolventen:
Corinna Kasper

Für Berufsfahrene:
Gregor Kleist

Tel. +49 (0)211 3890 0

*de_strategyandkarriere@
pwc.com*

Besteht die Möglichkeit im Ausland eingesetzt zu werden?

Bei Strategy& gehören internationale Projekte zur Selbstverständlichkeit. Darüber hinaus hat man unter bestimmten Voraussetzungen die Möglichkeit, im Rahmen eines Secondments für längere Zeit an einem unserer internationalen Standorte zu arbeiten.

Gibt es bei Strategy& das »grow or go«-Prinzip?

Ja, wir bieten unseren Mitarbeitern einen klar strukturierten Karrierepfad und erwarten, dass sie sich kontinuierlich weiterentwickeln, neue Fähigkeiten aufbauen und zunehmend Verantwortung übernehmen, sowohl in der direkten Klientenarbeit als auch intern im Unternehmen.

Wie viele Stunden pro Woche arbeitet man im Consulting bei Strategy&?

Unternehmensberatung ist kein nine-to-five-Job, der konkrete Zeitaufwand hängt immer von der jeweiligen Projektphase ab. Wir sind jedoch davon überzeugt, dass Job und Privatleben in einem vernünftigen Gleichgewicht stehen müssen. Darum nimmt die »Work-Life-Balance« bei uns einen hohen Stellenwert ein. Strategy& hat spezielle Modelle entwickelt, die es beispielsweise ermöglichen, Beruf und Familie miteinander zu vereinbaren. Wir setzen auf klare Planung und achten – wo immer erwünscht – auf ortsnahe Einsätze. Unsere flexiblen Arbeitszeitmodelle und Präsenzregelungen (Sabbatical/Leave of absence, Teilzeit, Wiedereinstieg für Eltern) eröffnen weitere Möglichkeiten.

Wie könnte man die Kultur von Strategy& beschreiben?

Unsere Kultur ist uns ein besonderes Anliegen und von einem starken Zusammenhalt geprägt. Ein enger Austausch unter Kollegen und die Arbeit in einer familiären Atmosphäre sorgen dafür, dass sich unser Team auch in arbeitsintensiven Phasen wohlfühlt. Mithilfe von zahlreichen Events, wie regelmäßigen Happy-Hours, Office-Frühstück, Abendessen im Team, gemeinsamen Sportaktivitäten (wie bspw. Skiausflüge oder gemeinsame Marathonläufe), Sommerfesten und Weihnachtsfeiern, sorgen wir für viele Möglichkeiten, sich austauschen und vernetzen zu können.

Mehr Insider-Informationen unter
squeaker.net/ strategyand

Insider-Tipp

»Die Arbeit in der Strategieberatung ist komplex, herausfordernd und spannend. Für den Erfolg ganz maßgeblich ist daher, wie diese Aufgaben im Zusammenspiel mit unseren Klienten und den Kollegen gelöst werden. Wir sind davon überzeugt, dass gemeinsame Höchstleistungen nur durch ein kooperatives und kollaboratives Miteinander möglich sind – in agilen Teams, die neben all der fachlichen und methodischen Expertise geprägt sind durch Vertrauen, Hilfsbereitschaft, Wertschätzung, Humor und Spaß.«

Ilkay Boramir, **Strategy&**

Struktur Management Partner

- Anzahl Mitarbeiter in Deutschland: 80
- Anzahl offener Praktikumsplätze 2020: ca. 15
- Anzahl offener Stellen für Absolventen 2020: > 20
- Standorte: Köln, München

Struktur Management Partner GmbH

Gereonstraße 18-30
50670 Köln
Tel. +49 (0)221 912730-0
bewerbung@struktur-management-partner.com

struktur-management-partner.com

Von Struktur Management Partner dürfen Sie als Mitarbeiter/in sehr viel erwarten, genauso wie es auch unsere Kunden tun: uns zeichnen eine hohe analytische Kompetenz, über Jahrzehnte gewachsenes Methoden-Know-how und umfangreiche Managementerfahrung aus. Dabei pflegen wir einen partnerschaftlichen Umgang mit unseren Kunden, mit deren Stakeholdern und mit unseren Mitarbeitern.

Die Aufgabenstellungen, die wir übernehmen, haben es in sich: wir verstehen die Geschäftsmodelle unserer Kunden ganzheitlich, arbeiten die Optimierungspotentiale heraus und setzen sie gemeinsam mit unseren Kunden um.

Unsere Mitarbeiter reizt die Vielfalt der Projekte und die eigene Weiterentwicklung: immer wieder neue Branchen, Unternehmensgrößen, Ausgangssituationen, Aufgabenstellungen. Daher sind die Karrieremöglichkeiten exzellent. Neun unserer zwölf Partner haben ihre Berufskarriere bei Struktur Management Partner als Praktikant oder Hochschulabsolvent begonnen – und ehemalige Berater unseres Hauses sind typischerweise Geschäftsführer im deutschen Mittelstand.

Struktur Management Partner ist spezialisiert auf Umbruchsituationen. Sowohl im Wachstum wie in der Restrukturierung sind wenig Zeit, wenig Geld und wenig Managementkapazitäten vorhanden, um das Vertrauen der Stakeholder zu erhalten oder zurück zu gewinnen. Mit über 30 Jahren Erfahrung unterstützen wir unsere Kunden in diesen herausfordernden Situationen. Wir analysieren sowohl die finanzwirtschaftliche wie leistungswirtschaftliche Situation, ermitteln die Werterzeuger und Wertvernichter, stellen die Markt- und Wettbewerbssituation heraus und heben gemeinsam mit unseren Kunden die Wachstums- und Ertragssteigerungspotentiale. Gute Konzepte sind dabei eine unerlässliche Voraussetzung für den Erfolg. Entscheidend ist aber, dass definierte Maßnahmen tatsächlich realisiert werden. Genau das ist unsere Aufgabe. Spannend ist das vor allem für unsere Berater, die nicht nur beraten, sondern hands on umsetzen und – wenn erforderlich – auch interimistisch Führungsverantwortung in den Unternehmen übernehmen.

»Wer schwarze Zahlen schreiben will, muss Rote besser lesen können. Lernen Sie mit uns lesen und schreiben Sie aufregende Unternehmensgeschichten – eine nach der anderen.«
Felix Schwabedal, Partner,
Struktur Management Partner

Karrieremöglichkeiten

Berater auf Zeit: Praktikanten

Als Praktikant bei Struktur Management Partner tragen Sie Verantwortung von Anfang an beim Kunden vor Ort!

Praktikanten sind für uns keine billigen Hilfskräfte, sondern die Kolleginnen und Kollegen von morgen. Wir wollen Ihnen zeigen, was Sie bei uns als Consultant erwarten würde und Sie von unserer Mission begeistern. Deshalb setzen wir Sie unmittelbar in einem unserer Kundenprojekte vor Ort in einem mindestens achtwöchigen Praktikum ein. Sie sind Teil des Teams und wir überantworten Ihnen eine unserer Aufgaben. Natürlich lassen wir Sie damit nicht allein. Ihre Leistungsfähigkeit entscheidet über das Maß an Eigenständigkeit, mit der Sie arbeiten.

Entsprechend anspruchsvoll sind die Anforderungen und der Auswahlprozess. Sie sollten sich mindestens am Ende Ihres Bachelorstudiums befinden und erste Praktika-Erfahrungen gesammelt haben. Gute Deutsch- und Englischkenntnisse setzen wir ebenso voraus wie finanzwirtschaftliche Grundkenntnisse, die Sie übrigens in demselben Auswahlverfahren im Rahmen einer Fallstudie unter Beweis stellen, wie unsere Consultant-Kandidaten. Dafür winkt Ihnen bei erfolgreichem Praktikum eine Jobzusage als Consultant nach Abschluss des Masterstudiums. Der Einsatz lohnt sich!

Hochschulabsolventen

Absolventen starten bei Struktur Management Partner als vollwertiges Teammitglied. Nach einem mehrtägigen Einstiegstraining erwartet Sie Ihr erster Projekteinsatz bei einem unserer mittelständischen Klienten mit 50 - 500 Mio. Euro Umsatz und 200 - 4.000 Mitarbeitern. Ob im Rahmen einer mehrwöchigen Konzepterstellung oder der Umsetzung eines Konzeptes: Sie übernehmen Verantwortung für einzelne Module und werden von erfahrenen Kollegen gecoacht. Eines können wir Ihnen versprechen: Sie werden innerhalb kürzester Zeit eine steile Lernkurve erfahren. Jedes Projekt ist anders. Sie müssen sich immer wieder neuen Aufgaben stellen. Das Meistern dieser Herausforderungen bedeutet aber vor allem eines: durch Struktur Management Partner stehen Ihnen viele Wege offen.

Young Professionals und Senior Professionals

Wenn Sie schon über Beratungserfahrung verfügen oder einige Jahre im finanzwirtschaftlichen oder leistungswirtschaftlichen Umfeld gearbeitet haben und Ihre Expertise auf eine ganzheitliche und breite Basis stellen wollen, sind Sie bei uns herzlich willkommen. Dabei werden Sie einerseits ihren Mehrwert in Ihrem Fachgebiet einbringen, andererseits völlig neue Dinge lernen. So runden Sie Ihr Profil zum Geschäftsführer ab.

Struktur
Management
Partner

Führend bei Turnaround und Wachstum.

Wir bilden aus:
Geschäftsführer/
innen.

Ausbildungsinhalte sind: Das Stärken
Ihrer Stärken in den Bereichen Methodik,
Kommunikation und Führung. Die
Leidenschaft, Unternehmen als Ganzes
zu begreifen, Konzepte zu entwickeln,
Geschäftsführung, Mitarbeiter und
Finanzierer zu überzeugen. Und schließ-
lich die Maßnahmen als Manager auch
konsequent umzusetzen. Das Training:
20 Schulungsmodule und operative
Projektarbeit im Grenzbereich von Turn-
around und Wachstum. In einem Team,
das versteht, was Teamgeist bedeutet.
Klingt spannend? Dann: siehe unten!

Nicola, Project Manager

Hier online bewerben:
www.struktur-management-du.com

»Wir bilden aus:
Geschäftsführer/innen.
Sie sind top in Finanzen,
Operations oder
Strategie? Nutzen Sie
Ihre Stärken und wach-
sen Sie mit uns im Team
über sich hinaus!«
Markus Isermann,
Head of HR,
Struktur Management
Partner

Personalentwicklung

INDIVIDUELLE PERSONALENTWICKLUNG schreiben wir groß. Bei uns gilt: machen! Am besten: richtig! Um Sie dafür zu qualifizieren, werden Sie bei uns ständig unterstützt: on the job, in Seminaren und an ausgewiesenen Hochschulen. Unser Ziel ist die Entwicklung unserer Mitarbeiter zu Top-Führungspersönlichkeiten mit hoher managerialer Kompetenz. Mit einer systematischen Fach- und Persönlichkeitsausbildung in insgesamt 20 internen Trainings und individuell abgestimmten externen Seminaren versetzen wir Sie nach ca. vier Jahren in die Lage, als gestandener Turnaround- und Wachstumsmanager, erfolgreich zu sein. Neben dem SMP-Seminar-Curriculum gibt es zusätzlich auch die Möglichkeit der Sonderförderung wie Executive-/MBA-Ausbildungen an Top-Universitäten (INSEAD, WHU, Kellogg etc.) oder Promotionsvorhaben.

Unsere Leistung ist nur im Team möglich. Daher legen wir außerordentlichen Wert auf teamorientierte Mitarbeiter und Führungskräfte. Das schließt auch mit ein, unterschiedliche Stärkenprofile als Chance zu begreifen. Daher pflegen wir eine ausgeprägte Feedbackkultur. Nur wenn wir unsere Stärken und Schwächen kennen und richtig einordnen, können wir uns im Team entsprechend aufstellen. Wir unterstützen uns gegenseitig und gehen die Extrameile, um unsere gemeinsamen Ziele zu erreichen.

Bewerbungsverfahren

Bewerber-Kontakt
Markus Isermann
Head of HR
Tel. +49 (0)221 9127 30-40
bewerbung@struktur-
management-partner.
com
struktur-management-
du.com

Unsere Kandidaten/innen lernen wir in zwei Vorstellungsgesprächen kennen. Dabei präsentieren Sie sich selber mit einer von Ihnen vorbereiteten, kurzen PowerPoint-Präsentation. Anschließend bearbeiten Sie eine Fallstudie aus unserer Praxis und stellen diese Ihren Gesprächspartnern vor. Dadurch gewinnen wir Einblicke in Ihre Arbeitsweise und Sie können die Herausforderungen eines Praxisfalls sehr gut nachvollziehen. Natürlich stehen wir Ihnen dabei für alle Fragen zu uns und unserer Arbeit zur Verfügung. In einem Folgegespräch lernen Sie auch mindestens einen der Partner von Struktur Management Partner kennen, denn Mitarbeitergewinnung und -entwicklung ist für uns eine unternehmerische Aufgabe.

Kandidaten/innen benötigen eine hohe Sozialkompetenz, Agilität und den Willen, sich in einem herausfordernden Umfeld stetig fachlich und persönlich weiter zu entwickeln. Denn gute Lösungen müssen nicht nur gründlich erarbeitet, sondern auch gut vermittelt werden, damit sie akzeptiert werden.

Die Lektüre unseres Bestsellers »Turnaround-Management in der Praxis« bereitet Sie optimal auf die Gespräche mit uns vor.

Insider-Perspektive

- Unsere Arbeit ist von einer hohen Sinnhaftigkeit geprägt. Wir helfen Unternehmen, Krisen erfolgreich zu meistern oder noch erfolgreicher zu werden.
- Die persönliche Lernkurve könnte nicht höher sein: Berater bei Struktur Management Partner erwerben Kompetenzen über den gesamten Wertschöpfungsprozess bis hin zur Kompetenz eines Geschäftsführers im Mittelstand.
- Unser Team-Spirit zeichnet uns aus und wir arbeiten partnerschaftlich mit unseren Kunden und Mitarbeitern zusammen.

Bei Struktur Management Partner kann man ab der Stufe Senior Consultant das »Teilzeitmodell 90 -%« wählen. 10 % der Jahresarbeitszeit werden Ihnen als Ausgleichstage im Urlaubskonto gutgeschrieben. Ob Weltreise, Bildungsurlaub oder regelmäßige Auszeittage: die Gestaltung der Teilzeit 90 % ist so individuell wie das Leben. Und sollte das Modell nicht zu Ihren Bedürfnissen passen, vereinbaren wir eben ein individuelles Sabbatical – kein Problem. Senior Manager können bei Struktur Management Partner ihren Terminkalender eigenverantwortlich steuern – das ist gut für die Work-Life-Ballance und auch für junge Berater eine attraktive Perspektive. Denn bei Struktur Management Partner geht es steil bergauf, mit der Lernkurve und der Karriere. Deshalb gibt es bei Struktur Management Partner viele junge Väter und Mütter, bis in die Partnerschaft hinein. Tatsächlich lassen sich Familie und Beruf im Projektgeschäft nicht selten besser vereinbaren, als in der Industrie.

Insider-Tipp

»Die besonderen Herausforderungen: in 6-8 Wochen fassen wir komplexe Analysen in ganzheitliche Konzepte, präsentieren sie vor kritischen Bankern und setzen sie anschließend verantwortlich unter hohem Erfolgsdruck um. Damit lösen wir die existenziellen Probleme unserer Klienten, die Management, Berater, Gesellschafter, Finanzierer und Beiräte nicht gelöst haben.

Mit Sicherheit ist das nicht immer nur Zuckerschlecken. Doch es lohnt sich, immer wieder sein Bestes zu geben. Mit einer Mannschaft von 80 Kolleg/innen retten wir jedes Jahr tausende Arbeitsplätze und geben damit Menschen wieder eine Perspektive. Bei mir waren es in drei Jahren sechs Unternehmen in fünf Branchen, denen wir so helfen konnten.

Meine Erwartung übertroffen hat die Team-Kultur bei Struktur Management Partner, die sich durch besonders freundschaftliche Umgangsformen, gegenseitige Unterstützung und ein außergewöhnliches Zusammengehörigkeitsgefühl auszeichnet. Gerade das schätzen auch unsere Kunden sehr, die Teil des Restrukturierungs-Teams werden.

Stellt Euch heute eine Frage: Wofür wollt Ihr jeden Morgen aufstehen?.«

Nicola Ellinger, Project Manager, **Struktur Management Partner**

Mehr Insider-Informationen unter **squeaker.net/Struktur-Management-Partner**

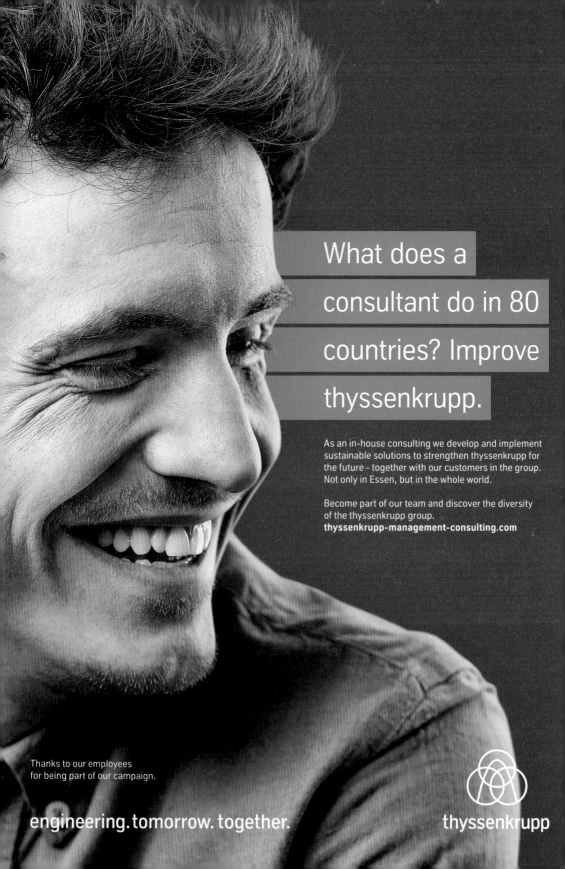

What does a consultant do in 80 countries? Improve thyssenkrupp.

As an in-house consulting we develop and implement sustainable solutions to strengthen thyssenkrupp for the future - together with our customers in the group. Not only in Essen, but in the whole world.

Become part of our team and discover the diversity of the thyssenkrupp group.
thyssenkrupp-management-consulting.com

Thanks to our employees
for being part of our campaign.

engineering. tomorrow. together.

thyssenkrupp

thyssenkrupp Management Consulting

Als interne Managementberatung mit rund 70 Mitarbeitern haben wir das Ziel, gemeinsam mit unseren Kunden im Konzern, thyssenkrupp weiter nach vorne zu bringen. Denn der Konzern befindet sich derzeit in einem grundlegenden Wandel und arbeitet seit Sommer 2019 an der Ausgestaltung und Umsetzung der neuen Konzernstrategie »newtk«, welche drei Prinzipien folgt: Performance first, flexibles Portfolio und effiziente Organisation. Hierbei ist eine bestmögliche Aufstellung der Geschäfte und eine schlankere, schnellere, einfachere und flexiblere organisatorische Aufstellung des Konzerns entscheidend.

Nicht nur hier unterstützt TKMC den Konzern mit mehreren Teams, sondern fokussiert sich generell auf die Bereiche Performance, Markets & Strategy, Transformation & Execution sowie Digitalisierung.

Für TKMC suchen wir Top-Talente, die sich durch ihre Leistungen und ihre überzeugende Persönlichkeit von der Masse abheben. Kombinieren Sie Consulting mit Industrievielfalt und erhalten Sie wertvolles Handwerkszeug für Ihre weitere Karriere. Treiben Sie in der täglichen Projektarbeit die Neuausrichtung von #newtk, einem Konzern mit 161.000 Mitarbeitern in 78 Ländern, voran und werden Sie Teil unseres Teams!

Unsere Kunden und Projekte

TKMC berät weltweit alle Geschäftseinheiten von thyssenkrupp. Mit unserem Projektportfolio richten wir uns an die Führungskräfte der einzelnen Geschäftsfelder, Konzernfunktionsleiter und regionalen CEOs des gesamten thyssenkrupp Konzerns. Da bei uns jeder Kunde auch gleichzeitig unser Kollege ist, ist uns der Erfolg unserer Kunden besonders wichtig, denn nur gemeinsam bringen wir den Konzern voran.

So vielfältig der Konzern, seine Einheiten und Produkte sind, so vielfältig sind auch unsere internationalen Projekte. Seit der Gründung von TKMC im Jahr 2009 konnten wir in über 300 Projekten einen umfassenden Beitrag zur Weiterentwicklung des Konzerns leisten und Expertenwissen aufbauen. In den letzten Jahren waren unsere Berater z.B. in den USA, in Südamerika, Singapur, Australien und Dubai. Nicht nur internationale Erfahrung sondern auch unsere Berater zu Generalisten im Consulting, aber als Spezialisten für thyssenkrupp auszubilden ist eines unserer Ziele. Das bedeutet: unterschiedlichste Projektthemen – ohne sich bereits zu Beginn der Beratertätigkeit thematisch festlegen zu müssen. Wir legen Wert darauf, dass unsere Berater sowohl die Bandbreite unserer strategischen und operativen Themen kennenlernen, als auch die Vielfalt

**thyssenkrupp
Management Consulting**

thyssenkrupp Allee 1
45143 Essen

*www.thyssenkrupp-
management-consulting.
com*

Insider-Tipp

»Durch die Aufstellung als Inhouse-Beratung stehen einem als Berufseinsteiger alle Karrieremöglichkeiten offen – sowohl eine klassische Beraterkarriere als auch der gezielte Übertritt in den Konzern.«
*Isa Mackenberg,
Head of Talent
Acquisition,*
**thyssenkrupp
Management Consulting**

unseres Konzerns in den verschiedenen Einheiten von der Vorstands- bis zur Shopfloor-Ebene erleben.

Karrieremöglichkeiten

Einstiegsmöglichkeiten für Studenten und Absolventen

TKMC ist jederzeit auf der Suche nach exzellenten Praktikanten, Berufseinsteigern und Professionals um das Team mit selbstbewussten Persönlichkeiten und wertvollen Fähigkeiten zu ergänzen. Generell ist ein Einstieg bei uns ganzjährig möglich. Für ein Praktikum bringen Sie bitte einen sehr guten Schulabschluss mit und befinden sich im fortgeschrittenen Bachelorstudium der Fachrichtungen Wirtschafts- und Naturwissenschaften, (Wirtschafts-)Informatik oder Ingenieurwesen. Als Absolvent überzeugen Sie uns mit einem ausgezeichneten Master-/ Diplomabschluss in den zuvor genannten Fachrichtungen. Wichtig ist, dass bereits relevante Praxiserfahrungen im Consulting oder Strategie- bereich eines Großkonzerns durch z.B. erste Praktika vorhanden sind. Ergänzt wird dieses Profil noch durch internationale Erfahrungen, einen kühlen Kopf und Humor auch in stressigen Situationen.

Als TKMC-Berater benötigen Sie ein hohes Maß an Gestaltungs- willen, ausgeprägte analytische Fähigkeiten, eine hohe Leistungsmotiva- tion und natürlich Interesse an den Herausforderungen sich permanent verändernder globaler Industrien.

Bewerbungsverfahren

Um einen reibungslosen und angenehmen Prozess zu gewährleisten bewerben Sie sich bitte mindestens drei Monate vor Ihrem gewünschten Einstiegstermin mit Ihren vollständigen Bewerbungsunterlagen. Dazu gehören für uns ein Anschreiben, Ihr aktueller Lebenslauf, Ihr Schul- abschlusszeugnis, sowie alle weiteren akademischen Nachweise und Arbeitszeugnisse.

Hat uns Ihr Gesamtprofil überzeugt, laden wir Sie zu unserem Recruiting-Tag ein. In drei Persönlichkeits- und Case-Interviews können Sie uns zeigen, dass Sie die analytischen und unternehmerischen Fähigkeiten sowie den »Personal-fit« besitzen, die einen TKMC Berater ausmachen. Selbstreflektion, eine hohe Problemlösefähigkeit, wie auch ein hohes Maß an Leidenschaft für Ihre Arbeit im Inhouse Consulting sind nur einige Faktoren, auf die wir viel Wert legen. Beim Get-together in den Gesprächspausen haben Sie die Möglichkeit, unabhängig von den Interviews, in entspannter Atmosphäre mit weiteren TKMC-Beratern Erfahrungen auszutauschen. Somit erhalten Sie ein noch detaillierteres Bild von uns und unserer Arbeit.

Nach Ihrer Teilnahme an unserem Recruiting-Tag erhalten Sie wenige Tage später ein ausführliches Feedback von uns. Wenn Sie uns überzeugt

Insider-Tipp

»Meine Motivation für das Inhouse Consulting ist insbesondere die Chance der Mitgestal- tung an der Zukunft eines Konzerns sowie die Beratung auf Augenhöhe. Dies gilt insbesondere für thyssenkrupp, da sich der Konzern zurzeit stark im Wandel befindet.«
Julien Becker,
Senior Consultant,
thyssenkrupp
Management Consulting

Bewerber-Kontakt

Isa Mackenberg
Head of Talent Acquisition
recruiting@ thyssenkrupp.com
+49 (0)201 844-534915
www.thyssenkrupp- management-consulting. com

haben, ist unsere Geschäftsführung gespannt darauf, Sie in einer zweiten Gesprächsrunde ebenfalls kennenzulernen. Stellen wir abschließend fest dass wir gut zueinander passen, erhalten Sie zeitnah unser Angebot. Im Mittelpunkt des gesamten Auswahlverfahrens steht für uns der persönliche Kontakt zueinander und somit ein intensives, gegenseitiges Kennenlernen. So werden Sie von unserem Talent Acquisition-Team über den kompletten Prozess eng begleitet. Zudem nehmen sich unsere Berater auch abseits der Interviewtage gerne Zeit für Ihre Fragen.

Tipps für die Interviews

Motivation und Persönlichkeit:
Wir möchten in den Interviews einen authentischen, motivierten und interessierten Bewerber erleben. Auch die Chemie sollte natürlich auf beiden Seiten stimmen, da wir großen Wert auf Teamgeist, ein wertschätzendes Miteinander und ein überzeugendes Auftreten beim Kunden legen.

Case Performance:
Insbesondere Struktur und Problemlösungskompetenz sind uns in den Cases wichtig. Hier überzeugen Sie uns durch exzellente Analytik und Zahlengefühl sowie durch die Fähigkeit auch in einer eher stressigen Situation souverän, pragmatisch und bedacht zu agieren.

Kommunikation und Auftreten:
Wir wünschen uns aktive Gesprächspartner. Beweisen Sie uns, dass Sie im Umgang mit den potentiellen Kunden über alle Managementebenen hinweg professionell und mit angemessenem Auftreten kommunizieren können.

Die ersten 100 Tage bei uns
Bei uns sind Sie Berater ab dem ersten Tag, denn learning on the job ist die beste Möglichkeit um thyssenkrupp, TKMC, Arbeitsweisen und Kollegen kennenzulernen. Von Beginn an übernehmen Sie selbst Arbeitspakete und verantworten Workstreams; dazu zählen Auswertungen bei Excel und Präsentationen mit PowerPoint genauso wie Kundeninterviews und Präsentationen beim Kunden. Selbstverständlich lassen wir Sie nicht allein: Durch unser Buddykonzept mit einem Kollegen auf dem gleichen Level haben Sie immer einen Ansprechpartner. Darüber hinaus stellen wir Ihnen einen erfahrenen TKMC-Mitarbeiter zur Seite, der Sie während der gesamten Zeit bei TKMC in Ihrer fachlichen und persönlichen Weiterentwicklung unterstützt.

Perspektive
Die individuelle Entwicklung jedes Einzelnen steht für uns im Mittelpunkt. TKMC bietet Ihnen dazu ein umfassendes Trainingsportfolio aus Coachings, Skill-Trainings und fachlichen Weiterbildungsangeboten.

Insider-Tipp

»Da wir großen Wert auf Teamgeist, ein wertschätzendes Miteinander und ein überzeugendes Auftreten beim Kunden legen, sollte das Mindset eines Teamplayers vorhanden sein!«
Isa Mackenberg,
Head of Talent Acquisition,
thyssenkrupp
Management Consulting

Insider-Tipp

»Man sollte darauf achten, die Problemstellung strukturiert an einem „roten Faden" entlang zu bearbeiten. Ich habe die Interviewer an meinen Überlegungen teilhaben lassen und Rückfragen gestellt. Mein Tipp: Seid vorbereitet und seid ihr selbst!«
Linda Breulmann,
Senior Consultant,
thyssenkrupp
Management Consulting

Durch die Aufstellung als Inhouse-Beratung stehen Ihnen alle Karriere-möglichkeiten offen – sowohl eine klassische Beraterkarriere als auch der gezielte Übertritt in den Konzern. Bei TKMC entwickeln Sie sich zu einem erfahrenen und exzellent vernetzten Top-Managementberater mit fundierter Konzernkenntnis. Sie gestalten das Wachstum unserer Beratung mit und haben die Möglichkeit, sich, wie unsere zahlreichen Alumni, für die spätere Übernahme einer verantwortungsvollen Managementaufgabe im thyssenkrupp Konzern zu qualifizieren.

Benefits und Gehalt

Neben einem wettbewerbsfähigen Vergütungspaket ist es bei uns möglich, einen 4-wöchigen Leave zusätzlich zu den 30 Tagen Urlaub zu nehmen. Auch Home-Office ist je nach Projektlage möglich. Ebenso ermöglichen wir einen 12-24 monatigen Leave für eine Promotion oder einen MBA. Darüber hinaus haben wir natürlich ein umfassendes Trainingsportfolio aus verschiedenen Weiterbildungsangeboten und bieten zudem jedem Mitarbeiter die Nutzung unserer internen Mobilitätslösung an. Eine sehr gute betriebliche Altersvorsorge sowie weitere attraktive Mitarbeiterver-günstigungen sind zusätzliche Benefits von thyssenkrupp.

Insider-Perspektive

thyssenkrupp befindet sich derzeit in einem grundlegenden Wandel, den wir aktiv mitgestalten und hautnah miterleben. Unsere hohe Reputation beim Top-Management und unsere Performance-Orientierung erlauben, diesen Wandel des Konzerns voranzutreiben, Werte zu schaffen und zu gestalten. Dabei haben wir stets den Fortschritt unserer Kunden als Maßstab unseres Erfolgs im Blick und entwickeln z.B. Geschäfts- und Digi-talisierungsstrategien, identifizieren Wachstumspotenziale, analysieren Wettbewerbsfähigkeiten und begleiten die Umsetzung von Transformati-onsprogrammen zur Performancesteigerung.

Unsere Unternehmenskultur

Mit unserem schlagkräftigen TKMC-Team aus engagierten Top- Absol-venten, Young Professionals sowie erfahrenen Beratern externer Strategie-beratungen schaffen wir es die hohen Ansprüche jeden Tag aufs Neue in den Projekten umzusetzen. Neben kollegialer und vertrauensvoller Zusammenarbeit mit den Kunden bildet auch das Miteinander im TKMC-Team eine besonders wichtige Grundlage: die enge Zusammenarbeit im Team ist ein bedeutendes Erfolgselement. Bei TKMC setzen wir daher auf Offenheit, Ehrlichkeit und gegenseitige Wertschätzung für ein konstruk-tives Miteinander. Jeder trägt mit Persönlichkeit, Können und Engagement nicht nur zu erfolgreichen Beratungsprojekten, sondern auch zur stetigen Weiterentwicklung und zum weiteren Ausbau von TKMC und einem ganz besonderen Team-Spirit bei.

Mehr Insider-
Informationen unter
squeaker.net/TKMC

Volkswagen Consulting

- Anzahl Mitarbeiter in Deutschland: 110
- Anzahl Mitarbeiter weltweit: 125
- Anzahl offener Praktikumsplätze 2020: ca. 40
- Anzahl offener Stellen für Absolventen 2020: ca. 15
- Standorte Deutschland: 1
- Standorte weltweit: 2
- Jahresumsatz in Deutschland 2018: 24,9 Mio. Euro
- Jahresumsatz weltweit 2018: 32,4 Mio. Euro

Volkswagen Consulting

Major-Hirst-Straße 5
38442 Wolfsburg
Tel. +49 (0)5361 897-3500
volkswagen-consulting@
volkswagen.de

www.volkswagen-consulting.de

Die Topmanagementberatung des Volkswagen Konzerns

Die Volkswagen Consulting ist die interne Unternehmensberatung von Europas größtem Automobilhersteller. Die Vision des Konzerns »Shaping mobility – for generations to come« ist unser Auftrag. Wir gestalten gemeinsam mit dem weltweiten Topmanagement des Konzerns die nachhaltige Mobilität der Zukunft.

Der epochale Wandel in der Automobilindustrie ist Herausforderung und Chance zugleich. Wir greifen wegweisende strategische Themen auf, die Industrie und Menschen bewegen: Elektrifizierung, digitale Vernetzung, autonomes Fahren sowie Umwelt- und Klimaschutz. Entlang der gesamten automobilen Wertschöpfungskette liefern wir Antworten auf die Herausforderungen von heute und morgen.

Make an Impact. At Volkswagen Consulting.

Wer jetzt einsteigt, kann die Zukunft der Mobilität entscheidend mitgestalten und von einzigartigen Karriereperspektiven profitieren. Wir sind die Management-Nachwuchsschmiede des Konzerns. Bei uns warten ein abwechslungsreiches Projektportfolio und einzigartige Karrieremöglichkeiten auf Dich – und das in einem partnerschaftlichen und vertrauensvollen Umfeld.

Unsere Marken setzen mit ihren Fahrzeugen seit Langem Standards bei Technik, Design und Qualität. Das allein wird in Zukunft jedoch nicht ausreichen. Daher arbeiten wir gemeinsam mit dem Topmanagement an wegweisenden Lösungen. Be part of the solution.

Insider-Tipp

»Ich bin 2014 von Roland Berger zu Volkswagen Consulting gewechselt. Als Associate Principal verantworte ich in der Regel mehrere Kunden-Projekte. Hier schätze ich vor allem die Freiheit Themen und Projekte selbst mitzugestalten und auf diese Weise den Konzern bei seiner Transformation zum Mobilitätsdienstleister entscheidend voranzubringen. Dabei machen wir nicht bei der Konzeption von Problemlösungen halt, sondern bringen die PS auch auf die Straße.«
Dr. Jan-Folke Siebels,
Volkswagen Consulting

Insider-Tipp

»[...] Überzeugt haben mich, neben den spannenden Projekten, die offene Kommunikation und die gegenseitige Unterstützung unter den Kollegen! Wir arbeiten als Team – deshalb bin ich nach Abschluss meines Studiums als Consultant im Geschäftsfeld Produktion, Komponente & Logistik eingestiegen.«
Sid Petersen,
Volkswagen Consulting

Die Beratungsschwerpunkte der Volkswagen Consulting liegen in den Bereichen Strategie-Entwicklung und Transformation. Wir bearbeiten die Schlüsselthemen des Volkswagen Konzerns entlang der gesamten automobilen Wertschöpfungskette, die sich auch in unseren Business Units widerspiegelt:

- Entwicklung & Produkte
- Produktion, Komponente& Logistik
- Beschaffung & Qualität
- Vertrieb & Mobilität
- Finanz, Personal & IT

Ein dualer Auftrag – unendliche Möglichkeiten

Wir beraten einerseits das Topmanagement des Konzerns und entwickeln andererseits die Führungskräfte von morgen. Top-Talente bilden die Basis unseres Erfolgs. Bei uns kannst Du an entscheidender Stelle die Zukunft der Mobilität gestalten und Dich weiterentwickeln. Dazu bieten wir Projekte, an denen Du wachsen kannst und gezielt Dein Netzwerk aufbaust. Wir leben eine konstruktive Feedbackkultur und bieten ein individuelles Schulungsangebot, da uns die persönliche Entwicklung unserer Mitarbeiter sehr wichtig ist.

Karrieremöglichkeiten

Wir bieten dauerhaft Einstiegspositionen für Absolventen und die Möglichkeit als Visiting Consultant das Beratungsgeschäft im Praktikum kennenzulernen. Außerdem besteht für erfahrene Berater die Möglichkeit bei uns einzusteigen.

Visiting Consultants:

Als Visiting Consultant arbeitest Du ab Tag eins unmittelbar auf zukunftsweisenden Projekten unserer Kunden mit. Dabei übernimmst Du zügig eigenverantwortliche Aufgaben und hast die Chance, diese unseren Kunden zu präsentieren. Ein Praktikum bei uns wird Dich auf Deinem beruflichen Weg voranbringen. Du erhältst wertvolle Einblicke in die Arbeit einer Strategieberatung und erwirbst gleichzeitig fundiertes Wissen über die Herausforderungen der Mobilität und die Antworten des Volkswagen Konzerns. Außerdem vertiefst Du Dein Know-how durch ergänzende Schulungen.

Einigen unserer Visiting Consultants bieten wir die Möglichkeit Mitglied unseres VWC Talents-Praktikantenbindungsprogramm zu werden. Damit hast Du einen persönlichen Talents-Buddy bis zum Berufseinstieg, der Dir als Coach, Mentor und Freund zur Seite stehen kann. Außerdem wirst Du in exklusiven VWC Talents Events einzigartige Momente erleben und Deine möglicherweise zukünftigen Kollegen noch besser kennen

lernen...übrigens verkürzt sich für Dich als VWC Talent der Bewerbungsprozess für den Festeinstieg!

Juniors:

Bei Deinem Einstieg hast Du die Wahl, in welchem unserer fünf Geschäftsfelder Du eingesetzt werden möchtest. Dort arbeitest Du im Team mit
dem Kunden und bist von Anfang an in die Entwicklung innovativer
Beratungsansätze zu Strategie, Reorganisation und operativer Exzellenz
eingebunden. Zusätzlich bieten wir Dir die Möglichkeit, einen Einblick
in die gesamte Wertschöpfungskette von Volkswagen zu gewinnen,
beispielsweise durch die Mitarbeit an geschäftsfeldübergreifenden
Projekten. Schwerpunkte Deiner Arbeit sind die Ausarbeitung konzep-
tioneller Strategien, die eigenständige Vorbereitung und Durchführung
von Interviews und Workshops, die Erstellung von Ergebnispräsentati-
onen und deren Vorstellung vor unseren Kunden sowie die Analyse von
Geschäftsmodellen, Märkten und komplexen Datenbündeln. Darüber
hinaus engagierst Du Dich in internen Projekten zur Weiterentwicklung
der Volkswagen Consulting und agierst dabei eigenverantwortlich – beispielsweise in den Teams für Marketing, Recruiting oder Teambuilding.

Seniors:

Du bist Spezialist für eines unserer fünf Geschäftsfelder und entwickelst
hier innovative Beratungsansätze zu Strategie, Reorganisation und operativer Exzellenz. In nationalen und internationalen Projekten übernimmst
Du die Leitung von Projektmodulen oder ganzen Projekten. Eigenverantwortlich steuerst Du Beraterteams und bist primärer Ansprechpartner der
Kunden. Als Schnittstelle zum Topmanagement sorgst Du dank Deiner
langjähriger Erfahrung für eine reibungslose Projektsteuerung.

    Darüber hinaus kümmerst Du Dich um die Akquise von Projekten.
Dies erfolgt meist im Gespräch mit den Kunden – die Erstellung und
Präsentation von Angeboten reduzieren wir auf ein Minimum.

    Die Tätigkeit als Coach für jüngere Kollegen – speziell beim Transfer
von Methodenwissen – ist ein elementarer Bestandteil unserer Kultur und
eine wichtige Aufgabe für Dich. Wir erwarten von Dir außerdem, dass Du
neben den Kundenprojekten auch eines unserer internen Projekte zur
Weiterentwicklung der Volkswagen Consulting leitest.

Das solltest Du mitbringen

- Sehr guter Diplom- oder Masterabschluss einer Universität für einen
  Festeinstieg / sehr gute Noten für ein Praktikum
- Fachbezogene Praktika bzw. Erfahrungen in der Automobil- /
  Mobilitätsbranche und / oder Beratungsbranche
- Erfahrung und Fähigkeit zur Arbeit im interkulturellen Umfeld
- Verhandlungssichere Kenntnisse in Englisch
- Sehr gute MS-Office-Kenntnisse (PowerPoint, Excel, Word)

Insider-Tipp

»Bei der Volkswagen
Consulting stimmt die
Mischung! Ich schätze
es, mit Kollegen aus
unterschiedlichen
Fachrichtungen
zusammenzuarbeiten.
Uns alle verbindet
hierbei die Motivation
zur Höchstleistung, die
Leidenschaft für das Auto
& die Mobilität sowie
die Verbundenheit zum
eigenen Unternehmen!«
Michaela Neuling,
Volkswagen Consulting

- Eine schnelle Auffassungsgabe, hohe analytische Fähigkeiten und Kreativität
- Hohe Belastbarkeit, Eigeninitiative und Motivation
- Fähigkeit, zielgerichtet zu kommunizieren
- Teamgeist und Humor
- Leidenschaft für das Automobil und die Mobilität
- Als Praktikant solltest Du mindestens 10 Wochen Zeit und 90 CP im Bachelorstudium mitbringen.

Die Volkswagen Consulting bietet Einsteigern ein einzigartiges Karriere-sprungbrett bei Europas erfolgreichstem Automobilhersteller. Unser dynamisches und interdisziplinäres Beraterteam verfügt über eine optimale Mischung aus Hochschulabsolventen und erfahrenen Beratern, die von externen Top-Managementberatungen zum Volkswagen Konzern gekommen sind. Neben anspruchsvoller Projektarbeit bereiten wir Dich durch kontinuierliche Weiterbildung systematisch auf eine Funktion im Management des Konzerns vor. Die globale Aufstellung des Volkswagen Konzerns ermöglicht zudem einen inspirierenden Mix aus nationalen und internationalen Arbeitseinsätzen.

Wir haben einen klar definierten Karrierepfad vom Consultant, über Senior Consultant, Project Manager, Senior Project Manager und Associate Principal bis hin zum Principal. Jedem Karriereschritt liegt ein klares Anforderungsprofil zugrunde. Die Beförderungen erfolgen nach dem Leistungsprinzip und honorieren die persönliche Entwicklung des Mitarbeiters. Neben einem persönlichen Dienstwagen und leistungs-orientierten Boni, bieten wir Dir ein wettbewerbsfähiges Entgelt.

Insider-Tipp

»Auch wenn der Hauptsitz der Volkswagen Consulting in Wolfsburg ist, wohne ich selbst in Berlin. Trotz der anspruchsvollen Projektarbeit verbringe ich auch unter der Woche Zeit an meinem Heimatort. Im Home-Office, einem Co-Working-Space oder in meinem Lieblingscafe arbeite ich je nach Projektlage in Berlin – momentan vor allem freitags. Dank des persönlichen Dienstwagens und der zentralen Lage Wolfsburgs ist auch die Fahrtstrecke angenehmer. Und am Wochenende ist wirklich Wochenende.«

Franziska Wörthmüller, **Volkswagen Consulting**

Welche spezifischen Angebote gibt es für Volkswagen Consulting Beraterinnen?

Die Volkswagen Consulting fördert die persönliche Karriereentwicklung und konzernweite Vernetzung durch spezifische Angebote. Unabhängig von Entwicklungsstufe und Fachgebiet sind unsere Beraterinnen in einem eigenen Netzwerk aktiv. Innerhalb dieses Netzwerks bieten wir

VOLKSWAGEN CONSULTING

DIE MANAGEMENTBERATUNG DES VOLKSWAGEN KONZERNS

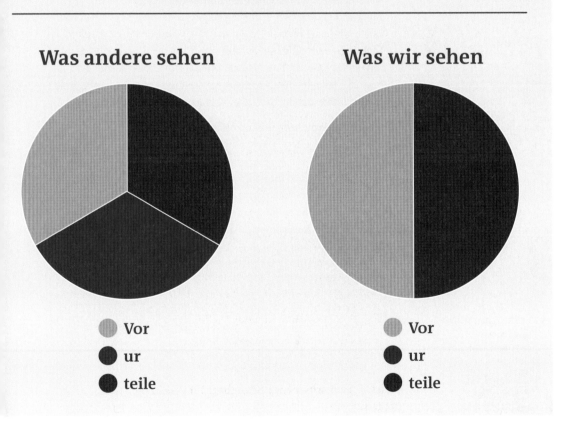

STATS OF IMPACT

WAS INHOUSE CONSULTING AUSMACHT ...

Was andere sehen

- Vor
- ur
- teile

Was wir sehen

- Vor
- ur
- teile

Der epochale Wandel in der Automobilindustrie ist Herausforderung und Chance zugleich. Die Volkswagen Consulting gestaltet gemeinsam mit dem weltweiten Top-Management des Konzerns die nachhaltige Mobilität der Zukunft.

Make an Impact. At Volkswagen Consulting.

beispielsweise Kaminabende mit weiblichen und männlichen Führungskräften und führen speziell auf die Interessen und Bedürfnisse der Beraterinnen abgestimmte Seminare durch. Unser Jour Fixe lädt zur Diskussion
individueller Themen sowie zum informellen Austausch ein.

Bewerbungsverfahren

Bewerber-Kontakt
Ihre Bewerbung in
deutscher oder
englischer Sprache
schicken Sie uns bitte an
*volkswagen-consulting@
volkswagen.de*

1. Bewirb Dich mit einer vollständigen Bewerbung inklusive Motivationsschreiben, Lebenslauf, Arbeitszeugnissen, letzten Hochschul-
   Abschlusszeugnissen sowie dem Abiturzeugnis.
2. Das Vorstellungsgespräch von Hochschulabsolventen und Beratern
   mit bis zu zwei Jahren Berufserfahrung beinhaltet Einzelgespräche
   mit unterschiedlichen Beratern sowie die Bearbeitung von Fallstudien gemeinsam mit anderen Kandidaten. Bewerber mit noch
   weitreichenderer Berufserfahrung führen Einzelgespräche mit unseren
   erfahrenen Beratern und der Leitung der Volkswagen Consulting.
3. Im Anschluss an den Auswahltag geben wir Dir direkt Bescheid, ob
   Du zu uns passt, können Dir ein entsprechendes Angebot machen und
   Dich über eventuelle (Karriere-Level abhängige) nächste Schritte informieren. In jedem Fall hast Du natürlich Zeit Dir Deine Gedanken zu
   machen, ob Du gerne mit uns arbeiten würdest. In diesem Fall können
   wir dann die weiteren individuellen nächsten Schritte besprechen.

Wie sieht das Projektportfolio konkret aus?

Unsere Projekte mit den Schwerpunkten Strategieentwicklung und
Transformation decken die gesamte automobile Wertschöpfungskette ab.
In der Regel finden die Einsätze direkt vor Ort beim Kunden statt. Unsere
Auftraggeber kommen aus den Konzernmarken und -gesellschaften – und
wir begleiten sie von der Konzeptentwicklung bis zur Implementierung.
Einige Beispielprojekte findest Du auf unserer Website unter der Kategorie
»Projekte«.

Insider-Tipp

Mehr Insider-
Informationen unter
*squeaker.net/
volkswagenconsulting*

»Die Mobilitätsbranche mit ihren neuen Geschäftsmodellen ist für mich
der aktuell spannendste Wirtschaftsbereich überhaupt. Das war auch der
Grund, warum ich nach meinem Master in BWL an der Uni Mannheim
über ein internationales Traineeprogramm im Konzern zur Volkswagen
Consulting gekommen bin.«

Christian Meixner, **Volkswagen Consulting**

squeaker.net

Die besten Jobs im Consulting

Wenn es um einen anspruchsvollen Job in der Unternehmensberatung geht, gibt es die Insider-Dossiers. Von ehemaligen Bewerbern, die jetzt Berater sind. Mit Insider-Infos, die dir wirklich bei der Bewerbung weiterhelfen. Wähle dein Einstiegslevel:

Für Bewerber   Für Interviewees   Für Einsteiger

squeaker.net/insider

Weitere Titel aus der Insider-Dossier-Reihe

Die Bewerbungs- und Karrierebücher aus der Insider-Dossier-Reihe von squeaker.net sind alle von Branchen-Insidern geschrieben, nicht von Berufsredakteuren. Dies ist Garant für inhaltliche Tiefe, Authentizität und wahre Relevanz. Sie beinhalten das geballte Insider-Wissen der squeaker.net-Community, unserer namhaften Partner-Unternehmen und der Branchen-Experten. Für dich bedeutet dies einen echten Vorsprung bei der Bewerbung bei Top-Unternehmen.

Folgende Titel (auch als E-Book) sind in der Insider-Dossier-Reihe im gut sortierten sowie universitätsnahen Buchhandel und unter *squeaker.net/insider* erhältlich:

- Consulting Survival Guide
- Bewerbung bei Unternehmensberatungen
- Consulting Case-Training
- Praktikum im Consulting
- Brainteaser im Bewerbungsgespräch
- Die Finance-Bewerbung
- Auswahlverfahren bei Top-Unternehmen
- Bewerbung in der Wirtschaftsprüfung
- Der Weg zum Stipendium
- Marketing und Vertrieb
- Das Master-Studium
- Praktikum bei Top-Unternehmen
- Einstellungstests bei Top-Unternehmen
- Karriere in der Wirtschafts- und Großkanzlei
- Bewerbung in der Automobilindustrie
- **Brain teasers & puzzles in Job interviews** (ausschließlich als E-Book erhältlich)
- **Das Consulting-Interview** (ausschließlich als E-Book erhältlich)

Presse-Stimmen zu den Insider-Dossiers

»Erfahrungsberichte nehmen das Lampenfieber vor dem Vorstellungstermin.« (Süddeutsche Zeitung)

»Niemand sollte sich bei McKinsey & Co. bewerben, bevor er dieses Buch gelesen hat.« (Handelsblatt)

Unterstütze unser Buchprojekt
Dir hat das Buch gefallen? Du hast dein Ziel erreicht? Hilf uns und anderen Bewerbern, indem du eine Rezension zum Buch auf Amazon schreibst:
squeaker.net/amazon

Jetzt versandkostenfrei bestellen oder E-Book herunterladen unter
squeaker.net/insider

Über squeaker.net

squeaker.net auf Facebook!
Werde Follower von squeaker.net auf Facebook und Instagram. Als Follower bist du immer informiert über aktuelle Gewinnspiele, Karriere-Events und Jobs von Top-Unternehmen sowie über neue Erfahrungsberichte aus der Community.
facebook.com/squeaker
instagram.com/squeakernet

squeaker.net ist das **führende Online-Karrierenetzwerk**, in dem sich Studenten und junge Berufstätige über Karrierethemen austauschen. Dabei stehen Insider-Informationen wie Erfahrungsberichte über Praktika und Bewerbungsgespräche im Vordergrund. Die Community verfügt über eine umfassende Erfahrungsberichte-Datenbank zu namhaften Unternehmen und zahlreiche Möglichkeiten, Kontakte zu anderen Mitgliedern und attraktiven Arbeitgebern zu knüpfen. Ebenfalls zur squeaker.net-Gruppe gehören das Staufenbiel Institut und die TalentBoard GmbH.

Mit der **Ratgeber-Reihe »Das Insider-Dossier«** veröffentlicht squeaker.net darüber hinaus seit 2003 hochqualitative Bewerbungsliteratur für ambitionierte Nachwuchskräfte.

Darüber hinaus bietet squeaker.net **exklusive Recruiting-Veranstaltungen**. Mittlerweile gibt es über 20 Karriere-Events in unterschiedlichen Formaten. Die Events ermöglichen einen direkten Kontakt mit Unternehmen und erfahrenen Beratern in persönlichem Umfeld.

Consulting Dinner 2020
- Köln – 13. Februar
- Darmstadt – 5. März
- München – 5. März
- Aachen – 12. März
- Mannheim – 12. März
- Düsseldorf – 2. April
- Frankfurt – 2. April
- Berlin – 16. April
- Reutlingen – 23. April
- Hamburg – 23. April
- Maastricht – 7. Mai
- Karlsruhe – 4. Juni
- Duisburg/Essen – 4. Juni
- Münster – 25. Juni

Absolventen Events 2020
- Consulting for Women
  Köln – 28. Februar
- Consulting für Absolventen
  Köln – 20. März
- IT Consulting für Absolventen
  Köln – 27. März
- Restrukturierung & Turnaround
  tba – 15. Mai
- Consulting für Absolventen
  Köln – 19. Juni
- DigitalMinds
  München – 26. Juni

Aktuelle Infos zu den Events und der Bewerbung unter: *squeaker.net/event*

squeaker.net